KJB

Nina Martin, Jahrgang 1991, erzählt schon seit ihrer Kindheit Geschichten. Durch eine persönliche Erfahrung mit dem Thema Sterblichkeit entschied sie, ihren Traum vom Schreiben endlich zu leben. *Lucid Night* ist ihr Jugendbuch-Debüt. Heute wohnt sie mit ihrem Mann und ihrer Tochter in der Schweiz.

Weitere Informationen zur Autorin auf Instagram unter *ninamartin_books*

Weitere Informationen zum Kinder- und Jugendbuchprogramm der S. Fischer Verlage finden Sie unter *www.fischerverlage.de*

NINA MARTIN

LUCID NIGHT

WAS, WENN WIR NICHT TRÄUMEN?

Band 1

KJB

Aus Verantwortung für die Umwelt hat sich der Fischer Kinder- und Jugendbuch Verlag zu einer nachhaltigen Buchproduktion verpflichtet. Der bewusste Umgang mit unseren Ressourcen, der Schutz unseres Klimas und der Natur gehören zu unseren obersten Unternehmenszielen.

Gemeinsam mit unseren Partnern und Lieferanten setzen wir uns für eine klimaneutrale Buchproduktion ein, die den Erwerb von Klimazertifikaten zur Kompensation des CO_2-Ausstoßes einschließt.

Weitere Informationen finden Sie unter:
www.klimaneutralerverlag.de

MIX
Papier | Fördert gute Waldnutzung
FSC® C014496

Erschienen bei FISCHER KJB

Umschlaggestaltung: Alexander Kopainski unter Verwendung von Motiven von Shutterstock
Innenvignetten: Alexander Kopainski unter Verwendung von Motiven von Shutterstock
Satz: Dörlemann Satz, Lemförde
Druck und Bindung: GGP Media GmbH, Pößneck
Printed in Germany
ISBN 978-3-7373-4303-9

Für meine Mutter,
die meine Geschichten aufschrieb,
noch bevor ich selbst schreiben konnte

1

Selena

Ich schiebe mich durch die Menschen und sauge tief die Luft ein. Es sind die gewohnten Gerüche. Die Fische und das Salz des Meeres, der Duft des Marktes. Auch wenn ich mir abends den Schweiß abwasche, kann ich sie manchmal noch an meinen Armen riechen.

Hier riecht es besonders gut. Hier, wo einer der Stände mit gebratenen Brassen, Forellen und Barschen steht. Ich strecke die Tüte mit meinen Einkäufen vor mir aus und dränge mich durch die laut schwatzenden Menschen. Dann biege ich ab.

Die Gasse, die sich in immer enger werdenden Windungen den Hügel hinaufzieht, stülpt ihren Schatten über mich, und der wohltuend kühle Meereswind bläst mir in den Nacken. Langsam lasse ich das Gerede der Menschen auf dem Markt hinter mir. Wie der Fischfang heute lief, wer gerade auf eine große Reise gegangen ist, bei wem eine Schwangerschaft vermutet wird.

Weiter und weiter klettere ich in die Schläfrigkeit unseres Dorfes hinauf, vorbei an den weißen Häuschen mit Blumenkästen und geschlossenen Fensterläden. Die Plastiktüte in meiner Hand raschelt bei jedem Schritt.

Als ich auf die Straße trete, die sich hinauf zu unserem Haus zieht, wische ich mir mit der Hand die lockigen Haare aus dem Gesicht. Sofort treibt ein Windstoß sie mir wieder in die Augen. Ich drehe mich um und lasse den Blick über das Dorf schweifen, das sich mittlerweile ein gutes Stück unter mir befindet: Von hier oben sieht das Treiben der Menschen fast rhythmisch aus, friedlich. Die Sonne taucht den Hang in ein goldenes Licht. Ich liebe diese Tageszeit. Diese paar Minuten, in denen der Himmel noch einmal alles zum Strahlen bringt, bevor die Sonne rot hinter den umliegenden Inseln untergeht. Es ist, als wolle der Tag sein eigenes Werk noch einmal im besten Licht erscheinen lassen, ehe er es der Nacht überlässt.

Ich setze mich auf die Mauer am Rande der Straße, will noch nicht zurück nach Hause. Ich kann die Anspannung meiner Mutter nicht ertragen, die sich an Tagen wie diesem aufbaut. Sie wird immer schweigsamer, sieht andauernd auf die Uhr und läuft mit versteinerter Miene durch die Gegend. Es ist Angst. Da bin ich mir sicher. Aber ich weigere mich, ihre Angst zu übernehmen.

Die Sonne wandert immer weiter Richtung Horizont, die Marktstände im Dorf werden zusammengepackt, und irgendwann weiß ich, dass ich nach Hause muss. Ich wende mich wieder zum Hang und zwinge mich, meine Schritte zu beschleunigen. Es ist nicht mehr weit. Um eine Straßenbiegung geht es noch, dann stehe ich vor unserer kleinen, weiß getünchten Mauer.

Mit der Schulter werfe ich mich gegen die Tür zum Hof, und das Schloss springt knackend auf.

»Selena, du sollst das doch nicht immer machen!«

Meine Mutter steht im Hof, das dunkle Haar zu einem dicken Knoten gebunden, und sieht mir verärgert entgegen.

»Ich hab den Fisch, Mama«, ignoriere ich ihre Ermahnung.

Sie schnalzt mit der Zunge. »Leg ihn in die Küche und geh dich umziehen. Dein Onkel ist gleich da.«

Ihr Blick huscht zum Gästehaus hinüber, in das heute neue Feriengäste eingezogen sind.

Ich verkneife mir einen Kommentar, betrete das Haus und lege die Tüte mit dem Fisch auf den Küchentisch. Dann steige ich die Treppe hinauf in mein Zimmer.

Dort angekommen werfe ich mein Handy auf den Schreibtisch und öffne den Schrank. Wie immer wähle ich enganliegende Sportkleidung. Man weiß nie, was einen erwartet. Besser, man ist vorbereitet. Sobald ich in der schwarzen Hose und dem roten Langarmshirt stecke, nehme ich ein Haargummi von dem Nagel an der Wand, direkt neben meinem Spiegel. Ich fahre mir durch die Haare. Das Salz des Meeres hat sich daraufgelegt, sich mit dem Schweiß des Tages vermischt und lässt meine Haare nun in schwarzen, schimmernden Strähnen herabhängen.

Die Haare zu fettig, das Kinn zu breit, die Nase zu eckig, der Körper zu klein. Aber was soll ich mit Schönheit schon anfangen? Hier auf der Insel sieht mich eh niemand außer den Dorfbewohnern und ein paar Gästen, die in unserem Ferienapartment wohnen.

Ich binde meine Haare zu einem Pferdeschwanz zusammen und wende mich von meinem Spiegelbild ab. Dann verlasse ich das Zimmer und steige die Treppe hinunter.

In der Küche ist meine Mutter dabei, Kartoffeln zu kochen und den Fisch zu braten. Wortlos beginne ich damit, Teller auf den Tisch zu stellen.

Vor dem Fenster hat sich die Dämmerung über unseren Hof

gelegt. In der Küche ist nichts zu hören außer dem Zischen des Öls und dem Klappern der Teller zwischen meinen Fingern. Ich sage nichts, weil ich weiß, dass absolut nichts meiner Mutter die Nervosität nehmen kann. Zumindest nichts, was ich sagen könnte. Oder eher: Nichts, was ich bereit wäre zu sagen. Würde ich das Ganze jetzt abblasen, behaupten, dass es doch nicht notwendig wäre – das würde sie vermutlich erleichtern. Aber das geht nicht. Mein ganzer Körper lechzt danach, wieder zu träumen. Länger als ein, zwei Wochen halte ich es einfach nicht aus, ohne in einen Traum einzusteigen.

»Aber du bleibst nur ganz kurz drinnen, ja?«, sagt meine Mutter plötzlich.

»Ich bleibe so lange, wie es nötig ist.«

»Und wenn du jemanden von der Traumunion siehst, kommst du sofort zurück, ja?«

»Natürlich.«

Meine Mutter nickt zögernd, als würde sie diese Antwort tatsächlich beruhigen.

Ich kann nicht fassen, dass wir jedes Mal dasselbe Gespräch führen.

In diesem Moment klingelt es. Erleichtert stelle ich den letzten Teller ab und betätige den Summer, der unser Tor aufspringen lässt. Als ich wenige Sekunden später die Haustür öffne, strömt angenehm kühle Abendluft in unser Wohnzimmer. Mein Onkel kommt mir mit seiner Tochter an der Hand entgegen. Wie immer trägt Loukas ein herzliches Lächeln auf dem Gesicht und drückt mir zur Begrüßung einen Kuss direkt aufs Ohr, der mein Trommelfell schmerzhaft vibrieren lässt.

»Hallo, Eleni«, begrüße ich meine Cousine, gehe in die Knie

und ziehe die Sechsjährige in eine Umarmung. Ich kann keine Nervosität in ihren Augen entdecken, eher positive Aufregung. Das ist gut. Wir sind mittlerweile ein eingespieltes Team.

»Können wir heute wieder fliegen? Oder in die Achterbahn? Oder ausreiten?«, flüstert sie mir zu.

»Ich gebe mein Bestes«, raune ich zurück.

Zufrieden wendet sich meine Cousine ab und begrüßt meine Mutter. Dann verschwindet sie mit ihrem Vater die Treppe hinauf – wie immer an solchen Abenden hat Eleni bereits früh gegessen und kann es kaum erwarten schlafen zu gehen. Ich kann ihre Schritte durch die Zimmerdecke hören. So leise wie möglich stellen meine Mutter und ich den Fisch und die Beilagen auf den Tisch. Oben wird es still.

Irgendwann kommt mein Onkel die knarzende Treppe herunter. »Sie ist eingeschlafen.« Er lächelt erleichtert, als er die Küche betritt. »Heute war ich mir nicht sicher – sie war den ganzen Tag so aufgeregt.«

Er lässt sich auf einen Stuhl sinken und sieht zufrieden auf das Essen vor sich. Neben meiner Mutter sieht er hünenhaft aus. Manchmal kann ich gar nicht glauben, dass die beiden Geschwister sind. Wo Loukas groß und breitgebaut ist, ist meine Mutter klein und zierlich. Wo er die Entspannung selbst ist, macht sie sich viel zu viele Sorgen. Nur die krausen Haare haben beide geerbt, genau wie ich.

»Träumt Eleni in letzter Zeit denn gut?«, fragt meine Mutter beiläufig und schiebt sich eine Gabel mit Kartoffeln in den Mund.

Mein Onkel und ich wechseln einen Blick. Wir wissen beide, weshalb sie das fragt.

»Gerade schlafen ja alle schlecht.« Loukas räuspert sich.

Meine Mutter nickt, ohne von ihrem Essen aufzusehen.

Ja, alle schlafen schlecht. Oder vielmehr: Alle träumen schlecht. Anfangs haben die Leute im Dorf noch Witze darüber gemacht. Doch dann wurde klar, dass es sich um ein weltweites Phänomen handelt, das die Zahlen übermüdeter Autofahrer und Unfälle in die Höhe schnellen lässt. Jetzt macht keiner mehr Witze. Jetzt diskutieren die Experten und Forscherinnen im Fernsehen über die Gründe und fordern Aufklärung.

»Und? Wie lief dein Tag, Loukas?«, versuche ich wenig geschickt das Thema zu wechseln.

Mein Onkel und ich unterhalten uns über den Fischfang und über die Fußballschuhe, die ich neulich zu meinem sechzehnten Geburtstag bekommen habe.

Irgendwann haben wir alle aufgegessen, und meine Mutter verkündet, dass sie die Küche aufräumen würde, wir sollten schon mal ohne sie hochgehen.

Ich nicke, bevor ich mit leicht schlechtem Gewissen und wachsender Aufregung die Treppe hinaufsteige.

Das, was ich vorhabe, ist gefährlich. Das weiß ich, seit ich aufgehört habe zu träumen. Seit ich meinen Vater das letzte Mal gesehen habe … Aber trotzdem kann ich nicht anders: Ich freue mich auf die Traumwelt!

Leise betreten Loukas und ich mein Zimmer. Eleni liegt in meinem Bett unter der dünnen Decke und atmet tief. Im Schein der Nachttischlampe betrachte ich ihr Gesicht und lächle. Sie träumt. Das kann ich am Zucken ihrer Augenlider erkennen. Als würde ihr Blick darunter immer wieder hin- und herfliegen. Wir haben Glück. Normalerweise dauert es ein paar Stunden, und

Loukas und ich schlafen zwischendrin nicht selten ein, ehe wir Eleni in einer Traumphase erwischen. Manchmal ist es erst in den frühen Morgenstunden so weit.

Mein Onkel grinst erleichtert.

»Bereit?«, fragt er und setzt sich behutsam neben meine Cousine aufs Bett.

Ich nicke und kann die Vorfreude kaum verbergen. Muss ich aber auch nicht. Meine Mutter ist ja nicht da.

Vorsichtig beuge ich mich über Eleni. So sanft ich kann, lege ich meine Stirn an ihre und meine Hände auf ihre dunklen Locken. Jetzt muss ich loslassen. Mein Gehirn von Leere durchfluten lassen, mich nur auf Eleni konzentrieren, die im Traum nervös zuckt. Ich spüre das gewohnte Gefühl in meinem Inneren, während eine Welle aus Emotionen auf mich zurollt und mich verschluckt. Diesmal sind es Angst und Verwirrung, die über mich hereinbrechen. Ich bemühe mich, mich den Emotionen vollkommen hinzugeben, meine eigenen Gedanken auszuschalten – und die Welt löst sich auf: Elenis warme Haut an meiner Stirn, die weiche Matratze unter mir, die Atemgeräusche meines Onkels. Dann spüre ich, wie das gewohnte helle Strahlen durch meine Lider drängt, ehe es wieder dunkler wird. Ich schlage die Augen auf.

Vor mir türmt sich etwas auf. Riesig, dunkel und tosend. Mir bleibt kaum Zeit, Luft zu holen, da werde ich von der gewaltigen Welle erfasst und durch kalte, undurchsichtige Wassermassen gewirbelt. Sofort spüre ich Panik in mir aufwallen, weiß nicht, wo unten und oben ist. Auf so einen Albtraum war ich nicht vorbereitet.

Irgendwo unter dem Adrenalin, das mir plötzlich durch die Adern jagt, weiß ich, was zu tun ist. *Das hier ist ein Traum. Ich kann das. Hier gehorcht mir alles.*

Ich mobilisiere alle Kraftreserven meines nach Sauerstoff schreienden Gehirns – und entspanne mich. Widerstandslos lasse ich meinen Körper von den Wogen herumreißen, gebe mich der Macht der Natur hin und schaffe es einen winzigen Moment, die Panik in mir zu ersticken. Dieser Moment ist alles, was ich brauche. Ich spüre, wie die Wassermassen, die mich in die Tiefe ziehen, an Kraft verlieren. Und das gibt mir neue Zuversicht.

Kurz darauf legt sich der Druck auf meinem Kopf, verschwindet die Kälte des Wassers, und endlich kann ich einen tiefen Atemzug nehmen. Unter Wasser. *Ich kann unter Wasser atmen.* Euphorie durchströmt mich. Ich liebe Somna. In der Traumwelt ist alles möglich.

Während ich dem Licht entgegentauche, das durch die Wasseroberfläche bricht, spüre ich, wie sich das Meer um mich herum immer weiter beruhigt. Zwischen sanft hin- und herschaukelnden Wellen tauche ich auf.

Ich muss lachen. Vielleicht liegt das aber auch daran, dass ich nun Eleni entdecke, die nur ein paar Meter von mir entfernt ungläubig das ruhige Meer betrachtet. Ihre Erleichterung überträgt sich durch den Traum auf mich und rieselt durch meinen Körper. Im strahlenden Sonnenschein schwimme ich zu meiner Cousine herüber.

Als sie mich bemerkt, kann ich es in ihren Augen sehen: wie ihr zunächst unfokussierter Blick klarer wird, sie zu begreifen beginnt. Abwartend beobachte ich sie. Sobald Eleni erkennt, dass sie sich in einem Traum befindet, können zweierlei Dinge passieren: Entweder sie erschrickt sich und fällt direkt aus dem Traum hinaus zurück in mein Zimmer, oder aber sie schafft es, sich im Traum zu halten, und wir beide können zusammen im bewussten Zustand Somna erkunden. Letzteres macht ziemlich viel Spaß. Und auch heute zeigt Eleni, dass sie eine talentierte Klarträumerin ist: Sie grinst mich an und offenbart die Zahnlücke zwischen ihren Milchzähnen, die sie auch im Traum nicht eingebüßt hat.

»Los, komm«, rufe ich, tauche unter und schwimme los.

Ein Glücksgefühl jagt durch meinen Körper, während ich mich mit kräftigen Armzügen durchs Wasser schiebe. Ich liebe es, mich zu bewegen! Das nun warme, ruhige Wasser streift an meinen Seiten entlang, und ich nehme Fahrt auf. Wie immer bleibt die Unterwasserwelt um mich herum verschwommen, so, als hätte ich einen Teil meiner Sehkraft eingebüßt. Lediglich Träumer und alle Dinge, die sie sehen, treten auch in Somna für mich in aller Klarheit heraus.

»Nur der Blick eines Träumers lässt die Dinge klar erscheinen.« So habe ich es einmal meinem Onkel erklärt und bin mir dabei ziemlich philosophisch vorgekommen.

Ich höre Eleni hinter mir kichern und drehe mich um. Sie hat sich in eine Meerjungfrau verwandelt. Ich unterdrücke den Drang, die Augen zu verdrehen. Jedes Mal, wenn Eleni in ihren Träumen aufwacht, gibt sie sich die Form irgendeines Fabelwesens.

Wir jagen über den Sandboden, entdecken einen Fischschwarm, in den wir uns hineinstürzen, und lassen uns von der Strömung tragen.

Irgendwann tauchen wir wieder auf, und ich kann in der Ferne die Umrisse einer Insel erkennen, die mir bekannt vorkommt. Eleni entdeckt sie ebenfalls und steuert kichernd und mit kräftigen Schwanzbewegungen darauf zu.

Wie erwartet taucht kurz darauf die Kaimauer unserer Insel vor uns auf. Die Fischerboote unserer Nachbarn sind davor vertäut, und auf dem kleinen Marktplatz kann ich einen riesigen Eisstand ausmachen.

Ich drehe mich zu Eleni um.

»Warst du das?«, frage ich, obwohl ich die Antwort bereits kenne.

Sie gluckst zufrieden.

Ich schwimme zum Landungssteg und greife nach dem glitschigen Holz.

»Na gut«, sage ich, »dann holen wir uns ein Eis.«

Ich stemme mich auf den Steg und ziehe Eleni – wieder zum Menschen geworden – ebenfalls hinauf.

Kurz schließe ich die Augen und merke sofort, wie mich warme, trockene Kleidung umhüllt.

Als ich die Augen wieder öffne, ist Eleni bereits an mir vorbei über den Steg und zum Eisstand gerannt. Ich folge ihr.

Genau wie auf unserer wirklichen Insel scheint auch hier die Sonne wärmend auf den Marktplatz herab. Nur fehlen die Verkaufsstände, und irgendwie ist hier alles etwas besser in Schuss, als es in Wirklichkeit der Fall ist: Die verschwommenen Fassaden der Häuser glänzen, die Pflastersteine unter meinen Füßen fühlen sich an wie glattpoliert.

Ich gehe auf den Eiswagen zu, der in aller Klarheit aus der Unschärfe seiner Umgebung hervorsticht. Eleni streckt mir ein Eis entgegen, das ich dankend annehme. Dann lasse ich den Blick schweifen. Es sind einige Leute auf dem Marktplatz. Die meisten gehören zur Traumkulisse: Sie sind unscharfe Silhouetten, deren Gesichtszüge nur dann hervortreten, wenn Eleni sie ansieht – Traumstatisten. Und zwischen ihnen erstaunlich viele Träumer, die gestochen scharf aus der verschwommenen Masse heraustreten. Ich behalte sie im Auge, man kann nie wissen.

Zusammen mit Eleni setze ich mich auf eine Bank, und wir essen unser Eis. Es schmeckt köstlich. Zum Glück, denn so richtig weiß man in Somna nie, was man bekommt. Hier kann es einem auch passieren, dass das Eis nach Käsefüßen schmeckt oder sich plötzlich in ein Ungeheuer verwandelt – oder in sonst etwas, was dem Unterbewusstsein der Träumer gerade entspringt. Aber gerade dieser Nervenkitzel – nicht zu wissen, ob die Idylle jeden Moment in sich zusammenbrechen könnte – lässt das Eis noch besser schmecken.

»Können wir für immer hierbleiben, Sel?«, fragt Eleni neben mir, und ich spüre, wie ihre Zufriedenheit durch mich hindurchströmt.

Gerade will ich lachend zu einer Antwort ansetzen, da bleibt mein Blick an etwas hängen: Ein Augenpaar, das mich von der anderen Seite des Marktplatzes her ansieht. Es fühlt sich wie ein elektrischer Schlag an, der durch meinen Körper fährt. Mein Herz beginnt zu rasen, und ich setze mich auf. Es ist, als hätte etwas in mir nur darauf gewartet. Auf den Beweis, dass die Idylle trügt. Auf dieses Mädchen, die Züge klar wie die einer Träumerin, doch der Blick eindeutig fokussierter.

Wir sehen uns an, bis sich eine Gruppe von Träumern zwischen uns schiebt.

Ich beuge mich zur Seite, um an dem Rücken eines korpulenten Mannes vorbeizuspähen. Doch das Mädchen ist verschwunden.

Jäh zieht eine Gänsehaut über meinen Körper. *Habe ich mir das gerade eingebildet? Nein.* Die Fremde hat mich angesehen – fokussiert, wach … und wissend.

»Wenn du jemanden von der Traumunion siehst, kommst du sofort zurück«, hallt die Stimme meiner Mutter in meinem Kopf wider.

Aber das kann nicht sein. Sie kann nicht von der Traumunion sein. Sie ist ein *Mädchen.*

Dennoch, auch wenn ich mich von der Angst meiner Mutter nicht anstecken lassen möchte, werde ich das Gefühl nicht los, dass hier etwas nicht stimmt.

Mein gesamter Körper spannt sich an. Elenis Zufriedenheit, die mich durchströmt, hält mich gerade noch davon ab, von der Bank aufzuspringen. Dann passiert es. Im Augenwinkel nehme ich eine jähe Bewegung wahr, erkenne eine schwarz gekleidete Silhouette und weiß intuitiv, dass es das Mädchen ist. Ich wirble herum.

Sie steht regungslos da, die Augen auf mich gerichtet. Aus der Nähe ist ihr Blick noch intensiver. Und in diesem Moment wird mir klar, dass ich das Mädchen schon einmal gesehen habe. In Somna? In der wachen Welt? Ich weiß es nicht. Ich weiß nur: Da ist eine Vertrautheit, die mich gleichzeitig beruhigt und eine erneute Welle des Schocks durch meinen Körper jagt. Für einen kurzen Moment kann ich nichts tun als sie anzustarren. Sie starrt zurück.

Die glatten schwarzen Haare hat sie zu einem Pferdeschwanz

zurückgebunden, über den breiten Wangenknochen funkeln dunkle Augen.

»Hi.« Sie haucht das Wort mehr, als dass sie es sagt. Mein Blick zuckt über ihren Körper. Keine Uniform. Keine Traumgängerkette. Und doch. Das hier ist keine schlichte Klarträumerin. Das weiß ich mit absoluter Sicherheit. Obwohl das unmöglich ist. *Unmöglich.*

Langsam und kontrolliert erhebe ich mich von der Bank.

»Was willst du von mir?« Meine Stimme ist brüchig.

Sie blinzelt.

»Ich … Du bist Theo Parkers Tochter, nicht wahr?«

Etwas in mir löst sich und stürzt ins Bodenlose. Sie kennt meinen Vater. Meinen *Vater.* Ich weiche zurück und stoße rücklings mit jemandem zusammen. Im Augenwinkel sehe ich, wie Eleni erschrocken aufspringt.

Noch immer suche ich nach etwas, das die Fremde als Mitglied der Traumunion verrät. *Woher kennt dieses Mädchen meinen Vater?*

Sie macht einen Schritt auf mich zu, will nach mir greifen. Da stolpere ich und falle auf harte Pflastersteine. Die Eiswaffel in meiner Hand zerbricht, und die klebrig kalte Masse verteilt sich über meine Finger.

»Selena!«

Das Mädchen steht über mir. Ihr Ausdruck ist so wach, so drängend. Mein Herz hämmert.

»Eleni! Weg hier!«, rufe ich meiner Cousine zu und sehe, wie sich die Augen der Fremden weiten.

»Nein! Warte!«, ruft sie, beugt sich abrupt zu mir herunter und packt meinen Arm. Ihr Griff ist fester, als ich es erwartet habe. Ich höre Eleni – oder mich selbst – aufschreien, ganz sicher bin ich mir nicht. Dann schaffe ich es, mich loszureißen. *Weg. Sofort weg.*

Wie eine äußere Schale fällt der Traum von mir ab, und darunter spüre ich eine andere Realität: Meinen gebeugten Rücken, die Matratze unter mir und Elenis schweißnasse Locken zwischen meinen Fingern.

Ich fahre auf. Die Eiscreme an meiner Hand verklebt Elenis Haare. Ohne nachzudenken, wische ich die Reste am Bettlaken ab.

»Du bist ja schon wieder da«, höre ich Loukas hinter mir. Doch ich sehe mich nicht zu ihm um, sondern rüttele an Elenis Schultern, bis diese die Augen aufreißt und hektisch meinen Blick sucht.

»Sorry«, flüstere ich und umarme sie, »aber du musst kurz den Traum wechseln, okay?«

Elenis Atem stößt warm und hektisch gegen meinen Hals. Ich streichle ihr über den Rücken und warte, bis er sich ein wenig verlangsamt.

»Es war nur ein Albtraum. Du kannst jetzt weiterschlafen. Denk an was ganz anderes. Athen. Denk an Athen, ja?« Ich schenke ihr ein hoffentlich beruhigendes Lächeln und bette sie wieder auf ihr Kissen.

»Was ist los?«, fragt Loukas, nachdem Eleni die Augen wieder geschlossen hat.

Ich versuche meinen Gesichtsausdruck so entspannt wie möglich wirken zu lassen.

»Nichts.« Ich schlucke. »Nur ein schlechter Traum.«

Er sieht von mir zu Eleni, zu dem Eis auf dem Bettlaken.

»Du solltest Eleni mal Schwimmunterricht geben«, bemerke

ich beiläufig, aber mein Onkel fällt nicht so leicht auf mein Lächeln herein wie meine Cousine.

»Was ist passiert?«, brummt er und will nach meinem Arm greifen – ganz wie das Mädchen eben in Somna. Ich zucke zurück. Eine tiefe Furche entsteht zwischen den Augenbrauen meines Onkels.

»Was ist passiert, Sel?«, wiederholt er sanft.

Ja. Was ist eigentlich passiert? Was genau an diesem Mädchen hat mich so aus der Fassung gebracht? Der Blick meines Onkels bringt ein wenig Klarheit in meinen Kopf zurück.

»Da war ein Mädchen …«, beginne ich.

»Ein Mädchen?«

»Ja, eine junge Frau. Ungefähr in meinem Alter. Und sie …«, ich zögere, »sie war *wach.*«

»Eine Klarträumerin?«

Ich schüttele den Kopf und sehe, wie die Furche auf Loukas' Stirn immer tiefer wird. Sein Zweifel hängt in der Luft, aber er spricht ihn nicht aus. Das muss er auch nicht – ich weiß genau, was er denkt. Es gibt keine weiblichen Traumgänger. Zumindest keine außer mir.

»Ist ja auch egal. Ich bin jedenfalls abgehauen. Mama wäre stolz auf mich.«

Ich höre den Sarkasmus in meiner Stimme und rutsche von Loukas weg. Irgendwo in mir spüre ich den Impuls, einfach wieder in Elenis Traum einzusteigen und zu dem Marktplatz zurückzukehren. Vielleicht ist das Mädchen noch da.

Loukas betrachtet mich nachdenklich. »Dir ist klar, dass du vorsichtig sein musst, Sel«, sagt er, und ich weiß, dass er mir ansieht, was ich denke.

Ohne seinem Blick zu begegnen, lege ich mich neben Eleni auf die Matratze. Mein Arm pocht im Rhythmus meines Herzschlags, genau dort, wo die Fremde ihn gepackt hat. *Vorsichtig sein. Ja. Vorsichtig bin ich schon mein ganzes Leben lang.* Aber plötzlich weiß ich nicht mehr, wie lange ich das noch sein kann.

Ich lege meinen Kopf neben den der schlafenden Eleni, starre an die Zimmerdecke, lausche ihren Atemzügen und den dumpfen Schritten, mit denen Loukas mein Zimmer verlässt. Vor meinen halb geschlossenen Augen schwimmt das Gesicht der Fremden.

Im Türrahmen webt eine Spinne ein Netz. Sie bewegt sich schleichend und effizient, nie hastig, während sie ihren Faden hervorpresst. Immer dichter wird das Netz. Eine Fliege surrt in der gegenüberliegenden Zimmerecke.

2

Ria

Es ist erst kurz nach drei. Ich seufze und greife nach meinem Smartphone. Eine Nachricht von Lil, die mit Basso und den anderen einen Skandinavien-Trip macht, sonst nichts. Mein Hocker quietscht, als ich mein Gewicht verlagere. Seit zwei Stunden und siebenunddreißig Minuten sitze ich schon hier hinter dem Empfangstresen, quietsche und warte. Zwischendrin darf ich immer wieder aufstehen und Besucher begrüßen. Die Zeit wird in diesem Sommerjob zu einer klebrigen Masse, bei der sich keine Sekunde von der vorherigen lösen mag.

Dabei habe ich mich so auf den Job gefreut und sogar den Skandinavien-Trip dafür sausen lassen. Aber die letzten Tage des Herumsitzens haben mir gezeigt, was für eine miserable Entscheidung das war. Wie gern würde ich jetzt mit Lil und den anderen durch die Gebirge Norwegens wandern und ins kalte Wasser der Fjorde springen.

Mein Blick gleitet durch die riesige Fensterfront, vorbei an der Sicherheitsschleuse mit den Polizisten und Metalldetektoren hinaus in die Hitze Berlins. Auf dem Vorplatz hocken ein paar Schüler mit ihren Pausenbroten in der Sonne. Einige spielen an ihren Handys, andere unterhalten sich. Vermutlich sind sie hier, um sich den neuen Sitz der Traumunion anzusehen und im multimedialen Besucherzentrum nebenan etwas über die Geschichte der Traumgänger zu lernen.

Ich beuge mich vor, um nach meiner Trinkflasche auf der Arbeitsfläche des Empfangs zu greifen, und spüre das Piksen meines Namensschilds an der Brust. *Ria Maywald, Traumunion* steht darauf. Immerhin klingt das so, als würde ich hierhin gehören.

Während ich trinke, beobachte ich Luisa, die einer Gruppe junger Männer gerade den Weg zur Einführungsveranstaltung erklärt. Wie immer hat sie eine Mischung aus Langeweile und Überheblichkeit auf dem von blonden Haaren umrahmten Gesicht. Die Hierarchie zwischen uns ist klar. Luisa bekommt die coolen Aufgaben, ich nicht. So einfach ist das.

Genauso simpel wie der Grund dafür. Mein Vater ist zwar Pressesprecher der Traumunion, aber er ist ein ganz gewöhnlicher Träumer. Ihr Vater ist ein Erlbach, ein Traumkommissar aus einer uralten Traumgängerfamilie. Das ist etwas ganz anderes.

Die Männergruppe geht davon, in Richtung Innenhof. Luisa lässt sich auf ihren Hocker fallen und schlägt die langen Beine übereinander. Ihr Hocker quietscht nicht.

»Als ob irgendwer von denen wirklich ein Traumgänger wäre«, sagt sie, ohne die Stimme zu senken. »Die sind doch nur zum Gaffen hier. Ich verstehe nicht, warum wir dieses Theater nötig haben.«

Ich zucke mit den Schultern und hoffe, dass mein Gesichtsausdruck die Art von Zustimmung zeigt, die sie sich wünscht. Mir fällt auf, dass sie »wir« gesagt hat. Mich meint sie damit aber sicherlich nicht.

»Ich gehe mal aufs Klo«, sage ich, erhebe mich von meinem Hocker und schlendere, so langsam ich kann, zur Damentoilette. Wie so oft in alten Berliner Gebäuden, die früher einmal Fabrikhallen waren und heute zu imposanten Lofts oder Büros umgebaut wurden, befinden sich die Toiletten unpraktisch weit weg von Orten wie dem Eingangsfoyer. Aber mir ist das gerade recht. Langsam gehe ich den Gang entlang. Vorbei an alten Fotografien in modernen Silberrahmen und unter stylischen Lampen hindurch, die perfekt zum hippen Fabrikcharme der Backsteinwände passen. Die Fotos stammen von der offiziellen Gründung der internationalen Traumunion nach Ende des großen Traumkriegs. Eine Gruppe anzugtragender Männer steht vor dem ehemaligen Hauptgebäude der Union, einer imposanten Villa, die die Gewichtigkeit der Aufgabe unterstreicht: die Ordnung der Welt zu bewachen und Einmischungen in die Träume der Menschen zu verhindern. Lächeln war damals wohl nicht erlaubt.

Schnell gehe ich weiter, um den grimmigen Blicken der Männer auf den Fotografien zu entkommen. Ein paar Meter den Gang hinunter werden die Bilder farbig und die Personen auf ihnen besser gelaunt. Ich sehe den aktuellen Generalsekretär Giacomo Laurenti strahlend bei der Einweihung des heutigen Hauptgebäudes, in dem ich mich gerade befinde. Auf einem weiteren Foto schüttelt er dem amerikanischen Präsidenten die Hand. Die beiden sind umringt von berühmten Traumkommissaren, allesamt Mitglieder großer Traumgängerfamilien. Ein paar Meter weiter lächelt Luisas Vater Wolfgang Erlbach aus einem der Rahmen heraus. Ob sie weiß, dass das Foto hier hängt? Wie muss sich das anfühlen, dass die eigene Familie in den Gängen der internationalen Traumunion verewigt ist? Vermutlich trägt sie deshalb immer diese Überheblichkeit zur Schau.

Der Vorraum der Damentoilette empfängt mich mit Neonlicht und dem leisen Surren der Lüftung. Mein Blick streift den Spiegel. Zahlreiche meiner dünnen, roten Haare stehen wie elektrisch aufgeladen am Scheitel ab. Mit den Handflächen streiche ich mir über den Kopf und betaste die brüchigen Haarspitzen, die auf meinen Schultern aufliegen. Ich sollte mal wieder zum Frisör …

Hübsch bin ich trotzdem. Zumindest wird mir das immer wieder gesagt. Die gerade Nase, die reine Haut, die vielen Sommersprossen. Hübsch, aber nicht zu hübsch. Nicht hübsch genug, um aufzufallen. Hübsch eben, aber nicht schön.

Ich wähle die erste Kabine. In Hockstellung über der Schüssel hängend – schließlich weiß ich nicht, wann die Brille das letzte Mal geputzt wurde –, starre ich auf meine Füße in den Sandalen. Noch viereinhalb Tage, dann ist dieser Aushilfsjob vorbei. Wie ich das finde, weiß ich selbst noch nicht. Ich hatte mir so viel davon versprochen. Nichts ist wahr geworden. Wie absurd zu glauben, dass mir ein paar Tage im Hauptsitz der Traumunion Antworten geben könnten.

Fest steht jedenfalls, dass ich nicht vorhabe, meinen Freunden zu erzählen, wie öde es hier wirklich war. Ich werde nur das Positive betonen: Wer kann schon behaupten, hinter die Kulissen der berühmten Traumunion geschaut zu haben? Und immerhin bin ich in Berlin – das ist schon mal cooler als die Münchner Vorstadt, in der meine Mutter und mein kleines Zimmer auf mich warten …

Als ich zurück zum Empfangstresen komme, überreicht Luisa gerade einem Jungen sein Namensschild. Die Eltern, die hinter ihm stehen, sehen sich schüchtern im Foyer um. Ich frage mich, was sie von diesem Gebäude halten. Ich finde, die Traumunion wirkt, als habe sie es nicht nötig, ihre Wichtigkeit zu zeigen, und als würde sie sie gerade dadurch zur Schau stellen: Unauffällig drückt sich der riesige, von einer roten Backsteinmauer umgebene Komplex an das Spreeufer. Zahlreiche Kameras erfassen jeden Winkel des ehemaligen Fabrikgeländes. Die einschüchternde Bescheidenheit wird im Inneren des Gebäudes fortgesetzt, in dem man von stylischer Leere und dem Motto der Traumunion empfangen wird. *Protector non dominus. Hüter, nicht Herrscher*, steht in silbernen Lettern an der Wand hinter unserem Empfangstresen. Darunter prangt das Logo der Union: zwei sich überlappende Kreise, der eine etwas dicker und größer als der andere, mit dem Schriftzug *International Somnatic Union*.

Ich schenke dem Jungen vor dem Tresen ein bestärkendes Lächeln. Er ist ein paar Jahre jünger als ich. Vielleicht vierzehn. In diesem Moment flüstert er seinen Eltern etwas in einer Sprache zu, die nach Mandarin klingt. Vielleicht ist er ja eines der Kinder, die bereits im Ausland getestet und für einen zweiten Test extra nach Berlin geflogen wurden. Am gestrigen Testtag war ein solches Kind der einzige neue Traumgänger. Wobei die vielversprechendsten Kandidaten in der Regel noch ein wenig jünger sind: Kaum einer hält die Panikattacken und mentale Belastung, die mit der Traumlosigkeit einhergehen, länger als bis ins Teenageralter aus. Die Nervosität ist immer das erste Zeichen für die Traumgängerfähigkeit. Ich lasse mich auf meinen Hocker fallen und atme tief ein und aus.

Als die Familie den Gang hinunter verschwindet, vibriert Luisas Handy schnarrend auf dem Tresen. Sie greift danach.

»Okay. Echt? Natürlich. Wann? … Gut. Bis gleich.«

Sie legt auf. Interessiert betrachte ich sie. Auf ihrem Gesicht scheinen unterschiedliche Emotionen um die Oberhand zu streiten. Mit angespannter, aber entschlossener Miene wendet sie sich mir schließlich zu.

»Mein Vater kommt mich gleich abholen.« Sie stockt. »Mit den Trauministern von Deutschland und Brasilien. Ich begleite sie bei einer Führung durch die Neubauten.«

»Oh«, sage ich. Natürlich. Der Traumgänger-Papa lässt seine Beziehungen spielen.

Ich kann es mir nicht verkneifen: »Das ist doch super. Für dein nächstes Praktikum im Ministerium.«

Luisa nickt nur, dann zuckt ihr Blick zu ihrer Armbanduhr.

Da fällt mir etwas ein, und ich spüre, wie sich ein aufgeregtes Kribbeln in mir ausbreitet.

»Und die Einführungsveranstaltung?«

»Die musst du heute übernehmen.«

Das sind die Worte, auf die ich nun schon seit Tagen warte. Seit die Testtage und unser Sommerjob hier angefangen haben, um genau zu sein. Denn die Einführungsveranstaltung war bisher fest in Luisas Hand. Jeden Tag habe ich hinter ihr hergesehen und sie beneidet, dass sie den Generalsekretär Giacomo Laurenti live sehen darf. Dass sie sich anhören kann, was er über die Traumunion, die Ausbildung und das Traumgehen erzählt.

Ich lasse mein Handydisplay aufleuchten. In ein paar Minuten geht die Veranstaltung los. Ich bebe innerlich. Das hier ist die Gelegenheit, endlich mehr Details zu erfahren. Eine kleine

Chance, diesen Sommerjob doch noch lohnenswert zu machen.

Ich warte nicht länger ab, ob Luisa sich doch noch anders entscheidet, sondern laufe mit einer hastigen Verabschiedung auf den Lippen los, den breiten Gang entlang und durch eine Doppeltür hinaus in den riesigen, mit Kies ausgelegten Innenhof.

Mit so viel Autorität wie möglich steuere ich auf das ehemalige Kesselhaus zu, in dem sich heutzutage ein Versammlungssaal befindet. Ich trete durch die gläsernen Doppelflügeltüren und sehe mich einer überraschend großen Menschenmenge gegenüber. In etlichen Stuhlreihen und auf seitlich aufgestellten, mehrreihigen Tribünen sitzen die Menschen, die Luisa und ich im Laufe der letzten Stunden im Foyer begrüßt haben. Es sind fast ausschließlich Männer, aber auch ein paar Frauen und Mädchen sind darunter – als Begleitpersonen.

Ich gehe auf den Tisch der Tontechnik zu, denn natürlich weiß ich, was Luisas Aufgabe hier ist, und ich habe nicht vor, mich zu blamieren. Sie assistiert der Technikerin, falls es Probleme bei der Präsentation gibt.

Ich versuche mir meine Aufregung nicht anmerken zu lassen, als ich hinter dem schwarzen Pult mit den vielen Tasten und bei der mich nickend begrüßenden Technikerin ankomme.

Neben dem Pult steht ein Stuhl, auf dem ich mich jetzt niederlasse. Ich gebe mein Bestes, so auszusehen, als ob ich das hier jeden Tag mache. Aber ich kann es mir nicht verkneifen, den Hals zu recken, als wenig später das Murmeln und Wispern im Saal verstummt und Giacomo Laurenti die Bühne betritt. Ich halte die Luft an.

Giacomo, der sich in diesem Moment seinen Zuhörern vorstellt, zeigt ein strahlendes Lächeln. Überhaupt scheint alles an ihm zu strahlen. Der sonnengebräunte Teint seiner Haut. Das enge, weiße T-Shirt mit dem V-Ausschnitt, das er unter seinem maßgeschneiderten Jackett trägt. Der grüne Anhänger, der an einer silbernen Kette auf genau diesem T-Shirt baumelt. Und sogar das graue Haar, das bei ihm nicht alternd, sondern stilvoll wirkt. Auch dass er sich überall beim Vornamen nennen lässt, kann nicht verschleiern, dass er einer der mächtigsten Traumgänger ist – der Generalsekretär der Traumunion.

Jetzt gleitet sein Blick durch den Raum.

»Willkommen bei den Testtagen der Traumunion. Jedes Jahr freue ich mich auf diese Zeit. Auf all die neuen Traumgänger, die ich danach in der Ausbildung begrüßen darf. Es ist eine geliebte Tradition geworden, unsere Tore für ein paar Tage im Sommer zu öffnen und nicht nur nach neuen Traumgängern zu suchen, sondern Ihnen allen die Chance zu geben, die Traumunion von innen kennenzulernen.«

Nur an wenigen Stellen merkt man Giacomos Englisch an, dass er kein Muttersprachler ist. Laut meinem Vater soll er bereits als Jugendlicher nach Berlin gekommen sein und mittlerweile unzählige Sprachen fließend sprechen.

»Die letzten Tage waren sehr aufregend, mit über zweihundert Testpersonen. Mir wurde gesagt, dass gerade siebenundachtzig hoffnungsvolle Menschen in diesem Raum sitzen, die nach eigenen Aussagen noch nie geträumt haben. Dies ist ein besonderer Tag für uns alle. Die Gabe des Traumgehens ist außergewöhnlich. Derzeit kennen wir nur knapp sechshundert Traumgänger. Und trotzdem sind unsere jährlichen Testtage der Ort, an dem regelmäßig neue entdeckt werden. Sie, die hier jetzt vor mir sitzen, sind aus der ganzen Welt zu uns gekommen und haben teilweise sogar schon einen Test in Ihrem Heimatland hinter sich. Ich bin überzeugt, dass unter Ihnen der ein oder andere Traumgänger zu finden ist.«

Er lächelt das Publikum an, und sein Optimismus scheint auf die Menschen im Saal überzugehen. In meiner Nähe grinsen sich ein paar der jüngeren Besucher aufgeregt zu.

»Wir wollen eine Gemeinschaft sein. Deshalb versammeln wir alle Traumgänger für die Ausbildung hier in Berlin, wo sie zu einer großen Familie zusammenwachsen. Doch diese Gemeinschaft ist nicht nur eine der Traumgänger, sondern eine Union aller Menschen, die sich für sicheres und freies Träumen einsetzen.« Kurz hält er inne, bevor er eindringlich fortfährt. »Nie wieder sollen sich Menschen in ihren eigenen Träumen nicht sicher fühlen. Nie wieder soll Somna Auswirkungen auf Corpora – unsere wache Welt haben. Nie wieder soll es für politische Absichten missbraucht werden. Dafür steht die Traumunion. Wir Traumgänger haben aus unseren Fehlern gelernt und wollen unserer Aufgabe gerecht werden. Das tun wir nun schon seit fast siebzig Jahren. Seit dem Ende des großen Traumkriegs, den so viele von uns glücklicherweise nur noch aus den Geschichtsbüchern kennen. *Protector non dominus. Hüter, nicht Herrscher.* Das ist unser Motto. Und das wird das Motto eines jeden werden, der heute in die Traumgängerausbildung aufgenommen wird.«

»Was ist mit den Albträumen? Was macht ihr dagegen?«, schallt es plötzlich durch den Saal.

Ich setze mich aufrecht hin, um den Rufer auszumachen. Die Menschen im Saal sehen sich ebenfalls suchend um. Mein Blick fliegt zurück zu Giacomo.

Auf seinem lächelnden Gesicht kann ich ein Zögern ausmachen, bevor er sagt: »Ich würde Sie bitten, mit solchen Fragen bis zur Pressenkonferenz zu warten, sollten Sie von der Presse sein.«

Ich beobachte, wie sich ein Mann, dessen Shirt den Aufdruck *Security* trägt, durch die Stuhlreihen schiebt und sich zu jemandem herunterbeugt, den ich nicht erkennen kann. Nach einem kurzen Wortwechsel nickt der Sicherheitsmann und verlässt die Stuhlreihe wieder.

Giacomo spricht schon weiter. »Um Ihnen einen Eindruck zu geben, was unsere neuen Traumgänger erwartet, sollten sie für die Ausbildung in Frage kommen, wollen wir Ihnen aus erster Hand ein wenig darüber erzählen. Dafür bitte ich Yunus Dede auf die Bühne.«

Giacomo macht eine ausladende Geste, und mir stockt der Atem. Vor fünfzehn Minuten habe ich mich noch auf dem Klo verkrochen und nach Norwegen gewünscht, und jetzt bin ich im selben Raum wie Yunus Dede. Diese Einführungsveranstaltung ist sogar noch besser, als ich es mir vorgestellt hatte. Warum hat Luisa das nie erwähnt? Soll ich ein Beweisfoto für Lil machen?

Yunus hält die Kamera seines Smartphones auf uns Zuschauer gerichtet, während er in wenigen Sätzen die Stufen zur Bühne hinaufspringt. Die Menschen im Saal beginnen aufgeregt zu klatschen. Erst als Yunus sich neben Giacomo auf einem der schicken Ledersessel niederlässt und das Handy wegsteckt, ebbt der Applaus ab. Mit einer Aura der absoluten Entspannung lächelt er dem Publikum zu. Seine Augen funkeln unter den dichten, schwarzen Brauen.

Kein Wunder, dass er sich auf der Bühne so wohl fühlt. Yunus Dede ist der Vorzeigetraumgänger der Union. Alle Leute in meinem Alter folgen ihm auf seinen Social-Media-Kanälen, auf denen er vom Leben in der Traumunion erzählt. Vermutlich hat er gerade eine Story aufgenommen, während er die Bühne betreten hat. Ich nehme mir vor, sie mir später anzusehen.

»Yunus ist Traumgänger und besucht bei uns die zwölfte Klasse«, erklärt Giacomo, als würden das nicht alle wissen. »Yunus, wie bist du in die Traumgängerausbildung gekommen?«

Yunus greift nach einem Mikro, das neben ihm auf einem Beistelltisch liegt.

»Erst mal hallo. Ich freue mich sehr, heute hier zu sein.« Sein Lächeln gleitet durch den Raum. Er ist ein Profi.

»Ich war damals neun Jahre alt. Also ganz im üblichen Alter für eine erste Testung. Meine komplette Familie ist zum Test mitgekommen. Wir waren alle ziemlich aufgeregt. Wobei ich sagen muss, dass mir meine Eltern erst lange nicht geglaubt haben, obwohl ich ihnen immer wieder erzählt habe, dass ich nicht träume. Nach dem Test war das dann natürlich anders. Danach bin ich hier im Internat eingezogen und habe meine Traumgängerkette bekommen.« Seine Finger greifen nach dem grünen Anhänger, der auf seiner Brust baumelt.

»Und wie würdest du das Leben und den Unterricht hier im Internat beschreiben? Wie können sich unsere Besucher den Alltag in der Traumunion vorstellen?«, fragt Giacomo.

»Das ist von Tag zu Tag unterschiedlich«, sagt Yunus und lächelt. Täusche ich mich, oder wirkt es eine Spur gekünstelt? »Zum einen gibt es auch hier den ganz normalen Unterricht – Englisch, Mathe und so weiter. Aber dann gibt es natürlich das Emotionstraining und Aufenthalte in Somna. Und …« Es knackt. Sehr laut. Yunus Lippen bewegen sich weiter, aber seine Stimme ist nur noch gedämpft zu hören. Er sieht auf das Mikrophon in seiner Hand. Die dichten Augenbrauen wandern in die Höhe, während er es schüttelt. Wieder knackt es in den Lautsprechern.

»Hey. Mädchen.« Ich werde unsanft an der Schulter berührt. Es ist die Tontechnikerin. »Bring ihm das.« Sie hält mir ein Mikrophon vors Gesicht und nickt in Richtung Bühne. »Los, beweg dich.«

Wieder knackt es. Giacomo, der selbst ein Headset trägt, nimmt Yunus auf der Bühne das kaputte Mikro aus der Hand. Die Lautsprecher piepsen unangenehm. Ich greife nach dem Ersatz und stehe auf.

Mir wird schlagartig heiß, als ich begreife, dass ich gleich die Bühne betreten muss. Die Stuhlreihen gleiten an mir vorbei, und als ich bei den vorderen Reihen angekommen bin, kann ich die Blicke der Zuschauer auf mir spüren. Hastig springe ich die Stufen empor, die mich aufs Bühnenpodest bringen. Die beiden Männer sehen mich erleichtert an, und Giacomo schenkt mir ein breites Lächeln. Noch ein paar Schritte, dann bin ich bei ihnen. Ich halte Yunus das Mikro hin. Als er danach greift, berühren sich unsere Finger. Bestimmt bekomme ich gleich wieder die roten Flecken, die immer auf meinem Hals brennen, wenn ich aufgeregt bin. Ich spüre, wie mein Herz rast, und kann nichts dagegen tun.

Ich versuche ein Lächeln, das mir ziemlich sicher misslingt, drehe mich um und laufe fast in einen kleinen Beistelltisch hinein, auf dem zwei Gläser Wasser stehen.

»Test, Test«, höre ich Yunus hinter mir sagen und erstarre. Ich habe das Mikro nicht angeschaltet. Blut rauscht mir in den Kopf. Ich wirbele herum.

»Du musst es anschalten«, sage ich, greife ruppig danach und schiebe den grauen Regler nach oben. Yunus grinst mich schief an.

»Test, Test«, hallt es jetzt durch den Saal.

»Danke dir«, sagt Giacomo und entlässt mich mit einem Nicken von der Bühne. Hastig gehe ich in Richtung der Treppe und versuche nicht auf das Publikum zu achten, deren Blicke ich noch immer wie eine heiße Decke auf mir spüre. Mit eiligen Schritten kehre ich zurück zur Tontechnikerin.

Ich setze mich wieder auf meinen Stuhl und versuche so normal wie möglich auszusehen, während das Blut noch immer in meinen Ohren rauscht und rote Flecken auf meinem Hals kribbeln. Obwohl mir niemand mehr Beachtung schenkt, wollen sich mein Herzschlag und meine Atmung nur langsam beruhigen. Ich versuche, mich mit aller Macht zusammenzureißen. Ich darf nichts verpassen, was auf der Bühne gesagt wird. Dafür bin ich doch hier. Im Kopf gehe ich noch mal die Liste der Fragen durch, auf die ich Antworten brauche: *Wie steigt man in einen Traum ein? Gibt es wirklich keine weiblichen Traumgänger? Woran liegt das? Und wenn das so ist, was zum Teufel stimmt dann nicht mit mir?* Bei dem letzten Gedanken hämmert mein Herz noch schneller. Ich atme tief ein und versuche mich mit aller Macht zu beruhigen. Wie so viele Male zuvor … Doch mein Gehirn steckt in einer Art Fluchtmodus fest, und Yunus' und Giacomos Ausführungen über die Ausbildung und die anschließend mögliche Karriere als Traumkommissar gehen in dem Rauschen in meinen Ohren unter.

Als ich meinen Herzschlag wieder einigermaßen unter Kontrolle habe, endet die Einführungsveranstaltung auch schon. Ich starre auf die Bühne, während sich die Zuschauer erheben und nach draußen zu den Führungen oder zu ihren Testterminen gehen. Ich kann nicht fassen, dass keine meiner Fragen beantwortet wurde. Und dass ich noch nicht mal ein Beweisfoto von Yunus Dede gemacht habe, das ich Lil schicken könnte.

»Ey. Holst du mir mal die Mikros von der Bühne?«, fragt mich die Technikerin. Ich reiße mich zusammen, nicke und gehe los.

Auf der Bühne hat sich ein Pulk von Menschen um Giacomo gebildet. Yunus ist nirgendwo zu sehen. Es ist ein merkwürdiges Gefühl, die Bühne jetzt zu betreten, wo sie nicht mehr im Zentrum der Aufmerksamkeit steht.

Gerade sammle ich die Mikros ein, die auf den Sesseln liegen, da höre ich hinter mir ein Räuspern.

»Ähm. Entschuldigung.«

Ich drehe mich um. Vor mir steht ein Mädchen von vielleicht neun oder zehn Jahren. Ihre Arme umklammern den Rucksack vor ihrem Körper wie einen schützenden Schild.

»Du bist doch von der Traumunion, oder? Weißt du, wo ich einen Testtermin ausmachen kann?«

»Einen Testtermin?«

»Ja.«

»Für den Traumgängertest?«

»Ja.«

Ich runzele die Stirn.

»Hat dein Bruder oder wen auch immer du begleitest denn keinen Termin?«

Unsicher schaut das Mädchen zum Ausgang. »Doch.«

Ich folge ihrem Blick und sehe einen Jungen an der Tür stehen, der uns beobachtet.

Jetzt holt die Kleine Luft und umfasst ihren Rucksack noch enger, als hätte sie Angst, er könnte ihr jeden Moment herunterfallen. »Aber ich hätte auch gern einen Termin.«

Ich starre sie an, unfähig, etwas zu sagen. Dann kommen mir die einzigen Worte über die Lippen, die mein Gehirn in diesem Moment ausspuckt: »Wieso denn? Du kannst kein Traumgänger sein.«

Sie zögert nicht. Vermutlich hat sie genau mit dieser Antwort gerechnet. »Aber ich träume nicht. Wirklich. Ich habe noch nie geträumt.«

Etwas in mir versteift sich. Ich öffne den Mund, aber es kommt keine Antwort heraus, sondern nur ein seltsames Geräusch, das eine Mischung aus Lachen und Stöhnen ist. Ich hole Luft und presse schließlich hervor: »Weißt du eigentlich, was du da sagst? Es gibt keine weiblichen Traumgänger.«

Ich schaffe es sogar, ein Lächeln auf mein Gesicht zu zwingen. Sie ist noch klein. Vermutlich ist es nur eine Phase. Sie wird diese Phantasie irgendwann hinter sich lassen. Genauso wie ich es tun muss.

Enttäuschung macht sich auf dem Gesicht des Mädchens breit. »Ich wäre so gerne Traumgängerin.«

Sind das Tränen in ihren Augen, oder ist das das Licht?

Vermutlich hätte jede andere Person jetzt verständnisvoll reagiert. Hätte sie getröstet und ihr gesagt, dass sie so viele andere Möglichkeiten hat als Frau. Hätte sie zum Informationsstand geführt, um ihr ein paar Sticker mit dem Logo der Traumunion zu schenken. Aber ich stehe nur da, sehe sie an und hasse mich dafür, dass ich all diese Dinge nicht tue.

»Es gibt keine Traumgängerinnen, das weißt du genau. Also

vergiss den Test, und erzähl nicht in aller Öffentlichkeit so einen Quatsch«, sage ich mit einer Härte in der Stimme, die mich selbst erschreckt.

Jetzt bin ich mir sicher, dass da Tränen in den Augen des Mädchens glitzern. Ich bin ein Monster.

»Achte nicht auf sie, sie meint es nicht so.«

Die Stimme hinter mir ist so sanft, dass ich sie kaum wiedererkenne. Doch als ich mich umdrehe, durchfährt es mich wie ein Blitz. Es ist Yunus Dede.

Er beugt sich zu dem Mädchen herunter und umfasst mit den Händen ihre Schultern. »Lass dir von niemanden einreden, dass du etwas nicht tun kannst, hörst du? Wenn dir etwas wichtig ist, musst du darum kämpfen.«

Das Mädchen ist sprachlos. Ich auch.

»Wie heißt du?«

»Vivi«, piepst das Mädchen.

»Also, Vivi«, sagt Yunus. »Heute klappt es vielleicht nicht mit dem Test für dich. Aber wer weiß, vielleicht eines Tages?«

Vivi sieht ihn an wie eine Erscheinung, und vermutlich steht mein Gesichtsausdruck dem in nichts nach. Fassungslos schaue ich zu, wie er ihr eine Autogrammkarte gibt und sie davonläuft, stolz, als hätte sie den Test bestanden.

Langsam richtet Yunus sich auf und wendet sich zu mir um.

»Was sollte das?« In seinen Augen sehe ich Ärger, der mir eine erneute Woge Hitze über den Rücken fahren lässt.

»Was?«, gebe ich nur von mir.

»So geht man doch nicht mit einem kleinen Mädchen um«, sagt er, schüttelt den Kopf und will mich einfach stehen lassen, als sich etwas in mir löst.

»Aha. Aber kleinen Mädchen falsche Hoffnungen machen, das ist okay, oder wie?«

Keine Ahnung, was in mich gefahren ist, doch ich kann die Worte nicht aufhalten: »Sie wird niemals einen Test machen, und das weißt du ganz genau. Und sie weiß das auch. Auch wenn sie es noch nicht wahrhaben will. Du hast doch keine Ahnung, wie das ist als Mädchen!«

Er wendet sich um. Eine seiner Brauen wandert in die Höhe, und in seinen dunklen Augen blitzt etwas auf. Sein Blick wird so intensiv, dass ich fast vor ihm zurückweiche.

»Man muss nicht immer alles so hinnehmen, wie es scheint«, sagt er.

»Du hast doch keine Ahnung«, wiederhole ich, und im selben Moment meldet sich eine Stimme in meinem Kopf, die mich daran erinnert, dass das hier Yunus Dede ist. *Yunus Dede.* Wenn einer Ahnung hat, dann vermutlich er.

Jetzt grinst er plötzlich. »Dann erklär es mir gern.«

Meine Finger pressen sich um die Mikros, suchen Halt. Ich muss sofort hier weg. Sonst fliegt die Tür in meinem Inneren auf, die ich um alles in der Welt geschlossen halten muss. Sonst werden die Wellen der Panik, die ich nur zu gut kenne, durch meinen Körper branden und alles in Beschlag nehmen. Und das darf nicht passieren. Nicht hier. Nicht im Herzen der Traumunion. Und schon gar nicht vor ihrem Vorzeigetraumgänger Nummer eins.

Ich drehe mich abrupt um und laufe in Richtung der kleinen Treppe, die von der Bühne führt.

»Hey«, ruft Yunus hinter mir. »Warte mal.«

Ich höre Schritte, dann stellt er sich mir in den Weg. Sein Blick huscht über das Namensschild an meiner Brust.

»Ria.«

Er legt eine Hand auf meinen Arm. Es ist, als würden seine Finger mich verbrennen.

»Lass mich!«

Ich reiße mich los, stürze aus dem Saal und renne durch die Menge der Besucher, bis ich endlich eine abgelegene Toilette finde, in der ich ein paar Minuten oder vielleicht auch Stunden auf dem Klodeckel sitze und an die Kabinentür starre. *Habe ich gerade ernsthaft Yunus Dede angebrüllt und bin dann vor ihm davongelaufen? Hätte ich gerade fast eine meiner Panikattacken direkt im Hauptsitz der Traumunion bekommen?* Bei dem Gedanken wird mir übel.

Erst als von außen jemand energisch an der Kabinentür rüttelt, überwinde ich mich, die Mikros zu der schlechtgelaunten Tontechnikerin zurückzubringen und ihre Vorwürfe über mich ergehen zu lassen. Hoffentlich erzählt sie Luisa nichts davon. Aber vermutlich würde die mich eh nie wieder in die Einführungsveranstaltung lassen. Mal ganz abgesehen davon, dass ich nicht weiß, ob ich das in den nächsten Tagen noch mal durchstehen würde.

Ich verziehe mich in eines der oberen Stockwerke und helfe dabei, die Besucher zu ihren Tests zu führen.

Irgendwann sind die Letzten gegangen, und ich trete durch den Haupteingang der Traumunion. Langsam durchquere ich die Wärme des weitläufigen Vorplatzes und setze mich auf ein paar schattige Treppenstufen, direkt an der Straße. Die Luft riecht nach aufgeheiztem Asphalt und Abgasen, und die Stufe trägt noch die Wärme der weitergezogenen Sonne in sich. Mein Handy vibriert.

Hole dich ab. Dauert noch, steht da.

Ich sehe den Autos vor mir zu. Feierabendverkehr. Mit den aufziehenden Wolken kriecht die Schwüle durch die Straße. Ich spiele an meinem Smartphone herum. Wenn Passanten an mir vorbeilaufen, tippe ich besonders konzentriert auf das Display. Sie müssen ja nicht wissen, dass ich nur durch meinen Social-Media-Feed scrolle. Dass ich Yunus Dedes Profil betrachte und dann energisch die App schließe.

Irgendwann hält ein schwarzer BMW direkt vor mir und hupt. Ich stehe auf und steige in den Wagen.

»Hi, Papa.«

»Hey.«

Er nickt mir zu, ehe er den Blinker setzt und sich wieder im Verkehr einordnet.

»War etwas hektisch heute. Musstest du lange warten?«

Ich schüttele den Kopf und betrachte ihn von der Seite. Er wirkt blass. Aber vermutlich ist es nur der zunehmend weiße Schimmer seiner Haare, die nicht grau werden, sondern einfach nur an Farbe verlieren. Als wolle der ganze Mann am liebsten nach und nach verschwinden – ein sehr unpassendes Bedürfnis, wenn man Pressesprecher der Traumunion ist. Kurz muss ich an den Zwischenrufer bei der Einführungsveranstaltung denken. In den Pressekonferenzen bekommt mein Vater solche Fragen vermutlich täglich zu hören, seit die Sache mit den Albträumen losgegangen ist. Kurz erwäge ich, ihn danach zu fragen, entscheide mich dann aber dagegen. Nach dem Zusammentreffen mit Yunus Dede fehlt mir die Energie für ein Gespräch.

Das Klingeln des Handys meines Vaters erlöst uns von der Stille im Wagen. Mit einem entschuldigenden »Sorry« nimmt er das Gespräch über sein In-Ear-Headphone an, das er im linken Ohr trägt. So etwas wie Feierabend gibt es in seinem Job nicht. Das war schon immer so, auch bevor die Menschen angefangen haben, sich über die Albträume zu beschweren.

Ich lasse das Fenster herunter. Schwüle Stadtluft dringt ins Innere des Wagens, nimmt mir ein wenig der Beklemmung. Ich atme tief ein und beobachte die Reihen der Häuser und Autos, die an uns vorbeigleiten.

Neben mir beendet mein Vater sein Telefonat und versucht ein Gesprächsthema mit mir zu finden. Er spricht über seine Urlaubspläne mit Anna und Kilian. Spanien. Sobald ich wieder in München bin, wird es für die drei losgehen. Wie schön. Kilians neuer Hund. Kilian wird sich so freuen, wenn er ihn nächste Woche zu seinem dritten Geburtstag bekommt. Wie schön. Anna hat vor, heute Abend Spaghetti mit Sahnesauce zu kochen. Extra für mich, weil es mein Lieblingsessen ist. Wie schön. Und habe ich mit meiner Mutter telefoniert? Ich soll doch bitte liebe Grüße ausrichten.

Irgendwann klingelt sein Handy erneut, und ich habe den Verdacht, dass wir beide erleichtert sind.

Ein paar Minuten später rollt der Wagen durch die ruhigen Straßen Potsdams und hält vor der alten Villa, die von Eichen umrahmt auf einer großen Rasenfläche steht. Am Tor gibt es drei beschriftete Klingeln. Ein Name ist Maywald. Die anderen hat sich Anna ausgedacht, damit Einbrecher denken, es sei ein Mehrfamilienhaus.

Mein Vater fährt über den Schotterweg und parkt unter dem hölzernen Carport. Der Motor verstummt.

»Hat man eigentlich noch nie Frauen auf die Traumgängergabe getestet, Papa?«, murmele ich in die plötzliche Stille hinein.

Überrascht sieht er mich an.

»Doch. Aber keine Frau hat jemals die Gabe gezeigt, das weißt du doch. Das muss irgendwelche physiologischen Gründe haben.« Er wedelt mit der Hand grob in die Richtung meines Körpers, als würde das irgendetwas erklären.

Ich reiße mich zusammen und stelle meine nächste Frage: »Aber was ist, wenn es doch Ausnahmen gibt?«

»Rieschen, diese Phase hast du doch längst überwunden.«

Die Art, wie er meinen Kosenamen benutzt, und das herablassende Verständnis in seinem Blick machen mich wütend. Ich beiße auf meiner Wange herum. Mein Vater ist der einzige Mensch, der diese Wut in mir auslösen kann.

Im Seitenspiegel des Autos sehe ich, wie die Haustür hinter uns aufgeht und Kilian auf dem Treppenabsatz erscheint.

Ich schnalle mich ab, reiße die Autotür auf und atme tief ein.

»Riiii!«, ruft mein Halbbruder vom Hauseingang her.

»Kili!«

Ich lächle und breite die Arme aus, während er auf mich zurennt.

Ich muss vergessen, was das Mädchen zu mir gesagt hat. Muss vergessen, was das kurze Treffen mit Yunus Dede in mir ausgelöst hat. Und vor allem muss ich die Wahrheit vergessen, die niemand hören will.

3

Selena

Langsam lasse ich meinen Blick über den Horizont gleiten. Im Dunst, der über dem Meer aufsteigt, kann ich den schmalen blauen Streifen nur verschwommen erkennen. Wie mit zu feuchter Farbe gemalt, geht er direkt in das Hellblau des Morgenhimmels über. All das lässt mich an Somna denken. Ich blinzele in die aufsteigende Sonne hinein, die die über dem Meer treibenden Wolken von unten anstrahlt, und wische mir den Schlaf aus den Augen. Obwohl ich Frühaufsteherin bin, wäre ich heute gerne noch etwas länger liegen geblieben. Nach den gestrigen Ereignissen habe ich schlecht geschlafen. Wie zu laute Stimmen gingen mir die Gedanken durch den Kopf und ließen mich immer wieder hochschrecken.

Hinter mir schläft das Dorf noch. Ich sitze auf der Kaimauer am Marktplatz – ungefähr dort, wo ich gestern in Somna mit Eleni ein Eis gegessen habe. Dort, wo die Fremde aufgetaucht ist. *Woher kannte sie den Namen meines Vater? Ist sie wirklich eine Traumgängerin? Genau wie ich?* Je länger ich letzte Nacht darüber nachgedacht habe, desto sicherer bin ich mir geworden. Ich bin nicht allein. Es gibt noch andere Mädchen, die traumgehen können. Habe ich das nicht immer vermutet?

Ich kaue auf meiner Wange herum.

Warum nur bin ich so schnell abgehauen? Vor der einzigen Person, die mich verstehen könnte? Die mir Antworten liefern könnte …

Antworten. Ich brauche endlich Antworten. Das immerhin hat mir die fremde Traumgängerin klargemacht.

Ich rutsche von der Kaimauer herab und überquere den Marktplatz. Auf dem Weg die Straße hinauf zu unserem Haus ziehe ich mein Handy hervor. Doch eine Internetsuche mit den Stichwörtern »weiblich« und »Traumgänger« spuckt nur die üblichen Erklärungen aus. Traumgänger seien immer männlich. Zumindest sei das bei allen bisher bekannten Traumgängern der Fall. Die Forschung habe noch keine genaue Antwort auf das Warum gefunden.

Ich werfe mich mit der Schulter gegen das Tor zu unserem Hof, woraufhin es scheppernd auffliegt. Das Haus und die angrenzende Ferienwohnung liegen friedlich in der frischen Morgenluft, umhüllt vom Zwitschern der Vögel. Schnell husche ich ins Haus, streife die Schuhe ab und laufe so leise wie möglich die Treppe hinauf. Wahrscheinlich ist meine Mutter mit ihrer morgendlichen Yoga-Routine beschäftigt. Ich meide die Stufen, von denen ich weiß, dass sie knarzen, und komme beinahe geräuschlos auf dem oberen Treppenabsatz zum Stehen. Rechts von mir befindet sich das Arbeitszimmer meiner Mutter.

Ich weiß, dass das, was ich gleich tun werde, ein absoluter Vertrauensbruch ist. Aber was habe ich für eine Wahl, wenn meine Mutter mir nie etwas erzählt?

Vorsichtig betrete ich das Arbeitszimmer, wo mich das gewohnte Durcheinander erwartet. Die Fensterläden sind geöffnet, und die Morgensonne fließt über den großen, hölzernen Schreibtisch. Auf und um den Tisch herum stapeln sich Bücher in unterschiedliche Höhen. Doch ich weiß genau, wonach ich suche. Lautlos durchquere ich den Raum, umrunde die Bücherstapel und erreiche den Einbauschrank. Die Scharniere ächzen, als ich die Tür öffne.

Ich setze mich im Schneidersitz auf die Dielenbretter und horche. Nebenan knarzt etwas. Offenbar hatte ich recht mit meiner Yoga-Vermutung. *Jetzt.* Nicht weiter nachdenken. Nicht das schlechte Gewissen zulassen, das langsam in mir emporkriecht.

Ich räume ein paar der Ordner zur Seite, in denen meine Mutter langweilige Dinge wie Bankunterlagen und Versicherungspolicen verstaut. Vermutlich hat sie gedacht, dass ich hier niemals nachsehen würde. Aber ich habe ihr Versteck bereits vor ein paar Jahren entdeckt und die kleine Box gefunden, die sie hinter den Ordnern aufbewahrt. Geöffnet habe ich sie jedoch nie. *Bis jetzt.*

Vorsichtig ziehe ich sie aus dem Schrank und lege sie mir auf den Schoß. Es ist eine unscheinbare, graue Schachtel, auf der in der Handschrift meiner Mutter der Name *Theo* steht. *Theo* – der Name meines Vaters. *Theo Parker.*

Das immerhin weiß ich über ihn. Und ich weiß, dass er ein Traumgänger war. Doch außer ein paar verschwommenen Erinnerungen an seine sporadischen Besuche bei uns und einem dumpfen, schmerzhaften Ziehen in meiner Magengrube, wenn ich an ihn denke, ist mir nichts von ihm geblieben.

Vor meinem inneren Auge taucht das Bild meiner Mutter auf, die weinend auf dem Boden kniet, mich an sich drückt und mir sagt, dass mein Vater tot sei. Damals muss ich ungefähr sechs Jahre alt gewesen sein. Seitdem habe ich nie wieder geträumt. Und ich habe das Wort »Papa« nie wieder in unserem Haus erwähnt. Zumindest nicht, ohne dass meine Mutter mit schmerzerfülltem, angstvollem Blick das Zimmer verlassen hätte.

Ich schlucke, während meine Finger den Rand der Box entlangfahren. *Mach schon. Bevor du es dir anders überlegst.* Ich hebe den Deckel der Schachtel.

Mein Herz hämmert, als wäre ich soeben hundert Meter gesprintet, als ich auf den Inhalt herabsehe. Enttäuschung steigt in mir auf, die Box ist fast leer. Was habe ich erwartet? Das liebevolle Gesicht meines Papas, der mir entgegenlächelt und mir sagt, dass er mich ebenso vermisst wie ich ihn?

Stattdessen liegen vor mir ein einzelnes Buch und eine Handvoll bunter, zerknickter Zettel. Es ist, als würde etwas nach meiner Kehle greifen und langsam zudrücken.

Ich weiß genau, was das für Zettel sind. Ich selbst habe eine ganze Sammlung von ihnen in meinem Zimmer. Kleine Grußbotschaften oder To-Dos von meiner Mutter: Immer wenn sie aus dem Haus geht, hinterlässt sie sie für mich – auf dem Esstisch, am Badezimmerspiegel oder an meiner Zimmertür. Und sie enden immer gleich: *Kuss, Mama.*

Doch bevor ich auch nur einen der Zettel in die Hand nehmen kann, weiß ich, dass *diese* Botschaften nicht von meiner Mutter stammen. Einer der Zettel liegt aufgefaltet oben auf dem Stapel: *Mein Schatz. Du weißt, dass ich nicht gut in Verabschiedungen bin. Ich komme zurück, sobald ich kann. Versprochen. – T.*

Die enge, hüpfende Handschrift auf dem Zettel ist fremd und vertraut zugleich, so lange habe ich sie nicht gesehen. Ich kann förmlich spüren, wie die Hand meines Vaters über das Papier fährt.

Zitternd greife ich nach den anderen Zetteln.

Du bist wunderbar! – T., steht auf einem.

Ich liebe dich! – T., auf einem anderen.

Meine Finger fliegen über die Papierstücke, entfalten eines nach dem anderen und lassen sie neben mir auf den Boden fallen, sobald ich sie gelesen habe.

Tut mir leid. Kannst du mir verzeihen? – T.

Was hältst du von dem Namen Selena? – T.

Ihr beide macht mich zum glücklichsten Mann der Welt! – T.

Sie werden unruhig. Ich muss zurück zu Eric. Mach dir keine Sorgen, ich bin bald wieder bei euch! Gib Sel einen Kuss von mir. In Liebe, T.

Vehement blinzele ich die Tränen weg. All diese Botschaften, geschrieben von meinem Vater, sind wie ein Beweis dafür, dass es ihn wirklich gegeben hat. Dass ich einen Papa hatte. Dass er mehr ist als eine verschwommene Erinnerung und ein Schweigen, das seit Jahren in unserem Haus lebt.

Ich stopfe den letzten Zettel in meine Hosentasche, wo ich ihn wie ein warmes Glühen an meinem Bein spüre. Dann wische ich mir über die Augen und atme bebend aus. In der Schachtel liegt nun nur noch das Buch. Es hat einen schmucklosen, bräunlichen Einband, der keinen sehr stabilen Eindruck macht. Ich hebe es aus der Box heraus und drehe es um. *Somna – Mythen und Sagen der Traumwelt* steht in verschnörkelter Schrift auf dem Buchdeckel.

Meine Finger fahren durch die Seiten und bringen Hunderte Zeilen enger, altmodischer Druckschrift zum Vorschein. Das Buch scheint eine Art Märchensammlung zu sein. Am Anfang jedes Kapitels findet sich eine detailreiche Zeichnung furchteinflößender Fabelwesen oder großer Schlachten. Warum hat meine Mutter dieses Buch in die Schachtel gelegt? Doch bevor ich anfangen kann eine der Geschichten zu lesen, kommt mein Daumen beim Durchblättern der Seiten ins Stocken. Etwas fällt mir entgegen. Ein Lesezeichen? Nein. Es hat dieselbe Form wie ein Lesezeichen – lang, dünn und schlank. Doch es ist etwas ganz anderes. Ich hätte nicht gedacht, dass sich mein Inneres noch weiter zusammenziehen könnte. Aber in diesem Moment verkrampft sich alles in mir, und mir entweicht ein Geräusch, das irgendwo zwischen einem Stöhnen und einem Schluchzen liegt.

Ich halte einen Fotostreifen in der Hand. Er sieht aus wie aus einer dieser billigen Fotoboxen in Athen. Drei Fotos prangen darauf, umrahmt von einer geschmacklosen, verpixelten Verzierung. Aus jedem der drei Bilder grinsen mich dieselben Menschen an: Ich selbst im Vorschulalter mit einem unordentlichen Pferdeschwanz und einer gut sichtbaren Zahnlücke. Rechts neben mir das lachende Gesicht meiner Mutter. Sie sieht aus wie heute – nur etwas jünger … glücklicher. Und auf meiner linken Seite … *er*. Auf jedem Foto trägt er ein Lächeln, das seine Augen zum Strahlen bringt. Auf dem obersten hat er den Kopf zurückgeworfen und lacht aus vollem Hals, auf dem zweiten grinst er in die Kamera, und auf dem letzten ist sein Blick auf das Kind auf seinem Schoß gerichtet. *Auf mich.*

Mir wird schwindelig, und ich zwinge mich, weiterzuatmen.

Worüber lacht er? War es etwas, das ich gesagt oder getan habe? Wie hat es sich angefühlt, auf seinem Schoß zu sitzen und so liebevoll von ihm angesehen zu werden? Ich blinzele heftig.

Der Ursprung der Weltentrennung steht oben auf der Buchseite, in die das Foto hineingelegt war. Ich lese die Worte, aber kann sie kaum aufnehmen. Wieder wandert mein Blick zu dem Fotostreifen in meinen Händen, sucht nach Ähnlichkeiten zwischen meinem Gesicht und dem des lachenden, dunkelhaarigen Mannes.

Hinter mir ertönt ein Scharren und Knarzen. Zu spät dringt es in mein Bewusstsein, und als ich herumwirbele, steht meine Mutter bereits hinter mir und starrt mich mit einem Ausdruck auf dem Gesicht an, den ich noch nie an ihr gesehen habe.

Ein paar Sekunden sagt niemand von uns etwas.

Dann haucht meine Mutter vier Worte in die Stille: »Was tust du da?«

Es ist, als wäre ich von weit weg zurück in die Realität gerissen worden. Ähnlich einer Rückkehr aus Somna, nur schmerzhafter. Ich stehe auf.

»Warum hast du mir das nie gezeigt?«, bringe ich hervor und halte ihr mit mühsam unterdrücktem Zittern den Fotostreifen entgegen.

Sie starrt darauf, als hätte sie Mühe zu verstehen, was sie da sieht. Dann kommt Bewegung in sie. Mit zwei Schritten ist sie bei mir und reißt mir das Foto aus der Hand, ehe ich es verhindern kann.

»Das sind meine Sachen, Selena!« Ihre Stimme überschlägt sich. »Du hattest kein Recht …«

»Ich habe kein Recht?!« Fast habe ich nicht genug Luft für die

Worte. »Du hast ein Foto von meinem Vater und hast es mir all die Jahre nicht gezeigt? Natürlich habe ich ein Recht darauf, es zu sehen.«

Der Blick meiner Mutter gleitet über die Zettel auf dem Boden. Ihre Augen füllen sich mit Tränen. Sie öffnet den Mund, doch die Worte scheinen irgendwo in ihr festzustecken. Das gibt mir die Chance, Luft zu holen. Ich spüre, dass sich die Traurigkeit in mir in etwas anderes verwandelt hat: in Wut. Und das ist eine Emotion, mit der ich besser umgehen kann.

»Warum ist mein Vater verschwunden? Was ist mit ihm passiert? Wie ist er gestorben?« Ich mache einen Schritt auf sie zu. »Du weißt es! Du weißt es und du sagst es mir nicht!«

Meine Mutter weicht einen Schritt zurück. Dann tritt etwas in ihre Augen, das den Schock verdrängt.

»Selena! Du kannst nicht einfach meine Sachen durchsuchen!«

»Du erzählst mir ja nichts!«

»Zu deinem eigenen Schutz!«

Ich lache ein freudloses Lachen.

»Zu meinem eigenen Schutz?« Meine Stimme steigert sich zu einem Schreien. »Wovor willst du mich schützen? Davor zu wissen, wer mein Vater war?«

»Du weißt, wer dein Vater war.«

Wieder drängt sich ein Lachen aus meiner Kehle. Doch meine Mutter redet schon weiter. »Er war Amerikaner und hat uns so oft besucht, wie es ging. Er wollte zu uns nach Griechenland ziehen. Doch bevor es so weit kam, ist er bei einem Autounfall ums Leben gekommen.« Ihr Ton wird sanft. »Er hat dich geliebt. Er hat uns geliebt. Das ist alles, was du wissen musst.«

Ihre Worte verklingen im Raum, und einen Moment kann

ich mich nicht bewegen. Unser beider Atem ist das einzige Geräusch.

»Er war auch ein Traumgänger …«, presse ich schließlich hervor. »Warum kann ich traumgehen, Mama? Als einziges Mädchen? Warum?«

Sie schluckt, und in ihren Augen steht die Antwort, die ich schon zu oft gehört habe: *Das kann ich dir nicht sagen.*

Ich schnaube, wende mich von ihr ab und stürze zur Tür.

»Selena!«, ruft sie mir hinterher, und ich will sie eigentlich ignorieren, doch da fährt sie fort. »Loukas hat mir gesagt, was letzte Nacht passiert ist.«

Wie erstarrt bleibe ich stehen, die Hand auf der Türklinke. »Du darfst erst mal nicht mehr traumgehen. Es ist einfach zu gefährlich.«

Wieder schnaube ich. »Solange du mir keine Antworten gibst, schulde ich dir gar nichts.«

Damit schlage ich die Tür hinter mir zu. Der Knall vibriert durch das gesamte Haus und hinterlässt eine dichte Stille. Kurz denke ich, dass meine Mutter mir folgen wird, aber sie tut es nicht. Ich atme tief ein. Dann poltere ich die Treppe hinab und ziehe meine Schuhe an. Wenn meine Mutter mir keine Antworten geben will, werde ich sie mir eben selber holen. Ich werde herausfinden, wer mein Vater war.

Als ich das Haus verlasse, gräbt sich meine Hand in die Hosentasche. Sanft umfassen meine Finger den Zettel darin – den Zettel mit der engen Schrift und der Liebe meines Papas.

4

Ria

Ich trete durch die Tür und lasse meinen Blick über die Lounge gleiten. Der Raum ist gefüllt mit modernen Ledersesseln, einem kleinen Büfett und etwa einem Dutzend Menschen, die mir entgegensehen. Schnell checke ich das Tablet in meinen Händen.

»Ishaan Bakshi«, lese ich vor.

Nahezu die Hälfte der Wartenden erhebt sich.

»Es ist leider nur eine Begleitperson zugelassen«, sage ich hastig.

Ein Mann mit beleibtem Körperumfang und enganliegendem Anzug schält sich aus der Gruppe hervor, umrundet ein paar im Weg stehende Sessel und streckt mir die Hand entgegen.

»Ich bin der Übersetzer.«

Seine Hand ist riesig, verschwitzt und unangenehm kräftig.

»Und du bist Ishaan?«, frage ich den Jungen, der hinter ihm auf mich zukommt. Beide nicken, und ich lächle höflich.

Dann führe ich sie über den breiten Gang mit seinen backsteinernen Wänden und dem Panoramafenster, das einen über den gesamten Innenhof der Traumunion blicken lässt.

Wir passieren eine Glastür, auf der in verschiedenen Sprachen die Aufforderung »Bitte absolute Stille« steht. Während ich sie für die beiden aufhalte, habe ich Gelegenheit, den indischen Jungen zu mustern.

Ich frage mich, was gerade in seinem Kopf vorgeht. Vermutlich hat er bereits in seinem Heimatland einen Test hinter sich gebracht, der positiv ausgefallen ist. Warum sonst sollte er mit seiner gesamten Familie und diesem Mann, der sich als Übersetzer bezeichnet, hier anreisen? Mit Sicherheit ist er ein Traumgänger.

Wir erreichen die Tür zum zugewiesenen Testraum. Das Display neben dem Türrahmen leuchtet grün. Die Träumerin befindet sich offenbar im REM-Schlaf – der Schlafphase, in der Träume am wahrscheinlichsten sind.

So leise ich kann, öffne ich die Tür und lasse den Jungen und seinen Begleiter hinter mir eintreten. Das Zimmer ist fast zur Gänze von einem Bett und mehreren Stühlen ausgefüllt. Die Frau im Bett trägt die obligatorische Schlafbrille, die ihre Augenbewegungen aufzeichnet und sie vom Licht der Deckenlampe abschirmt. Ich deute auf zwei der Stühle.

»Bitte warten Sie hier. Ich sage Bescheid, dass Sie da sind. Dann kommt gleich ein Traumkommissar«, flüstere ich und tippe auf das Tablet, um unser Ankommen einzugeben.

Der Übersetzer lässt sich auf einen der Stühle fallen, der laut über den Boden schabt. Hastig werfe ich der Träumerin einen Blick zu. Sie bewegt sich unruhig im Schlaf. Ich habe das Gefühl, dass der Mann eine Zurechtweisung nicht gut auffassen würde, darum verkneife ich sie mir.

»Der Traumkommissar ist gleich da«, flüstere ich und will mich zum Gehen wenden.

»Und dann?«, fragt der Übersetzer mit viel zu lauter Stimme.

Ich zögere. »Dann ähm«, ich checke den Namen auf dem Tablet, »dann steigt Ishaan zusammen mit dem Traumkommissar in den Traum ein.«

Der Mann nickt zufrieden und legt gönnerhaft einen Arm um den Jungen.

»Weil er ein Traumgänger ist«, sagt er brummend.

»Äh ja«, hauche ich und verlasse so schnell wie möglich das Zimmer. Eine Stunde noch hier oben, dann ist auch dieser Tag in der Traumunion vorbei.

Ich atme tief ein und gehe möglichst langsam den Gang entlang. Durch das Panoramafenster beobachte ich das Treiben im Hof. Ich kann Luisa sehen, die sich mit einem Traumgänger unterhält, von dem ich weiß, dass er ihr Cousin ist. Ich habe mich noch nicht getraut zu fragen, mit wie vielen Traumgängern sie eigentlich verwandt ist. Aber es sind einige. Die Erlbachs. Die Familie scheint gute Gene zu haben – zumindest behaupten sie immer, dass die Gabe ihnen einfach im Blut liegt. Genauso wie den Laurentis und den Grahams. Die Linien der Traumgänger in diesen drei Familien gehen so weit zurück, dass diese Nachnamen fast als Synonyme für die Traumgängerfähigkeit gelten.

Gerade will ich mich vom Fenster abwenden, da lässt mich etwas innehalten. Yunus Dede überquert den Platz, einen Rucksack über der Schulter hängend. Er trägt die graue Uniform, in der ich schon viele Traumgänger der Union gesehen habe. Sein Blick streift das Fenster, an dem ich stehe. Hastig sehe ich auf mein Tablet hinab und gehe weiter. Als ich wieder hinausschaue, verschwindet er gerade in einem Seitengebäude.

Aber sein kurzes Auftauchen hat gereicht. Die Sätze, die

ich die vergangenen Stunden so erfolgreich in eine weitentfernte Ecke meines Kopfes geschoben habe, drängen sich wieder nach vorne. *Man muss nicht immer alles so hinnehmen, wie es scheint.* Nur ein Spruch, dahingesagt, ohne jede Bedeutung. Der Typ wollte mich gestern einfach provozieren. Das ist mir inzwischen klargeworden, aber ich kann es trotzdem nicht vergessen.

Ich erreiche die Wartelounge und halte mir das Tablet vors Gesicht.

»Frederick Schulte«, rufe ich.

Ich muss mich ablenken. Nur noch drei weitere Testtage.

Die Sonne scheint in einem tiefen Winkel in das Foyer hinein, während ich die Namensschilder auf dem Tresen ausbreite. Für morgen haben sich wieder mehr als siebzig Leute angemeldet. Ich mag die Stille, die sich über das Foyer legt, wenn die meisten Besucher gegangen sind und das einzige Geräusch vereinzelte Schritte irgendwelcher Nachzügler oder Angestellter sind.

Ich höre, wie sich die Tür öffnet, die in den Innenhof führt. Kurz halte ich beim Sortieren der Namensschilder inne. Ja, das ist Giacomo Laurenti, der da spricht. Mit lauter Stimme redet er – dem Klang nach zu urteilen – mit einer Gruppe weiterer Menschen.

Einen Augenblick später sehe ich sie: Giacomo, der sich mit ausladenden Bewegungen mit dem Übersetzer von Ishaan unterhält, dem Jungen, den ich vorhin zu seinem Test gebracht habe. Ishaan selbst läuft hinterher, umringt von seiner Familie.

Auf seinem Gesicht liegt ein zufriedenes Lächeln. Offenbar hatte ich recht. Der Kleine ist ein Traumgänger. Giacomo entlässt die Familie mit einigem Händeschütteln und Nicken durch die Sicherheitsschleuse in die Berliner Abendluft.

Als er sich umdreht und auf den Rückweg macht, streift mich sein Blick. Mein Hals beginnt zu prickeln, und ich bemühe mich um ein höfliches Lächeln. Er nickt mir kurz zu. Dann verschwindet er den Gang hinunter.

Die Namensschilder sind sortiert, Luisa ist mit einem Traumgänger irgendwohin verschwunden, und ich greife nach meinem Handy.

»Fahre mit den Öffis nach Hause«, tippe ich eine Nachricht an meinen Vater. Vielleicht kann ich ja noch das Beste aus diesem Freitagabend machen und in Potsdam in den See springen.

Aus dem Augenwinkel sehe ich, wie jemand das Foyer betritt – und bemerke zu spät, dass es Yunus Dede ist.

Im Gehen zieht er eine Sonnenbrille aus seiner Tasche hervor. Die grüne Traumgängerkette hüpft bei jedem Schritt über seine Brust. Er sieht mich an, sagt aber nichts. Erkennt er mich? Vermutlich nicht.

Ich schiebe ein paar der Namensschilder auf dem Tresen hin und her.

Im Foyer ist es plötzlich heiß und stickig. Trotz Klimaanlage. Ich zwinge mich, ruhig weiterzuatmen.

»Na? Du warst ja heute gar nicht bei der Einführungsveranstaltung.«

Ich sehe auf. Seine Augen sind hinter den dunklen Gläsern der Sonnenbrille kaum noch zu sehen, und der Mund darunter verzieht sich zu einem wissenden Lächeln.

Er erinnert sich.

Jetzt ist das letzte bisschen Sauerstoff aus der Luft gewichen. Sauerstoff, den ich für eine passende, schlagfertige Antwort gebrauchen könnte. Doch Yunus scheint gar keine zu erwarten. Er bleibt vor dem Tresen stehen und lehnt sich lässig darauf.

»Sag mal, weißt du eigentlich, wer das kleine Mädchen war, das du gestern so fertiggemacht hat?«

Ich starre ihn an.

»Was?« Meine Stimme ist hoch, irgendwie piepsig.

»Hat sie dir ihren Nachnamen gesagt?«

»Nein, warum?«

Yunus zuckt mit den Schultern.

»War einen Versuch wert.« Er wendet sich ab, dann sieht er sich noch mal zu mir um und hält inne. »Träum was Schönes heute Nacht.«

Es ist das Grinsen, das er mir zuwirft, das die Lawine auslöst. Wie Steine, die einen Hang hinunterrollen und immer mehr Fahrt aufnehmen werden, wenn ich sie nicht aufhalte.

Ein Kribbeln fließt in all meine Gliedmaßen, und mir ist klar, dass ich mich bewegen muss. Dass ich hier wegmuss. Weg von seinem wissenden Blick. Weg von diesen dunklen Augen hinter der Sonnenbrille, die mich zu durchschauen scheinen.

Sie ist wieder da. Die Panik. Meinem Körper keine Zeit geben, sich den Gefühlswogen hinzugeben – das ist alles, was ich tun kann. Das weiß ich aus Erfahrung.

Ich stopfe mein Handy in die Tasche und laufe auf den Ausgang zu, ohne mich weiter um Yunus zu kümmern. Mit jedem Schritt erwarte ich, dass mein Körper mir seinen Dienst versagt, zitternd zum Stehen kommt. Aber es passiert nichts. Wie aus einer Tür in meinem Inneren sickert die Panik langsam in mich hinein, doch noch habe ich sie unter Kontrolle.

Als ich an den Polizisten in der Sicherheitsschleuse vorbei auf den sonnenbeschienenen Vorplatz laufe, entdecke ich eine Station mit öffentlichen Leihrädern. Ich reiße mein Handy aus der Tasche und finde mit unruhigen Fingern die richtige App. Ich handle automatisch. Darf mir nicht erlauben, nachzudenken. Sonst siegt die Panik.

»Hey, du!« Ich drehe mich um. Yunus steht auf den Stufen und schaut zu mir herüber, fragend die Hände gehoben. »Warte mal!«

Nein, nein, nein.

Das Leihrad piepst, ich reiße es ruckartig aus der Halterung und steige auf. Während ich bereits im Stehen losfahre, stelle ich mit einer Hand die Sitzhöhe ein. Mein Herz schlägt hektisch. So kräftig ich kann, trete ich in die Pedale. Es ist ein Rennen gegen meinen eigenen Körper. Solange ich mich bewege, habe ich alles unter Kontrolle. So war es schon immer.

Bald weiß ich nicht mehr, wo ich bin. Die Autos ziehen an mir vorbei. Eine Ampel schaltet auf Orange, und ich rase, so schnell ich kann, über die Kreuzung. Die Sonne brennt herab, die Abgase der Autos hängen in der Luft und stauen sich zwischen den Fassaden der nach dem Krieg neu errichteten Häuser. Im Zentrum Berlins wurde im Traumkrieg besonders viel durch Bomben zerstört. Die eiligen Aufbauaktionen mit nichtssagenden Plattenbauten und den später hinzugefügten Neubauten haben diesen Stadtteil seelenlos hinterlassen. Hier kann man nur arbeiten und shoppen.

Sobald ich einen Kiez erreiche, in dem sich Altbaufassaden

die Straßen entlangziehen, werde ich ruhiger. Ich verlangsame meine Geschwindigkeit und spüre der Panik nach.

Es ist vorbei. Glücklicherweise ist das Schlimmste vorbei. Ich atme tief durch.

Wie oft bin ich aus solchen Situationen geflohen? Immerhin oft genug, dass ich aufgehört habe, mir Gedanken über das Kopfschütteln und die irritierten Blicke der Leute zu machen. Dann sollen sie eben denken, dass ich seltsam bin. Das ist immer noch besser, als dass sie mich für komplett verrückt halten.

Aber warum musste es diesmal ausgerechnet vor Yunus Dede passieren? Wenn ich daran denke, wird mir noch heißer, als mir ohnehin schon ist.

Ich stelle das Fahrrad an irgendeiner Hauswand ab. Graffiti bedecken die abblätternde Fassade, und etliche Sticker kleben an der Straßenlaterne neben mir. Ich ziehe mein Handy heraus, beende meine Fahrradmiete und will gerade die nächste U-Bahn suchen, da legt sich eine Hand auf meine Schulter.

»Ich wusste gar nicht, dass man mit diesen Dingern so schnell sein kann.«

Ich wirbele herum.

Er steht direkt hinter mir. *Yunus Dede*, den Lenker eines alten Rennrads in der Hand. Entschuldigend hebt er eine Hand, während er versucht zu Atem zu kommen.

»Sorry, ich wollte dich nicht erschrecken. Aber …« Er lacht leise. »Das war jetzt das zweite Mal, dass du vor mir weggerannt bist. Das musst du mir erklären.« Ich starre in das Gesicht, das ich von Social Media kenne.

»Was?«, stoße ich hervor, außer Stande, irgendetwas anderes zu sagen.

Eine Augenbraue wandert hinter der Sonnenbrille in die Höhe. »Weißt du, du kannst ruhig ehrlich zu mir sein. Ich kann das aushalten.«

Da ist wieder das vielsagende Grinsen, und plötzlich wird mir klar, dass es diesmal noch nicht vorbei ist. Diesmal konnte ich nicht rechtzeitig fliehen. Yunus Dede, Repräsentant der Traumunion und berühmter Influencer, hat begriffen, was für ein falsches Spiel ich spiele.

»Woher weißt du …«, presse ich hervor. Meine Gedanken rasen im Rhythmus meines panischen Herzens. »Woher weißt du, dass ich nicht träume?«

Yunus tritt einen Schritt zurück.

»Woher?« Fast schreie ich das Wort. Meine Stimme klingt, als würde sie nicht zu mir gehören. Nichts scheint mehr richtig zu mir zu gehören bis auf die Enge, die sich um meinen Brustkorb legt.

»Ich bin nicht verrückt, okay?«, brülle ich und weiß nicht, wen ich damit überzeugen will.

Und dann nimmt er die Sonnenbrille ab, und eine jähe Einsicht spült Hitze über meinen gesamten Körper. Ich habe einen riesigen Fehler begangen. Da ist Verwunderung in seinem Blick, und dann, ganz langsam, Erkenntnis. *Er wusste überhaupt nichts.* Warum auch immer er mir nachgefahren ist – es hatte nichts mit meinen Träumen zu tun. Aber jetzt ist es zu spät.

Die Tür in meinem Inneren fliegt auf, und Panik brandet in all meine Gliedmaßen, lässt die Enge allumfassend werden und nimmt mir die letzte Luft zum Atmen. Ich habe keinen Platz mehr. Die Häuserfront rückt näher, der Himmel drückt sich auf mich herab, und ich habe nur noch einen Satz im Kopf: »Ich träume nicht.«

Immer und immer wieder hallt der Satz in meinem Kopf, vibriert in meinem Hals und meinen Ohren.

Ich träume nicht. Ich träume nicht. Ich träume nicht.

Die Wahrheit, die ich schon so oft gesagt habe – zu meinem Vater, zu meiner Mutter. Die Wahrheit, die nie gehört wurde. Die Wahrheit, die ich nicht aussprechen durfte. »Mach dich nicht lächerlich«, haben sie gesagt. »Spiel dich nicht auf«, haben sie gesagt. »Sei nicht so kindisch.«

Ich träume nicht. Ich träume nicht. Ich träume nicht.

Etwas scheppert. Eine Hand presst sich auf meinen Mund. Ich bekomme keine Luft. Am Rand meines Bewusstseins nehme ich einen fremden Geruch wahr. Es ist Yunus' Hand. Sein Arm umfasst meine Schulter, und er zieht mich in den schattigen Durchgang eines Altbaus. Der Satz, der eben noch meine gesamte Wahrnehmung eingenommen hat, ist plötzlich nicht mehr so laut. Stattdessen höre ich meinen hektischen Atem unter Yunus' Hand. Mein gesamter Körper wird steif, als ich verstehe, dass ich den Satz nicht nur gedacht habe … Ich habe ihn laut gerufen. Auf der Straße!

Yunus zerrt mich weiter in den Innenhof.

»Sag mal, spinnst du?«, schreit er mich an. Er steht nur wenige Zentimeter vor mir, die Hand noch immer auf meinem Mund und die andere in meinem Nacken. Kraftlos lehne ich mich gegen die Wand neben den Mülltonnen.

Yunus lässt meinen Mund los, greift nach meinen Schultern und schüttelt mich. »Willst du mich verarschen?«

Ich starre ihn nur an. Die Welt ist noch immer zu eng. Meine Lippen bewegen sich, sie formen den verräterischen Satz. Aber entweder höre ich mich selbst nicht mehr, oder mir fehlt einfach die Kraft, meine Stimme zu benutzen.

»Siehst du das hier?« Yunus hält mir seine grüne Traumgängerkette direkt vors Gesicht. »Glaubst du, ich trage die zum Spaß? Weißt du eigentlich, wie gefährlich es ist, was du da machst?«

Ich schnappe mehrmals hektisch nach Luft, doch sie scheint meine Lunge kaum zu erreichen.

»Bleib hier. Ich muss mein Fahrrad holen.«

Damit ist er weg. Ich rutsche an der Hauswand herab, und es ist mir vollkommen egal, dass es nach Müll, Urin und noch irgendetwas Undefinierbarem riecht. Meine Beine zittern. Muss ich mich übergeben? Ich höre ein Schluchzen, das meines sein muss.

Dann ist da wieder Yunus' Hand. Ich spüre, wie er mir über die Schulter streicht.

»Tut mir leid«, flüstert er und lässt sich neben mir auf den Boden sinken. »Ich wollte dich nicht anschreien. Alles ist gut. Das hat niemand gehört.«

Ich weiß, dass er lügt, und trotzdem sickern seine Worte und seine Berührung in mich hinein und beruhigen die Wogen der Panik.

»Ist alles okay bei euch?« Eine fremde Stimme. Kurz blicke ich auf und entdecke eine Frau, die mit zwei Mülltüten vor uns steht. Besorgt sieht sie auf mich herab.

»Ja, nur ein kleiner Schwächeanfall. Die Hitze!«, höre ich Yunus sagen. Dann spüre ich, wie er den Arm um mich legt.

»Ich dachte, ich hätte jemanden schreien gehört«, murmelt die Frau misstrauisch.

»Vielen Dank, ich kümmere mich schon«, sagt Yunus mit einer Bestimmtheit, die ich niemals aufbringen könnte.

Die Frau nickt nachdenklich, wirft ihren Müll weg und dreht

sich noch ein letztes Mal zu uns um. Dann verschwindet sie im Durchgang.

Yunus und ich sitzen auf dem warmen, stinkenden Asphalt des Hinterhofs. Alles, was ich höre, ist mein schneller Atem, der sich langsam wieder beruhigt, und ab und zu ein Auto, das vorbeifährt.

Was ist gerade passiert? Habe ich wirklich vor Yunus Dede zugegeben, nicht zu träumen? Hat mich sonst noch jemand gehört? Wie schlimm ist es wirklich? Meine Gedanken kreisen so schnell, dass ich keinen von ihnen zu Ende denken kann. Die Übelkeit ist noch immer da, aber ich glaube nicht, dass ich mich übergeben muss.

Yunus streicht mir weiter über die Schulter. Irgendwann flüstert er erneut: »Alles ist gut.« Und ich bin mir nicht sicher, ob er nur mich oder auch sich selbst davon überzeugen möchte.

Ich weiß nicht, wie lange wir so dasitzen, bevor ich mich in der Lage fühle, mich zu ihm umzudrehen. Da sind seine Augen. Die Augen, die ich schon so oft gesehen habe. Jetzt blicken sie direkt in meine.

»Komm mit.« Er steht auf und streckt mir die Hand entgegen. Weil ich nicht weiß, was ich sonst tun soll, lasse ich mich von ihm hochziehen.

»Wir sollten hier weg«, sagt er.

Die nächste halbe Stunde bekomme ich nicht richtig mit. Die Panikattacke hat nur Ermattung hinterlassen. Ich konzentriere mich auf meine Füße, damit ich nicht stolpere. Yunus' Hand ist in meinem Rücken, er schiebt mich vorwärts, und ich lasse ihn die Richtung vorgeben.

Irgendwann bleibt er vor einem Haus stehen und zieht einen Schlüssel aus der Tasche. Wir erklimmen eine gefühlt endlose Zahl an Treppenstufen, bis Yunus in einem der oberen Stockwerke vor einer weißen Wohnungstür stehen bleibt und aufschließt. Er drückt die Tür so weit auf, wie es geht – was nicht besonders weit ist, da sich direkt dahinter ein großer Haufen Schuhe und Jacken türmt. Ich quetsche mich durch den Spalt und stehe in einem langen, mit persischen Teppichen ausgelegten Gang. Es riecht nach würzigem Essen. Irgendwo in den hinteren Räumen quietscht ein Kind vergnügt. Yunus schiebt sich an mir vorbei, öffnet die nächstliegende Tür und winkt mich nach einem prüfenden Blick in das Zimmer zu sich.

»Warte da drinnen auf mich. Ich bin gleich wieder da«, flüstert er.

Ich nicke wortlos, und Yunus schließt die Tür hinter mir. Der überfüllte Raum wirkt, als hätte jemand mit Gewalt versucht, dort neben einem Schlafzimmer auch noch ein Aufnahmestudio hineinzuquetschen. Da sind die üblichen Dinge: Ein Schreibtisch, ein Schrank und ein Regal. Das Bett ist ein Stockbett, dessen obere Matratze mit Kleidungsstücken und den Spielsachen eines jüngeren Kindes überhäuft ist. Doch dann ist da auch ein Greenscreen, der sich zwischen Bett und Schreibtisch drückt. Ein Kamerastativ steht davor, bereit für die nächste Aufnahme.

Ich trete darauf zu und bemerke einen Spiegel an der Wand. Das Bild, das sich mir bietet, lässt mich erstarren. Mein Gesicht ist rot, mein Hals fleckig, meine Augen sind verquollen, und ich schwitze. Plötzlich habe ich den Drang zu weinen, verkneife es mir aber. Wie bin ich nur hierhergekommen? Wie bin ich nur *so* hierhergekommen?

Ich träume nicht. Der Satz dröhnt wieder in meinem Kopf. Ich weiß, dass es stimmt, auch wenn meine Eltern versucht haben, mich vom Gegenteil zu überzeugen. Ich starre mein Spiegelbild an. Ich sollte hier weg.

Gerade als ich mich zur Tür wende, kommt Yunus ins Zimmer.

Auch er sieht verschwitzt aus. Nur rot ist er nicht geworden.

Er zieht die Tür hinter sich zu und deutet auf das Bett.

»Setz dich«, murmelt er, und ich bin zu erschöpft, um ihm zu widersprechen.

Wir setzen uns mit einigem Abstand. Selbst wenn ich die Hand ausstrecken würde, könnte ich ihn nicht berühren. Ich muss daran denken, wie er vorhin den Arm um mich gelegt hat.

Yunus schweigt und scheint nach Worten zu suchen. Er wirkt ganz anders als der Junge, den ich von Social Media kenne. Der Junge mit dem überlegenen, schiefen Grinsen.

»Wo sind wir?«, frage ich leise und deute unbestimmt in den Raum.

»Bei mir zu Hause.«

Ich gebe mir einen Ruck. »Wohnst du nicht im Internat?«

Er zuckt mit den Schultern.

»Doch. Aber ich komme oft zum Arbeiten her. Hier habe ich einfach mehr Privatsphäre.«

Mein Blick gleitet zum Schreibtisch. Hier schneidet Yunus Dede also seine Videos. Etwas anderes kann er mit ›Arbeiten‹ wohl nicht meinen. Plötzlich komme ich mir vor, als wäre ich in etwas sehr Privates eingedrungen.

»Warum bist du mir gefolgt?«, flüstere ich, weil ich meiner Stimme noch nicht traue.

Yunus sieht mich nachdenklich an. Dann verzieht er die Lippen zu dem gewohnten Grinsen. »Du hast mir deine Nummer nicht gegeben. Das bin ich nicht gewohnt.«

Ein nervöses Lachen entfährt mir, und ich habe den Verdacht, dass er genau das bewirken wollte. Flirtet Yunus etwa gerade mit mir? *Yunus Dede?* Kann dieser Abend noch seltsamer werden?

Er grinst immer noch. Doch dann wird es wieder still zwischen uns.

»Das mit deinen Träumen«, sagt er schließlich. »Du hast das ernst gemeint, was du da eben auf der Straße gesagt hast, oder?«

Etwas ergreift mein Inneres und zieht es ruckartig zusammen.

»Nein«, sage ich und zwinge mich zu einem entschlossenen Gesichtsausdruck. »Hab ich nicht. Ich … Ich hab das nur so gesagt.«

Seine Augenbrauen zucken, und ich spüre, wie etwas in ihm zufällt, das gerade noch einen Spaltbreit offen war.

»Klar«, sagt er nur.

Ich kann meinen Blick nicht von seinem Gesicht nehmen. Sein Geruch umhüllt mich – frisches Deo und etwas Anderes, Herberes, das ein Kribbeln in meiner Brust auslöst. Und plötzlich habe ich die Lüge so satt. Ich kann sie einfach nicht mehr ertragen, kann nicht ein weiteres Mal so tun, als ob es nicht stimmt. Abgesehen davon ist es sowieso zu spät. Er hat meine Panikattacke miterlebt, er muss begriffen haben, dass das nicht nur Wichtigtuerei war.

Ich sehe ihn nicht an.

»Ich weiß, dass es nicht sein kann. Aber … ich träume nicht.«

Meine Stimme klingt so trotzig wie die des kleinen Mädchens gestern.

Yunus schweigt, sieht mich unverwandt an. Ich habe keine Ahnung, was hinter diesen dunklen Augen vorgeht.

Energisch erhebe ich mich und versuche mit der restlichen Kraft, die mir geblieben ist, eine möglichst selbstbewusste Haltung hinzubekommen. »Du musst nicht so tun, als ob du mir glaubst. Schon okay.«

Er schaut mich nur an.

Ich gehe zur Tür, öffne sie.

»Morgen Abend auf dem Tempelhofer Feld«, sagt er. »Acht Uhr. Beim alten Flugzeug.«

Ich kapiere nicht, was er meint. »Was?«

»Einfach mal machen, was man dir sagt, ja? Und keine Fragen stellen.« Plötzlich grinst er wieder und wirkt damit fast wie der Yunus Dede, den ich aus seinen Videos kenne.

Ich will noch etwas erwidern, weiß aber nicht was, und drehe mich wortlos um.

Dann bin ich aus seinem Zimmer, aus seiner Wohnung und aus seinem Haus heraus, ohne etwas anderes als mein klopfendes Herz wahrgenommen zu haben. Ich stehe auf der Straße und blinzele in die Sonne. Ich glaube, ich habe Fieber.

5

Selena

Der Fußball klatscht gegen die Mauer, und das Geräusch hallt mit dem Rauschen des Windes und dem Zirpen der Grillen in unserem Innenhof wider. Ich versuche einen Hackentrick, trete den Ball erneut gegen die Mauer. Mit dem Unterarm wische ich mir die Haare aus der Stirn. Es ist ein stürmischer Abend. Immer wieder erhellt und verdunkelt sich die Nacht, wenn Wolken am fast vollen Mond vorbeitreiben. Der Fußball verspringt, und ich sehe ihm frustriert hinterher. Die körperliche Anstrengung kann meine Gedanken nicht vertreiben. Die Gedanken, die immer wieder um das Foto und die Notizen meines Vaters, das beharrliche Schweigen meiner Mutter und meinen Plan für heute Nacht kreisen.

Lustlos laufe ich dem Ball hinterher, angle ihn hinter unseren Zierolivenbäumen hervor und kicke ihn wieder gegen die Mauer.

Meine Mutter meidet mich so sehr, dass sie noch nicht mal in den Hof kommt, um mir zu sagen, dass es zu spät sei, um Fußball zu spielen. Dass ich unsere Feriengäste stören würde. Seit heute Morgen hat sie nur das Nötigste zu mir gesagt. Was allerdings auch nicht allzu schwer war – schließlich bin auch ich ihr aus dem Weg gegangen.

Nachdem ich Eleni einen Besuch abgestattet habe, bin ich über die ganze Insel gelaufen und habe immer wieder die Notiz gelesen, die ich mitgenommen habe. *Seine Worte. Die Worte meines Vaters.* Mittlerweile kann ich sie auswendig. Wie ein Karussell drehen sie sich in meinem Kopf: *Sie werden unruhig.* Wer ist unruhig geworden? *Ich muss zurück zu Eric.* Wer ist Eric? *Mach dir keine Sorgen, ich bin bald wieder bei euch!* Warum sollte meine Mutter sich keine Sorgen machen? Wohin ist mein Vater verschwunden, nachdem er diese Nachricht geschrieben hatte? *Gib Sel einen Kuss von mir.*

Ich schlucke und sehe wieder auf die Uhr. Es ist spät genug. Eleni sollte bereits seit einiger Zeit im Bett sein.

Ein letztes Mal trete ich gegen den Ball und sehe ihm nach, wie er über den Hof springt und im hinteren Teil des Gartens verschwindet.

Als ich aufschaue, entdecke ich das erleuchtete Fenster des Arbeitszimmers meiner Mutter. Kurz meldet sich das schlechte Gewissen in meiner Magengrube, doch ich wende mich eilig ab. Mit schnellen Schritten überquere ich den Innenhof und laufe kurze Zeit später die Straße hinunter in Richtung Dorf.

Immer wieder verdecken Wolken den Mond, und ich muss langsamer gehen, um im Dunklen nicht zu stolpern. Ich hätte mein Handy mitnehmen sollen, um mir den Weg zu leuchten. Stattdessen habe ich nur die Notiz meines Vaters in die Tasche meiner Sporthose geklemmt.

Irgendwann erreiche ich die Straßenlaternen des Dorfes und mit ihnen nach wenigen Schritten das Haus meines Onkels. In der Ferne höre ich Hunde bellen und bin erleichtert, dass der Nachbarshund vor kurzem gestorben ist – sonst wäre es sicherlich nicht so leicht, unbemerkt über den Gartenzaun zu klettern und mich auf der anderen Seite ins verdorrte Gras fallen zu lassen. So muss ich nur auf den Bewegungsmelder der Terrassenbeleuchtung achten, den ich geübt umrunde. Schließlich ist es nicht das erste Mal, dass ich ohne das Wissen meines Onkels in Elenis Traum einsteige.

Auch heute sind die Fensterläden ihres Zimmers nur angelehnt und das Fenster einen Spaltbreit geöffnet. Genau wie meine Cousine es versprochen hat, als ich sie heute Morgen abgefangen habe.

Ich lausche. Aus dem Wohnzimmer kann ich den Fernseher hören. Vermutlich sind mein Onkel und meine Tante mal wieder davor eingeschlafen. Auch im Nachbarraum, den sich Elenis zwei ältere Brüder teilen, ist es ruhig.

Möglichst leise öffne ich die Läden, stoße sanft das Fenster auf und ziehe mich auf den Fenstersims. Meine Füße berühren den Boden des Zimmers und ich verharre einen Moment regungslos. Zum Glück bin ich nicht auf dem Puppenbett gelandet, das direkt neben mir steht. Dann wäre Eleni jetzt bestimmt wach und ich könnte das Traumgehen vergessen. Doch sie liegt friedlich im Bett und sieht aus wie eine große Version ihrer Puppe.

Über dem Bett hängt ein Poster, das die Akropolis zeigt. Das hat Eleni vor ein paar Wochen von meiner Tante geschenkt bekommen, als sie zusammen in Athen waren. Sie kam damals ganz aufgeregt zurück und berichtete von all den Häusern und Autos und Menschen, die sie gesehen hatte. Seitdem müssen wir in Somna regelmäßig Athen besuchen. Ich teile Elenis Faszination für große Städte zwar nicht, kann ihr aber keinen Wunsch abschlagen.

Lautlos gehe ich vor meiner Cousine in die Knie und betrachte ihr Gesicht genauer. Ihre Augen zucken immer wieder im Mondlicht, das durch das geöffnete Fenster fällt. Ich lächle. Glück gehabt. Aber ich sollte mich beeilen. In den ersten Stunden der Nacht sind Traumphasen meist kurz. In Somna können sich Erlebnisse wie Stunden anfühlen, im wachen Leben vergehen jedoch oft nur ein paar Minuten.

Ich beuge mich über die schlafende Eleni und halte die Luft an. Wenn ich sie jetzt aufwecke, dann wird ihr Schrei das ganze Haus wachmachen. So sanft ich kann, lege ich meine Hände auf ihre Locken. Wieder zuckt sie im Schlaf, wacht jedoch nicht auf. Meine Stirn nähert sich ihrer, und ich spüre die vertraute Vorfreude in mir aufwallen. Es geht nach Somna. Dorthin, wo alles möglich ist. Dorthin, wo ich Antworten auf meine Fragen finden werde. Wo sonst sollte es sie geben?

Wie ein Sog, der immer stärker wird, werden Elenis Emotionen klarer für mich, je näher mein Kopf ihrem kommt. Ich schließe die Augen, als meine Stirn ihre berührt und mir die Welle ihrer Gefühle ungebremst entgegenschlägt. Nervosität und Verwirrung. Ohne zu zögern, gebe ich mich ihnen hin und spüre, wie alle anderen Sinneseindrücke um mich herum verschwinden, als würde ich einen Moment in einem luftleeren Raum voller Emotionen schweben. Die Nervosität wird allumfassend, ergreift jede Faser meines Körpers und hinterlässt ein Gefühl der Orientierungslosigkeit. Doch irgendwo begreife ich, dass diese Emotionen nicht wirklich mir gehören. Dann dringt erneut das Leuchten durch meine Lider, und kurz darauf habe ich wieder festen Boden unter meinen Füßen. Ich öffne die Augen.

Alles hier ist anders als noch vor wenigen Augenblicken in Elenis Zimmer. Ich stehe in einer Häuserschlucht. Autos fahren auf einer mehrspurigen Straße, und Fußgänger mit verschwommenen Gesichtern rempeln mich an, während sie sich an mir vorbeidrängen. Die Dämmerung kriecht den Asphalt entlang und wird von Laternen und Autoscheinwerfern zerschnitten. Es riecht nach Abgasen, und ein kalter Windzug zerrt an meiner Kleidung. Wie immer, wenn ich in Somna bin, bleibt alles für mich unscharf – alles außer Eleni. Sie steht nur wenige Meter von mir entfernt, zwischen den hin und her eilenden Fußgängern und sieht sich hektisch um.

Sie ist nicht die einzige Träumerin in dieser Straße. Immer wieder tritt ein Passant in aller Deutlichkeit aus der Menge hervor, ohne dass Eleni ihn dafür fokussieren muss. Woher kommen all diese Träumer in letzter Zeit? Noch vor wenigen Monaten hat man selten mehr als eine Handvoll von ihnen am selben Ort angetroffen.

Ich drücke mich an eine Hauswand und hole tief Luft. Heute werde ich Eleni nicht aufwecken. Auch wenn ich damit das Versprechen breche, das ich ihr vorhin gegeben habe. Ein schlechtes Gewissen nagt an meinem Inneren, während ich mich von Eleni abwende und loslaufe, ehe ich es mir anders überlegen kann. Wird sie wohl sauer auf mich sein, wenn sie aufwacht und feststellt, dass ich mich nicht an unsere Abmachung gehalten habe, sie auf ein weiteres Abenteuer in Somna mitzunehmen?

Ich verdränge die Gewissensbisse und biege in eine Seitengasse ab. Mir bleibt keine Wahl: Ich brauche Antworten. Und dafür muss ich das fremde Mädchen wiederfinden. Muss herausfinden, was sie mit meinem Vater zu tun hat. Was sie von mir wollte. Ob es noch weitere weibliche Traumgänger gibt. Und was mich mit ihnen verbindet … Muss meine überstürzte Flucht vom letzten Mal wiedergutmachen. Das ist meine einzige Chance.

Ich lehne mich an eine weitere Hausfassade und betrachte die Gesichter der Menschen, die sich neben mir durch die Gasse drängen. Ihre teils scharfen, teils verschwommenen Züge werden von den Straßenlaternen orange angemalt. Den ganzen Tag lang habe ich darüber nachgedacht, wie ich die Fremde am ehesten wiederfinden kann, und bin zu dem Schluss gekommen, dass ich auf dem Marktplatz meiner Insel die besten Chancen habe. Vielleicht sucht sie dort auch noch einmal nach mir?

Gerade als ich die Augen schließen und nach der passenden Emotion suchen möchte, um mir mit einer Traumwandlung ein Transportmittel zu erzeugen, das mich auf die Insel bringt, erstarre ich: Da ist sie. Das Mädchen, das ich gestern auf dem Martkplatz gesehen habe. *Die Traumgängerin.* Langsam bewegt sie sich durch die Menge und lässt den Blick über die Menschen um sich herum gleiten. Immer wieder sieht sie auf etwas an ihrem Handgelenk herab.

Einem Impuls folgend schiebe ich mich in den nächsten Hauseingang, bevor sie mich entdecken kann. Dort stehe ich und lasse das Adrenalin durch meine Adern spülen. Wie kommt das Mädchen hierher? Wie kann es sein, dass ich sie so schnell gefunden habe? Oder ist es andersherum? *Hat sie mich gefunden?* Bei dem Gedanken versteift sich jeder Muskel in meinem Körper.

Die Fremde ist jetzt auf meiner Höhe, und ich drücke mich tiefer in den Hauseingang hinein. Während ich sie beobachte, bin ich mir sicher: Ich habe sie bereits mehrmals gesehen. Nur wo? Sie ist nicht von meiner Insel oder aus meiner Schule – das wüsste ich.

Erneut wirft das Mädchen einen frustrierten Blick auf sein Handgelenk, und jetzt erkenne ich, dass es eine Smartwatch trägt. Dann verschwindet es in der Menge. Ohne nachzudenken, folge ich ihm.

Ich starre auf den Rücken der Traumgängerin, während wir die Gasse entlanggehen. Der lange Pferdeschwanz wippt auf ihrem schwarzen T-Shirt hin und her.

Wir erreichen einen großen Platz, der sowohl von modernen als auch von altertümlichen Gebäuden gesäumt ist. Ich blinzele, als ich sehe, wie eine Horde Elefanten den Platz überquert. Sie kommen direkt aus einer Ruine, die mir bekannt vorkommt. »Hadrians Bibliothek« hat der Stadtführer sie bei meinem letzten Schulausflug genannt. Also befinde ich mich wie so oft in Elenis Träumen in der Traumversion von Athen. Wenn ich aufsehe, kann ich sogar die verschwommenen Umrisse der Akropolis erkennen, die über der Stadt thront.

Ruckartig bleibe ich stehen. Da ist etwas zu meiner Rechten. Goldenes Licht strömt an den Hauswänden entlang – wunderschön und furchteinflößend zugleich. Wie immer treibt es mir einen Schauer über den Rücken. Nur nicht hinsehen. Ich weiß sowieso, woher das Licht kommt. Es ist eines der Tore, die überall in Somna verteilt sind und über die ich nur eines weiß: Ich muss sie meiden. Das sagt ein sicheres Gefühl tief in mir.

Hastig versuche ich der fremden Traumgängerin zu folgen, die gerade in eine andere Gasse abbiegt. Doch als ich die Gasse erreiche, kann ich das Mädchen nicht entdecken. Ich scanne die

Passanten um mich herum: Köpfe, Arme, Gesichter – Schultern, die mich anrempeln, und das Schreien eines Kindes. Und dann ist es wie ein Déjà-vu: Mein Blick findet ein Augenpaar, das mich direkt ansieht. Meine Beine erstarren, während mein Herz losrast.

Der Mund des Mädchens öffnet sich, als wollte es etwas sagen. Doch dann klappt es ihn wieder zu.

Eine plötzliche Energie erfasst mich, und ich laufe auf das Mädchen zu. »Wer bist du?«, schreie ich.

Vielleicht ist es die Verzweiflung, die mich seit Stunden einhüllt, vielleicht die Verwirrung, die ich seit meinem gestrigen Aufenthalt in Somna nicht abschütteln kann – ich brauche Antworten. Und diese Fremde ist meine einzige Chance.

Ein lautes Krachen ertönt, und das Gebäude neben mir geht in Flammen auf. Ich blinzele im jähen Schein des Feuers und der Hitze, die mir entgegenschlägt. War ich das? Habe ich die Kontrolle über meine Emotionen verloren und aus Versehen eine Traumwandlung gemacht? Das ist mir schon jahrelang nicht mehr passiert.

Ich ignoriere das Feuer, nehme die Menschen, die panisch die Flucht ergreifen, kaum wahr und komme wenige Schritte vor dem fremden Mädchen zum Stehen. Sie weicht zurück.

»Wer bist du?«, keuche ich. »Du bist eine Traumgängerin. Wie ich.« Es ist keine Frage.

Statt zu antworten sieht das Mädchen zwischen mir und dem Feuer hin und her, und im nächsten Moment erscheint eine Regenwolke über den Flammen. Mit dem aufsteigenden Rauch des verlöschenden Brandes verschwindet auch mein letzter Zweifel.

»Wer bist du?«, frage ich wieder, und diesmal ist es ein Flüstern, von dem ich nicht weiß, ob sie es überhaupt hören kann. »Woher kennst du meinen Vater?«

»Hör zu«, sagt sie und tritt auf mich zu. »Du musst dich beruhigen. Hier in der Nähe sind Traumgänger der Union. Ich habe sie vorhin gesehen.« Wieder wirft sie dem schwelenden Haus neben uns einen Blick zu. »Wir dürfen sie nicht auf uns aufmerksam machen. Wir sollten schnellstens verschwinden.«

Ich höre ihre Worte, aber ihre Bedeutung kommt nicht bei mir an.

»Du bist eine Traumgängerin«, stelle ich unnötigerweise erneut fest, weil ich es einfach nicht glauben kann. Ich fokussiere ihr Gesicht, versuche alles zu erfassen, als könnte ich darin schon einen Teil der Antworten finden, die ich suche. In meiner Hosentasche spüre ich die Notiz meines Vaters pulsieren. »Wie ich«, flüstere ich.

»Selena!« Das Mädchen steht jetzt so dicht vor mir, dass ich seinen Atem auf meiner Haut spüren kann, und einen Moment lang nimmt mich die Erinnerung daran ein, mit welcher Kraft sie auf dem Marktplatz meinen Arm gepackt hat. Doch diesmal sieht sie nicht mich an, sondern scannt die Umgebung um uns herum ab.

»Woher kennst du meinen Namen?«, stoße ich hervor.

»Ich …«, setzt sie an, doch dann bricht sie abrupt ab und erstarrt.

»Da vorne!«, höre ich eine Männerstimme brüllen. Dann ist da ein Zischen, das Mädchen zuckt zusammen, und sämtliche Körperspannung scheint aus ihr zu weichen. Doch noch während sie zu Boden sinkt, löst sie sich vor mir in Luft auf, verschwindet einfach im Glanz der sterbenden Flammen.

Ich sehe auf und erkenne zwei Männer über den Köpfen der Menge auf mich zufliegen. Während es abermals zischt und mich ein undefinierbarer Schmerz in der Brust durchzuckt, registriere ich die grünen Ketten und grauen Uniformen, die sie tragen.

Ich versuche meine Kräfte zu sammeln, mich zu konzentrieren, in Elenis Zimmer zu fliehen. Aber in meinem Kopf breitet sich ein dichter Nebel aus. Es ist, als würde ich nach etwas greifen, das sich mit jedem Versuch mehr und mehr zwischen meinen Fingern auflöst. Verschwommenheit legt sich über mein Sichtfeld, und ich weiß, dass das nichts mit Somna zu tun hat. Dann werde ich unsanft gepackt und in die Höhe gerissen.

Die Gasse mit all ihren Menschen verschwindet in der Dunkelheit, und kurz bevor ich mein Bewusstsein endgültig verliere, spüre ich, wie ich hart auf etwas aufpralle. Staubiger Teppichgeruch steigt mir in die Nase. Ich sehe dicke, altmodische Vorhänge, ein Bett. Schuhe, die mit energischen Schritten auf mich zukommen.

Ein Stöhnen entfährt mir, und in meinem Kopf hängt ein einziger Gedanke, ehe mich die Bewusstlosigkeit davonträgt:

Die Traumunion. Jetzt hat sie mich.

6

Ria

Reichst du mir bitte mal die Butter, Ria?« Anna sieht mich mit einem Ausdruck auf dem Gesicht an, den sie, glaube ich, nur für mich reserviert hat. Statt eines Lächelns wirkt es, als würde sie die Wangen in kleine Grübchen einsaugen. Bestimmt glaubt sie, dass es warmherzig aussieht. So eben, wie sie denkt, dass eine Stiefmutter ihre Stieftochter anlächeln sollte.

Ich reiche ihr die Porzellandose mit der Butter über den großen Mahagonitisch. Dann streiche ich weiter Marmelade auf mein Frühstücksbrötchen.

»Brummm«, macht Kilian neben mir und fährt mit einem Spielzeugauto über seinen Teller und das fein säuberlich geschnittene Nutellabrot. Er hat noch immer seinen quietschgrünen Schlafanzug an und sieht als Einziger am Tisch so aus, als wäre er wirklich gutgelaunt.

Sofort versucht Anna, ihm das Auto aus der Hand zu nehmen – erfolglos. Einzelne Strähnen ihrer braunen Locken hängen ihr ins Gesicht, als wären sie zufällig aus der Frisur gerutscht. Doch ich weiß, wie lange sie jeden Morgen vor dem Spiegel verbringt, um genau so auszusehen.

Ich zwinge mich, von meinem Brötchen abzubeißen. Morgens habe ich nie Hunger. Und heute schon gar nicht. Nach dem, was gestern Abend passiert ist, ist mir immer noch übel.

In diesem Moment kommt mein Vater die breite Holztreppe hinter mir hinunter.

»Guten Morgen«, tönt er und lässt sich an dem für ihn gedeckten Platz nieder. »Na, wie habt ihr geschlafen?«

»Guuut«, brüllt Kilian.

»Das stimmt doch gar nicht«, widerspricht Anna und reicht meinem Vater den Brotkorb. »Du hattest doch die ganze Nacht Albträume, Kili.«

Mein Bruder sieht sie kurz nachdenklich an und nickt dann ernst, bevor er wieder brummend mit dem Spielzeugauto über den Tisch fährt.

Mein Vater hat nur halb zugehört. »Und was hast du geträumt, Ria?«, fragt er.

Kurz kaue ich wortlos weiter.

»Von deinem Geburtstag nächste Woche habe ich geträumt, Kili«, sage ich und kitzle meinen kleinen Bruder am Bauch. Der bricht in Kichern aus und lässt sein Auto auf den Parkettboden fallen. Ich bin froh, unter den Tisch abtauchen zu können. Das morgendliche Frühstück hier in Potsdam kommt mir immer vor wie ein Theaterstück, bei dem wir uns alle bemühen, nicht aus der Rolle zu fallen. Als ich wieder auftauche und Kilian sein Spielzeug zurückgebe, vibriert das Handy meines Vaters. Mit einem entschuldigenden Blick steht er auf und geht in die Küche, um zu telefonieren. Schweigend frühstücken wir anderen weiter. Schweigend bis auf Kilian.

Irgendwann gebe ich auf. Mein Mund ist zu trocken, mein

Magen zu verkrampft und das Brötchen zu groß. Mit dem halb aufgegessenen Frühstück auf meinem Teller gehe ich in die Küche. Mein Vater steht am Fenster und verabschiedet sich gerade von seinem Gesprächspartner. Ich öffne die Biotonne und kippe mein Brötchen hinein.

»Ria, ich muss los in die Union. Der Ministerrat hat eine Sondersitzung einberufen. Kannst du heute S-Bahn fahren?«

Ich nicke, auch wenn mein Vater das schon gar nicht mehr sieht.

Bevor er die Küchentür erreicht hat, presse ich hervor: »Ich gehe heute Abend noch ein bisschen in die Stadt.«

Er bleibt stehen.

»Luisa und ich machen noch was zusammen. Du musst mich also nicht abholen.«

Jetzt lächelt er.

»Luisa Erlbach? Schön. Freut mich, dass ihr euch so gut versteht.«

Er freut sich wirklich. Das kann ich sehen. Fast wirkt er erleichtert. Er will, dass ich mich hier wohlfühle. Dass ich am Ende der Ferien nach Hause fahre und meiner Mutter erzähle, was für schöne Wochen das bei Papa waren. Dass er nicht der Rabenvater ist, für den er und ich und alle ihn halten.

Wenn er wüsste, was ich eigentlich heute Abend vorhabe …

Irgendwann, mitten in der Nacht, stand mein Entschluss fest. Ich werde mich heute Abend mit Yunus Dede treffen. Was auch immer er plant – ich habe nichts zu verlieren.

Mit einem letzten Lächeln verlässt mein Vater die Küche. Wenige Sekunden später höre ich die Haustür zufallen und beobachte durch das Küchenfenster, wie er auf sein Auto zugeht, das Handy schon wieder am Ohr.

Ich räume das Geschirr in die Spülmaschine, gehe mir die Zähne putzen und sitze wenig später in der S-Bahn Richtung Berlin Mitte. Als ich in der Traumunion ankomme, habe ich meine Übelkeit einigermaßen unter Kontrolle.

Es ist komisch. Manche Tage haben es an sich, gleichzeitig schnell und langsam zu vergehen. Heute ist so ein Tag. Immer wieder checke ich die Uhrzeit auf meinem Handy und fühle eine seltsame Mischung aus Angst und Beruhigung, wenn ich die Zahlen betrachte. Besonders schlimm ist es während der Einführungsveranstaltung. Natürlich hat Luisa unseren Job dort wieder übernommen, und so stehe ich im menschenleeren Innenhof unter dem Sonnenschirm des Informationsstands und habe nichts weiter zu tun, als mit meinem Handy zu spielen und die Zeitanzeige auf dem Display zu betrachten. Ich bin mir noch nicht mal sicher, ob ich möchte, dass der Tag schnell oder langsam vergeht. Werde ich mich wirklich trauen, um acht Uhr auf das Tempelhofer Feld zu gehen? Und was genau will Yunus da von mir? Er ist der Poster Boy der Traumunion. Warum sollte er mir glauben, dass ich traumgehen kann, wenn es in der Geschichte der Traumgänger noch nie eine Frau gegeben hat? Macht er sich am Ende einfach lustig über mich? Eigentlich bleibt mir nur eine einzige Gewissheit: Irgendwann wird es acht Uhr werden. Ganz egal, was ich tue.

Ich höre Schritte, die über den Kies des Innenhofes auf mich zukommen. Als ich von meinem Display aufschaue, sehe ich ihn: Yunus in Begleitung von zwei weiteren Traumgängern. Sie alle tragen die gleiche graue Uniform mit dem Logo der Traumunion auf der Brust. Zum Glück ist Yunus in ein Gespräch vertieft, was mir Zeit lässt, mich wieder mit meinem Handy zu beschäftigen und so zu tun, als hätte ich ihn nicht bemerkt. Trotzdem spüre ich seinen Blick auf meiner Haut, als die drei auf meiner Höhe sind, und mir wird heiß. Entschlossen tippe ich auf meinem Touchscreen herum.

Als sie weg sind, bin ich erleichtert und enttäuscht zugleich. Was Yunus jetzt wohl den ganzen Tag macht? Ist er auf dem Weg nach Somna? Immerhin hatte er seine Uniform an. Wie automatisch öffne ich erneut Yunus' Social-Media-Profile, aber er hat nichts Aktuelles hochgeladen, das mir eine Antwort gibt. Egal, was zählt ist nur unser Treffen heute Abend. Falls wir uns tatsächlich treffen. Vielleicht taucht er ja gar nicht auf. Vielleicht ist all das nur ein großer Witz für ihn. Vielleicht … Nur mit Mühe ziehe ich mich aus der Gedankenspirale heraus.

Irgendwann stehe ich wieder im Foyer der Traumunion und sehe Luisa nach, die durch die Sicherheitsschleuse in den warmen Sommerabend verschwindet. Während ich meine Trinkflasche in meiner Tasche verstaue, starre ich auf das Motto der Traumunion über mir. *Hüter, nicht Herrscher.* Es wird alles gutgehen. Mir kann nichts passieren.

Mit energischen Schritten gehe ich dem Ausgang entgegen, nicke den Polizisten dort zu und verharre dann unentschlossen vor dem Eingang in der Sonne.

Ich weiß genau, wie viel Uhr es ist, und trotzdem schaue ich noch einmal auf mein Handy. 18:32 steht da. Was mache ich jetzt mit der ganzen Zeit, die mir noch bis zum Treffen mit Yunus bleibt?

Der Blick der Polizisten in meinem Rücken lässt mich wahllos eine Richtung einschlagen. Ich umrunde die Mauer der Traumunion und schlendere am Ufer der Spree entlang. Die Sonne hat an Kraft verloren und scheint nun angenehm wärmend auf meine Haut. Offenbar sind alle Berliner ihren Wohnungen und Büros entflohen und sitzen mit einem Getränk in der Hand und der Sonnenbrille im Gesicht am Rand des Flusses. Zwischen ihnen wandern Pfandsammler umher, scheppern mit ihren vollen Taschen und unterhalten sich mit den Gruppen am Ufer. Eine friedliche Szene, doch ich kann nur an eines denken: Alle diese Menschen träumen. Alle diese Menschen verlassen jeden Tag diese Welt und gehen in eine andere, verrückte, magische, fremdartige. Eine Welt, die Ausdruck ihrer Emotionen ist und sie mit ihren größten Wünschen und Ängsten konfrontiert. Jeden Tag. Ich frage mich, wie sich das anfühlen muss.

Wieder spüre ich die Enge in mir, die mich immer überkommt, wenn ich daran denke, dass ich anders bin. Dass ich nicht dazupasse. Und dass genau das niemand merken darf.

Es tut gut zu laufen. Die Stadt lenkt mich ab von dem, was ich vorhabe. Auch wenn ich zugeben muss, dass ich unterschätzt habe, wie groß und verwirrend Berlin ist. Mehr als einmal muss ich abrupt stehen bleiben, weil mir jemand vor die Füße läuft oder mir ein Fahrradfahrer den Weg abschneidet. Einmal halte ich vor einer der unzähligen Dönerbuden inne, aber entscheide mich dagegen, etwas zu essen. Bei meiner wachsenden Nervosität kann ich nicht dafür garantieren, dass mein Mageninhalt dort bleiben wird, wo er hingehört. Und Yunus Dede mit Knoblauchgeruch vor die Füße zu kotzen wäre wirklich der Gipfel der Peinlichkeit.

Nach einigen unfreiwilligen Umwegen erreiche ich mit überraschender Pünktlichkeit um kurz vor acht den ehemaligen Tempelhofer Flughafen. Das Gebäude ist riesig und entstammt der Zeit direkt vor dem Traumkrieg. Damals eine architektonische Machtdemonstration, checken heute keine Passagiere mehr hier ein, und es landen auch keine Flugzeuge mehr. Heute ist das Rollfeld des stillgelegten Flughafens ein bei vielen Berlinern beliebter Park.

Als ich die Landebahn betrete, verstehe ich, warum die Bewohner dieser Stadt das Feld nicht bebauen lassen wollen. Mein Blick reicht bis zum Horizont, an dem eine undeutliche Silhouette der Stadt in der Abendsonne glitzert. Sofort legt sich die Enge in meinem Brustkorb ein wenig.

Den Sportlern und Picknickern ausweichend, überquere ich die Landebahnen und Grünflächen und steuere auf eine spärliche Baumgruppe zu, vor der sich das Skelett eines alten Flugzeuges abzeichnet.

Ich bin so von dem Geschehen um mich herum abgelenkt, dass ich für einen Moment ganz vergesse, warum ich hier bin. Erst als ich Yunus vor dem Flugzeug entdecke, fällt es mir wieder ein, und kurz spüre ich den Drang, mich umzudrehen und davonzulaufen. Aber ich habe mich entschieden. Und er ist gekommen. Er ist wirklich aufgetaucht. Jetzt gibt es keinen Weg zurück.

In meinem Kopf zähle ich langsam von zehn herunter, während ich auf Yunus zugehe. Sobald ich die Null erreiche, wird er aufblicken und mich sehen. Da bin ich mir sicher. Zehn. Da steht etwas neben Yunus. Ein Kinderwagen.

Neun.

Ja, das ist in der Tat ein Kinderwagen. Hat er etwa ein Baby dabei?

Acht.

Vielleicht eines seiner Geschwister. Sein eigenes Kind wird es wohl nicht sein. So etwas kann man auf Social Media doch nicht geheim halten, oder?

Sieben.

Wie gedankenversunken er wirkt, während er auf sein Handy sieht.

Sechs.

Was er da wohl anschaut? Vielleicht die Anzahl seiner Follower.

Fünf.

Oder seinen neuesten Post.

Vier.

Vielleicht auch irgendwelches Traumgänger-Zeug?

Drei.

Yunus sieht auf. Ich mache eine seltsame Winkbewegung und zwinge mich, die letzten Meter auf ihn zuzugehen. Jetzt ist mein Kopf leer. Als hätte sein Blick alle Gedanken weggefegt.

»Einen Moment«, sagt er und tippt mit schnellen Fingern etwas in sein Smartphone.

Ich bleibe vor ihm stehen und schaue in den Kinderwagen. Im Schatten des Verdecks liegt ein Kleinkind und schläft.

Ich warte. Werde mir bewusst, dass ich wirklich vor Yunus Dede stehe. Dass ich wirklich hier bin, damit wir über meine fehlenden Träume reden. Jetzt bin ich noch erleichterter, dass mein Magen leer ist.

»So.« Yunus lässt das Handy in seine Tasche gleiten und mustert mich. »Du bist gekommen.«

Ich nicke. So weit, so offensichtlich. Vielleicht gehe ich aber auch gleich wieder. Ganz sicher bin ich mir da nicht.

Ich deute auf den Kinderwagen.

»Ist das dein Bruder?«

Yunus nickt. »Ja, er schläft endlich.« Er wirft dem Jungen einen zweifelnden Blick zu. »Aber wer weiß, wie lange noch. Wir sollten uns also beeilen.«

Ich bemerke, wie sich mein Körper anspannt.

»Komm mit«, sagt er und schiebt den Wagen durch die hohen Gräser in Richtung einer Baumgruppe.

Ich starre ihm hinterher. Er verschwendet also keine Zeit mit Smalltalk. Was hat er vor? Ich beobachte, wie er zwischen den Bäumen verschwindet. Plötzlich muss ich auf Toilette. Aber hier gibt es keine, in der ich mich verkriechen könnte. Also reiße ich mich zusammen und folge ihm.

Der intensive Geruch der Sommergewächse liegt in der Luft, als Yunus hinter einem Gebüsch stehen bleibt, von wo aus der Weg kaum noch zu sehen ist.

»Hier kriegen weniger Leute mit, wenn du in seinen Traum einsteigst«, sagt er und deutet auf seinen Bruder.

»Was?«

Das Wort ist zusammen mit einem Lachen aus meinem Mund gerutscht. Yunus' dichte Augenbrauen ziehen sich zusammen.

»Was hast du denn gedacht, was wir hier machen? Wenn du eine Traumgängerin bist, dann beweisen wir das, indem du es schaffst, in einen Traum einzusteigen. So einfach ist das. Kennst du doch aus den Tests der Union.«

Ich antworte nicht. Dafür drehen sich die Gedanken in meinem Kopf zu schnell. Dafür bin ich viel zu überrascht, wie ernst er die Sache nimmt.

Yunus dreht sich zu dem Kinderwagen um und zieht eine Decke aus dem unteren Fach hervor, die er auf dem trockenen Gras ausbreitet. Dann hebt er den etwa Anderthalbjährigen aus dem Wagen und legt ihn behutsam darauf ab. Der Kleine bewegt sich im Schlaf, wacht allerdings nicht auf.

Yunus setzt sich neben ihn und bedeutet mir, dasselbe zu tun.

Ich lasse mich ihm gegenüber nieder, das schlafende Kind zwischen uns. Mein Herz klopft. Mein ganzer Körper ist so angespannt, als möchte er jeden Moment aufspringen und davonrennen. Vor Yunus. Vor dem, was wir vorhaben.

Ich muss an Yunus' Zimmer denken, in dem ich gestern noch gesessen habe. An seinen Arm auf meinen Schultern. Seine Hand auf meinem Mund.

»Also, Träume von Kleinkindern sind nicht so einfach. In der Union machen wir das nie«, sagt Yunus mit einer Ernsthaftigkeit, die sich auf mich überträgt. »Kinder träumen unruhiger als Erwachsene, und besonders Babys und Kleinkinder wachen oft auf. Aber eine andere Möglichkeit haben wir nicht.«

Er sieht sich um, wie um zu prüfen, ob uns jemand beobachtet.

»Was du jetzt machst, ist, dass du dich über ihn beugst und deinen Kopf an seine Stirn legst. Und dann versuchst du, seinen Traum zu erfühlen.«

Ich lache auf. Das ist alles so verrückt. Ich bin verrückt. Mit einem Mal bin ich sicher, dass ich eine Hochstaplerin bin. Doch nur jemand, der sich wichtigmachen will. Genau das haben meine Eltern mir früher ein ums andere Mal gesagt. Seinen

Traum erfühlen? Was soll das denn bitte heißen? Woher soll ich wissen, wie sich ein Traum anfühlt, wenn ich selbst noch nie geträumt habe?

Yunus bleibt ganz ruhig, sieht mich nur unverwandt an. »Du musst nach seinen Emotionen im Traum suchen. Die kannst du spüren.«

Ich zwinge mich, zu meiner Ernsthaftigkeit zurückzufinden. Dann versuche ich es eben. Bin ich nicht genau deswegen hier? Weil irgendetwas in mir glaubt, dass es klappen könnte?

Prüfend scanne ich noch einmal unsere Umgebung. Es ist niemand zu sehen. Ich senke den Kopf über den Jungen mit den dunklen Haaren, der tief atmend vor mir schläft. Yunus' Blick liegt schwer auf mir.

»Berühr seine Stirn mit deiner«, höre ich ihn flüstern und gehorche. Ich bin so dicht über dem Gesicht des Kindes, dass ich den Geruch der Babyhaut riechen kann und an Kilian denken muss. So sanft ich kann, lege ich meine Stirn an die des Jungen. Er darf jetzt bloß nicht aufwachen. So etwas kann einen ja traumatisieren – plötzlich ein fremdes Gesicht so nah vor der Nase zu haben.

»Jetzt such nach seinen Emotionen«, raunt Yunus mir zu. Es klingt wie ein Befehl.

Der Junge atmet leise. Ich atme. Die Blätter über uns rauschen. Nichts passiert. *Emotionen suchen ...* Ich spüre nur meine eigenen. Meine Verwirrung, meinen irrwitzigen Drang, erneut in Gelächter auszubrechen.

Ich setze mich auf.

»Klappt nicht. Kein Wunder.«

Yunus sagt nichts. Er beobachtet mich nur. Seine Augen sehen wieder in meine, als würden sie darin nach etwas suchen. Als müsste ich gar nichts mehr sagen, als könnte er alles mit bloßem Hingucken erkennen. Er scheint in der Tat ohne mich zu finden, wonach er gesucht hat, denn irgendwann sagt er nur: »Es klappt.«

Ich starre zurück. Auf seine Lippen, die die zwei Worte in die trockene Luft zwischen uns gehängt haben. Dann senke ich erneut den Kopf und beuge mich über den Jungen.

Da ist immer noch die Verwirrung, die Angst und die Hoffnung in mir, aber diesmal auch eine gewisse Bestimmtheit. Ein Ansporn, jetzt endlich die Wahrheit rauszufinden. Dafür muss ich es aber richtig versuchen. Zumindest ein Mal.

Der Junge zuckt im Schlaf; und plötzlich überkommt mich eine Welle der Angst, wird allumfassend. Ich zwinge mich, mich darauf einzulassen, werde mit einem Mal von Helligkeit geblendet. Dann spüre ich einen dumpfen Schmerz an meinem Kopf, an meinem Hals. Und als ich die Augen öffne, sehe ich, wie rote Murmeln von einer Tischplatte auf mich herabprasseln. Ich drehe den Kopf, versuche schützend die Arme über mich zu halten. Da entdecke ich Yunus' Bruder, der mich mit aufgerissenen Augen anstarrt. Eine letzte Murmel trifft ihn an der Stirn, und er beginnt zu weinen. Doch bevor ich die Hand ausstrecken kann, um ihn zu trösten, löst er sich auf und ist verschwunden.

Eine Einsicht setzt in mir ein, die alle anderen Gedanken verdrängt. Die alles verändert. *Das hier ist ein Traum.*

Vor lauter Aufregung richte ich mich so schnell auf, dass ich gegen die Tischplatte stoße. Ich verliere das Gleichgewicht … und der Geruch von Gräsern dringt in meine Nase.

Ich rappele mich hoch. Wie zuvor sitzt mir Yunus gegenüber,

hat diesmal jedoch seinen weinenden Bruder in den Armen, wiegt ihn beruhigend auf und ab und starrt mich dabei an. Die Blätter der Bäume um uns herum rauschen im Wind, aber vielleicht ist es auch nur das Blut in meinen Ohren.

Yunus lacht und lässt seinen Bruder noch schwungvoller auf und ab wippen.

»Du hast es geschafft!«, ruft er und scheint sich selbst über die Lautstärke seiner Stimme zu erschrecken.

»Du hast es geschafft«, wiederholt er leiser, streicht seinem Bruder über den Rücken und kann den Blick offenbar nicht von mir nehmen. »Ich hatte recht!«

Mein Kopf dreht sich. Es ist wie eine Panikattacke nur andersherum: Die Welt weitet sich. Ich fühle, wie sich ein Gewicht von mir löst, und ich weiß, dass es stimmt: *Ich habe es geschafft. Ich bin eine Frau. Und ich bin tatsächlich in den Traum des kleinen Jungen eingestiegen.*

Ich kann nichts sagen. Mir ist schwindelig.

Yunus tippt auf seinem Handy herum. »Schau mal!«

Er hält mir das Display hin, und ich starre darauf. Auf dem kleinen Bildschirm sehe ich mich selbst: Wie ich mich über Yunus' Bruder beuge, und nach einer Weile einfach verschwinde. Kurz darauf beginnt der Junge unruhig im Schlaf zu zucken, und kaum dass er die Augen aufschlägt und zu weinen beginnt, tauche auch ich wieder neben ihm auf. Die Kamera wackelt, und das Video bricht ab.

»Du hast mich gefilmt?«, ist das Erste, was aus mir herausbricht.

Yunus zuckt mit den Schultern und sagt etwas von einer Angewohnheit, aber ich registriere kaum, was er antwortet.

»Gib mal her.« Ich nehme ihm das Handy aus der Hand und drücke wieder auf Play. Abermals läuft das Video über den Bildschirm. Ja, ich verschwinde. Wirklich. Es sieht aus wie in einem animierten Film. *Traumgängerin. Ich bin eine Traumgängerin!* Unwillkürlich fahre ich mir mit der Hand übers Haar, dort, wo eben noch die Murmeln aufgeschlagen sind.

»Kann ich noch mal?«, sage ich etwas atemlos.

»In den Traum?«

»Ja.«

Yunus grinst.

»Klar.« Er wiegt seinen Bruder hin und her. »Dafür muss der hier aber wieder einschlafen.« Er zwinkert mir zu und legt das Kind behutsam zurück auf die Decke.

»Jetzt?«, frage ich.

Er lacht leise.

»Erst muss er wieder träumen.«

Ungeduldig stehe ich auf und gehe zwischen den Bäumen umher. Ich spüre, wie Yunus mich beobachtet. Mehrmals werfe ich einen prüfenden Blick auf das Kleinkind, aber Yunus schüttelt nur wortlos den Kopf.

Irgendwann setze ich mich wieder ihm gegenüber ins Gras und betrachte ihn möglichst unauffällig. Noch immer strömt er diese Aura der Coolness und Andersartigkeit aus, die ich mit Traumgängern verbinde. Die grüne Traumgängerkette liegt ruhig auf seinem T-Shirt. Doch etwas hat sich verändert. Ab und zu streift mich Yunus' Blick, und es fühlt sich so an, als läge etwas darin, das vor wenigen Minuten noch nicht da war. Ist das Nervosität, mit der seine Finger an seinem Handy herumspielen? Vielleicht kann er selbst nicht glauben, was er da eben gesehen hat.

Ich starre auf das Handy in Yunus' Hand, und plötzlich spüre ich, wie mir noch heißer wird als ohnehin schon. Ich räuspere mich.

»Kannst du das Video löschen?«

Yunus sieht auf.

»Was?«

»Lösch das Video, das du gerade von mir gemacht hast.«

Seine Stirn legt sich in Falten.

»Warum?«

»Lösch es einfach.« Fast ist meine Stimme zu laut geworden, und ich sehe auf den schlafenden Jungen vor mir herab. »Bitte«, schiebe ich mit bebender Stimme hinterher und hoffe, dass Yunus es einfach tun wird. In meinem Kopf spielen sich Szenarien ab, die mir das Atmen schwer machen: Das Video auf Yunus' Social-Media-Kanälen. Das Video als Beweisstück vor der Traumunion. Was würde passieren, wenn jemand herausfindet, dass ich in einen Traum eingestiegen bin? Wie würde die Union reagieren? Eine Frau als Traumgänger. Das kann nicht sein. Völlig unmöglich. Wie konnte ich nur so blöd sein, mich mit einem Social-Media-Star zu treffen und davon auszugehen, dass dieses Treffen geheim bleiben würde? Mein Herz hämmert.

Ich beobachte, wie Yunus auf sein Handy tippt, während er mir Blicke zuwirft, denen ich ausweiche.

»Da«, sagt er und hält mir die Videogalerie auf seinem Bildschirm hin. »Gelöscht.«

Erleichterung durchströmt mich.

Er lässt mein Lächeln unerwidert. Das Schweigen um uns herum ist dicht, und ich nestele nervös am Saum meiner Hose. Goldenes Licht bricht durch die Blätter über uns. Zum ungezählten Mal sehe ich auf das Kleinkind vor mir. Seine Augenlider zucken.

»Da«, flüstere ich. »Träumt er?«

Yunus beugt sich über seinen Bruder. Dann nickt er und atmet tief durch, als müsste er sich sammeln.

»Wenn du wieder im Traum bist, dann versuch, Emre diesmal nicht aufzuwecken.«

»Emre?«

»Meinen Bruder.« Er deutet mit dem Kinn auf ihn.

»Wenn er aufwacht, fällst du auch aus dem Traum.« Plötzlich wird seine Miene ernst. »Aber falls du andere Traumgänger siehst, musst du so schnell wie möglich raus.«

Ich schlucke.

»Du suchst einfach nach den Gefühlen, die du hier gerade spürst. Deine Erinnerungen an den Ort, an dem du in den Traum eingestiegen bist. Dann bist du auch schon wieder zurück.«

Ich nicke, als würde ich verstehen, was er mir sagt. Als wäre das hier eine ganz normale Situation.

Warum tut er das? Warum, verdammt, tut er das hier?

Egal. Ich darf keine Zeit verlieren.

Ich rutsche auf der Decke näher an den kleinen Jungen heran und hole tief Luft. Dann fällt mir etwas ein. Ich sehe zu Yunus auf.

»Aber diesmal filmst du mich nicht.«

»Du hast mein Ehrenwort«, verspricht er, und ein Lächeln, das irgendwo in meinem Inneren etwas zum Vibrieren bringt, legt sich auf seine Lippen. Ich zwinge mich, das seltsame Gefühl zu vertreiben und meinen Blick abzuwenden.

Dann lehne ich meine Stirn wieder behutsam gegen die des

kleinen Jungen, als wüsste ich genau, was ich mache. Vielleicht liegt es daran, dass ich es schon einmal geschafft habe. Jedenfalls bricht zeitgleich mit dem Berühren der Kinderstirn eine Welle aus Emotionen auf mich herein. Angenehme, wohlige Emotionen. Ich gebe mich ihnen hin, ohne nachzudenken. Lasse mich von ihnen davonspülen. Es wird hell und wieder dunkel. Dann schlage ich die Augen auf.

Ich befinde mich in einem Wohnzimmer. So viel ist klar. Wieder steht ein Esstisch vor mir, doch nun sitze ich auf einem Sofa. Yunus' kleiner Bruder hockt in einem Hochstuhl und reißt den Mund auf, während eine dunkelhaarige Frau ihm einen Löffel Brei hinhält. Ich spüre eine Aufregung in mir aufsteigen, die nichts mit der Tatsache zu tun hat, dass ich mich in einem Traum befinde. Emre patscht nervös auf die Ablage vor sich. Als der Löffel in seinem Mund verschwindet, macht sich eine angenehme Zufriedenheit in mir breit. Das Kleinkind kaut und schluckt.

Ich sehe mich um. Warum ist alles so unscharf? Als wäre ich plötzlich kurzsichtig, kann ich den Raum um mich herum nur schemenhaft erkennen, wie mit verlaufender Wasserfarbe gemalt. Einzig der Tisch und die Frau mit dem Brei sind gestochen scharf. Warum hat sie mich noch nicht bemerkt?

Ich fahre zusammen, als Yunus auf einmal neben mir auf dem Sofa auftaucht. Er lässt seinen Blick über die Szenerie streifen und grinst mich an.

»Du hast es geschafft! Willkommen in unserem Wohnzimmer.« Er wirkt übermütig. »Komm mit!«

Nervös sehe ich zu der Frau am Tisch.

»Das ist meine Mutter«, erklärt Yunus und nickt zu ihr herüber. »Oder zumindest ihr Traumspiegel. Also ihr Abbild, von dem mein Bruder träumt. Jedenfalls bemerkt die uns nicht, solange mein Bruder es nicht tut. Aber der ist gerade zu beschäftigt. Komm schon!«

»Traumspiegel«, wiederhole ich, während ich es Yunus nachtue und aufstehe.

Mit einer Mischung aus Nervosität, Verwirrung und einem Hunger, der nicht wirklich zu mir zu gehören scheint, folge ich Yunus aus dem Raum.

Wir gehen einen Gang entlang, der in der Tat Ähnlichkeit hat mit dem Flur, den ich in Yunus' Wohnung gesehen habe. Auch hier kann ich unsere Umgebung nur leicht verschwommen erkennen. Ich folge den scharfen Umrissen von Yunus' Körper zur Wohnungstür und ins Treppenhaus. Die grauen Wände und Stufen sehen genauso aus, wie ich sie von gestern in Erinnerung habe. Nur leicht verschwommen.

Ich spüre meinen hektischen Herzschlag und habe das Gefühl, als würden alle Eindrücke in einer ungekannten Intensität auf mich einprasseln. Das Absurdeste an der Situation ist jedoch, dass es sich so normal anfühlt. Als wäre das hier genau der Ort, an dem ich sein sollte.

Während wir das Treppenhaus hinunterlaufen, fällt mir etwas ein: »Hast du Emre jetzt alleine auf dem Tempelhofer Feld gelassen?«, rufe ich.

Kurz dreht sich Yunus zu mir um.

»Ja, aber dem passiert nichts. Sobald er aufwacht, fliegen wir eh aus dem Traum und sind wieder bei ihm.«

Ich nicke, obwohl Yunus das schon nicht mehr sehen kann, weil er vor mir die letzten Treppenstufen in einem unnatürlich weiten Satz nimmt und unten vor der Haustür zum Stehen kommt.

Jetzt zieht er die Tür auf, und ich folge ihm hinaus auf die Straße. Fast stoße ich mit Passanten zusammen, die sich auf dem Gehweg an mir vorbeidrängen. Yunus drückt mich mit einem Arm zurück an die Hauswand. Ich spüre seine Berührung pulsierend auf meiner Haut. Das Gefühl seiner Nähe vermengt sich in meinem Inneren mit zu vielen anderen Emotionen, als dass ich sie wirklich ordnen könnte. Welche Emotionen davon mir und welche Emre gehören, weiß ich nicht.

Dann wird mein Gefühlschaos von heißem Schock überrollt, und aus meinem Mund kommt ein undefinierbarer Laut. Eine riesige Schlange schiebt sich auf der Straße an uns vorbei. Grün und mit einem Körperumfang, der einen ganzen Menschen in sich aufnehmen könnte. Ein paar Passanten – manche von ihnen mit deutlichen Gesichtszügen, andere nur undeutliche Schemen – ergreifen die Flucht. Schreie werden von den Hausfassaden in einer unschönen Kakophonie zurückgeworfen.

Ich spüre einen Schrei in meinem eigenen Hals, der jedoch nicht herausdringt.

»Moment«, höre ich Yunus' Stimme. Und als ich mich hektisch zu ihm wende, sehe ich, wie er mit geschlossenen Augen neben mir steht.

Gerade will ich ihn schütteln und panisch auf die Schlange deuten, als sich genau diese vor mir in Luft auflöst. Sie verschwindet einfach. Statt ihrer macht sich eine entspannte Ruhe auf der Straße breit. Die Menschen, die eben noch davongelaufen sind, sehen sich teils verwirrt um, teils gehen sie schon wieder ihrer Wege, als wäre nichts passiert.

»Sorry«, Yunus' Stimme klingt heiser, »Somna ist zurzeit ziemlich überfüllt. Da kommt so was häufiger vor.«

Wortlos sehe ich ihn an.

Irgendetwas an meinem Gesichtsausdruck bringt Yunus offenbar zum Lachen. »Was?«

»Warst du das? Mit der Schlange?«

Er grinst.

»Ich habe sie verschwinden lassen, ja.«

Er zieht den Arm zurück, mit dem er mich an die Hauswand gedrückt hat und beginnt, mit zur Schau gestellter Lässigkeit, den Gehweg entlangzuschlendern.

Dann dreht er sich zu mir um, eine Augenbraue in die Höhe gezogen – ein Ausdruck, den ich von seinen Posts kenne.

»Hut ab, dass du nicht gleich vor Schreck aus dem Traum geflogen bist. Das würde nicht jeder schaffen.«

Sein Unterton gefällt mir nicht. Aber ich finde keine Worte, die ich ihm entgegnen kann.

Der Blick, den er mir zuwirft, wirkt fast übermütig. »Was hältst du von einem Rundflug über Traum-Berlin?«

An einer Straßenecke bleiben wir stehen. »Es geht ganz einfach. Also …« Er zögert. »Na ja, es ist schon eine kleine Traumwandlung. Du musst die richtige Emotion dafür einsetzen.«

»Die richtige Emotion«, wiederhole ich verständnislos.

»Ja. Also die Schlange da vorne war zum Beispiel das Produkt der Angst der Träumer. Um sie verschwinden zu lassen, musste ich mich also vollkommen entspannen und mir dann vorstellen, dass sie weg ist. Ganz einfach.« Er lächelt mich an.

Mein Gesichtsausdruck muss irgendwo zwischen Unverständnis und Fassungslosigkeit liegen, denn Yunus setzt ein verständnisvolles Lächeln auf.

»Um zu fliegen, ist die passende Emotion Selbstvertrauen, würde ich sagen. Schau!«

Von irgendwo aus mir heraus dringt ein ungläubiges Lachen. Denn Yunus ist vor mir vom Asphalt der Straße abgehoben und steht nun entspannt in der Luft. Erwartungsvoll nickt er mir zu.

Selbstvertrauen. Okay. Yunus' Blick lässt meinen Hals kribbeln. *Traumgängerin. Das ist es, was ich bin. Das ist es, was ich schon immer war. Eine Traumgängerin, die fliegen kann. Jetzt müssen es alle einsehen. Mein Vater, meine Mutter, die Traumunion ...* Mir wird heiß. Fliegen. Ich soll fliegen.

Ich sehe an mir herunter. Nichts passiert. Noch nicht mal einen Zentimeter haben sich meine Füße von der Straße gelöst.

Noch mal. Diesmal schließe ich die Augen und stelle mir mit aller Kraft vor, wie mein Körper vom Boden abhebt. Ich versuche, mich abzustoßen, verliere das Gleichgewicht und reiße die Augen auf.

Das Blut rauscht mir in die Wangen, als neben mir ein Baum umkippt und auf den Asphalt kracht. Yunus prustet vor Lachen.

»Was war das denn?«

Ich sage nichts. Immer wenn ich sie am besten gebrauchen könnte, werde ich daran erinnert, dass ich eine absolute Niete in Sachen Schlagfertigkeit bin. Später wird mir bestimmt ein passender Kommentar einfallen. Aber jetzt ist keiner zu finden.

Stattdessen kommt mir eine andere Idee. Das kann ich. Ich weiß es. Aus dem Nichts erscheint ein schwarzes Gerät vor mir, das eine Art Düsenantrieb hat und in der Luft schwebt. Ich lasse mich darauf fallen.

»Du bist ja lustig«, sagt Yunus und schüttelt den Kopf. »Das Ding kann fliegen, aber du nicht? Na ja, so geht es auch.«

Er schießt in die Höhe.

Sofort nimmt auch das Gerät unter mir Fahrt auf. Ich klammere mich fest an zwei Haltegriffe, von denen ich nicht weiß, ob sie eben schon da waren oder nicht. Doch im selben Moment begreife ich, dass ich nicht herunterfallen werde. Niemals.

Yunus fliegt den Straßenzug entlang und steigt immer höher. Ich tue es ihm gleich. Das Gerät reagiert auf kleinste Impulse. Als ich über die Dächer der Häuser blicken kann, hole ich tief Luft. Vor mir liegt Berlin, angestrahlt von einer warmen Sommersonne, glänzend und riesig. Das verworrene Netz der Straßenzüge, durch das sich die Autos und Menschen schieben, reicht bis zum Horizont. Überall ragen Hochhäuser zwischen den Dächern hervor, und gewunden zieht sich das Band der Spree durch die Stadt. Ich erkenne die großen, grünen Flächen des Tempelhofer Felds und des Tiergartens und den Alexanderturm.

Kurz starre ich auf ein enormes Riesenrad, das sich inmitten der Stadt erhebt. Ich bin mir ziemlich sicher, ein solches Rad noch nie in Berlin gesehen zu haben. Es erinnert mich an das London Eye. Überhaupt scheint irgendetwas anders zu sein an diesem Traum-Berlin. Auf den ersten Blick sieht alles nach einer ganz normalen Stadt aus. Doch wenn ich genauer auf die Straßen und Gebäude schaue, entdecke ich Dinge, die definitiv nicht normal sind: Vereinzelt fliegen Menschen wie wir über den Dächern. Ein Teil der Stadt ist eingestürzt, in einem anderen tummelt sich eine Masse aus unzähligen verschwommenen Menschen rund um etwas, das wie ein großes Lagerfeuer aussieht.

In unregelmäßigen Abständen scheint die Stadt zu leuchten, als hätte man riesige, strahlende Bauwerke in den Straßen verteilt. Und kurz habe ich das Gefühl, in der Spree etwas zu entdecken, das Ähnlichkeit mit einem Seeungeheuer hat. Sofort muss ich an die Schlange denken, die Yunus gerade hat verschwinden lassen.

Ich folge ihm über die Dächer, durch Straßenzüge, quer über Plätze und durch Parks. Im Slalom umrunden wir ein paar Bäume und rasen dicht über dem Wasser der Spree entlang. Irgendwann fliegen wir hinauf zur blinkenden Spitze des Alex. Höher und immer höher.

Es ist ein unglaubliches Gefühl. Alles fühlt sich so richtig an. Und gleichzeitig komisch und fremd.

Als wir uns genau an der Spitze des Fernsehturms befinden, sehe ich, dass er in einer Art flachen Plateau endet. Hier oben ist viel mehr Platz, als ich es im realen Leben je für möglich gehalten hätte. Aber vermutlich ist das eine Sache der Perspektive, und ich habe ja sowieso keine Ahnung, ob dieser Traum-Funkturm überhaupt dem realen entspricht.

Yunus landet auf dem Plateau, setzt sich und klopft einladend auf die Fläche an seiner Seite. Zögernd lasse ich mich darauf nieder und lege meine klobige Flugmaschine neben mir ab.

»Na, wie ist das?«, fragt Yunus lachend.

»Cool.«

Ich habe ein Grinsen auf dem Gesicht, das ich nicht unter Kontrolle bekommen kann. Ein Lachen bricht aus mir hervor – halb Euphorie, halb Nervosität.

Ich beobachte die Wolken um mich herum und weiß, dass ich nicht fallen werde. So sicher wie jetzt habe ich mich noch nie gefühlt. In meinem ganzen, traumlosen Leben nicht.

Die Stadt ist unter mir ausgebreitet. An den Rändern fasert sie aus und geht in das Grün des Umlands über. In der Ferne erkenne ich Potsdam, die Stadt, in der mein Vater wohnt. Alles ist so real und so unwirklich zugleich. Ich kann keinen klaren Gedanken fassen. Stehe ich unter Schock?

»So habe ich mich damals auch gefühlt bei meinem ersten Besuch in Somna«, sagt Yunus, und ich merke, dass er mich beobachtet.

»Bei deinem Test in der Traumunion?«, frage ich und muss daran denken, was Yunus auf dem Podium der Einführungsveranstaltung erzählt hat.

Er nickt und lacht leise.

»Ich hatte echt ziemlich die Hosen voll.«

Ich versuche mir einen kleinen, ängstlichen Yunus vorzustellen – vielleicht an der Hand seiner Mutter –, der zu den offiziellen Tests geführt wird.

Auch Yunus scheint in Gedanken in der Vergangenheit zu hängen. Seine Stimme ist nachdenklich, als er weiterspricht: »Trotzdem war ich überzeugt davon, dass ich ein Traumgänger bin. Ich wusste es einfach. Hatte es, glaube ich, schon immer gewusst. Nur meine Familie hat mir lange nicht geglaubt. Das war echt scheiße. Und diese Traumlosigkeit hat mich fertiggemacht … Ich war so ein nervöses, ängstliches Kind.«

Bei Yunus' Worten sauge ich hörbar die Luft ein, aber er scheint vergessen zu haben, dass ich hier neben ihm sitze.

Eine tiefe Falte gräbt sich in seine Stirn. Genau zwischen die beiden dichten Augenbrauen, die immer in Bewegung zu sein scheinen.

»Ich war so was von erleichtert, als ich dann das erste Mal in Somna war. Es war phantastisch. Es gibt kein besseres Gefühl. Na ja, fast keins.«

Jetzt grinst er und scheint in die Gegenwart zurückzukehren.

Sein Blick streift über mein Gesicht. Wieder ist es, als wäre er eine körperliche Berührung, als würde Yunus mir mit heißen Fingern über die Wange fahren und ein Glühen hinterlassen.

Auch wenn diese ganze Welt hier nicht ganz real sein sollte, Yunus ist real. *So real.* Wie er da neben mir sitzt, so klar und deutlich in dieser leichten Verschwommenheit. Er sieht genauso gut aus wie der berühmte Yunus Dede, den ich bisher nur von meinem Smartphone-Bildschirm kannte. Mein Herz schlägt schneller, als würde es vom Strudel der Emotionen in mir angetrieben.

Wenn jetzt noch die Sonne unterginge, dann wäre dieser Moment perfekt. Auf meinem Hals brennen rote Flecken, als ich im Augenwinkel sehe, wie die Sonne an den Horizont rutscht und die gesamte Landschaft unter uns mit einem rosafarbenen Licht überzieht.

Yunus lacht leise.

»Warst du das?«, spricht er aus, was ich mich selbst frage.

Ich sehe ihn an, suche nach einer Antwort. Er lehnt sich zurück auf die Ellbogen, lässt die Beine über den Abhang baumeln und betrachtet mich. Mein Kopf wird ausgefüllt von seinem Lächeln, seinen dunklen Augen und den erhobenen Brauen. Seine Nähe ist wie eine pulsierende Stromquelle. Etwas, das nicht zu fassen und dennoch realer als alles andere auf der Welt ist.

Mit den Augen wandert er über mein Gesicht, als würde er es zum ersten Mal sehen. Und ich höre auf zu atmen. Plötzlich ist da nicht mehr nur der berühmte Traumgänger, sondern ein ganz anderer Yunus. Er sieht mich nicht *an* – er sieht *in mich hinein*, und erkennt dabei etwas, das vor ihm noch nie jemand wahrgenommen hat.

Meine Sinne drehen durch. Wie in Zeitlupe richtet Yunus sich auf. Seine Finger legen sich sanft auf meine und schicken ein Prickeln durch meinen gesamten Körper.

Doch genau, als der Moment sich wie eine einzige, wunderbare Ewigkeit anfühlt, scheint es, als würde jemand auf den Fast-Forward-Button drücken: Yunus reißt sich von mir los, sein Körper versteift sich, und mit einem Ruck kommt er auf die Beine.

»Scheiße. Los weg hier«, ruft er, und als ich mich umdrehe, sehe ich sie: Zwei Männer in enganliegenden grauen Uniformen rasen durch die Luft auf uns zu. Obwohl sie noch ein gutes Stück entfernt sind, zeichnen sie sich klar von der Umgebung ab. Ihre Blicke sind auf mich gerichtet und spiegeln eine Entschlossenheit wider, die mir eine kalte Welle über den Körper jagt. Einer von ihnen hält etwas in der Hand, das einer Pistole erschreckend ähnlich sieht.

Ich wirbele zu Yunus herum und spüre, wie etwas in mir fällt. Etwas, das gerade noch wohlig warm verpackt in mir schwebte, stürzt zu Boden und scheint all meine Organe mit sich zu reißen. *Yunus ist weg. Einfach verschwunden.*

Hinter mir höre ich Rufe, springe hoch und habe tausend Gedanken, jedoch keinen einzigen klaren. Einer der Männer hat mich fast erreicht. Ich sehe die grüne Traumgängerkette, die im Gegenwind an seinem Hals zerrt, und das Logo der Traumunion, das auf seiner Brust prangt. Er streckt die Hand mit der Waffe aus. Ohne nachzudenken, springe ich. Ich springe einfach vom Turm herab und sehe dessen verschwommene rot-weiße Bemalung an mir vorbeirasen. Die Stadt kommt näher – und mit ihr eine eiserne Plattform, die am Turm angebracht ist. Was habe ich getan? Die Sekunden verlangsamen sich. Das silberne Metall, das trotz der Verschwommenheit hart und absolut tödlich wirkt, kommt immer näher. Das ist er. Das ist der Tod. So sieht meiner aus. Ein leicht unscharfes Metallgitter, auf dem mein Körper zerschellen wird. Wie konnte ich nur so dumm sein? Wie konnte ich nur einfach springen? Wie konnte ich überhaupt in Somna einsteigen?

Somna. Der Traum! Das hier ist ein Traum! Das Tempelhofer Feld. Die wache Welt. Ich kann sie riechen, kann den erdigen Boden unter meinen Schienbeinen fühlen, kann Vögel zwitschern hören.

Atemlos öffne ich die Augen und möchte fast laut aufschluchzen, als ich die Baumgruppe erkenne, bei der ich mich vor einer gefühlten Ewigkeit mit Yunus getroffen habe. Die hohen Gräser, die Bäume – es ist alles wie zuvor. Nur ist weder Yunus noch sein kleiner Bruder zu sehen.

»Yunus!«, rufe ich, doch niemand antwortet.

Wackelig komme ich auf die Beine. In meinem Inneren wirbeln die unterschiedlichsten Gefühle und brauen sich zu etwas zusammen, das mich in Schockstarre versetzt, mich unfähig macht, mich zu bewegen. Kurz stehe ich einfach da. Dann entdecke ich ein paar Meter entfernt zwischen dem Gestrüpp die Decke, auf der Yunus zuvor seinen schlafenden Bruder abgelegt hatte.

»Yunus«, schreie ich wieder.

Ich laufe los. Aus den Bäumen heraus und auf einen Weg, der über die weiten Wiesen des ehemaligen Flugfelds führt.

Hier kann ich alles wieder klar erkennen. Schmerzhaft scharf umrissen mache ich Yunus in der Ferne aus, der im Laufschritt den Kinderwagen vor sich herschiebt, auf einen der Ausgänge zu. Das Bild scheint mir jegliche Kraft zu rauben. Yunus rennt davon. Er lässt mich einfach zurück.

Ich starre ihm hinterher und fühle eine seltsame Leere und unfassbare Müdigkeit in mir. Am liebsten würde ich mich in das Gras sinken lassen und schlafen. Ich mache ein paar schwerfällige Schritte. Dann gebe ich nach und sacke auf den trockenen Boden. Dort sitze ich. Ein paar Sekunden. Oder Minuten. Oder Stunden.

Irgendwann klingelt mein Handy. Mit einer mechanischen Bewegung ziehe ich das Gerät aus meiner Tasche hervor und starre auf den angezeigten Namen auf dem Display.

Papa steht da.

Er weiß es. *Sie* wissen es. Und ich weiß nicht, was ich jetzt tun soll.

7

Selena

Der Schmerz pulsiert von der Brust durch meinen Körper und zieht meine Sinne unsanft aus der schwarzen Bewusstlosigkeit.

Meine Glieder sind schwer, als hätte jemand Gewichte darauf verteilt. Unter meinen Fingern spüre ich weichen Stoff. Ein Bettlaken vielleicht? Oder die Polster eines Sofas? Langsam nimmt die Erinnerung in meinem Inneren Form an. Das fremde Mädchen. Die Männer, die plötzlich aufgetaucht sind.

Ich blinzele und schließe die Augen sofort wieder – selbst das spärliche Licht, das mich umgibt, schmerzt.

Einige Sekunden verstreichen, dann öffne ich die Augen erneut, und diesmal gelingt es mir, sie offen zu halten. Ich drehe den Kopf und lasse den Blick durch den kleinen Raum mit den altmodischen Möbeln wandern.

Ich liege auf einem mit Samt bezogenen Sofa. In der Ecke steht ein Regal voller Bücher, und über ein paar Sesseln, die um ein Holztischchen mit einem Kandelaber darauf gruppiert sind, brennt eine Lampe. Ihr Schein wird von den nachtschwarzen Fenstern zurückgeworfen. Als ich versuche, mich aufzusetzen, muss ich feststellen, dass meine Hände vor dem Bauch gefesselt sind. Hitze jagt durch meinen Körper. *Wo bin ich? Ist das hier die Traumunion?*

Ich versuche es erneut, und diesmal schaffe ich es, mich aufzurichten. Ein stechender Schmerz durchzieht meinen Kopf. Ich schlucke und versuche die Benommenheit wegzublinzeln. Es funktioniert nicht.

Einen Moment sitze ich regungslos da, merke, wie meine Sicht unscharf wird. *Bin ich doch noch in Somna?* Mit meinen Gedanken versuche ich die Fesseln um meine Hände zu lösen. Nichts tut sich. Also tatsächlich nicht Somna, sondern Corpora. Die wache Welt.

Meine Finger fliegen zu meiner Hosentasche, und Erleichterung durchströmt mich, als ich den Zettel mit der Notiz meines Vaters ertaste. Wärme strahlt davon aus und schenkt mir neue Entschlossenheit.

So leise ich kann, lasse ich meine Turnschuhe auf den Holzboden sinken und stehe auf. Ich zerre an meinen Fesseln. Keine Chance. Meine Hände sind mit einem dicken Seil verknotet, das mir schmerzhaft die Haut aufreibt. Der Knoten ist mit den Fingern nicht zu erreichen.

Auf der Suche nach etwas Scharfem sehe ich mich im Raum um und mache dabei ein paar schwankende Schritte. Was auch immer sie mir in Somna verabreicht haben – es macht mich immer noch benommen.

Zuerst schaue ich mir das Regal genauer an, doch darin stehen nur alte Bücher. Wenn ich mich nicht irre, sind die Titel in deutscher Sprache verfasst. Bin ich in Deutschland? Zumindest würde das zur Traumunion passen. Schließlich steht deren Zentrale mitten in Berlin. Aber wie kann das sein?

Ich drehe mich um, lasse den Blick durch den restlichen Raum schweifen. Nichts. Nicht mal ein Nagel ragt aus der Wand.

Mit wenigen Schritten durchquere ich das Zimmer und presse das Gesicht ans Fenster. So gut es mit den verknoteten Händen geht, schirme ich meine Augen gegen die Spiegelung ab.

Ich kann eine sporadisch von Lampen erhellte Auffahrt und eine steinerne Hausfront mit Erkern erkennen. Unter meinem Fenster sehe ich die Schemen großer Autos. Ich schlucke. Wo bin ich? Wie bin ich hierhergekommen? Und vor allem: Wie komme ich hier wieder weg? Kann ich irgendwie das Fenster öffnen und einen Sprung auf die Dächer der Autos wagen?

Doch bevor ich prüfen kann, ob sich das Fenster öffnen lässt, überkommt mich erneuter Schwindel, und ich sinke gegen die Fensterbank. Etwas in meinem Hals zieht sich zusammen. Nun ist das eingetroffen, wovor meine Mutter mich immer gewarnt hat. Was ihr so unendlich viele schlaflose Nächte bereitet hat. Dass mir in Somna etwas passieren würde.

Jäh erstarre ich. Vor der Tür sind Schritte zu hören. Ohne nachzudenken, greife ich mit meinen gefesselten Händen nach dem Kandelaber, der ganz in der Nähe zwischen den Sesseln steht. Er ist schwerer als gedacht, und ich muss alle Kraft meines benommenen Körpers aufwenden, um ihn in einer Art Abwehrhaltung vor mir zu erheben.

Ein Schlüssel dreht sich im Schloss, und die Tür wird geöffnet.

Ein blonder Typ steht im Rahmen – vermutlich nur ein paar Jahre älter als ich. Auf seinem Gesicht zeichnet sich Überraschung ab.

Dann lacht er. »Das würde ich an deiner Stelle lassen.«

Sein Englisch hat einen ganz leichten Akzent.

Der Kandelaber erzittert über meiner Schulter.

»Wo bin ich?«

Meine Stimme klingt schwach. Gar nicht so, wie ich es beabsichtigt hatte.

Der Typ sagt nichts. Er trägt ein dunkles Sportoutfit, und in diesem Moment fällt mir der grüne Anhänger auf, der auf seinem Shirt baumelt.

Ich kann den Kandelaber nicht länger halten, und er fällt laut polternd zu Boden.

»Wie heißt du?«, fragt der Typ bloß.

Ich erlaube mir, mich erneut gegen das Fenster in meinem Rücken zu lehnen. Lieber das, als hier das Gleichgewicht zu verlieren und vor diesem Typen zu Boden zu stürzen. Ist das Mitleid, das sich da plötzlich auf seinen Zügen zeigt?

»Wie bin ich hierhergekommen?« Mein Name geht ihn gar nichts an.

»Mein Onkel hat dich hergebracht. Hast eine ordentliche Dosis Debix abbekommen –«

Mein Gesicht muss meine Verwirrung offenbaren, denn er sagt: »Du hast keine Ahnung, was Debix ist, oder?«

Ich sage nichts.

Er schüttelt den Kopf, als wolle er einen Gedanken verscheuchen.

»Ist jetzt eh egal.«

Kurz sieht er mich wieder an, als würde ich ihm leidtun. Dann wird sein Gesichtsausdruck hart. »Komm mit. Ich soll dich zu den anderen bringen. Die warten schon länger darauf, dass du aufwachst.«

Er sagt es, als wäre ich zu spät zu einer Verabredung. Dann geht er zur offenen Tür.

Ich bewege mich nicht.

»Eins kann ich dir versichern. Dich zu weigern wird dir nichts bringen.«

Fast klingen seine Worte traurig. Oder täusche ich mich? Erneuter Schwindel lässt den Holzboden des Salonzimmers kippen, und ich muss mich mit den gefesselten Händen an der Fensterscheibe abstützen. Ich blinzele. Atme tief.

Als ich wieder klar sehen kann, steht der Blonde neben mir und packt mich am Shirt. Unsanft werde ich von ihm in Richtung Tür und hinaus auf einen langen Gang gezogen. Kaum bemerke ich den makellosen Teppich und die alten Holztüren, die die Wände säumen, während mich der Typ vor sich herschiebt. Einmal verliere ich das Gleichgewicht und knalle nur deshalb nicht gegen die Wand, weil der Blonde mich auffängt.

Irgendwann öffnet er eine Tür. Es sind ausnahmslos Männer, die uns ihre Köpfe zuwenden, als wir eintreten. Grüne Anhänger funkeln wie eine unausgesprochene Warnung auf ihren Brustkörben.

»Ah, Paul!«, sagt ein Grauhaariger, der uns entgegenlächelt.

Der Mann steht neben einem großen Bett mit altmodischen Holzverschnörkelungen.

Auf dem Bett liegt jemand. Als der Blonde – offensichtlich heißt er Paul – mich weiter in den Raum zieht, erkenne ich, dass es ein kleiner Junge ist. Er ist vielleicht acht oder neun und hat einen dunklen Anzug an, die Hände auf dem Bauch gefaltet. Fast sieht es aus, als wäre er auf seinem Totenbett aufgebahrt – wären da nicht die sanften Atembewegungen und die klobige silberne Maske, die er über den Augen trägt. Sie zeichnet seine Traumaktivität auf, so viel weiß ich aus den Berichten über die Traumunion.

Eine Uhr tickt unglaublich laut in die Stille hinein. Mir ist schlecht, und alles, was ich tun kann, ist, nicht das Gleichgewicht zu verlieren. Da komme ich direkt vor dem grauhaarigen Mann zum Stehen, und werde losgelassen.

»Willkommen, Traumgängerin«, sagt er und streckt seine Hand nach mir aus. Instinktiv weiche ich zurück und stoße dabei gegen Paul, der direkt hinter mir steht.

»Wie heißt du?« Beginnt er ebenso wie Paul wenige Minuten zuvor.

Als ich nicht antworte, zuckt er mit den Schultern, als wäre mein Name sowieso völlig gleichgültig.

Eine dunkle Ahnung befällt mich.

»Paul? Tust du uns den Gefallen?«, fragt der Alte.

Paul geht, ohne mich zu beachten, zum Bett. In absoluter Stille beugt er sich über den schlafenden Jungen, nimmt fast liebevoll seinen Kopf in die Hände und berührt mit seiner Stirn die des Jungen.

Einen Moment lang passiert nichts. Ich überlege, ob ich den Augenblick nutzen und fliehen sollte. Doch bevor ich einen klaren Gedanken fassen kann, werde ich davon abgelenkt, dass der Blonde verschwindet. Einfach so. Als würden sich seine Konturen in Luft auflösen. Genauso wie ich es immer in den Dokus über die Traumgänger gesehen habe.

Stille liegt ungebrochen über dem Raum. Ich merke, wie sich mehrere Augenpaare in meinen Rücken bohren.

»So. Jetzt du, Traumgängerin.« Der Grauhaarige schiebt mich so plötzlich in Richtung des Bettes, dass ich stolpere und fast auf den schlafenden Jungen falle. Ich werde zurückgerissen und kann den herben Atem des Mannes riechen, als er mir ins Gesicht zischt: »Vorsichtig. Wenn du irgendwas versuchst, bist du dran. Das verspreche ich dir.« Ich erstarre, als ich etwas Kaltes an meinem Hals spüre. Den Lauf einer Waffe?

Das Adrenalin beschert meinen schwerfälligen Gedanken Klarheit: Hier kann ich nichts gegen die Männer ausrichten. Wenn ich eine Chance haben will, muss ich nach Somna gehen. Dort verfüge ich über Traumwandlungen. Am besten spiele ich das eingeschüchterte Mädchen und tue, was mir gesagt wird. Schwer fällt mir das nicht. Meine gefesselten Hände zittern, als ich mich zu dem Jungen hinunterbeuge und seinen Kopf umfasse.

Ich spüre den Mann dicht neben mir.

Nichts wie weg hier.

In meinem benommenen Zustand fällt mir der Einstieg nach Somna leichter als je zuvor. Es ist wie eine Erlösung, sich den Emotionen hinzugeben, die mir von dem Jungen entgegengespült werden. Aufregung, Freude und Angst reißen mich davon, ich lasse das seltsame Zimmer und die auf mich gerichteten Augenpaare hinter mir, und für einen Moment bin ich schwerelos, umgeben von Emotionen und Helligkeit.

Als ich die Augen öffne, stehe ich auf einem Feld. Ein Meer aus Getreideähren wogt um meine Hüften, und in der Ferne zeichnen sich verschwommen die Konturen eines Gebirges ab. Sommerwind zerrt an meinen Haaren.

Doch bevor ich irgendetwas tun kann, werde ich zu Boden gerissen. Noch während ich den Kopf drehe, um meinen Angreifer sehen zu können, spüre ich, wie sich Fesseln um meinen ganzen

Körper legen. *Scheiße.* Ich bin in Somna. Und trotzdem war er schneller als ich.

»Wehr dich nicht. Dann geht es ganz schnell«, höre ich Pauls Stimme direkt neben meinem Ohr.

Ich muss etwas tun, doch meine Gedanken bewegen sich unendlich langsam. Und noch bevor ich einen von ihnen zu fassen bekomme, wird mein Körper sanft in die Luft gehoben. Gemeinsam mit Paul, der gut einen Meter Abstand hält, fliege ich über die Ähren hinweg.

Ein Licht. Grell und allumfassend, wie ein leuchtender Bogen, taucht vor uns auf. Und davor bewegen sich schemenhafte Gestalten. Ich weiß, was das ist. Und ich weiß, dass ich diesem Ding nicht zu nahe kommen darf. Das vertraute Grauen ballt sich tief in mir zusammen, während wir unaufhaltsam auf das strahlende Tor zusteuern.

Ich stemme mich gegen die Fesseln und verwende meine gesamte Kraft darauf, mich trotz der Benommenheit zu konzentrieren. Mit einem Knall bersten die Seile, die mich umschließen, und fallen wie tote Schlangen zu Boden. Doch die Euphorie, die mich in eine zufällige Richtung losrasen lässt, währt nur kurz. Etwas trifft mich an der Schulter, und unvermittelt verliere ich an Geschwindigkeit. Ohne mich abfangen zu können, schlage ich im Dreck auf. Mein ganzer Körper schreit vor Schmerz.

»Hast die Kleine wohl nicht im Griff.« Ein weiterer Traumgänger landet gemeinsam mit Paul an meiner Seite, gerade steckt er eine Waffe zurück in den Holster. *Debix,* denke ich verschwommen, während Paul etwas Unverständliches murmelt. Doch sie müssen mir eine schwächere Dosis verpasst haben, denn ich schaffe es, bei Bewusstsein zu bleiben.

Ich blinzele. Es ist so hell. Viel zu hell. Jemand packt mich und zerrt mich auf die Füße. Da ist ein Stöhnen. Mein Stöhnen. Um mich herum bewegen sich Gestalten. Sind das die Männer von zuvor? Nein, es sind mehr. Viel mehr. Mein Körper prallt gegen fremde Schultern und Rücken, während ich durch eine Menschenmenge gezerrt werde.

Dann werde ich losgelassen. Fast blind stolpere ich dem Tor entgegen und lasse mich davor auf die Knie fallen. Wenn ich die Hände ausstrecken würde, würden sie in dem seltsamen Strahlen verschwinden.

»Jetzt, Max«, sagt jemand hinter mir. »Du musst sie hinter das Tor stoßen. Aber pass auf, dass du nicht selbst hineinfällst.«

Unbändige Angst überkommt mich. Doch es ist nicht meine eigene. Ich bin völlig ruhig. So viel weiß ich. Als hätte das Debix und die Ausweglosigkeit meiner Situation alle Emotionen in mir abgetötet. Es ist die Angst des Träumers, die ich spüre. Die Angst des kleinen Jungen, der jetzt neben mich tritt.

Mit unglaublicher Anstrengung sehe ich zu ihm auf. In dieser Position ist er einen guten Kopf größer als ich.

Seine wachen, blauen Augen sehen mich an, und einen Moment existieren nur sie und die Angst in ihnen.

»Max!«, ertönt es aus dem Hintergrund. »Wir haben doch darüber gesprochen. Das ist deine Aufgabe. Du willst doch so werden wie wir alle, oder?«

Ich werde von irgendjemandem gepackt und auf die Beine gestellt. Ein Schritt, und ich wäre auf der anderen Seite des Tors. Der Gedanke hat plötzlich etwas Tröstliches. Als hätte ich schon einmal eine ähnliche Situation erlebt.

Ich greife nach der Erinnerung, die vor mir liegt, doch sie entflieht mir immer wieder. Da spüre ich zierliche Hände an meinem Rücken.

Ich schließe die Augen und warte. Bin bereit, mich nach vorne fallen zu lassen, sobald mir die Hände auch nur den kleinsten Schubs geben.

Doch nichts passiert.

»Wir können es auch anders regeln«, höre ich eine Männerstimme, und etwas klickt, als würde ein Revolver geladen.

»Hier, Max, nimm. Aber lass sie nicht los.«

Jetzt durchströmt mich doch Angst, die definitiv meine eigene ist.

»Als ob es das einfacher für ihn machen würde«, höre ich eine andere Stimme.

Die Kinderhände rutschen über meinen Rücken.

Dann geschieht alles ganz schnell. Ein Knall. Abermals ein Stich, diesmal in meiner Seite. Ein Schmerzenslaut, der meinem eigenen Mund entfährt. Ein Aufschrei, der aus verschiedenen Männerkehlen erklingt.

Haben sie mich erschossen?

Ich lasse mich auf die Knie fallen. Jetzt wird er kommen: Der Schmerz. Die Dunkelheit. Der Tod. Doch nichts dergleichen passiert. Stattdessen spüre ich, wie die Schwärze aus meinem Sichtfeld weicht, die Benommenheit sich zurückzieht und neue Stärke durch meinen Körper strömt.

Mein Kopf ruckt nach oben.

Ich liege inmitten einer Menschenmenge vor dem strahlenden Tor. Direkt vor mir steht eine Handvoll Männer und sieht sich hektisch um.

Als ich ihren Blicken folge, kann ich gerade noch sehen, wie eine Gestalt ein paar Meter von uns entfernt kehrtmacht und die Flucht ergreift.

Und da erkenne ich den schwarzen Haarschopf, der hinter der zierlichen Gestalt herweht. *Die Traumgängerin.* Kann das sein? Zusammen mit einer anderen, vermummten Gestalt fliegt sie davon, und ich verschwende keine Sekunde. Das ist meine Chance! Ich katapultiere mich in die Höhe und schieße erst über die Köpfe der fremden Menschen und dann über die Ähren des Weizenfeldes hinweg.

Meine Seite schmerzt, und als ich die Hand dorthin gleiten lasse, ertaste ich einen schmalen Pfeil. Mit einem Ruck ziehe ich ihn aus dem Fleisch. Es ist, als würde irgendeine neue Droge durch meine Adern fließen, die mich handeln lässt, ohne nachzudenken. Ich bin ein einziges Bündel an Energie und Reaktion.

War das die Traumgängerin? Mit was zum Teufel hat sie mich da gerade getroffen? Ich werfe einen Blick über die Schulter und sehe, dass einige der Männer mir folgen.

Unter mir verändert sich die Landschaft, breitet sich eine unwirtliche Fläche aus leicht verschwommenen Felsbrocken aus. Vielleicht kann ich in dem Labyrinth aus Steinen meine Verfolger abschütteln.

Etwas zischt an meinem Kopf vorbei. Nein. Sie werden es nicht schaffen, mich noch einmal zu betäuben. Ich schlage eine scharfe Rechtskurve ein und rase direkt in einen Felsspalt hinein.

Die steinernen Wände nehmen mich auf wie eine schützende Umarmung. Doch das Gefühl bleibt nur einen winzigen Moment bestehen. Dann höre ich, wie jemand hinter mir brüllt. *Scheiße. Ich muss mir etwas einfallen lassen.*

Ohne zu zögern, forme ich das Erste, was mir einfällt. Keine

Sekunde später ertönt ein lauter Knall. Ich entscheide, mich nicht umzusehen, um herauszufinden, welcher der Männer gegen die Glasscheibe geflogen ist, die ich kurzerhand in der Felsspalte habe erscheinen lassen. Was auch immer passiert ist. *Es war Notwehr.*

Die Rufe der Männer klingen gedämpft. Dann höre ich Glas splittern und rase durch eine Öffnung im Fels, zurück auf das Feld hinaus. Ich muss weg. Weit weg. Und zwar schnell.

Doch bevor mein Kopf einen Plan ausspucken kann, höre ich etwas, das mich zusammenschrecken lässt.

Meinen Namen.

Er wurde nicht gerufen, sondern geflüstert. Eindringlich. Zischend. Irgendwo aus dem Felslabyrinth heraus. Gerade laut genug, dass ich ihn hören konnte.

Ein irrwitziger Drang lässt mich umkehren und zu der Stelle zurückfliegen, an der ich die Stimme gehört habe.

Da ist eine weitere Felsspalte. Eng und schmal. Und aus der Dunkelheit des Spalts sehen mich zwei Augen an. Dann streckt sich mir eine Hand entgegen.

Ich erstarre in der Luft, stürze fast zu Boden.

»Schnell, Selena«, zischt die fremde Traumgängerin.

»Wer bist du?«, entfährt es mir.

»Ich will dir helfen, verdammt.« Unsere Blicke verhaken sich ineinander.

Da höre ich wieder Rufe hinter mir. Mein Kopf wirbelt herum, und ich erkenne drei Traumgänger, die auf mich zurasen.

Ich muss hier weg, doch irgendetwas hält mich an Ort und Stelle. Ich kann nicht fliehen, aber auch nicht der Fremden in ihr Versteck folgen. Es ist, als wäre ich in der Entscheidung erstarrt.

Dann ist der Moment vorbei und mit ihm die Chance zur Flucht. Diesmal treffen mich mehrere Geschosse genau über dem Herzen, und heißer Schmerz fährt durch meinen Körper, gefolgt von einer Dunkelheit, die sich fast unmittelbar über mich legt.

Ich spüre, wie ich stürze.

Doch es folgt kein Aufprall. Stattdessen reißt jemand an meinem Arm. Ein letztes Mal zwinge ich mich, die Augen zu öffnen, und sehe direkt in das Gesicht der Traumgängerin. Ihr Blick geht über mich hinweg, auf etwas, das ich nicht sehen kann. Alles in ihren Zügen spiegelt Entschlossenheit.

Dann verschwindet die Welt um mich herum, und ich werde abermals in die Dunkelheit davongetragen.

8

Ria

Ich stehe am Fenster und sehe hinaus in die Nacht. Hier, mitten in Berlin, wird es niemals komplett dunkel. Laternen erhellen die Straße, die sich unter mir an der Spree entlangschlängelt, und ich entdecke ein paar Passanten, die die Sommernacht wachhält.

Das Büro meines Vaters ist sicherlich eines der guten: Mit einem großen Eckfenster, das die Sicht über den Fluss und die Straßen rund um den Sitz der Traumunion freigibt. Die Deckenleuchten malen mein Spiegelbild auf die Scheibe vor mir und verbergen die Konturen der Stadt. Erschöpfung, Angst, Aufregung … Hoffnung. Das alles vermengt sich in meinem Inneren und hinterlässt seine Spuren auf meinem Gesicht.

Aber eins weiß ich: Egal, was jetzt passiert, egal, wie lange sich der Blick meines Vaters noch in meinen Rücken bohrt, ich kann meinen Ausflug nach Somna nicht bereuen. Dafür hat es sich zu richtig angefühlt.

Nur der Gedanke an Yunus, der mich einfach hat stehen lassen, brennt in mir wie Galle. Warum hat er mich im Stich gelassen? Nachdem er es gewesen ist, der mich überhaupt nach Somna gebracht hat? Nachdem wir uns fast –

Ich versuche, den Gedanken zu verdrängen und wende mich zu meinem Vater. Er sitzt an seinem Schreibtisch mit dem riesigen Computerbildschirm und den gerahmten Fotos. Ich gehe zu dem Sofa auf der gegenüberliegenden Seite und lasse mich darauf fallen.

»Ria.«

Mein Vater scheint nach den richtigen Worten zu suchen, betrachtet seine Hand und dreht sie schnell vom Handrücken zur Handfläche und zurück. Er testet, ob er sich in einem Traum befindet. In Somna ist das Gehirn der Träumer nämlich nicht in der Lage, die Handfläche schnell genug mit dem Handrücken zu ersetzen. Hat man als Klarträumer auf beiden Seiten einen Handrücken, weiß man, dass man sich in Somna befindet. In Situationen, die meinem Vater absurd vorkommen, macht er immer diese Bewegung. An diesem Abend schon unzählige Male. Wie ein nervöser Tick.

Ich greife nach einem der Dekokissen auf der Couch und umklammere es vor dem Bauch.

»Ria«, wiederholt er.

»Was?«, platzt es aus mir heraus. Endlich legt er seine Hand auf den Schoß.

»Das muss ein riesiger Irrtum sein.«

Ich seufze. Das also wieder.

»Ist es nicht, Papa. Das haben wir jetzt doch schon mehrmals durch.«

»Aber …«, beginnt er schwach, und ihm scheinen die Worte auszugehen. Seit er mich auf dem Tempelhofer Feld abgeholt und hierhergebracht hat, drehen wir uns im Kreis.

»Papa. Glaub mir.« Ich hole tief Luft und zwinge mich, die

ungewohnten Worte mit so viel Überzeugung wie möglich über die Lippen zu bringen: »Ich bin eine Traumgängerin.«

Er sieht mich nur an und schweigt. Wieder dreht er seine Hand hin und her.

»Kannst du das bitte lassen?«, frage ich entnervt.

Mein Vater antwortet nicht, aber er lässt die Hand zurück auf den Schoß sinken. Es ist so still zwischen uns, dass ich das monotone Rauschen der Klimaanlage hören kann.

»Wieso hast du mir nichts davon gesagt?«, murmelt er endlich, und ich muss lachen.

»Ich hab's dir doch gesagt. Zigmal hab ich's dir gesagt. Aber du hast mir ja nicht geglaubt.«

Meine Stimme klingt weniger wütend und viel verletzter, als ich es vorgehabt habe. Aber wie kann er behaupten, dass ich ihm nie erzählt hätte, dass ich nicht träume?

»Ich hätte bestimmt eine Lösung gefunden«, sagt er, als hätte er mich gar nicht gehört.

»Eine Lösung?«

»Ja. Eine Lösung. Eine Lösung, die nicht so ein riesiges Chaos verursacht hätte.« Er sieht mich verärgert an.

Erneut lache ich freudlos auf.

»Sorry, dass dir das Ganze hier Unannehmlichkeiten bereitet.«

Sein Gesicht zuckt, und plötzlich wandelt sich sein Ärger in Verzweiflung. Der Pressesprecher der Traumunion ist aus seiner gesamten Haltung gewichen, und da sitzt nur noch mein hilfloser Papa vor mir, der den Blick senkt.

»Du kannst keine Traumgängerin sein, Ria.«

Gerade will ich etwas Entnervtes erwidern, als er hinzufügt: »Du *darfst* keine Traumgängerin sein.«

Er sagt es nicht abschätzig. Eher klingt es wie ein Wunsch, den er wahr werden lassen will, indem er ihn nur laut ausspricht.

»Warum?«, flüstere ich.

Er sieht mich an, zögert. Es wirkt, als würde er innerlich mit sich kämpfen.

»Weil die Traumgängergabe etwas sehr Wertvolles ist.«

Ärger kocht in mir hoch.

»Und ich habe sie nicht verdient?«

Er schüttelt den Kopf.

»Es gibt viele Leute, die alles für diese Gabe geben würden. Und damit meine ich *alles*. Immer wieder verschwinden Traumgänger, und neue tauchen auf. Das Leben als Traumgänger ist gefährlich, Ria. Und als Traumgängerin ...« Er bricht ab.

»Aber die Traumunion kann mich doch beschützen«, entfährt es mir.

Wieder zögert er, und jeder Muskel seines Gesichts scheint sich zu versteifen. Dann nickt er zustimmend. »Es ist gut, dass die Traumunion dich gefunden hat.«

Wie von einer jähen Unruhe befallen, steht er auf. »Sie wollen einen Test mit dir machen. Du sollst gemeinsam mit Giacomo in einen Traum einsteigen. Noch heute Nacht.«

Ich nicke wortlos und spüre, wie neben der Angst auch Freude in mir aufsteigt: Ich werde noch einmal in Somna sein. Noch heute Nacht.

Mein Vater sieht mich ausdruckslos an. »Ich hab ihnen gesagt, dass ich der Träumer sein will. Es soll mein Traum sein, in den du einsteigst. Dann kann ich dabei sein.«

Ich weiß nicht, ob mich das ärgern oder freuen soll. Glaubt er mir noch immer nicht und will es mit eigenen Augen sehen, oder ist das väterliche Fürsorge?

Mein Blick wandert zum Schreibtisch, auf dem die Fotos in ihren silbernen Rahmen stehen. Darunter ist auch eines von mir: ein Bild, das mein Vater bei einem unserer wenigen gemeinsamen Urlaube gemacht hat. Darauf bin ich vielleicht zwölf Jahre alt. Zusammen mit den Fotos von Anna und Kilian wirkt mein Vater wie der reinste Vorzeige-Papa.

Er macht ein paar Schritte in Richtung Tür.

»Ich muss jetzt schlafen gehen. Damit ich sobald wie möglich träume.«

»Und was soll ich in der Zwischenzeit machen?« Ich kann es nicht fassen. *Werde ich gerade schon wieder einfach alleingelassen?*

Mein Vater hält inne. »Du könntest dich auch ein bisschen ausruhen. Es ist ziemlich spät, fast schon Mitternacht. Ich sage Bescheid, dass man dich hier abholt.«

Ich ziehe die Stirn kraus.

»Steh mal auf.«

Widerwillig gehorche ich.

Mein Vater zieht an einer Schlaufe am Sofa, die ich bislang nicht bemerkt habe, und die Couch verwandelt sich in eine Liegefläche. Schweigend zerrt er ein Kissen und eine Decke aus einer Schublade und reicht sie mir.

Fragend sehe ich meinen Vater an, und er scheint zu merken, was ich denke.

»Ab und an schlafe ich hier. Wenn ich …«, er zögert, »es nicht mehr nach Hause schaffe.«

Meinem Blick ausweichend, räumt er die Sofakissen auf den Boden.

»Das ist manchmal besser für mich … und Anna.«

Ich sage nichts. Stattdessen helfe ich ihm, die Liegefläche freizuräumen.

Wir schweigen, bis er schließlich an der Tür steht und mir zunickt. »Bis später. Versuch zu schlafen, ja?«

Als sich die Tür hinter ihm schließt, stehe ich einen Moment verloren in dem großen Büro. Da ich nichts Besseres zu tun habe, knipse ich nacheinander die Lampen aus und streife meine Schuhe ab. Dann lege ich mich in meinen Klamotten auf die Schlafcouch und ziehe mir die Decke über die Beine. Draußen ist es heiß, aber hier drinnen bläst die Klimaanlage unerbittlich.

Ich starre in das Halbdunkel. Die Straßenlaternen werfen Schatten in das Büro und lassen alles noch viel unvertrauter wirken. Die Fotos auf dem Schreibtisch lächeln geisterhaft zu mir herüber.

Ich schließe die Augen und versuche die kreisenden Gedanken in meinem Kopf zu beruhigen. Schlafen. Ich soll schlafen. Aber wie kann ich schlafen, wenn ich weiß, dass mich Giacomo Laurenti – Generalsekretär der internationalen Traumunion – jederzeit für einen weiteren Ausflug nach Somna abholen wird? Wie kann ich schlafen – jetzt, wo alle mein Geheimnis kennen? Jetzt, wo es nicht mehr lächerlich und verrückt, sondern wahr sein soll? Jetzt, wo Yunus Dede und ich auf der Spitze des Alex' gesessen haben und er mich dann vollkommen im Stich gelassen hat?

Meine Finger finden mein Handy und tippen auf das Symbol einer Social-Media-App. Ich scrolle durch den Feed und verteile Likes für das Strandfoto einer Klassenkameradin, die Pose eines Models und das Essen einer berühmten Sterneköchin.

Als mir ein Bild von Yunus angezeigt wird, verharre ich kurz darauf. Er hat es gestern gepostet. Auf dem Foto posiert er mit dem indischen Traumgänger, den ich zum Test gebracht habe. *Welcome to the land of dreams* steht darunter.

Wie konnte ich mich nur von seiner Attraktivität und Berühmtheit so blenden lassen? Ausgenutzt und im Stich gelassen hat er mich. Energisch scrolle ich weiter, und ein Bild von Lil, Basso und den anderen Jungs taucht auf. Sie stehen auf einem Bergkamm und grinsen übermütig in die Kamera. Basso hat seinen Arm um Lils Schulter gelegt, und sie sieht wie immer umwerfend aus mit ihrem langen, aschblonden Pferdeschwanz und den Shorts.

Wie automatisch öffne ich die Telefonapp und tippe auf das kleine Symbol mit der Videokamera neben Lils Namen. Sofort erscheint schemenhaft mein eigenes Bild, während es klingelt.

Ich muss mit Lil reden. Sie wird Ordnung in das Chaos in meinem Kopf bringen.

»Ryry!« dringt Lils neuester Spitzname für mich durch den Lautsprecher, und auf dem Display erscheint das verpixelte Gesicht meiner besten Freundin. Sie lacht. »Ey, Basso. Lass mich mal. Das ist Ria!«

Das Bild wackelt. Lils Arm ist zu erkennen, dann eine Tischplatte mit mehreren Gläsern darauf, und ein Raum, in dem, den undeutlichen Formen und der Geräuschkulisse nach, gerade eine Party stattfindet.

»Riaaa!«, grölt jemand im Hintergrund. Ich muss grinsen, während ich hektisch die Lautstärke meines Handys herunterregle.

Dann ist wieder Lils Gesicht zu sehen.

»Warte mal. Ich gehe raus. Wir sind gerade auf einer Party bei Bassos Cousin«, sagt sie. »Ich kann dich übrigens kaum sehen. Viel zu dunkel bei dir. Wo bist du denn?«

»Im Büro meines Vaters«, antworte ich, aber bezweifle, dass sie mich überhaupt hört. Ich knipse die Lampe an, die neben dem Sofa steht, und rutsche in den Lichtkegel, die Decke noch immer über den Knien.

Geräuschfetzen, die ich nicht zuordnen kann, kommen aus dem Lautsprecher meines Handys, dann scheint Lil endlich die Party verlassen zu haben, und ihr Gesicht taucht wieder auf.

»Ah, besser«, befindet sie und strahlt mich an. »Na du, wie ist es in der Hauptstadt? Vermisst du uns auch gebührend?«

Diese Worte zusammen mit dem so vertrauten Grinsen lassen etwas in mir losbrechen, das ich bis jetzt eisern festgeklammert habe.

»Lil!« Ihr Name ist Weinen und Lachen zugleich. Was zum Teufel kann ich sagen, um ihr die Lage zu erklären?

Kurz gefriert ihr Gesicht auf dem Display, und als sie sich wieder bewegt, hat sich ihre Stirn in besorgte Falten gelegt.

»O Mann, die Verbindung ist echt schlecht.«

»Lil«, wiederhole ich. »Ich war in Somna!«

Einen Moment denke ich, sie wäre schon wieder eingefroren, aber dann blinzelt sie.

»Was?«

»Ich war in Somna. Mit Yunus Dede. Ich bin eine Traumgängerin. So wie ich es immer gesagt habe!«

Wieder blinzelt sie.

»Was?!« Diesmal klingt das Wort nicht verständnislos, sondern entgeistert. Lil ist außer meinen Eltern die Einzige, der ich erzählt habe, dass ich nicht träume – und sie hat mir immer geglaubt.

»Ja!« Ich muss mich zusammenreißen, nicht zu schreien.

Lils Bild wackelt.

»Ey, Basso! Lass mich mal! Ich telefoniere!«

»Ich will doch nur hallo sagen!« Ein blondes Gesicht mit einem riesigen Grinsen schiebt sich ins Bild. »Hallo, Ria! Wie läuft's mit deinem langweiligen Sommerjob?«

Ein Knacksen, ein Gerangel, dann bleibt das Video schon wieder hängen. Stille erfüllt den Raum. Die Leitung ist unterbrochen. Frustriert versuche ich einen neuen Anruf zu starten.

Nach ein paar Sekunden erscheint Lils verpixeltes Gesicht .

»Du warst in Somna?«, ruft sie ohne Umschweife.

»Ja!« Die Ereignisse der letzten Tage und Stunden sprudeln aus mir heraus, und ich bin mir nicht sicher, ob meine Worte überhaupt einen Sinn ergeben, aber Lil beschwert sich nicht. Als ich zu der Stelle komme, an der die Traumkommissare aufgetaucht sind und Yunus verschwunden ist, spüre ich, wie sich meine Kehle zusammenzieht.

Ich blinzele, um die Bilder des auf mich zurasenden Metallgitters vor meinen Augen zu vertreiben und mich ganz auf Lils gebanntes Gesicht zu konzentrieren.

Als ich erzähle, wie Yunus auf dem Feld davongerannt ist, holt Lil empört Luft. Doch dann friert ihr Gesicht erneut ein. Frustriert schüttele ich das Gerät, als würde sich Lils Video dadurch wieder bewegen. Aber ich weiß, dass sie sich vermutlich gerade irgendwo in einem abgelegenen norwegischen Dorf befindet und es eher ihre Internetverbindung ist als meine, die Probleme macht.

Ich bleibe allein in der Stille des Büros zurück und stöhne. Wie viel hat sie verstanden?

Eine Sekunde später bekomme ich die Antwort in Form einer Textnachricht.

Waaaaas? Ria! Das ist ja total crazy!

Sie scheint das Wichtigste mitbekommen zu haben.

Sorry, Internet ist hier nicht so. Wir sind voll in der Pampa, folgt die nächste Nachricht.

Du warst echt mit YUNUS DEDE in Somna?!

Ich muss lächeln, denn ihre Nachrichten nehmen mir ein wenig die Einsamkeit.

Jaaaaa, schreibe ich zurück.

Als Antwort kommt eine unzusammenhängende Reihe an Emoticons.

Sie versucht mich noch einmal anzurufen, diesmal ohne Video, aber die Verbindung wird gar nicht erst aufgebaut. Auch wenn die norwegische Einöde kein richtiges Gespräch mit Lil zulässt, tut es gut, das alles mit ihr teilen zu können. Zu wissen, dass sie irgendwo da draußen ist und die Sache hier genauso verrückt findet wie ich.

Es ist, als wäre mir das Ganze erst jetzt, wo ich es Lil erzählt habe, wirklich passiert.

Ich lege mich wieder hin und knipse die Lampe aus. Irgendwann schwimmen die Buchstaben vor meinen Augen, und ich sehe kaum noch, was ich tippe. Doch ich höre nicht auf, Lil alle Einzelheiten zu beschreiben. Schlafen ist keine Option.

Ein Geräusch lässt mich hochschrecken, und im ersten Moment bin ich vollkommen desorientiert. Das Licht hat sich verändert, und ich liege auf dem Sofa, den Kopf auf dem Kissen. *Bin ich doch eingeschlafen?*

Graue Morgendämmerung hat sich im Zimmer ausgebreitet. Und da steht jemand, direkt vor dem Sofa, und sieht mich an.

»Yunus«, entfährt es mir. Sofort bin ich wach und rutsche von ihm weg.

»Sorry, ich wollte dich nicht erschrecken.«

Ich ziehe mir die Decke fester um den Körper und fahre mir mit einer Hand durchs Haar. Bestimmt sehe ich total zerzaust aus.

Eine Nachricht, die mir Lil vor gefühlten Minuten geschickt hat, taucht in meinem Kopf auf: *DER Yunus Dede?! Dieser berühmte, unglaublich heiße Typ?! Mit dem warst du auf dem Alex?! In Somna?!*

Zögernd setzt Yunus sich auf den Rand der Couch.

»Sorry, Ria.«

Jetzt sieht er mich an, als würde er doch überlegen, aufzustehen und abzuhauen. Sein Blick zuckt immer wieder zur Tür. Mein Herz schlägt zu schnell.

»Ich wollte nur schauen, ob es dir gutgeht.«

Ich starre ihn an. Der Schlaf hat sich noch nicht ganz von meinen Gedanken gelöst, auch wenn das Adrenalin des jähen Erwachens meinen gesamten Körper in einen Fluchtbereitschaftsmodus katapultiert hat.

»Mir geht es gut. Danke der Nachfrage«, sage ich und höre Bitterkeit in meiner Stimme mitschwingen.

Er zieht etwas aus seiner Hosentasche hervor. Sein Handy.

»Ich hab was für dich gemacht.«

Was wird das jetzt? Eine Entschuldigung dafür, dass er mich auf dem Feld hat stehen lassen?

Während in meinem Kopf die Optionen kreisen, tippt Yunus auf seinem Smartphone herum und hält es mir dann entgegen.

Ich starre auf ein Bild von mir selbst, wobei … es ist gar kein Bild. Es ist ein Video. Das Foto von mir verschwindet, Yunus taucht auf und spricht in die Kamera:

»Das ist Ria Maywald. Die erste weibliche Traumgängerin, die in die Traumunion aufgenommen wurde. Ja, ihr habt richtig gehört. Sie ist eine Traumgängerin!«

Ein Rauschen hebt in meinen Ohren an, das Yunus' weitere Worte übertönt. Ich starre auf das Video, auf dem jetzt wieder ich zu sehen bin. Auf dem Tempelhofer Feld. Wie ich in den Traum von Yunus' Bruder einsteige. Einen Moment bin ich da, dann verschwinde ich einfach.

Wieder sagt der Yunus im Video etwas, und dann ist der Clip vorbei.

Wortlos sehe ich zu Yunus auf.

»Es ist nur ganz kurz«, sagt er, und es klingt entschuldigend. »Aber ich hatte nicht viel Zeit. Als ich rausgefunden habe, dass die Traumunion dich hat, habe ich es so schnell wie möglich geschnitten.«

»Du hast gesagt, dass du das Video gelöscht hast!«, ist das Erste, was aus mir herausplatzt.

»Habe ich auch.«

»Und was ist dann das da?« Ich deute grob in die Richtung seines Handys. Er schiebt es in seine Tasche, als hätte er Angst, dass ich es ihm gleich entreißen würde.

»Ich habe noch mal eins gemacht – als du wieder in den Traum gegangen bist«, gibt er zu und hat den Anstand, kleinlaut zu klingen.

»Willst du …« Ich räuspere mich. »Willst du das veröffentlichen?«

Er nickt.

»Ja. Auch wenn ich eigentlich auf einen besseren Zeitpunkt warten wollte. Aber jetzt muss ich es ja irgendwie wiedergutmachen, dass ich dich in diese Situation gebracht habe.«

Er lächelt, als hätte er gerade etwas Nettes zu mir gesagt.

Durch meinen Körper rieselt Entsetzen. Was soll das heißen, eigentlich wollte er auf einen besseren Zeitpunkt warten? Hat er das hier geplant? Hat er sich deshalb mit mir auf dem Tempelhofer Feld getroffen? Bin ich nur eine gute Story für ihn? Natürlich! Hat etwas tief in meinem Inneren nicht genau das hier bereits geahnt?

In mir entsteht eine Wut, die ich bisher nicht gekannt habe. Ich starre Yunus an. Spüre seine Nähe und würde am liebsten noch weiter von ihm wegrutschen. Hat er mich ausgenutzt? Für seinen Kanal. Für seine Berühmtheit. Zu seiner eigenen Unterhaltung.

Der einzige klare Gedanke, der mir über die Lippen kommt, ist: »Ich wäre fast gestorben in Somna. Ich bin vom Alex gefallen, und da war diese Plattform. Da wäre ich fast draufgeknallt.«

Sein Blick verändert sich, doch ich schaffe es, weiterzusprechen: »Und dann wache ich auf, und du bist weg. Ich habe dich noch wegrennen sehen. Du bist einfach abgehauen.«

»Ich habe versucht, dich zurückzuholen.« Seine Stimme klingt verteidigend. »Ich habe Emre sofort geweckt. Du hättest im gleichen Moment auftauchen müssen. Schließlich waren wir in seinem Traum. Bist du aber nicht. Da habe ich Panik bekommen.«

»Also ist es meine Schuld, dass du mich alleingelassen hast?« Meine Stimme zittert.

»Nein. Ich hatte einfach Angst, dass dich die Traumunion erwischt hat. Es war eine Kurzschlussreaktion – sorry.«

Ich kreuze die Arme vor der Brust und muss mich zusammenreißen, um nicht zu weinen. Nicht vor Yunus Dede.

»Ria, ich …«

Beim Klang meines Namens aus seinem Mund schlucke ich.

»Ich wollte nicht, dass die Traumunion dich in die Finger bekommt. Das war nie der Plan.«

»Nie der Plan?«, wiederhole ich.

»Nein. Mir hat es einfach so Spaß gemacht, mit dir in Somna zu sein. Da habe ich alles andere vergessen und bin unvorsichtig geworden.«

Sein Blick geht wieder tief in mich hinein und lähmt meine Wut. Ich weiß, dass wir beide gerade an den Moment auf dem Alex denken. An das Rot der untergehenden Sonne. An seine Hand auf meiner.

Dann reißt sich Yunus von mir los. »Ich wollte dich in Sicherheit bringen, bevor ich irgendetwas veröffentliche. Ich wollte nicht, dass dich die Traumunion bekommt. Das musst du mir glauben, Ria. Als sie mich gefragt haben, mit wem ich da auf dem Alex war, habe ich versucht zu lügen, aber sie hatten dich schon erkannt.«

Ohne nachzudenken, schüttele ich den Kopf. »Ich will nicht, dass du das Video veröffentlichst.«

Überrascht sieht er mich an.

»Du bist doch hier, um mich um Erlaubnis zu bitten, oder?«, fahre ich ihn an. »Und ich sage nein. Ich verbiete dir, das Video zu veröffentlichen.«

»Aber ich muss es veröffentlichen.«

Jetzt spüre ich wieder Wut in mir aufkochen. Offenbar will er unbedingt eine gute Story für seine Kanäle haben. *Die weibliche Traumgängerin.* Das gibt bestimmt einiges her.

»Nein. Musst du nicht. Du darfst es nicht. Ich erlaube es dir nicht.«

»Aber das Einzige, was dich jetzt schützen kann, ist Bekanntheit. Glaub mir!«

»Schützen wovor?«, schreie ich ihn an und erschrecke mich selbst über die Lautstärke meiner Stimme.

»Du hast keine Ahnung, wie gefährlich es ist, Traumgänger zu sein«, platzt es aus ihm heraus, und sein Blick fliegt wieder zur Tür, als hätte er Angst, dass uns jemand hören könnte. Unwillkürlich halte ich die Luft an. Warum ist das alles, was er dazu sagt? Genauso wie mein Vater –

Yunus greift nach der Traumgängerkette, die ihm um den Hals hängt, und hält sie mir entgegen. »Das hier tragen wir nicht zum Spaß.«

Es klingt bitter. In mir steigt die Erinnerung auf, wie Yunus mir gestern Abend in einem stinkenden Hinterhof irgendwo in Berlin einen ganz ähnlichen Satz entgegengebrüllt hat.

»Die Traumgängergabe ist selten. Und sie ist begehrt, das muss dir doch klar sein. Die Träume von anderen verändern können. Das Unterbewusstsein beeinflussen können. Das hat Traumgänger schon immer zur Zielscheibe gemacht.«

Er starrt auf den Boden, und seine Stimme ist plötzlich kaum mehr als ein flaches Raunen, als er weiterspricht.

»Weißt du, dass man die Traumgängergabe stehlen kann?«

Mein Mund ist trocken.

»Das erzählen wir offiziell nicht. Je weniger Menschen es wissen, desto besser. Aber Klarträumer können die Gabe an sich reißen. Indem sie einen Traumgänger in Somna umbringen. Dann geht die Gabe auf den Mörder über. So einfach ist das.«

Die Worte scheinen mir über den ganzen Körper zu laufen und eine Gänsehaut zu hinterlassen. *So einfach ist das.*

Yunus sieht mich nicht an, während er weiterspricht. In dieser Art, die so wenig wie Yunus Dede, der berühmte Traumgänger, wirkt.

»Und darum haben wir die Ketten. Das ist kein Schmuck. Das sind Giftkapseln. Wenn wir in Somna in die Gefahr geraten, dass uns jemand umbringt, sollen wir sie aufbeißen. Das Gift tötet sofort.«

Jetzt sieht er mich an. Kurz und intensiv.

»Wir sollen uns umbringen, Ria. Damit die Gabe nicht gestohlen wird, sondern nach unserem Tod auf einen zufällig in diesem Moment geborenen Menschen übergeht. Damit die Gabe nicht in die Hände derer fällt, die sie nur zu ihren eigenen Zwecken nutzen wollen. Das ist die Bürde der Traumgänger. Das ist es, was wir versprechen, wenn wir in die Traumunion eintreten.«

Ich öffne den Mund, weiß nicht, was ich sagen soll, und schließe ihn wieder. Yunus lacht hohl auf.

»Drei Mal darfst du raten, woher die Erlbachs, Laurentis und Grahams so viele Traumgänger unter ihren Nachkommen haben.«

Wieder dieses unechte, freudlose Lachen. Wie tiefe Resignation, zu einem kehligen Laut geworden.

»Und weißt du, wen man besonders leicht verschwinden lassen kann? Menschen mit armer oder unwichtiger Herkunft und … na ja … Mädchen. Die wurden so lange aus der Weitergabe der Traumgängergabe herausgehalten, bis die meisten Menschen vergessen haben, dass auch sie Traumgänger sein können.«

Ich atme stoßweise.

»Woher weißt du das?«

Jetzt sieht er wieder etwas unsicher aus.

»Na ja, *wissen* tue ich es nicht. Aber ich bin mir ziemlich sicher, dass ich richtigliege. Und die Tatsache, dass du traumgehen kannst … als Mädchen …« Er bricht ab.

Ich schüttele den Kopf. »Das glaube ich nicht. Das würde die Traumunion nie zulassen. Sie wurde doch genau deshalb gegründet, um Somna vor machtgierigen Leuten zu schützen. Jeder, der die Gabe hat, wird in die Union aufgenommen. Die Herkunft spielt dabei keine Rolle. Das sagen sie doch immer.«

Yunus zuckt mit den Schultern.

»Die Traumunion als Ganzes vielleicht. Aber bei den einzelnen Traumgängern sieht das ganz anders aus. Und erst recht bei den großen Traumgängerfamilien. Wenn ich recht habe, dann ist das ein Riesending, Ria.«

Unter seinen dicht zusammengezogenen Augenbrauen sieht er mich mit einer Intensität an, die mich erstarren lässt. Als würde er mich allein mit seinem Blick festhalten.

»Ich will das aufdecken. Mit meiner Reichweite könnte ich wirklich etwas bewirken. Was ist, wenn es noch mehr weibliche Traumgänger gibt und gewisse Leute sie nur immer wieder verschwinden lassen? Du könntest der erste Beweis dafür sein.«

Etwas an seinem letzten Satz gräbt sich tief in mein Inneres und hinterlässt eine schneidende Kälte. Ich bin nur ein Beweis. Nur ein Werkzeug. Nur jemand, den er für seine Zwecke gebraucht hat.

All die Gefühle, die ich in mir habe – ich kann sie nicht mehr zurückhalten: Der Strudel aus Angst, Wut und Verwirrung entlädt sich, indem ich die Decke von mir reiße, aufstehe und mich vor Yunus aufbaue.

»Ich verbiete dir, das Video zu veröffentlichen«, schreie ich und erkenne meine eigene Stimme nicht wieder.

Mein Hals beginnt zu kribbeln. Doch ich habe keine Zeit, über die roten Flecken nachzudenken, die sich gerade mit Sicherheit auf meiner Haut bilden. Zu erfüllt bin ich von einer Wut, die ich so noch nie gefühlt habe. Als hätte mein Besuch in Somna eine Tür in meinem Inneren aufgestoßen, aus der nun Emotionen quellen, die ich in dieser Intensität nicht kannte.

Auch Yunus erhebt sich. »Wir haben keine andere Wahl! Dich kann jetzt nur noch Bekanntheit schützen. Das musst du mir glauben!« Seine Stimme rutscht unkontrolliert ein paar Töne nach oben. »Wir müssen dafür sorgen, dass sie gar nicht anders können, als dich offiziell in die Traumunion aufzunehmen. Dann bist du zumindest ein bisschen sicherer.«

Ein festes Gewicht drückt sich auf meine Brust. Ich schüttele den Kopf, als könnte ich Yunus' Worte damit loswerden, und ich merke, wie Tränen mir mit aller Macht in die Augen steigen. Aber ich werde nicht weinen.

Offenbar lässt mein Gesichtsausdruck Yunus innehalten. Er

kommt auf mich zu, bleibt vor mir stehen, öffnet den Mund und schließt ihn wieder.

Und plötzlich sehe ich in ihm den Yunus, neben dem ich in Somna auf dem Alex gesessen habe. Es sind dieselben Augen, die jetzt über mein Gesicht streifen, als würden sie darin nach den richtigen Worten suchen. Dieselben Brauen, die sich nachdenklich zusammenziehen.

Er streckt eine Hand nach mir aus, verharrt jedoch unschlüssig, offenbar unsicher, ob er mich berühren darf oder nicht.

Yunus Dede. Was ist, wenn er es wirklich nur gut meint? Wenn er mich wirklich nur beschützen will? Ich müsste nur einen Schritt auf ihn zugehen und wäre in seinen Armen. Die Möglichkeit hängt in der Luft und hat etwas Tröstliches und zugleich Beängstigendes an sich. Nur ein Schritt. Aber ein Schritt, den ich nicht gehen kann –

In diesem Moment höre ich ein Geräusch, und mein Blick zuckt zur Tür.

Giacomo Laurenti steht im Rahmen. Er taxiert zuerst mich, die bis zum Schreibtisch zurückgewichen ist, dann Yunus, der nur Zentimeter von mir entfernt steht und nun, ebenso wie ich, Giacomo anstarrt.

Der Generalsekretär ist der Erste, der sich fängt. Ein Lächeln breitet sich auf seinen Lippen aus, doch ich kann den Tadel in seiner Stimme hören, als er fragt: »Yunus, was machst du denn hier?«

Nun hat auch Yunus sich wieder unter Kontrolle. Betont entspannt tritt er einen Schritt zurück und sieht dem obersten Leiter der Traumunion entgegen.

»Hi, Giacomo«, sagt er, und ich kann nicht anders: Ich muss seine schauspielerischen Fähigkeiten bewundern. Jetzt wirft er mir ein sanftes Lächeln zu. »Ich wollte nur sehen, wie es Ria geht. Nach all dem, was passiert ist.«

Ohne zu zögern, kommt er auf mich zu und umarmt mich. Sein Duft umhüllt mich, und ich bin so perplex, dass ich die Umarmung weder erwidern noch Yunus von mir schieben kann. »Halt die Ohren steif«, sagt er, und während ich noch denke, was für ein bescheuerter Satz das ist, flüstert er mir ins Ohr: »Sag ihm nichts.«

Dann lässt er mich los, wendet sich ab und drängt sich an Giacomo vorbei hinaus auf den Gang.

Als seine Schritte auf dem Flur verhallen, wird es still.

Sag ihm nichts. Was soll das heißen?

Giacomo Laurentis Blick liegt auf mir. Ich bewege mich nicht und zwinge mich, ruhig zu atmen. Jetzt bin ich alleine in einem Raum mit dem Generalsekretär der Traumunion.

Mir fällt auf, dass Giacomo die Traumgängeruniform trägt. Ein erneutes Kribbeln steigt in mir empor, und ich bin mir sicher, dass er die roten Flecken auf meinem Hals bemerken wird.

Sag ihm nichts.

»Ria!« Er strahlt mich an, doch die Herzlichkeit erreicht seine Augen nicht. »Über dich hört man ja die wildesten Dinge.«

Unter seinem Blick legt sich ein nervöses Lächeln auf mein Gesicht. Eine Antwort bringe ich nicht heraus. Aber was soll man dazu schon sagen?

»Eine weibliche Traumgängerin, hm? Das wäre ja mal was.«

Er zwinkert mir zu, und ich schweige noch immer. »Ich würde das gerne selbst sehen. Dich in Somna. Wäre das okay?«

Sein Ausdruck hat etwas Väterliches. Als würde er mit einem kleinen Kind reden. Und plötzlich fühle ich mich auch wie eines.

Wie das kleine Rieschen. Das kleine Rieschen, dem endlich geglaubt wird.

Ich nicke und bringe ein leises »Klar« heraus.

»Schön. Dann komm mal mit.«

Er öffnet die Tür, und ich atme tief ein, bevor ich ihm schweigend aus dem Raum folge. Durch die Gänge der Traumunion, vorbei an gläsernen Besprechungszimmern und Teeküchen mit stylischen Lounge-Sesseln und durch Türen, die mit einem Piepsen aufspringen, wenn Giacomo seine Smartwatch vor den Sensor hält. Ein paar Mal sieht er sich nach mir um und lächelt mir aufmunternd zu, aber er versucht keinen Smalltalk. Vielleicht ist auch er zu müde dafür.

Irgendwann weiß ich, wohin er mich bringt: In die Räume, in denen auch die Tests für die anderen Anwärter stattfinden. Mir fällt ein, dass ich heute eigentlich wieder Besucher begrüßen und hierherführen müsste. Etwas sagt mir allerdings, dass der Sommerjob für mich bereits jetzt vorbei ist.

Giacomo bleibt vor einer Tür stehen, neben der ein grünes Licht brennt. Es signalisiert, dass in dem Zimmer jemand schläft – bereit, dass wir in seinen Traum einsteigen. Mein Vater wartet dort auf mich, erinnere ich mich.

Aufregung breitet sich in mir aus. *Somna. Noch einmal nach Somna.* Noch einmal in einen Traum einsteigen. Noch einmal dieselben Gefühle erleben, wie vor wenigen Stunden. Na ja, bestimmt nicht dieselben Gefühle wie mit Yunus. Aber vermutlich ist das auch besser so.

Giacomo öffnet die Tür und bleibt dann so abrupt stehen, dass ich fast in ihn hineinlaufe.

»Joseph.« Es klingt wie eine Frage.

»Hi, Giac.«

Giacomo löst sich aus seiner Erstarrung und gibt den Blick auf einen älteren Mann mit Glatze und grauem Bart frei, der ebenfalls die Uniform der Union trägt.

»Ria«, wendet sich Giacomo mir zu. »Das hier ist Joseph Hoggs, mein Stellvertreter.«

»Guten Morgen, Ria. Schön, dich kennenzulernen.« Joseph mustert mich kritisch.

Mir wird schlagartig bewusst, dass ich seit dem Aufstehen noch keine Möglichkeit hatte, in einen Spiegel zu schauen. Doch während ich noch den Impuls unterdrücke, mir über die Haare zu fahren, wendet der Mann sich schon ab.

»Ich hätte es nur ungern verpasst, unsere kleine Überraschung mit eigenen Augen zu sehen, Giac. Da dachte ich mir, ich warte hier auf euch.«

Irgendetwas stimmt mit dem Lächeln nicht, das er Giacomo zuwirft, doch ich komme nicht dazu, darüber nachzudenken. Denn in diesem Moment fällt mein Blick auf die Person im Bett.

»Ich dachte, wir steigen in den Traum meines Vaters ein«, rutscht es mir über die Lippen.

»Der träumt gerade nicht. Wir hatten keine Zeit mehr zu warten«, erklärt Giacomo, während er an der Seite des Bettes Position bezieht.

Ein ungutes Gefühl kriecht meinen Körper hinauf, und ich muss an Yunus' Worte denken. Was ist, wenn ich der Traumunion doch nicht vertrauen kann? Eine beängstigende Sekunde nimmt mich der Gedanke ein und lässt meinen Hals abermals kribbeln. Dann verdränge ich ihn.

Das hier ist die Traumunion. Die berühmte Institution, die

von aller Welt beobachtet wird. Die Institution, die gegründet wurde, um Dinge, wie Yunus sie beschrieben hat, zu verhindern. Das hier ist Giacomo Laurenti. *Giacomo Laurenti*. Und er will mit mir in einen Traum einsteigen.

Mein kurzes Unwohlsein weicht einer Aufregung, die jeden Winkel meines Kopfes erfüllt. Auf Giacomos Deuten hin stelle ich mich an das Kopfende des Bettes. Der Mann namens Joseph steht direkt hinter mir, und ich kann seinen Blick auf mir spüren.

So oft habe ich in den letzten Tagen irgendwelche Menschen in diese Räume geführt. Jetzt werde ich es selbst sein, die in den Traum einsteigt.

Doch bevor ich mich auch nur zu dem Träumer hinabbeugen kann, wird die Tür aufgerissen.

»Giac!«

Ein Mann steht im Türrahmen. Er ist nicht viel älter als ich. Vermutlich achtzehn oder neunzehn. Seine blonden Haare werden ihm von Gel aus dem Gesicht gehalten, und mir fällt auf, dass er unter seiner offensichtlichen Attraktivität ziemlich erschöpft wirkt.

Schwer atmend sieht er sich um, stockt, als er Joseph entdeckt. Seine Miene wandelt sich von Überraschung zu einer kontrollierten Maske. »Entschuldigt.«

Er macht einen Schritt in den Raum und schließt die Tür hinter sich. Ist er nicht einer von Luisas Cousins? Ich meine, eine vage Ähnlichkeit ausmachen zu können.

»Ich dachte, du könntest vielleicht meine Hilfe bei dieser Sache gebrauchen, Giac?«

Giacomo sieht ihn an, einen Ausdruck auf dem Gesicht, der irgendwo zwischen Verärgerung und Ungeduld liegt.

Er nickt einmal kurz mit dem Kopf und wendet sich dann mir zu.

»Ria, das ist Paul Erlbach. Einer meiner Assistenten.« Er räuspert sich. »Gut. Wenn wir jetzt nicht noch auf jemand anderen warten müssen –«, er wirft den Männern einen kühlen Blick zu, »dann können wir ja loslegen. Nach dir, Ria.«

Er macht eine einladende Geste in Richtung des Träumers, und ich weiß, dass das mein Zeichen ist. Mein Mund ist trocken, als ich den Träumer vor mir betrachte. Es ist ein junger Mann, aber viel kann ich von seinem Gesicht unter der Schlafmaske nicht erkennen.

Du musst seinen Traum erfühlen. Yunus' Worte hallen in meinem Kopf wider.

Mein Herz schlägt heftig. Doch dieses Mal habe ich keinen Zweifel, dass es klappen wird. *Ich bin eine Traumgängerin.* Das weiß ich. Habe es eigentlich schon immer gewusst.

Ich beuge mich nach vorne und nähere meine Stirn der des schlafenden Mannes. Im Raum herrscht absolute Stille. Nur der Stoff der Bettdecke raschelt, als ich mich mit der einen Hand darauf abstütze.

Dann spüre ich sie. Emotionen, die nicht die meinen sind. Sie schlagen mir entgegen wie eine Welle und erreichen ihren Höhepunkt, als meine Stirn die des Fremden berührt. Ich versuche, mich ihnen hinzugeben – mich selbst, die Blicke der Männer und meine Aufregung zu vergessen – und spüre, wie ich davongespült werde. Es sind Freude und Lust, die mich umschließen. Aber es sind nicht meine Gefühle. Es wird hell, wieder dunkel und plötzlich ohrenbetäubend laut.

Ich werde heftig angerempelt, öffne die Augen und kann gerade noch einem Körper ausweichen, der sich an mir vorbeischiebt. Farbige Lichter durchschneiden eine Dunkelheit aus zuckenden, tanzenden Körpern. *Ein Club.* Ich bin mitten in einem Tanzclub gelandet.

Laut lache ich auf. Ob wegen meiner eigenen Freude, dass ich tatsächlich wieder in Somna bin, oder wegen der guten Laune des Träumers, in dessen Traum ich eingestiegen bin, weiß ich nicht.

Fast habe ich Lust, mitzutanzen. Dabei bin ich nie wirklich ausgehfreudig gewesen. Das überlasse ich eher Lil, die nie müde wird, mich auf irgendwelche Partys zu schleifen.

»Ria«, sagt jemand an meinem Ohr und fasst mich an der Schulter.

Ich drehe mich um und sehe Giacomo vor mir.

»Na, dann haben die anderen wohl recht gehabt.« Er wirkt nicht überrascht, eher anerkennend.

Hinter ihm tauchen Paul und Joseph auf und scannen die Umgebung. Alle drei Männer wirken unfassbar fehl am Platz in der Kulisse des Clubs. Meine Tanzlaune fällt in sich zusammen, und Nervosität greift nach meinem Inneren. Plötzlich kommt mir der Raum viel zu stickig und laut vor.

Auch Giacomo scheint diesen Eindruck zu haben, denn ich sehe, wie er die Augen schließt, und kurz darauf verklingt die laute Bassmusik zu einer sanften Hintergrundmelodie.

»Komm mal mit«, raunt Giacomo mir zu, und ich folge ihm über die Tanzfläche auf einen Ausgang zu.

Das hier fühlt sich so echt, so real an, dass ich einen Moment verwirrt bin, als eine Frau an mir vorbeigleitet, das Gesicht verschwommen wie hinter einer beschlagenen Scheibe. *Somna. Ich bin in Somna.*

Mit einem diffusen Glücksgefühl im Bauch trete ich durch die Tür und bin nicht im mindesten überrascht, als ich dahinter eine malerische Außenterrasse mit Blick auf das Meer vorfinde. Warme Nachtluft umspielt meine Haare. Auf der Terrasse tummeln sich einige Menschen. Manche mit klar erkennbaren, andere mit verschwommenen Gesichtszügen.

Ich stelle mich neben Giacomo, der am Rand der Terrasse steht und sich den im Mondschein glänzenden Wellen zugewandt hat. Gerade als ich tief die salzige Luft einatme, um meine Gedanken zu ordnen, treten die beiden anderen Traumkommissare neben uns.

»Du bist also tatsächlich eine Traumgängerin«, murmelt Giacomo, ohne mich anzusehen.

Ich warte.

»Als Traumgänger kann man Dinge in Somna willentlich verändern. Das weißt du bestimmt.«

Jetzt sieht er mich an, und ich nicke.

»Traumwandlungen heißt das«, ergänzt jemand neben mir. Joseph. Auch er sieht mich an, und in seinen braunen Augen stehen Fragen, aber ich bin mir nicht sicher, welche.

»Ich weiß«, erwidere ich. »Yunus hat mir erklärt wie das geht.«

»Ah. Natürlich hat er das.« Da ist ein wissendes Lächeln auf Giacomos Gesicht, das das Glücksgefühl in meinem Bauch schrumpfen lässt.

»Kannst du es uns vormachen?«, fragt Joseph.

»Ich soll irgendwas verändern?«, hake ich nach – halb, um sicherzugehen, und halb, um mir Zeit zu verschaffen.

»Ja. Egal was.«

Mein Blick wandert zum dritten Traumkommissar. Paul.

Doch von ihm ist keine Hilfe zu erwarten. Mit verschränkten Armen steht er da, wartet einfach nur ab. *Gibt es eigentlich eine Regel, dass alle Traumgänger gutaussehend sein müssen?*

Ich versuche meine Nervosität zu vertreiben. Was hat Yunus noch mal gesagt? Man muss die passende Emotion spüren. Die passende Emotion wozu? Was könnte ich verändern? Ist das hier ein Test? Und was passiert, wenn ich ihn nicht bestehe?

Ich sehe hinauf in den Nachthimmel, weg von den aufmerksamen Mienen der Männer. Mein Körper ist ein einziges Kribbeln. *Ich bin mit dem Generalsekretär der internationalen Traumunion und seinem Team in Somna. Ich bin eine Traumgängerin. Irgendeine Traumwandlung werde ich doch wohl hinkriegen.*

In meinem Kopf dreht es sich. Auch der Anblick der Sterne kann mich nicht beruhigen. Im Gegenteil.

»Wow.«

Es war eher ein Keuchen als ein Wort, ausgestoßen von einem der Traumkommissare neben mir. Auch mir steht der Mund offen. Hunderte Kometen jagen über den Himmel und erleuchten die Nacht.

Eine Hand legt sich auf meine Schulter. Nur mit Mühe kann ich mich von dem Kometenschauer abwenden, doch dann drehe ich mich zu Giacomo. Er nickt mir anerkennend zu. »Gut gemacht.«

Kurz überlege ich zuzugeben, dass ich ein solches Himmelsspektakel gar nicht beabsichtigt hatte. Doch dann schweige ich. Auch wenn ich nicht weiß, wie es mir gelungen ist … auf seltsame Weise entsprach diese Traumwandlung genau meinen Emotionen.

Giacomo wendet sich zurück zum Club, auf dessen Terrasse

die Leute gebannt Richtung Himmel schauen. Dann spüre ich plötzlich, wie sein Griff auf meiner Schulter fester wird.

»Schade«, höre ich ihn sagen und sehe verständnislos zu ihm auf – gerade noch rechtzeitig, um mitzukriegen, wie seine Konturen vor meinen Augen an Schärfe verlieren. Seine Hand löst sich von mir, und einen Moment später ist er ganz verschwunden.

Ich fahre zu Paul und Joseph herum, doch auch sie kann ich nirgends entdecken. Ich stehe alleine am Rande der Terrasse. Im Club hat jemand die Musik wieder aufgedreht. Die Mauern zittern im Rhythmus des Basses, und einige Menschen um mich herum strömen zurück auf die Tanzfläche.

»Giacomo?« Obwohl ich weiß, dass mir niemand antworten wird, rufe ich ihre Namen. »Paul? Joseph?«

Weil ich nicht weiß, was ich sonst tun soll, gehe ich zurück in den Club. Der Bass dröhnt in meinen Ohren und nimmt mir die Orientierung. Warum nur muss die Musik so laut sein? Gerade als ich mir die Hände schützend über die Ohren halten will, bricht die Musik ab. Jähe Stille erfüllt den Raum, dann Protestrufe.

»Wer macht denn immer die Musik aus?«, schreit irgendjemand.

Bewegung kommt in die unscharfen Körper vor mir. Irgendwo fliegt eine Faust, ertönt wütendes Gebrüll. Eine Frau mit verschwommenem Gesicht stolpert in meine Richtung und verfehlt mich um wenige Zentimeter. Wie versteinert stehe ich da und beobachte die Schlägerei, die sich vor mir entspinnt.

Ich sollte verschwinden. Weg hier. Zurück in die Traumunion. Vermutlich ist es das, was Giacomo, Paul und Joseph gemacht haben, und ich habe nur die Aufforderung dazu verpasst.

Ich schließe die Augen und versuche die Geräuschkulisse vor mir auszublenden. *Der Testraum mit dem schlafenden Mann.* Da komme ich her. Da will ich wieder hin.

Die Schreie um mich herum nehmen ab, und eine seltsame Stille drückt sich auf meine Ohren. Dann schlage ich die Augen auf.

Fast falle ich vornüber auf das Bett des Träumers, doch ich kann mich gerade noch rechtzeitig abfangen. Eine Hand packt mich am Arm. »Da bist du ja endlich!« Paul starrt mich an. Ein paar seiner gegelten Haarsträhnen sind ihm aus der Frisur gerutscht und hängen ihm in die Stirn. »Wo warst du?«

Ich blinzele, da sich meine Augen erst an das Licht im Testraum gewöhnen müssen. Warum will er das wissen? Wir waren doch zusammen in Somna.

Paul sieht sich zu Giacomo um, der neben der Tür an der Wand lehnt. Dessen Gesichtsaudruck ist ganz anders als Pauls. Er hat die Arme verschränkt und wirkt ruhig. Sehr ruhig. Als müsste er sich noch einmal ausgiebig Zeit nehmen, mich zu betrachten.

Auch Joseph hat wieder seinen Scannerblick aufgesetzt, doch diesmal liegt eine Spur Verblüffung darin.

Paul lässt mich los. »Du hättest schon vor mindestens einer Minute wieder hier sein müssen«, sagt er.

»Sorry«, ist das Erste, was mir dazu einfällt.

Die drei Männer sehen sich an, und es ist einer dieser Blickwechsel, die ein Gespräch ersetzen. Unausgesprochene Worte hängen in der Luft.

Etwas vibriert in die Stille hinein. Giacomo sieht auf seine Smartwatch und löst sich dann abrupt von der Wand.

»Nun, das war aufschlussreich. Joseph, Paul, in fünf Minuten in meinem Büro!« Damit schwingt die Tür hinter ihm zu.

Ich sehe mich zu den anderen um und spüre, wie sämtliche Euphorie aus meinen Adern weicht.

9

Selena

Ein angenehmes Knistern umgibt mich. Der Duft nach frischer Wäsche. Warme, weiche Bettlaken, in denen ich ewig liegen könnte … Ewig … Wäre da nicht dieser Schmerz, der immer wieder an den unterschiedlichsten Stellen meines Körpers aufzüngelt.

Jäh kommt die Erinnerung zurück. An die Männer. Den Jungen, in dessen Traum ich eingestiegen bin. Das goldene Tor. Die Felsspalte. Das fremde Mädchen –

Bin ich zurück in der Villa? Haben die Männer mich doch erwischt? Bevor sich Verzweiflung in meinem Inneren ausbreiten kann, zwinge ich mich, die Augen zu öffnen.

Sofort durchzuckt Schmerz meinen Hinterkopf. Doch da ist auch Erleichterung. Dieser Raum gehört mit Sicherheit nicht zu dem alten Haus der Traumgänger. Ich liege in einem breiten Bett mit weicher, weißer Bettwäsche, das fast das gesamte Zimmer ausfüllt. Da ist noch ein Schrank in der Ecke und Vorhänge, durch die warmes Licht hindurchscheint.

Als ich mich aufsetze, stelle ich fest, dass ich diesmal nicht gefesselt bin. Trotzdem protestieren meine Gliedmaßen gegen jede

Bewegung. Da bemerke ich einen Verband an meinem Arm. Die Haut darunter glüht. Ich fasse mir an die pochende Wange und finde auch hier ein Pflaster.

Jemand hat mich versorgt und in dieses Bett gelegt.

Meine schmerzenden Gliedmaßen ignorierend, stehe ich auf und schiebe die bodentiefen Vorhänge beiseite. Ich muss herausfinden, wo ich bin. Blinzelnd stehe ich vor der Fensterfront und kann einen Moment nicht ganz verarbeiten, was ich sehe.

Vor mir breitet sich ein Meer aus Beton, Glas, Stahl und Teer aus – verwoben zu großen und kleinen Gebäuden, deren Glasfassaden in der Nachmittagssonne blitzen. Einige erreichen die Höhe, auf der ich mich befinde. Auf andere sehe ich herunter, kann unzählige begrünte Dachterrassen entdecken. Autos schieben sich über das Grau der Straßen, und Menschen drängen sich wie kleine, bewegliche Punkte zwischen ihnen hindurch.

Eine Ahnung beschleicht mich, als ich in der Ferne einen Turm entdecke, dessen Spitze wie eine Nadel in den Himmel ragt: das Empire State Building. Ist das hier etwa New York City?

Erst Deutschland, jetzt New York? Wie bin ich bloß hierhergekommen? Und noch wichtiger, wie komme ich hier wieder weg?

Als ich hinter mir ein Geräusch höre, wirbele ich herum. Die Tür wird langsam geöffnet. Ich scanne das Zimmer, sehe jedoch nichts, womit ich mich verteidigen könnte. Mir bleibt also nichts anderes übrig, als abzuwarten, wer da ins Zimmer tritt.

Als ich die Person erkenne, streiten sich zwei Gefühle gleichzeitig um die Oberhand in mir: Erleichterung und der Drang, sofort zu flüchten.

Im Türrahmen steht das Mädchen aus Somna. Das Mädchen, das ich so dringend gesucht habe. Das Mädchen, dem ich meine Rettung vor den Männern der Traumunion verdanke. Aber auch das Mädchen, das für mich so sehr mit Gefahr und Flucht verbunden ist, dass sich jede Zelle meines Körpers instinktiv anspannt.

Auf ihrem Gesicht steht ein Ausdruck, den ich nicht deuten kann.

»Hi, Selena«, sagt sie.

»Hi«, presse ich hervor.

»Du bist wach«, stellt sie fest und schließt die Tür. Dann geht sie auf mich zu, und mit jedem Zentimeter, der zwischen uns schwindet, rasen meine Gedanken schneller. *Wo bin ich? Wie konnte sie mich hierherbringen? Bin ich jetzt in Sicherheit? Bekomme ich endlich Antworten? Oder ist das hier am Ende nur eine weitere Falle?*

»Ich bin Mo.«

Fast hat sie mich erreicht, streckt mir die Hand entgegen. Ich registriere die Vorsicht, die hinter ihrem Lächeln liegt. Sehe alles gleichzeitig: Ihren schwarzen Pferdeschwanz, die dunklen Augen, die mich mustern, die steilen Brauen und das breite Kinn. Vermutlich ist sie nur ein wenig älter als ich.

Ich gebe mir einen Ruck und ergreife ihre Hand, die noch immer zwischen uns in der Luft hängt. Ich habe keinen Grund, ihr zu misstrauen. Sie hat mir nie etwas getan. Im Gegenteil.

Als ich versuche zu lächeln, zieht ein stechender Schmerz durch meine verletzte Wange.

»Ich bin Selena.« Ich räuspere mich. »Aber das weißt du ja offenbar schon.«

Erleichterung ist auf ihrem Gesicht zu sehen. Ihre Hand ist weich in meiner. Ich lasse sie los.

»Wo bin ich?«, frage ich, und irgendein Winkel meines Gehirns spielt mir die Erinnerung an mein Erwachen bei den Traumgängern ein. Habe ich da nicht dieselbe Frage gestellt? Aber das hier ist anders. Ganz anders. Oder etwa nicht?

Gerade will Mo zu einer Antwort ansetzen, als ein Summen das Zimmer erfüllt.

»Entschuldige.«

Sie zieht ein Handy aus der Hosentasche, zögert kurz und nimmt dann den Anruf an.

»Ja?«

»Ist sie wach?«, dringt es aus dem Gerät, laut genug, damit ich es hören kann. Etwas in mir erstarrt. Es ist eine Männerstimme.

Mo wirft mir einen Blick zu.

»Ja, sie ist gerade aufgewacht. Soll ich sie zu dir bringen?«

Die Männerstimme antwortet, doch mein Gehirn registriert schon nicht mehr den Sinn der Worte. *Es passiert wieder. Das hier ist genau wie bei den Männern. Nur schickt hier jemand ein Mädchen vor, um mein Vertrauen zu gewinnen.* Gleich wird die Traumgängerin mich zu irgendeinem Mann bringen, und der wird mich wieder unter Drogen setzen und nach Somna zwingen. Plötzlich weiß ich nur noch eins: Ich muss hier weg.

Trotz meines schmerzenden Körpers springe ich auf das Bett, lasse es in wenigen Sätzen hinter mir und bin zur Tür hinaus.

Ich muss hier raus. Irgendwie.

Ohne nachzudenken, biege ich nach rechts ab und sprinte einen langen Gang entlang, an einigen Türen vorbei.

»Selena!«, höre ich in meinem Rücken.

Ich stoße eine Tür auf, in der Hoffnung, dass sich dahinter ein Treppenhaus verbirgt. Doch es ist nur ein weiteres Schlafzimmer, in dem überall Gegenstände und Klamotten verstreut liegen.

Ohne zu überlegen, renne ich weiter den Gang hinunter, der in einem großen hellen Raum mündet. Noch während ich laufe, wird mir bewusst, dass ich einen Fehler begangen habe. Das hier ist eine Sackgasse.

Ich bin in einer Wohnküche mit einer ausladenden Sofalandschaft und einem edel wirkenden Küchenblock gelandet. Eine riesige Fensterfront bietet eine Aussicht auf die Skyline, doch nirgends ist eine weitere Tür zu sehen.

Da höre ich Schritte hinter mir.

Mein Blick bleibt an etwas hängen, und mein hämmerndes Herz lässt mich darauf zustürzen. Es ist ein Messerblock, aus dem mehrere schwarze Griffe ragen. Wahllos ziehe ich an einem davon und halte die lange Klinge wie ein Schwert vor mich.

Die fremde Traumgängerin – Mo – erreicht das Zimmer und bleibt im selben Moment schlagartig stehen.

Den Küchenblock zwischen uns, starrt sie auf das Messer in meiner Hand, und ihre Lippen formen ein Wort, das ihren Mund nicht verlässt.

»Ich lasse mich nicht verarschen!«, schreie ich sie an. »Du wirst mich jetzt gehen lassen!«

Das Messer in meiner Hand bebt, als ich damit auf sie deute. Das Mädchen hebt die Arme. In ihrer rechten Hand liegt noch immer das Handy. Sie führt es zum Mund und sagt: »Eric. Ich muss dich zurückrufen.«

Dann legt sie auf und steckt das Handy langsam in die Hosentasche.

»Du kannst jederzeit gehen, Selena. Echt. Ich halte dich nicht auf.«

Sie spricht noch weiter, aber ich höre sie kaum. In meinem Kopf hallt ein einziges Wort und bringt all meinen Widerstand ins Wanken. *Eric.* Soeben hat sie den Mann am Telefon so genannt. *Sie werden unruhig. Ich muss zurück zu Eric.* Das hat mein Vater in seiner Nachricht geschrieben.

Ich kann nicht anders. Ich muss fragen.

»Wer ist Eric?«, flüstere ich mit belegter Stimme.

Mo öffnet gerade den Mund, um zu einer Antwort anzusetzen, als ein weiteres Mädchen die Küche betritt. Sie trägt graue Sweatpants und einen ausgebeulten Hoodie. Ihre aschblonden Haare sind in einem unordentlichen Knoten auf dem Kopf zusammengebunden – direkt hinter überdimensionalen Kopfhörern, die sie sich jetzt mit einem interessierten Blick auf mich abstreift. An den Füßen trägt sie riesige Hausschuhe mit Löwenköpfen, die über den Boden auf mich zuschlurfen.

»Du musst Selena sein«, stellt sie in einem breiten amerikanischen Akzent fest und streckt mir die Hand entgegen, ohne auf das Messer zu achten, das ich noch immer vor mir in die Höhe halte.

Ich bin so perplex, dass ich meine rechte Hand vom Griff löse und ihre schüttele.

»Willkommen in der WG. Ich bin Denise.«

Ein schiefes Lächeln liegt kurz auf dem blassen Gesicht, dann wendet sie sich ab und öffnet den Kühlschrank neben mir.

Ich beobachte, wie sich Denise einen riesigen Karton Orangensaft herausnimmt, ein Glas aus einem der Küchenschränke holt und sich einschenkt. Das Gluckern des Safts und das leichte

Knarzen der Kühlschranktür, als sie den Karton zurückstellt, hören sich unfassbar laut an.

Erst als Denise samt Glas wieder zum Ausgang der Küche schlurft, sagt sie: »Bis später, Mo.«

Dann ist sie verschwunden.

Ich wende mich wieder zu Mo. Die verzieht das Gesicht.

»Das war Denise.« Sie zuckt mit den Schultern. »Sie kann manchmal ein bisschen seltsam sein. Hilft Eric bei seinen Forschungen im Traumlabor.«

Da ist er schon wieder. *Der Name.*

»Wer ist Eric?«, wiederhole ich.

Mo hebt eine Augenbraue.

»Mit dem habe ich gerade telefoniert, als du ausgerastet bist. Er möchte dich kennenlernen. Wenn du willst, bringe ich dich zu ihm.«

Ich zögere. Ist das hier eine Falle? Oder die Chance, endlich Antworten zu bekommen?

Mo wertet mein Schweigen offenbar als Zustimmung, denn sie zieht ihr Smartphone wieder hervor und beginnt, zu tippen. Dann hebt sie das Handy ans Ohr, und sagt ein paar Sekunden später: »Hey. Also ich glaube …« Wieder wirft sie mir einen Blick zu. Ich spüre das Messer schwer in meiner Hand. »Selena will dich kennenlernen … Okay, gut. Bis gleich.«

Damit legt sie auf und lässt das Handy zurück in die Tasche gleiten.

»Er kommt hoch«, sagt sie. »Wir können in seinem Büro warten.«

Irgendetwas an ihrem Lächeln und der Art und Weise, wie sie sich jetzt zum Gehen wendet, lässt die Anspannung aus meinen Gliedern weichen. Klappernd lege ich das Messer auf die Arbeitsfläche des Küchenblocks. Ich weiß, dass Mo es gehört hat. Doch sie dreht sich nicht um. Sie verlässt einfach die Wohnküche.

»Der Ausgang wäre übrigens in die andere Richtung gewesen«, sagt Mo, sobald wir wieder auf dem Gang stehen.

Ich meine, Belustigung in ihrer Stimme zu hören, als sie den Flur hinunter deutet. Dieses Apartment muss riesig sein. Wer auch immer Eric ist – wenn ihm all das hier gehört, ist er stinkreich.

»Und mein Zimmer kennst du ja auch schon. Besser, wir machen hier mal die Tür zu. Ich bin nicht so die Ordentliche.«

Mo lächelt mich an, während sie die Tür zu dem Schlafzimmer schließt, das ich vorhin für den Ausgang gehalten habe. Das Lächeln hat noch etwas Unsicheres an sich, aber es sieht authentisch aus.

Ich muss wieder daran denken, dass mich die Traumgänger vermutlich hinter das strahlende Tor gestoßen hätten, wenn sie nicht aufgetaucht wäre. Vermutlich habe ich mit meiner Flucht wirklich überreagiert. Aber bevor ich nicht weiß, wo ich hier genau bin und wie ich hierhergekommen bin, werde ich auf der Hut bleiben. Das nehme ich mir fest vor. Schweigend folge ich Mo den Gang hinunter und um eine Ecke.

»Das ist Erics Büro«, sagt sie schließlich und öffnet eine weitere Tür.

Dahinter liegt ein abgedunkeltes Zimmer. Noch während ich über die Schwelle trete, steigt Übelkeit in mir auf. Ein penetranter Geruch dringt mir in die Nase, und einen Augenblick später kann ich die Quelle ausmachen: In einer Ecke des weitläufigen

Raumes, direkt neben dicken, zugezogenen Vorhängen und einer Sitzgruppe aus Kissen, qualmen mehrere Räucherstäbchen.

Das hier ist vermutlich das seltsamste Büro, in dem ich je gewesen bin. Eine Wand wird von einem Bücherregal eingenommen, während an der anderen eine riesige Leinwand hängt. Davor liegt eine Spielekonsole mit mehreren Controllern auf dem Boden. In der Mitte des Raumes steht ein Schreibtisch mit geschwungenen und filigran verzierten Beinen. Hinter mir befindet sich ein ungemütlich wirkendes Sofa. Das Zimmer ist wie eine Collage, die jemand ohne konsequente Idee zusammengesetzt hat.

»Eric hat einen ziemlich seltsamen Geschmack. Den Rest der Wohnung hat er zum Glück mir überlassen«, kommentiert Mo meine unausgesprochenen Gedanken.

Ich nicke nur und betrachte das Bücherregal. Ein schlechtes Gewissen legt sich über mein Inneres, als ich an das Arbeitszimmer meiner Mutter denke. Vielleicht sitzt sie jetzt dort und glaubt, dass sie nach meinem Vater nun auch mich verloren hat. Vermutlich ist mein Onkel bei ihr, um sie zu trösten.

Am liebsten würde ich sie sofort anrufen. Aber mein Handy liegt zu Hause in Griechenland, wie so vieles unerreichbar für mich.

Da ich nicht weiß, was ich sonst tun soll, schlendere ich durch den Raum, bis ich vor dem Bücherregal stehen bleibe. Außer einem Regalbrett ist es zum Bersten gefüllt. Auf diesem stehen nur wenige Bücher, und ein paar vereinzelte Gegenstände liegen daneben, die nach technischen Gerätschaften aussehen. Ich lasse den Blick über die Buchrücken schweifen, als ich an einer verschnörkelten Schrift hängenbleibe: *Somna – Mythen und Sagen der Traumwelt.* Derselbe Titel wie im Arbeitszimmer meiner Mutter. Gerade will ich die Hand danach ausstrecken, da räuspert sich jemand. Irritiert sehe ich mich um.

Fast habe ich Mo vergessen, die hinter mir steht und mich mit verschränkten Armen beobachtet.

»Ein ›Danke, dass du mir das Leben gerettet hast‹, wäre übrigens auch ganz nett«, sagt sie.

»Was?«

»Du hast mich schon verstanden.«

Ich starre sie an, und brauche einen Moment, ehe ich den Sinn ihrer Worte begreife. Dann flammt Ärger in mir auf. »Du hast mich verschleppt! Wo sind wir hier überhaupt?«

»Hätte ich das nicht getan, wärst du jetzt tot. Diese Männer waren drauf und dran, dich hinter das Tor zu stoßen. Das hast du schon mitbekommen, oder?«, fragt Mo, und ich meine, Sorge unter ihrem angriffslustigen Ton herauszuhören. »Und dann wärst du nicht nur deine Fähigkeiten los, sondern auch noch mausetot. Gut, dass Eric dir schon als Kind einen Tracker eingesetzt hat. So konnten wir dich noch rechtzeitig finden.« Sie stockt. »Und wir sind übrigens in New York City. In unserer WG.«

Ich schüttele den Kopf, versuche ihn vom Duft der Räucherstäbchen zu befreien und Ordnung in all diese Informationen zu bringen. Eine neue Welle Kopfschmerzen erfasst mich.

»Ein Tracker?«, ist das Einzige, was ich hervorbringe.

»Ja.« Mo zieht die Stirn kraus. »Wie hast du denn gedacht, dass ich dich so leicht gefunden habe?«

Ein implantierter Tracker … Was zum …

Doch bevor ich diese Neuigkeit richtig begreifen kann, bewegt sich etwas direkt neben mir. Ein Teil des Regals gleitet beiseite und offenbart ein helles Treppenhaus. Eine Geheimtür.

Hastig weiche ich zurück, doch Mo scheint nicht im Geringsten überrascht.

Schritte erklingen auf der Treppe, und ich starre auf die Stufen, als könnte ich Eric so schneller erscheinen lassen. Fast vergesse ich zu atmen.

Dann ist es so weit. Der Mann, der auf mich zukommt, hat ungeordnete, aschblonde Haare und trägt einen schwarzen Rollkragenpullover zu einer hellen Leinenhose. Da ist ein Lächeln auf seinem Gesicht, das die mit dunklen Schatten umrandeten grünen Augen übermütig glänzen lässt.

»Selena!«, sagt er und hat mich erreicht, noch ehe ich einen sinnvollen Gedanken fassen kann.

Eric betrachtet mich, und einen Moment lang wirkt es, als wolle er mich umarmen. Doch dann streckt er mir die Hand entgegen. Ich greife danach, spüre den festen Druck seiner Finger.

»Ich freue mich so, dich endlich kennenzulernen.«

»Eric?«, sage ich nur.

Er nickt, und sein Blick zuckt unruhig über mein Gesicht.

»Geht es dir gut? Willst du dich hinsetzen? Vermutlich wirkt das Debix noch nach … Und dann noch das ganze Adrenalin, das Mo dir verpassen musste, um dich da rauszuholen.«

Er deutet auf das Sofa und scheint dabei ehrlich besorgt.

Ich ignoriere seine Aufforderung und schiebe die Hände in meine Hosentaschen. Mit den Fingern umschließe ich die Notiz meines Vaters.

Eric kommt mir irgendwie bekannt vor … *Wo zum Teufel habe ich diesen Mann bereits gesehen?* Mein Blick wandert zurück zum Regal – zu dem Buch, das ich aus dem Büro meiner Mutter kenne. Eric tut es mir gleich. Eine Sekunde lang herrscht Stille. Dann wendet er sich mir wieder zu.

»Selena. Ich weiß, dass das alles sehr verwirrend für dich sein muss. Aber ich verspreche dir: Du kannst mir vertrauen. Dein Vater, er –« Er zögert, und plötzlich scheint alle Luft aus seinem hageren Körper zu weichen. »Er war ein sehr wichtiger Mensch für mich.«

Ich schlucke.

»Sein Tod …« Er bricht ab. »Du siehst wirklich nicht gut aus. Bist du dir sicher, dass du dich nicht setzen willst?«

Dasselbe könnte ich ihn fragen. Doch stattdessen stoße ich hervor: »Woher kennst du meinen Vater?«

»Das ist eine lange Geschichte …« Als er meinen Gesichtsausdruck sieht, beeilt er sich fortzufahren: »Die ich dir natürlich erzählen werde. Aber das Wichtigste ist: Du bist jetzt in Sicherheit. Ich kann hier viel besser auf dich aufpassen, als ich es jemals zuvor konnte. Das hat auch deine Mutter endlich eingesehen.«

Jeder seiner Sätze löst eine neue Lawine in mir aus. *Auf mich aufpassen? Meine Mutter?* Ich muss an den Tracker denken, den Mo gerade erwähnt hat – wie lange beobachtet mich dieser Mann schon? Aber vor allem: Was zum Teufel hat meine Mutter mit all dem hier zu tun?

»Meine Mutter?«

»Ja. Ich habe vorhin mit ihr telefoniert.«

Ich öffne den Mund, doch ich kann nur wieder den Kopf schütteln. Statt der nötigen Klarheit durchzieht mich erneuter Schmerz, und ich weiß nicht, ob es der Geruch der Räucherstäbchen oder der Schock ist, der Übelkeit in mir aufsteigen lässt.

»Wie wäre es, wenn du sie erst mal anrufst?«, höre ich Eric sagen. »Vielleicht wäre das eine gute Idee?«

Als ich nicht reagiere, zieht er ein Smartphone aus seiner Tasche und tippt kurz darauf herum.

»Hier. Die Nummer ist eingespeichert.«

Er macht ein paar Schritte auf mich zu und reicht mir das Handy. Zögernd greife ich danach. Dann stehe ich da und starre auf das Display, auf dem der Name meiner Mutter aufleuchtet. Mos und Erics erwartungsvolle Blicke liegen auf mir, bis ich mit zittrigen Fingern auf das kleine Hörersymbol tippe. Es klingelt nur einmal, dann meldet sich eine Stimme, die die Anspannung in meinem Inneren mit nur zwei Worten zum Einsturz bringt.

»Ja? Hallo?«

»Mama?«, krächze ich.

»Selena!« Ihre Stimme überschlägt sich.

Ich räuspere mich.

»Mama!«

Sie ist es wirklich.

»Wie geht es dir, Schatz? Ich bin so froh, dich zu hören!«

In meinem Inneren herrscht ein Sturm unterschiedlicher Gefühle: Auf der einen Seite möchte ich losschluchzen und meiner Mutter erzählen, was passiert ist. Auf der anderen Seite ist da unendlich viel Wut in mir. Verraten. So fühle ich mich. Zitternd atme ich ein und aus. So lange, bis ein Gedanke alles überlagert. *Klarheit. Ich brauche Klarheit.* Damit sollte ich anfangen.

Wieder räuspere ich mich und gebe mir Mühe, Eric zu ignorieren, der sich an seinen Schreibtisch gelehnt hat. Er scheint hin und her gerissen zwischen Neugierde und dem Versuch, meine Privatsphäre zu achten.

»Mama«, beginne ich und klinge hart. Aber besser so als auf der Stelle in Tränen auszubrechen. »Ich bin in New York.«

»Ja, ich weiß, mein Schatz«, murmelt sie.

Verrat. Die Worte, mit denen sie Erics Aussage bestätigt, sickern brennend in mich hinein.

»Was ist hier los?«, verlange ich zu wissen.

»Sel. Mein Schatz.« Den Tonfall kenne ich. Sie will mich besänftigen – und erreicht das Gegenteil. »Es tut mir so leid, dass ich dir bisher nichts von Eric erzählt habe. Er ist –«, sie bricht ab. »Ich dachte, es wäre besser so.«

Ich bin versucht sie anzuschreien. Doch mein Gehirn will einfach keine passenden Worte ausspucken. Langsam lasse ich das Handy sinken.

»Selena?«, tönt es aus dem Hörer, »Sel? Schatz? Bist du noch dran?«

Mechanisch tippe ich auf das kleine rote Symbol auf dem Display. Die Verbindung wird unterbrochen.

Um mich herum herrscht absolute Stille. Ich sehe Eric an: »Sie kennt dich.«

Er nickt. »Ich weiß.«

Als nichts weiter kommt, spüre ich erneut Wut in mir aufwallen. »Was wollt ihr von mir? Warum habt ihr mich hierher verschleppt?«

Mein Blick fliegt zwischen Eric und Mo hin und her. Mo lehnt an einem Bücherregal und zieht die Stirn kraus. Eric erstarrt, als würde ihn irgendetwas in Aufruhr versetzen.

»Selena. Du kannst jederzeit gehen. Ich würde dich niemals festhalten. Das musst du mir glauben.«

Ein dunkler Schatten legt sich über sein Gesicht, der alles Leben aus seinen Zügen zu vertreiben scheint. Die Augen verlieren ihr Stechen und wirken plötzlich matt inmitten des fahlen Gesichts.

»Aber wenn du bleiben willst«, fährt er schließlich fort, »dann werde ich dir alles erklären. Über dich. Über mich. Über deinen Vater. Versprochen.«

Etwas Weiches tritt in seinen Ausdruck.

»Weißt du, dass du ihm ähnlich siehst?«

Meine Kehle wird eng.

»Theo. Du siehst ihm so ähnlich.«

Die Sätze hängen in der Luft und entziehen ihr jeglichen Sauerstoff. Es ist zu viel. Alles zu viel. Ich muss hier raus. Egal wie.

»Ich muss mal«, spreche ich das Einzige aus, was mir auf die Schnelle einfällt.

Kurz sieht Eric überrascht aus, dann lächelt er verständnisvoll.

Mo stößt sich vom Regal ab. »Ich zeige ihr die Toilette«, sagt sie an Eric gewandt.

Dann geht sie zur Tür und hält sie mir auf. Eilig folge ich ihr auf den hellen Gang hinaus. Erst jetzt bemerke ich, dass ich noch immer Erics Handy in der Hand halte. Egal. Ich atme tief die räucherstäbchenfreie Luft ein.

Mo mustert mich. Einen Moment wirkt es, als wolle sie etwas anderes sagen, doch dann deutet sie nur den Gang hinunter.

»Da hinten ist das Bad.« Ich folge ihr ein paar Meter weiter, bis sie eine Tür aufstößt.

Dahinter kommt ein Badezimmer zum Vorschein, wie ich es zuvor noch nie gesehen habe. Eine riesige Badewanne steht direkt vor der Fensterfront inmitten des großen, weiß gekachelten

Raumes. Das warme Licht des anbrechenden Abends fällt auf die Armaturen und lässt sie golden schimmern. Ich kann mir nicht vorstellen, wie es sein muss in einer solchen Wanne und mit einem solchen Ausblick zu baden.

Mo grinst, als sie mich ansieht. Mir fällt auf, dass sich ihr Gesicht verwandelt, wenn sie lächelt. Wie es an Härte verliert.

»Bitte sehr!«

Sie tritt zurück, ich schiebe mich an ihr vorbei ins Bad und schließe die Tür hinter mir. Erleichtert atme ich auf, als ich den Schlüssel im Schloss drehe. *Allein. Endlich allein.*

Ich tippe auf das Display des Handys, das ohne Sperrung aufleuchtet. Ist das hier Erics Handy? Könnte ich mit dem Gerät etwas über ihn herausfinden? Ich rufe den Homescreen auf. Doch das Handy wirkt, als wäre es auf Werkeinstellungen zurückgesetzt. Im Adressbuch stehen neben der Nummer meiner Mutter nur die von Mo, Eric und Denise, und die eines Taxiunternehmens.

Ich durchquere das riesige Bad und setze mich auf den Rand der Wanne, nicht sicher, ob mich meine Beine noch viel länger tragen. Als das Handy in meinen Fingern vibriert, zucke ich zusammen.

Auf dem Screen steht der Name meiner Mutter.

»Ja?«, melde ich mich nach kurzem Zögern.

»Selena …« Meine Mutter seufzt, als hätte sie bis jetzt die Luft angehalten. »Schön, dass du rangehst.«

Ich sage nichts.

»Es tut mir so leid«, stößt sie hervor. »Ich hätte dir schon viel früher alles erzählen sollen. Das weiß ich. Theo hätte es so gewollt. Ich hätte dir von Eric erzählen müssen. Doch nach dem, was damals passiert ist –«, sie bricht ab, und ich höre, wie sie geräuschvoll schluckt. »Dein Vater wollte, dass ich dich zu ihm schicke, sobald du alt genug bist, damit du ihm helfen kannst.«

»Mein Vater wollte *was*?«, unterbreche ich sie.

»Ja. Aber ich hatte Angst um dich. Das verstehst du doch, oder?«

Stille in der Leitung und Stille im Badezimmer.

Plötzlich fühlt es sich an, als würde sich meine Verwirrung und Erschöpfung ein Ventil suchen, und dieses Ventil ist meine Mutter.

»Sag mal, willst du mich verarschen? Woher kennst du Eric? Was soll das alles?«

»Sel.« Ihr Ton klingt flehend. »Ich kann dir alles erklären.«

»Ach wirklich? Jetzt wirst du mir alles erklären? Nachdem du mir nie irgendetwas über meinen Vater erzählt hast? Ist das dein Ernst?«

»Sel. Es tut mir leid. Ich wollte dich nur beschützen!«

»Mich beschützen? Wovor?«

»Ich wollte, dass du ein normales Leben lebst.«

»Ein normales Leben?«, jetzt schreie ich fast. »Ich. Bin. Nicht. Normal.« Ich schleudere jedes Wort einzeln ins Handy. »Das weißt du ganz genau. Also hör endlich auf, so zu tun.«

»Ich …«

Wieder unterbreche ich sie.

»Weißt du was, Mama? Von dir will ich keine Antworten mehr. Aber vielleicht kriege ich ja welche von diesem Eric.«

Damit lege ich auf. Fast im selben Moment tut es mir leid. Jetzt bin ich wieder allein in diesem fremden Bad, in dieser unbekannten Wohnung. Dabei ist alles, was ich will, dass meine Mutter hier ist, mich in den Arm nimmt und mir alles erklärt. Aber das wird sie nicht. Das kann sie nicht. Das weiß ich. Soll ich wirklich hierbleiben?

Ich stehe auf, stelle mich an das Waschbecken und betrachte mein Spiegelbild. Kein Wunder, dass Eric mich so besorgt gemustert hat. Sogar für meine Standards sehe ich schrecklich aus. Ich bin blass, habe dunkle Augenringe und ein großes Pflaster auf der Wange.

Mit einem Seufzen stelle ich das Wasser auf kalt und trinke ein paar große Züge. Es schmeckt nach Chlor. Angewidert verziehe ich das Gesicht, bevor ich mir mit den feuchten Händen über den Nacken fahre.

Es hilft nichts. Ich kann mich nicht ewig hier drin verstecken. Ich muss zurück zu Mo und Eric. Muss herausfinden, was sie wissen und ob ich ihnen vertrauen kann.

Als ich zurück auf den Gang trete, lehnt Mo an der gegenüberliegenden Wand und sieht in diesem Moment von ihrem Smartphone auf. Abrupt halte ich inne. Ihr Blick sagt alles: Sie hat gehört, was ich meiner Mutter entgegengeschrien habe. Eine Sekunde lang sehen wir uns nur an.

»Komm mit«, sagt sie schließlich. »Ich zeige dir was.«

Ich zögere und wende mich kurz in Richtung Erics Arbeitszimmer. Doch dann siegt meine Neugier, und ich folge Mo wortlos.

Wir steuern auf eine Treppe zu, die bei einer Glastür endet. Sobald ihr Sensor uns erfasst, gleitet sie zur Seite.

Warme Sommerluft strömt mir entgegen, als ich die Dachterrasse betrete. Sie riecht ganz anders als die Meeresluft, die ich gewöhnt bin – nach Autos und Asphalt. Zahlreiche Lounge-Möbel, ein Whirlpool und eine Bar verteilen sich auf den edlen Steinfließen und eine phantastische Aussicht bietet sich mir. Sie übertrifft alles, was von den Fensterfronten des Apartments aus zu sehen war.

»Willkommen an meinem Lieblingsort. Ich dachte mir, dass du vielleicht ein wenig frische Luft gebrauchen kannst«, sagt Mo und geht in Richtung der Lounge-Möbel.

Kurz stehe ich nur da und nehme den Rundumblick über die Stadt in mir auf, der von der Sonne in ein rosafarbenes Licht getaucht wird. Ein paar Gebäude meine ich zu erkennen: das One World Trade Center und auch von hier aus das Empire State Building in der Ferne. Da sind die Flüsse, die Manhattan zu beiden Seiten säumen. Und natürlich der Teppich aus Straßen und Gebäuden, in dessen Mitte ich mich befinde.

Tief atme ich die Abendluft ein. Mo hat recht. Es tut gut, hier draußen zu sein. Ich bin zwar kein Fan von Großstädten, aber so weit über den Dächern wirkt die Stadt ein wenig, als würde man auf ein seltsames Meer hinabsehen. Ich gebe mir einen Ruck, gehe zu Mo herüber und setze mich ans andere Ende des Sofas, auf dem sie sich niedergelassen hat.

Das Schweigen zwischen uns ist dicht und schwer, und so viele Worte hängen darin, dass ich nicht weiß, welche von ihnen ich herausgreifen soll.

»Das war nicht das erste Mal, dass du mich in Somna beobachtet hast, oder? Da auf dem Marktplatz meiner Insel, meine ich. Ich habe dich schon häufiger gesehen«, stelle ich schließlich fest.

Mo nickt.

»Eric und ich beobachten dich schon seit Jahren.«

»Und ihr habt mir einen … Was hast du gesagt? Einen Tracker eingesetzt?«

Wieder nickt Mo.

»Eric hat das, wie gesagt, schon vor einer ganzen Weile getan. So kann er dich immer in Somna finden.«

Ihr Blick tanzt über mein Gesicht, als wolle sie meine Reaktion auf ihr Geständnis einschätzen. Aber ich habe keine Emotionen mehr übrig, die der Tatsache gerecht werden würden, dass ich mein Leben lang von zwei Fremden getrackt und überwacht worden bin. Und dass meine Mutter das vermutlich die ganze Zeit wusste. Im Grunde fühle ich gar nichts mehr außer Erschöpfung.

»Tut mir leid, dass ich dir Angst gemacht habe. Deinen Vater zu erwähnen, war wohl nicht die beste Idee …«

»Du hast mir keine Angst gemacht.«

Ihr ist klar, dass ich lüge, aber sie widerspricht nicht. Stattdessen breitet sich erneut Schweigen zwischen uns aus.

»Weißt du«, murmelt Mo nach einer Weile. »Ich bin auch nicht normal. Eric ist nicht normal. Aber hier in der WG ist das wiederum ganz normal.«

Ich spüre, wie mir die Hitze in die Wangen steigt. Sie hat also tatsächlich gehört, was ich in das Handy gebrüllt habe. Doch was mir die Kehle zuschnürt und es unmöglich macht, etwas zu erwidern, ist die Vertrautheit, die mich mit einem Mal überkommt. Nicht wie eine Erinnerung an frühere Begegnungen. Sondern so, als hätte ich endlich jemanden gefunden, der mich versteht. Wirklich versteht. *Eine weitere Traumgängerin.*

Stur starre auf das Relief der Gebäude, das in der untergehenden Sonne schimmert. Hauptsache, Mo merkt nicht, was ihre Worte in mir auslösen.

»Wer ist das Mädchen, mit dem du so oft in Somna warst? Die Träumerin?«, fragt sie irgendwann.

»Meine Cousine«, höre ich mich selbst sagen. »Eleni. Sie liebt es, wenn wir nach Somna gehen. Sie will immer alle möglichen verrückten Dinge machen. Und na ja, jetzt wo sie ständig Albträume hat, ist sie froh, nicht allein zu sein.«

Mo nickt, und ihr Gesicht verdunkelt sich. Doch sie sagt nichts, und augenblicklich bereue ich meine Offenheit. Das alles geht sie nichts an. Eleni geht sie nichts an. Seit wann erzähle ich Fremden so persönliche Dinge?

Ich bin erleichtert, als Mo sich erhebt und ein paar Schritte zum Geländer geht. Sie lehnt sich dagegen und sieht in die Ferne, als wäre sie tief in Gedanken. Dann dreht sie sich abrupt um, Entschlossenheit in den Augen.

»Du solltest nicht hierbleiben, Selena. Ich besorge dir ein Ticket. Dann kannst du morgen nach Hause fliegen.«

»Warum?«, frage ich ungläubig. Woher kommt denn dieser plötzliche Sinneswandel?

»Weil …« Mo scheint nach Worten zu suchen. »Weil das hier keine gute Idee ist. Eric … Ihm geht es nicht gut, weißt du? Er … er verlässt nie die Wohnung. Und er ist irgendwie anders in letzter Zeit. Noch seltsamer als sonst. Und dann noch diese Veränderungen in Somna … Keine Ahnung, was da los ist …« Sie stockt. »Ich glaube einfach nicht, dass du hierbleiben solltest. Versuch es alleine. Sei vielleicht einfach ein bisschen vorsichtiger als bisher, okay?«

Fast flehend sieht sie mich an. Einem Impuls folgend, stehe ich auf. Meine Finger tasten nach der Notiz meines Vaters in meiner Hosentasche. Mittlerweile ist sie zu einer zerknitterten Papierkugel verkommen – und doch ist sie mein wertvollster Besitz. Mein Talisman.

Entschlossen stelle ich mich neben Mo an das Geländer.

»Seit wann kennst du Eric?«, frage ich.

Sie sieht mich irritiert an.

»Schon immer.« Sie zögert kurz. »Also seit er mich als Kind adoptiert hat.«

»Und was weißt du über meinen Vater?«

Mo schüttelt den Kopf.

»Nichts. Außer dass die beiden früher befreundet waren.«

Ich sehe hinaus bis zum Horizont, an dem die Sonne untergeht. Mos Blick liegt auf mir – fragend, bittend. Doch ich weiß, wie ich mich entschieden habe.

Ich lehne mich an das Geländer, atme tief die Stadtluft ein und sage: »Ich bleibe hier.«

10

Ria

Die Sache ist ziemlich heiß, wenn ihr mich fragt. Wir haben die erste weibliche Traumgängerin gefunden. Gibt es noch mehr? Wird Ria sich als Wunderwaffe entpuppen? Ich halte euch auf alle Fälle auf dem Laufenden.«

Das Video bricht ab, und ich schiebe mir eilig ein weiteres Stück Sushi in den Mund. Yunus' Gesicht auf dem Bildschirm verschwindet hinter einem großen Play-Zeichen. Mein Vater legt das Tablet beiseite und sieht mich an.

»Willst du das noch?« Ich deute auf das letzte Nigiri, das auf seinem Teller liegt.

Er schüttelt den Kopf, und ich werte das als Erlaubnis, mit meinen Stäbchen nach dem Sushi zu angeln. Mein Vater sagt noch immer nichts, als mir der Reisball spritzend in die Sojasoße fällt, ich ihn mit den Fingern herausfische und mir in den Mund schiebe.

Da vibriert mein Handy in der Hosentasche, und ich versuche, es zu ignorieren. Es vibriert schon den ganzen Morgen fast ununterbrochen. Eine Textnachricht nach der anderen geht ein, seit Yunus das Video von mir veröffentlicht hat. Oder vielmehr: die Videos. Denn mein Vater ist gerade hektisch mit den Sushiboxen in sein Büro geplatzt und hat mir ein zweites präsentiert, das Yunus offenbar vor wenigen Minuten hochgeladen hat. Darin mutmaßt er darüber, welche Fähigkeiten ich als Traumgängerin wohl habe.

Unauffällig sehe ich auf das Tablet und erkenne an der kleinen Zahl unter dem Video, dass es bereits mehrere tausend Menschen angeguckt haben. Nach nur ein paar Minuten.

Prompt verschlucke ich mich an dem Sushi und muss husten.

Mein Vater schiebt mir ein Wasserglas entgegen und scheint endlich seine Stimme wiedergefunden zu haben. »Wir haben Yunus verboten, weitere Videos zu veröffentlichen«, sagt er. »Das gerät hier sonst außer Kontrolle.«

Ich nicke und merke, wie erleichtert ich bin. Allein der Gedanke an die Videos und an die Tatsache, dass nun alle mein Gesicht kennen, lässt Übelkeit in mir hochsteigen.

Doch die Wut auf Yunus und die sonst so vertraute Panik werden von der Aufregung und Neugierde überstrahlt, was jetzt wohl passieren wird. Ich frage mich, ob die Panikattacken, wie ich sie kenne, je wieder zurückkehren werden …

»Das gerät außer Kontrolle«, wiederholt mein Vater wie zu sich selbst und wippt mit dem Bein auf und ab. So nervös habe ich ihn noch nie gesehen.

Wieder vibriert mein Handy. Ein Anruf. Ich ziehe das Gerät aus der Hosentasche und sehe auf das Display. Meine Mutter. Sie hat es heute bereits mehrmals versucht, aber außer mit einer kurzen Textnachricht habe ich ihr noch nicht geantwortet. Ich bin mir nicht sicher, was ich ihr sagen soll.

Deshalb lege ich das Smartphone jetzt auch auf den Schreibtisch, wo das Vibrieren zu einem lauten Schnarren wird.

»Schalt doch endlich mal dieses Ding aus«, brummt mein Vater ungehalten.

»Was denn? Das ist Mama«, gebe ich patzig zurück.

Die Mama-Karte bringt meinen Vater immer in Verlegenheit.

»Gut, dann geh halt ran!«

Ich werfe ihm einen eisigen Blick zu, tunke meinen Finger in die Sojasoße und lecke ihn ab. Das Telefon hört auf zu klingeln.

Mein Vater steht auf, als könne er nicht länger stillsitzen.

»Ich kann immer noch nicht fassen, dass du die ganze Zeit wusstest, dass du traumgehen kannst. Und dann sagst du es ausgerechnet diesem Influencer und lässt dich von ihm auch noch filmen!«

Ich kreuze die Arme vor der Brust. Fängt er jetzt schon wieder damit an? Hat er wirklich nichts begriffen?

»Jetzt tu doch nicht so, als ob du keine Ahnung gehabt hättest. Ist ja nicht meine Schuld, dass du mir nicht glauben wolltest.«

»Warum hätte ich dir denn glauben sollen, Ria? Du bist ein Mädchen. So was gibt es eigentlich nicht, und das weißt du ganz genau.«

Meine Finger krallen sich in meine Arme. »Du hättest mir glauben können, weil ich deine Tochter bin.«

Sein Mund öffnet und schließt sich wieder. Ich merke, dass mir Tränen in die Augen schießen. Eilig blinzele ich und greife nach meinem Handy.

»Ich rufe Mama zurück und sage ihr, dass ich nach München fahre.«

In meinen Vater kommt Bewegung. Er geht auf mich zu und lässt sich wieder auf den Stuhl neben mir sinken.

Meine Finger verharren über dem Display des Smartphones. Er greift nach meinem Arm. Auf seinem Gesicht spiegelt sich Unbehagen. Schließlich sagt er: »Tut mir leid. Das geht nicht, Ria.«

Ich lasse das Handy auf die Tischplatte sinken.

»Du musst hierbleiben. Du bist jetzt Teil der Traumunion. Wir kümmern uns um dich, versprochen.«

Die Enge in meiner Kehle nimmt zu, und ich blinzele erneut. Was genau soll das heißen? Ja, ich will Teil der Traumunion sein. Aber wenn mein Vater es so sagt, klingt es irgendwie … bedrohlich. Vielleicht liegt das auch an Yunus' Worten von letzter Nacht, die mir noch immer im Kopf herumspuken. Ich sehe meinen Vater an, finde in seinem Gesicht aber nichts außer Stress und Sorge. Etwas daran lässt mich resignieren.

»Okay.«

Ich ziehe meinen Arm unter der Hand meines Vaters hervor und lehne mich auf dem Stuhl zurück. Sofort fängt das Handy auf dem Tisch wieder an zu vibrieren. Aber ich sehe nicht mehr drauf. Lil habe ich geantwortet, sie solle sich keine Sorgen machen und dass ich sie später wieder anrufen würde. Und außer ihr möchte ich gerade niemanden sprechen.

Mein Vater wirft dem Gerät einen entnervten Blick zu. Dann lächelt er plötzlich.

»Bald brauchst du das nicht mehr. Demnächst bekommst du eine dieser Smartwatches, mit denen die Traumgänger immer nach Somna gehen.«

Fragend sehe ich ihn an.

»Giacomo Laurenti will dich sehen. Er wird dich in die Ausbildung aufnehmen.«

Die Vorfreude beginnt sich kribbelnd in meinem ganzen Brustkorb auszubreiten.

»Echt?«

Mein Vater nickt.

»Ja. Ich habe ihm gesagt, dass wir vorbeikommen, sobald wir aufgegessen haben.«

Ich betrachte die leeren Sushischachteln vor uns.

Energisch schiebe ich den Stuhl zurück. »Gut, dann lass uns gehen.«

Meine Stimme klingt überzeugter, als ich es bin, und ich bin mir sicher, dass mein Vater das bemerkt. Aber egal. Ich bin eine Traumgängerin. Jetzt muss ich mich auch wie eine verhalten.

Das Kribbeln in meiner Brust wird stärker, während ich meinem Vater aus dem Zimmer und die Flure entlang folge. Kurz zögere ich, als wir das Erdgeschoss betreten. Die Gänge hier unten sind voller Menschen – Besucher, die für den Testtag hergekommen sind. Es sind noch mehr als sonst. Kein Wunder, immerhin ist heute Sonntag und somit ihre letzte Möglichkeit für dieses Jahr.

Mein Vater geht, ohne zu zögern, auf die Tür zum Innenhof zu, und ich beeile mich, mit ihm Schritt zu halten. Entgegen meinen Befürchtungen schenkt mir niemand besondere Aufmerksamkeit. Haben die Leute die Videos also noch nicht gesehen? Meine aufkeimende Hoffnung wird enttäuscht, als wir in den Sonnenschein des Innenhofs treten. Auch hier stehen zahlreiche Menschen herum, unterhalten sich in Gruppen oder betrachten Lagepläne. Es dauert nicht lange, bis ich die ersten Blicke bemerke. Die Leute unterbrechen ihre Unterhaltungen, wenn wir an ihnen vorbeigehen, und manche zücken sogar ihr Smartphone. Ich versuche es meinem Vater gleichzutun, der den Menschen mit freundlicher Professionalität zunickt, doch ich spüre deutlich, wie sich erneut rote Flecken über meinen Hals ziehen. Manche der Umstehenden beginnen zu tuscheln und sich gegenseitig anzustoßen. Der Innenhof kommt mir auf einmal riesig vor.

Kurz bevor wir endlich die Absperrung erreichen, die den öffentlichen vom privaten Bereich der Traumunion trennt, platzt neben mir jemand aus einer Tür.

Luisa. Sie hat einen gehetzten Ausdruck auf dem Gesicht und einen Stoß Namensschilder im Arm. Als sich unsere Blicke treffen, rutschen ihr mehrere Schilder herunter und fallen auf den Kies. Doch bevor ich mich bücken und ihr beim Aufsammeln helfen kann, schiebt mein Vater mich schon hinter die Absperrung und durch eine weitere Tür in ein Gebäude, das ich noch nie betreten habe.

Sobald wir von den schützenden Backsteinmauern umgeben sind, hole ich erleichtert Luft. Mein Kopf fühlt sich an, als hätte ich plötzlich einen Sonnenstich erlitten.

»Sorry. Nächstes Mal nehmen wir den Weg durch den Keller«, sagt mein Vater nur und hält seinen Ausweis vor einen Sensor. Sein Kiefer zuckt, so sehr beißt er ihn zusammen.

Eine weitere Tür springt summend vor uns auf, und ich folge ihm durch ein verwirrendes Labyrinth von Gängen, Treppen und Türen. Irgendwann bleibt mein Vater vor einer Tür stehen und sieht sich zu mir um. Die Anspannung in seinem Kiefer hat sich nicht gelöst.

Ich muss mich zwingen weiterzuatmen, als er klopft. Kurz darauf höre ich ein »Herein«, das nach Giacomo Laurenti klingt. Mein Vater öffnet die Tür, und wir betreten den Raum.

Das Erste, was ich bemerke, sind die Gesichter, die sich uns zuwenden. Es sind mehr als erwartet. Einige mehr.

Eine Gruppe Männer steht um einen Schreibtisch am anderen Ende des Raumes, direkt hinter einem stylischen Arrangement aus einem Ledersofa und zwei Sesseln.

Ich erkenne Giacomo Laurenti, aber auch seinen Stellvertreter Joseph Hoggs, Luisas Vater Wolfgang Erlbach und zwei weitere Männer, die mir von den Fotos in den Unions-Fluren vage bekannt vorkommen. Ich glaube, sie sind Mitglieder der Familie Graham.

Ein paar Meter entfernt, an einem Bücherregal lehnend, steht Paul – der Traumgänger von heute Morgen. Und dann sitzt da noch jemand in einem der Sessel direkt vor dem Schreibtisch. Auch bevor er sich umdreht und mich ansieht, weiß ich, dass es Yunus ist.

Ich bemühe mich um ein Lächeln.

Giacomos gewinnender Gesichtsausdruck kann nicht über die Atmosphäre im Raum hinwegtäuschen. Es ist, als wäre die gesamte Luft mit einer Anspannung aufgeladen, die sich durch unser Erscheinen nur noch intensiviert hat. Die Männer starren mich unverhohlen an, und ich versuche, ihren Blicken auszuweichen, indem ich zu der riesigen Fensterfront schaue. Man kann von hier aus den Alex sehen, was nicht gerade zu meiner Beruhigung beiträgt.

Dann stehe ich vor dem Schreibtisch.

»Ria. Frank. Schön, dass ihr da seid. Ria, setz dich doch.« Giacomo deutet auf den Sessel neben Yunus.

Ich lasse mich darauf sinken und versuche unauffällig von Yunus wegzurutschen. Die Beine des Sessels schaben geräuschvoll über das Parkett. Hat Yunus Ärger bekommen wegen seiner Videos? Irgendwo in mir macht sich Genugtuung breit, doch auch ein klein wenig schlechtes Gewissen.

»Gut, meine Herren.« Giacomo schaut in die Runde, und die Männer wenden sich nacheinander von mir ab. »Wir werden es so machen wie besprochen. Sie haben mein Wort. Und mit dieser Angelegenheit«, er macht eine Kopfbewegung in Yunus' Richtung, »sind wir für den Moment wohl fertig.«

Joseph ist der Erste, der reagiert.

»Wunderbar.« Er nickt ernst. »Greg, kann ich dich kurz sprechen?«

Der Amerikaner legt seine Hand auf die Schulter des einzigen Mannes, der mich noch immer anstarrt, und schiebt ihn mit sanfter Gewalt in Richtung Tür. Auch die anderen Männer folgen ihnen.

»Frank. Du kannst gerne gehen und die Pressekonferenz vorbereiten. Ein paar Minister haben noch Memos geschickt. Die solltest du dir anschauen. Danke dir, dass du Ria hergebracht hast«, sagt Giacomo.

Ich drehe mich zu meinem Vater um und sehe, wie er zögert. Sein Blick fliegt von mir zum Generalsekretär der Traumunion. Dann nickt er, wirft mir ein Lächeln zu, das seine Augen nicht erreicht, und sagt: »Wenn ihr mich braucht, meldet euch.«

Damit wendet er sich ab und verlässt das Zimmer. Ich sehe ihm nach, bis sich die Tür hinter ihm geschlossen hat, und wende mich dann wieder Giacomo zu.

Der Generalsekretär, Yunus und Paul, der noch immer am Regal lehnt, sind nun die Einzigen im Raum.

Giacomo lächelt mir schon wieder entgegen. »Ich war heute Morgen sehr beeindruckt von unserem gemeinsamen Ausflug nach Somna.«

Weil ich weiß, dass er das von mir erwartet, erwidere ich sein Lächeln.

»Wir wollen dich in die Traumgängerausbildung aufnehmen.«

Giacomos Satz hallt in meinen Ohren.

Ich beobachte, wie der Generalsekretär der internationalen Traumunion nach etwas auf seinem Schreibtisch greift und es mir hinhält. Vor mir baumelt eine Traumgängerkette. Sie schimmert giftig grün.

Da ich nicht weiß, was ich sonst tun oder sagen soll, nehme ich die Kette wortlos entgegen. Langsam streife ich sie mir über den Kopf, bis die grüne Kapsel über meinem Shirt baumelt. Es fühlt sich an wie ein schweres Gewicht, das an meinem Nacken zerrt. Dabei kann der Anhänger unmöglich mehr als ein paar Gramm wiegen.

Giacomo beobachtet mich schweigend. Als würde er nur darauf warten, dass ich mich durch eine falsche Regung verrate.

»Yunus hat mir erzählt, dass du weißt, wofür die Kette da ist.«

Ich nicke.

»Mach dir keine Gedanken. Wir werden dafür sorgen, dass du sie nie brauchen wirst. Nichtsdestotrotz solltest du sie ab jetzt immer tragen. Vor allem, wenn du nach Somna gehst. Alles weitere wird Paul dir in den nächsten Tagen noch beibringen. Er ist hier unter anderem für die Ausbildung der neuen Traumkommissare verantwortlich. Du bekommst erst mal Privatunterricht, bevor du zu den anderen Traumgängern dazustößt. Du hast ja einiges aufzuholen. Normalerweise haben unsere Anwärter bei ihrer Ankunft noch nicht das Teenageralter erreicht. Das ist bei dir ja nun etwas anders.«

Giacomo zwinkert mir zu.

»Du wirst allerdings sicherlich verstehen, Ria, dass deine Ausbildung in den nächsten Tagen nicht oberste Priorität hat. Dank Yunus müssen wir jetzt erst mal ein PR-Debakel verhindern.«

Giacomo verschränkt die Arme.

»Nicht nur, dass wir gerade die Sache mit den Albträumen lösen müssen. Jetzt müssen wir auch noch verhindern, dass uns die Bude von Frauen eingerannt wird, die glauben, Traumgängerinnen zu sein.«

Der Ausdruck auf meinem Gesicht lässt ihn hinzufügen: »Nicht, dass sie das nicht sein könnten. Es scheint Ausnahmen zu geben. Du bist der beste Beweis dafür. Aber wir müssen eins nach dem anderen angehen. Erst klären wir, was es mit den Veränderungen in Somna auf sich hat. Dann kümmern wir uns um mögliche Anwärterinnen. Hier geht es um die Sicherheit Somnas. Um die Freiheit und Gesundheit der Träume. Das muss oberste Priorität haben. Das verstehst du bestimmt.«

Ich spüre, wie ich wieder nicke. Es ist, als hätte sich etwas Festes in meinen Hals gesetzt, das mich am Sprechen hindert.

»Wir wollen den Leuten das Gefühl geben, dass sie uns vertrauen können. Dass es nichts gibt, vor dem sie Angst haben müssen. Das ist jetzt das Allerwichtigste. Darum wird Paul in den nächsten Tagen mit dir und Yunus ein paar weitere Videos aufnehmen, die das Bild wieder geraderücken und die Leute beruhigen.«

Ich sehe zu Yunus, der mit versteinerter Miene geradeaus schaut. Offenbar ist das hier keine Neuigkeit für ihn.

Mein Herz klopft immer heftiger. Weitere Videos aufnehmen. Um zu verhindern, dass noch mehr Frauen behaupten, traumgehen zu können. Um das Vertrauen der Menschen in die Traumunion zu retten. In meinem Kopf wirbeln unzählige Fragen umher. Als könnte ich mich an der Tatsache festhalten, dass ich nun Traumgängerin bin, greife ich nach der Traumgängerkette.

Erst jetzt wird mir die Bedeutung dieses Moments klar. Ich bin in die Traumunion aufgenommen. Als erstes Mädchen weltweit. Und alle hier in diesem Raum wissen das.

Giacomo erwartet offenbar keine Reaktion von mir. Oder er wertet mein Schweigen als Zustimmung. Denn nun erhebt er sich vom Tisch und sagt in einem Tonfall, der nach Aufbruch klingt: »Gut. Ich muss runter zu den Testtagen. Die Einführungsveranstaltung beginnt gleich. Paul, du setzt Ria wie besprochen den Tracker ein. Und vergiss die Sache mit dem Handy nicht.«

»Klar«, höre ich den blonden Traumgänger antworten, doch Giacomo ist schon auf dem Weg zur Tür, den Blick auf der Smartwatch an seinem Handgelenk.

Paul, Yunus und ich schweigen, bis sich die Tür hinter dem Generalsekretär geschlossen hat. Dann stößt Paul sich vom Regal ab, kommt auf mich zu und streckt mir die Hand entgegen.

»Wir haben uns noch gar nicht richtig vorgestellt. Ich bin Paul Erlbach, einer von Giacomos Assistenten«, sagt er, während er meine Hand schüttelt.

»Ria«, sage ich mit belegter Stimme und füge ein verlegenes »Maywald« hinzu. Paul lächelt.

»Wir werden in den nächsten Wochen viel Zeit miteinander verbringen. Ich bin für deine Videos zuständig und bringe dir das Wichtigste bei. Schließlich können wir dich nicht in die reguläre Einstiegsklasse schicken. Dafür bist du, wie Giacomo schon gesagt hat, ein paar Jährchen zu alt.« Er zögert kurz, und seine Stirn legt sich in Falten. »Chapeau übrigens, dass du so lange klargekommen bist, ohne deine Gabe auszuüben. Nichtsdestotrotz würden wir dich gerne zeitnah zu Dr. Ferosi schicken. Eine wirklich wundervolle Psychologin. Du verstehst … Nur um zu sehen, wie es dir mental so geht nach all den Jahren mit der unterdrückten Gabe.« Er sieht mich mitleidig an, und zu meinem Ärger merke ich, wie mir die Röte in den Wangen pulsiert. Dann lächelt er wieder. »Aber alles zu seiner Zeit. Was ich eigentlich sagen will: Gewöhn dich schon mal an mich. Du wirst mich nicht mehr so schnell los.« Er grinst und wischt sich eine blonde Haarsträhne aus dem Gesicht, die aus seiner gegelten Frisur gerutscht ist.

Ich spüre Yunus' Blick auf mir. Mir wird bewusst, dass er noch kein einziges Wort gesagt hat, seit ich den Raum betreten habe. Aber sein Schweigen wirkt nicht eingeschüchtert, sondern aggressiv.

»Yunus, kannst du mir mal Platz machen? Ich muss Ria den Tracker einsetzen.«

Yunus erhebt sich wortlos und tritt zurück. Ich muss ihn nicht ansehen, um zu merken, wie ungern er der Aufforderung nachkommt.

»Den Tracker?«, frage ich mit heiserer Stimme.

Paul nickt und hantiert mit etwas auf Giacomos Schreibtisch rum, das für mich hinter einem Monitor verborgen ist.

Dann hebt er es in die Höhe, und es hat alarmierende Ähnlichkeit mit einer Spritze.

»Ja, gib mir einen Moment. Dann erkläre ich es dir.«

Ich sehe zu Yunus, doch der steht nur da und beobachtet Paul mit verschränkten Armen. Obwohl ich mir sicher bin, dass er meinen Blick bemerkt, schaut er nicht zu mir.

Endlich kommt Paul um den Schreibtisch herum und zieht den Sessel, auf dem Yunus zuvor gesessen hat, näher an mich heran. Sein Lächeln ist sanft. Doch das kann die Anspannung in meinem Körper nicht lösen.

»Jeder Traumgänger bekommt von der Traumunion einen Tracker eingesetzt. Ich und Yunus haben auch einen. Der Tracker lässt sich in Somna jederzeit orten. So können wir dir zu Hilfe kommen, wenn etwas sein sollte. Es ist eine Maßnahme, um sicherzustellen, dass dir als Traumgängerin nichts passiert.«

»Damit kann man mich jederzeit orten?«, frage ich und versuche gar nicht erst zu verbergen, wie alarmiert ich bin.

Er lächelt. »Nur in Somna. In Corpora funktionieren die Tracker nicht. Keine Bange.«

Ich zögere. Dann rufe ich mir selbst in Erinnerung, dass das hier die Traumunion ist. *Die internationale Traumunion.*

»Okay.« Ich versuche zu lächeln, während ich auf meinen Oberarm deute. »Hier?«

Paul nickt und rutscht mit dem Sessel noch näher an mich heran. Sanft berührt er meinen Arm.

»Ich verkneife mir jetzt mal das Wird-gar-nicht-weh-tun.« Er zwinkert mir zu, und mir fällt wieder auf, was für einen sanften Braunton seine Augen haben. Das Licht, das durch das Fenster hinter mir fällt, lässt sie intensiv zwischen den dunklen Wimpern aufblitzen. Ich frage mich, ob seine blonden Haare gefärbt sind.

Im Augenwinkel kann ich erkennen, wie Yunus nervös von

einem Fuß auf den anderen tritt, und spüre plötzlich den Drang, vor Paul zurückzuweichen.

Doch da durchschneidet ein Stich in den Oberarm meine Gedanken. Etwas schiebt sich unter meine Haut, und ich sauge zischend die Luft ein. Paul zieht die Nadel zurück und drückt etwas auf den Einstich.

»Hättest du das nicht sanfter machen können?« Yunus' vorwurfsvolle Stimme lässt Paul und mich aufschauen.

Paul erhebt sich. »Press das mal weiter da drauf«, sagt er zu mir. Ich greife nach dem Tupfer und drücke ihn auf meine Haut, bis Paul ein Pflaster vom Schreibtisch geholt hat, das er mir mit warmen Fingern aufklebt.

Dann lächelt er. »So. Das war's.«

Er räumt die Spritze und die weiteren Utensilien in eine Box und verstaut sie in einer Schublade hinter dem Schreibtisch. Ich taste meinen Arm ab. Da ist nichts Ungewöhnliches außer dem Pflaster. Wie klein ist dieser Tracker? Das muss ziemliches Hightech sein. *Ein eingepflanztes Ortungsdevice.* Ich verdränge das mulmige Gefühl, das sich in mir ausbreitet, und verkneife mir, abermals nach der Traumgängerkette zu greifen.

Paul lässt sich auf der Tischplatte des Schreibtisches nieder – nicht unähnlich der Position, die Giacomo zuvor eingenommen hat. Er deutet auf den jetzt leeren Sessel. »Setz dich, Yunus.«

Yunus bleibt stehen, wo er ist, die Arme noch immer vor der Brust verschränkt und einen demonstrativ unbeteiligten Ausdruck auf dem Gesicht.

Paul wirft ihm einen vielsagenden Blick zu, und ich frage mich, welcher Altersunterschied zwischen den beiden liegt. Viel kann es nicht sein.

»Okay. Sprechen wir über eure Videos«, sagt Paul. »Wir sollten so schnell wie möglich weitere veröffentlichen. Allerdings müssen wir uns diesmal gut überlegen, was wir transportieren.« Der Vorwurf in seiner Stimme ist deutlich zu hören. »Als Nächstes drehen wir ein Video, in dem du erklärst, dass Ria eine Ausnahme ist, Yunus.«

Ich höre Yunus schnauben.

Doch bevor er etwas erwidern kann, frage ich: »Bin ich das denn?«

Paul sieht mich überrascht an.

»Davon gehen wir aus. Ganz sicher können wir uns nicht sein. Aber es ist das Wahrscheinlichste. Yunus war etwas vorschnell mit seinen Social-Media-Aktivitäten. Ich sage schon seit Jahren, dass wir seine Accounts mitsteuern sollten. Aber na ja, nun müssen wir eben Schadensbegrenzung betreiben.« Ein erneuter Blick in Richtung Yunus. Dann wendet er sich wieder mir zu. »Noch haben wir keine Ahnung, was deine wirklichen Fähigkeiten sind und wie viele andere weibliche Traumgänger es geben könnte, Ria. Aber offen gestanden ist das gerade auch nicht relevant. Es geht uns darum, die richtigen Botschaften an die Öffentlichkeit zu senden.«

»Und welche sind das?«, bringe ich hervor.

»Dass die Traumunion die Situation im Griff hat. Dass du eine Ausnahme bist, die uns allerdings nur stärken kann. Wie Giacomo gesagt hat: Wir dürfen in der aktuellen Lage keine Schwächen zeigen. Yunus' Kanal ist glaubhaft. Wenn wir den benutzen, funktioniert das.«

Wieder kommt ein Schnauben von Yunus, und diesmal scheint er sich nicht mehr zurückhalten zu können: »Wer hat dir eigentlich ins Hirn geschissen, Paul? Mein Kanal ist glaubhaft, weil ich ihn nicht missbrauche für irgendwelche Propaganda.«

Ich halte die Luft an. Doch Paul lässt sich nicht aus der Ruhe bringen. Er sieht Yunus eine Spur zu verständnisvoll an. Ich frage mich, ob er das von Giacomo gelernt hat.

»Das haben wir doch alles schon besprochen«, sagt er. »Wir bleiben absolut bei der Wahrheit. Du kannst überall mitreden. Aber wir müssen Klarheit schaffen, bevor das hier komplett im Chaos endet. Du weißt, was das bedeuten würde.«

Als Yunus nichts entgegnet, weiß ich, dass Paul gewonnen hat. Und Paul weiß es auch. Er richtet sich auf.

»Wir machen heute Nachmittag den ersten Dreh. Jetzt können wir erst mal …« Ihm fällt etwas ein. »Oh, fast hätte ich es vergessen. Gibst du mir bitte dein Handy, Ria? Und alle weiteren internetfähigen Geräte, solltest du welche haben.«

»Was?«, frage ich.

Paul lässt sich wieder vor mir auf die Tischplatte sinken. »Wir wollen dich schützen«, sagt er. »Vor dem Medienansturm, der kommen wird. Dem solltest du nicht ausgesetzt sein. Da ist es besser, wenn du für ein paar Tage kein Handy hast.«

Als wollte es protestieren, fängt mein Handy in dieser Sekunde an zu vibrieren. Ich starre Paul an, und meine Hand legt sich über das Gerät in meiner Hosentasche.

»Selbstverständlich bekommst du bald eine Smartwatch, mit der du sowohl mit uns als auch mit deinen wichtigsten Freunden in Kontakt bleiben kannst. Das verspreche ich dir. Aber vorerst hält Giacomo es für besser, wenn du dein Handy bei uns lässt.«

Yunus schnaubt, und ich drehe mich zu ihm um. Doch er sagt nichts, sieht Paul nur weiterhin feindselig an. Etwas an der Art, wie er all das hier schweigend geschehen lässt, versetzt meinem Inneren einen heftigen Stich. Fast wie gestern, als er auf dem Tempelhofer Feld davongerannt ist. Dabei hätten wir … Ach, ich weiß nicht, was wir hätten sein können.

Resigniert wende ich mich wieder Paul zu. *Nein, das ist keine Bitte. Das ist ein Befehl*, schießt es mir durch den Kopf. Ich ziehe mein Handy aus der Tasche. Ein verpasster Anruf von Lil wird angezeigt und darunter die Nachrichten diverser Menschen. Vielleicht hat Paul recht und es wäre gar nicht so schlecht, für ein paar Tage von der Nachrichtenflut abgeschirmt zu sein?

In meinem Kopf wirbeln die Gedanken, als ich Paul das Handy hinhalte. Doch bevor er es zu fassen bekommt, ziehe ich es zurück.

»Ich muss noch mal meiner besten Freundin schreiben«, sage ich. »Die macht sich sonst Sorgen.«

Paul nickt verständnisvoll.

Die Nachricht an Lil unter den Augen von Paul und Yunus zu tippen fühlt sich seltsam an. Am Ende sind es nur ein paar kurze Sätze, die meine Lage nicht annähernd zusammenfassen können.

Wann bekomme ich mein Handy wohl zurück? Aber habe ich eine Wahl? Vermutlich wäre es nicht schlau, sich kurz nach meiner Aufnahme in die Union gleich über eine Anordnung des Generalsekretärs hinwegzusetzen. Ich schicke noch eine schnelle Erklärung an meine Mutter, dann schalte ich das Smartphone schweren Herzens aus und reiche es Paul. Der legt es auf Giacomos Schreibtisch ab und klatscht dann gutgelaunt in die Hände.

»So! Jetzt zeige ich dir erst mal dein Zimmer. Dann kannst du dich orientieren und ein bisschen ausruhen, bevor wir weitermachen.«

Er bedeutet mir, ihm zu folgen.

Ich komme mir vor, als hätte ich etwas nicht richtig verstanden, was allen anderen längst klar ist. Weshalb ich nachfragen muss: »Mein Zimmer?«

Paul wendet sich zu mir um.

»Ja, klar. Du wirst jetzt offiziell zur Traumkommissarin ausgebildet. Das heißt, du wohnst wie alle anderen Traumgänger in Ausbildung auch hier im Internat. Ich glaube, deine Stiefmutter ist gerade dabei, ein paar Dinge für dich zu packen und hierherzubringen.«

Er lächelt und wendet sich wieder ab, als wäre damit alles geklärt. Ich frage mich, warum mich die Einquartierung im Internat so überrascht. Davon hätte ich ja ausgehen können. Vor meinem inneren Auge sehe ich, wie Anna meinen Koffer packt. Vermutlich ist sie erleichtert, dass meine Ferien in ihrem Haus verkürzt wurden – auch wenn sie das natürlich nie zugeben würde.

Ich stehe auf und folge Paul. Als wir an der Tür ankommen, dreht er sich noch mal zu Yunus um: »Geh dich auch umziehen. Beim nächsten Video solltest du deine Traumgängeruniform tragen.«

Yunus sieht aus, als würde er unzählige Wörter zurückhalten, keins von ihnen nett. Ich folge Paul aus dem Büro. Das Herz schlägt heftig in meinem Brustkorb.

Wieder geht es durch backsteinerne Flure, gläserne Türen und enge Treppenhäuser hinaus auf einen mit Kies ausgelegten Hof. Doch jetzt ist das Überqueren des Geländes sehr viel angenehmer als zuvor: Zum einen sind in diesem hinteren Bereich keine Besucher zugelassen, weswegen wir nur hin und wieder anderen Traumkommissaren begegnen, die Paul grüßen und mich neugierig mustern. Zum anderen ist Paul sehr viel besser im Smalltalk als mein Vater.

»Das eben war Thomas Graham. Der steht kurz vor seinem Abschluss. Nächstes Jahr ist er mit Sicherheit ein Traumkommissar. Kommt aus der Graham-Familie. Die kennst du bestimmt.«

»Ximena ist hier für die Gebäude zuständig. Du kannst dich jederzeit an sie wenden, wenn du Fragen hast.«

»Das war Matteo Laurenti. Der war schon Traumkommissar, als ich hier in die Ausbildung gekommen bin. Ist ein Neffe von Giacomo.«

»Das ist mein Cousin Leo Erlbach. Hat sich leider gerade die Nase und den Arm gebrochen. Aber die Ärzte sagen, sie kriegen ihn wieder hin.«

Die unzähligen Namen und Positionen der Personen, denen wir begegnen, füllen unser Gespräch. Ich habe sie schon wieder vergessen, sobald Paul sie genannt hat, und vermutlich weiß er das auch.

Trotzdem stelle ich ein paar Rückfragen und bin erleichtert, vereinzelt auch Frauen zu sehen. Natürlich ist keine von ihnen eine Traumgängerin, und bei keiner von ihnen nennt Paul den Nachnamen irgendeiner wichtigen Familie, aber ihre bloße Anwesenheit fühlt sich gut an.

»Das da hinten ist unser Forschungszentrum.« Er deutet auf

ein flaches Gebäude, das etwas abseits steht. »Da erforschen wir Somna und die Fähigkeit des Traumgehens. Die werden vermutlich auch ziemliches Interesse an dir haben.« Er zwinkert mir zu, und ein kalter Schauer rieselt meinen Rücken hinunter. Ich weiß nicht, ob er nur einen Scherz gemacht hat, aber als wissenschaftliches Experiment möchte ich echt nicht enden.

»Und das da ist unser VR-Dom«, fährt Paul ungerührt fort. »Da trainieren wir unsere Anfänger mit Virtual-Reality-Simulationen von Somna. Dort wird auch deine Ausbildung beginnen. Ich habe ein straffes Programm mit dir vor. Immerhin können wir uns nicht leisten, dass unsere einzige weibliche Traumgängerin ein Waster wird.«

»Ein was?«

Kurz hält Paul inne.

»Ach klar. Entschuldige. Waster nennen wir intern die Menschen, die die Traumgängergabe haben, aber nicht Traumkommissar oder Traumminister werden – aus welchen Gründen auch immer.«

Paul wird plötzlich von seiner Smartwatch abgelenkt und tippt auf dem Display herum.

»Was ist das?«, frage ich, einfach um mich von der Enge abzulenken, die sich bei Pauls letzten Worten um meinen Brustkorb gelegt hat.

Er sieht auf und wirft dem Gebäude, auf das ich zeige, einen kurzen Blick zu. Mehrere Traumgänger stehen vor dem Eingang.

»Das ist die Mensa. Wobei Mensa es nicht ganz trifft.« Er grinst, und auf seinen Wangen entstehen kleine Grübchen. »Das Essen ist wirklich gut. Also keine Angst. Kulinarisch wird einem hier einiges geboten.«

Ich nicke, obwohl die Kulinarik der Traumunion wirklich das Letzte ist, worum meine Gedanken derzeit kreisen.

Wir erreichen ein langgestrecktes Gebäude. Paul öffnet die Tür, und wir betreten einen Gang, in dem sich mehrere Türen aneinanderreihen. Die Wände sind mit Bildern geschmückt, und insgesamt strahlt dieses Gebäude einen gemütlicheren Charakter aus als die umliegenden Bürogebäude.

»Das hier sind unsere Gästezimmer. Wir bringen dich erst mal hier unter, weil …« Einen Moment stockt Paul und wirkt ungewohnt unsicher. Er grinst schief. »Weil es in den anderen Unterkünften keine Badezimmer für Frauen gibt.«

Ich lache, als hätte er einen Scherz gemacht. Doch gleich darauf steigt ein seltsames Gefühl in mir auf, das mich verstummen lässt.

»Die Zimmer auf diesem Gang werden in der Regel von Traumkommissaren, anderen Mitarbeitern der Union oder auch ihren Angehörigen genutzt. Ich schlafe auch ab und zu mal hier, wenn es spät wird.«

»Passiert das oft?«, frage ich.

Er wirft mir einen Blick zu, und ich spüre, wie meine Wangen heiß werden. Da liegt etwas in der Luft, das ich nicht beabsichtigt habe.

»Ich meine, musst du oft bis spät abends arbeiten?«, füge ich eilig hinzu.

Er zuckt mit den Schultern. »Als Assistent von Giacomo Laurenti kommt das schon mal vor.«

Mir liegen unzählige Fragen auf der Zunge. Aber da zieht Paul schon einen Schlüssel aus der Tasche und deutet damit auf eine Tür zu unserer Linken.

»Das ist dein Zimmer.«

Ich beobachte, wie er die Tür für mich öffnet. Dann schiebe ich mich an ihm vorbei in das Zimmer, das von nun an mein Zuhause sein soll.

Wie alles auf dem Gelände der Traumunion ist es funktional, aber stylisch. Die Einrichtung wirkt wie die eines teuren Minimalismus-Hotels. Da ist ein riesiges Bett vor einer unverputzten Backsteinwand, ein Schreibtisch zwischen bodentiefen Rundbogenfenstern, ein Ohrensessel und eine Kleiderstange.

»Das Bad und eine kleine Küche findest du draußen auf dem Gang«, höre ich Pauls Stimme hinter mir. »Solche Sachen werden hier immer geteilt. Sie wollen damit das Gemeinschaftsgefühl stärken oder so.« Paul lässt sich in den Sessel fallen. »Wir sind hier eben eine große Familie.«

Er zwinkert mir wieder zu, und ich habe das Gefühl, dass in seiner Stimme eine gewisse Abfälligkeit mitschwingt. Unwillkürlich frage ich mich, wie die Traumgänger eigentlich zueinander stehen, insbesondere diejenigen, die aus den alten Traumgängerfamilien stammen. Ich muss an Yunus' Worte denken. Was, wenn die Traumgängergabe tatsächlich nichts mit Genen zu tun hat, sondern durch ein tödliches Ritual in den Familien weitergegeben wird? Kaum wage ich es, Paul anzusehen. Er ist einer der Erlbachs – eine genau dieser Familien …

»Das da ist übrigens dein Outfit für das nächste Video«, sagt Paul plötzlich und reißt mich damit aus meinen Gedanken.

Ich folge seiner ausgestreckten Hand und entdecke auf der weißen Bettdecke eine schwarze enge Hose, ein atmungsaktives Shirt und einen kleinen Beutel.

Fragend sehe ich Paul an.

»Die Klamotten machen sich gut in Somna. Leider haben wir keine Uniform in deiner Passform – da sind die, soweit ich weiß, noch dran. Aber bis dahin nimmst du einfach das. Ist immer praktisch, flexible Kleidung anzuhaben«, sagt er. »Und du siehst damit ein bisschen …«, wieder zögert er, »kompetenter aus.«

Sollte das eine Beleidigung sein? Ich sehe an mir herab und bleibe an der Traumgängerkette hängen, die wie ein Fremdkörper vor meiner Brust baumelt.

»Gegen das Schwarz hebt sich die Kette auch gut ab«, sagt Paul, der meinem Blick offenbar gefolgt ist.

»Bist du mein Stylist? Das ist ja wie im Fernsehen hier«, gebe ich zurück.

Er lacht, als hätte ich einen wirklich guten Scherz gemacht. »Na, genau dahin wollen wir dich ja auch bringen. Beziehungsweise – im Fernsehen bist du schon. Jetzt wollen wir dich da natürlich von deiner besten Seite zeigen.«

Schlagartig werde ich ernst. Auf den Gedanken, dass Yunus' Videos es in die Nachrichten geschafft haben könnten, war ich bisher noch gar nicht gekommen.

»In dem Beutel da sind übrigens Badsachen. Falls du das Bedürfnis haben solltest, dir die Zähne zu putzen oder zu duschen oder so was.«

Ich greife nach dem Beutel, der neben den Klamotten liegt, und sehe hinein.

»Am besten ziehst du dich gleich um, bevor wir die Tour fortsetzen.«

Es hört sich an wie ein freundlicher Vorschlag, aber ich ahne, dass er sich den Zeitplan schon genau überlegt hat. Immer wieder gleitet sein Blick zu seiner Smartwatch. Besser, ich nutze diese Möglichkeit das Bad aufzusuchen. Keine Ahnung, wann er die nächste eingeplant hat. Ich klemme mir die Klamotten und den Beutel unter den Arm und gehe in Richtung Tür.

»Das Bad ist gleich nebenan«, ruft Paul mir hinterher.

Ich verlasse das Zimmer und schließe die Tür hinter mir. Ein paar Schritte weiter den leeren Gang entlang befindet sich in der Tat eine Tür mit einem Venuszeichen darauf. Als ich das Bad betrete, empfängt es mich wie ein altbekannter Zufluchtsort. Wie oft habe ich mich mit Lil in einer Klokabine versteckt, wenn wir dachten, dass wir im Unterricht ausgefragt werden könnten! Doch dieses Bad hat keinerlei Ähnlichkeit mit den Toiletten meiner Schule. Auf einem Regalbrett liegen weiche Stoffhandtücher, und die edlen Armaturen glänzen. Nur die Tatsache, dass sich die Toiletten in Einzelkabinen befinden, erinnert an ein Gemeinschaftsbad. War es das, was Paul meinte? Gemeinschaft aufbauen beim Klobesuch? Ist das nicht ein riesiges Klischee? Außerdem gibt es hier gar keine anderen Traumgängerinnen, mit denen ich eine Gemeinschaft aufbauen könnte.

Ich stelle mich an das Waschbecken und starre mein Spiegelbild an. Wie absurd das alles ist. Noch vor ein paar Tagen hätte ich nie gedacht, dass mir jemals jemand glauben würde. Dass ich eine Traumgängerkette tragen könnte. Dass fremde Menschen mein Gesicht kennen würden. Aber ich bin eine Traumgängerin. Bin es schon immer gewesen.

Du kannst keine Traumgängerin sein, Ria.

Wir sollen uns umbringen, Ria. Damit die Gabe nicht geklaut wird.

Das Einzige, was dich jetzt schützen kann, ist Bekanntheit.

Die Sätze der letzten Stunden hallen in meinem Kopf wider, einige lauter als andere. Aber alle kommen mir vor, als würden sie keinen Sinn ergeben …

Ich öffne den Beutel mit den Badsachen und finde darin eine Zahnbürste und Zahnpasta. Endlich – seit gestern Abend habe ich nur ein paar Kaugummis meines Vaters gekaut. Nachdem ich mir die Zähne geputzt habe, spritze ich mir Wasser ins Gesicht und vergrabe es dann in einem der weichen Handtücher. Am liebsten würde ich einfach so stehen bleiben. Mich in etwas Weiches, Duftendes kuscheln und warten, bis ich verstehe, was mir gerade passiert. Aber natürlich geht das nicht.

Ein paar Minuten lang packe ich den Inhalt des Beutels aus und wieder ein, benutze nur die Wimperntusche und sehe danach einigermaßen in Ordnung aus. Nicht unbedingt fernsehtauglich, aber in Ordnung. Dann ziehe ich mir die schwarzen Sportklamotten an. Kurz bleibe ich an dem Pflaster hängen, das Paul mir über die Einstichstelle des Trackers geklebt hat. Eine Gänsehaut zieht über meinen Körper, und ich verdecke es hastig mit dem Shirt. Dann hänge ich mir die Traumgängerkette um den Hals und muss Paul recht geben: Auf dem schwarzen Stoff scheint ihr Grün zu funkeln.

Mit einem abschließenden Lächeln in Richtung meines Spiegelbilds – schließlich habe ich mal gehört, dass eine selbstsichere Pose die eigene Nervosität austricksen kann – verlasse ich das Bad und mache mich auf den Rückweg zu meinem neuen Zimmer.

Als ich gerade die Hand auf die Klinke der Zimmertür legen will, halte ich inne.

Dahinter spricht jemand. *Paul.* Offenbar telefoniert er. Lautlos stehe ich da und kann nicht anders, als zu lauschen: »Ihr habt sie noch immer nicht gefunden? Was soll das heißen? Habt ihr ihr keinen Tracker eingesetzt?«

Stille.

»Ich muss dir wohl nicht erklären, was das bedeutet. Die kennt unsere Gesichter.«

Wieder eine kurze Pause.

»Ja, okay. Sag Bescheid, wenn ihr Hilfe braucht.«

Diesmal dauert die Stille länger. Entweder spricht Paul zu leise, oder er hört gerade der Person am Telefon zu. Dann kann ich ihn wieder deutlich verstehen. »Klar habe ich das gesehen. Was denkst du denn? Das ist doch schon total viral. Die ist hier und wird jetzt in die Ausbildung aufgenommen.«

Ein heißer Schauer läuft über meinen Körper. Er spricht über mich, und das in einem Tonfall, in dem nichts von dem schiefen Grinsen oder dem Augenzwinkern mitschwingt, das zuvor auf seinem Gesicht lag.

»Wir haben das unter Kontrolle. Noch ein paar weitere Videos von ihr, und dann wird das schon.«

Ich schlucke, und das Geräusch kommt mir viel zu laut vor.

»Nee, sicher bin ich mir natürlich nicht. Außerdem habe ich Jo und Giac versprochen, dass ich nicht darüber spreche. Also halt bloß die Klappe.« Wieder eine kurze Pause. »Ja, den behalte ich im Auge. Entspann dich … Alles klar. Ciao.«

Erst nach einigen Sekunden traue ich mich, mich zu bewegen und mehrere Schritte von der Tür zurückzuweichen. Dann gehe ich möglichst geräuschvoll darauf zu und öffne sie energisch.

Paul sitzt im Sessel, dort, wo ich ihn zurückgelassen habe.

Als ich hereinkomme, schaut er von seiner Smartwatch auf und grinst.

Ich lächle ebenfalls.

»Das sieht doch super aus«, sagt er und steht auf. »Bereit für die Fortsetzung der Tour?«

11

Selena

Ich lehne mich an die Brüstung, die die Dachterrasse umgibt, und sehe auf die Stadt hinunter. Die ersten Sonnenstrahlen tasten sich über Brooklyn hinweg und lassen die Hochhäuser Manhattans erstrahlen. Zu einer so frühen Stunde wirkt alles frisch, als würde die Nacht noch ein paar Minuten lang ihren schützenden Mantel über den Dreck und die Abgase legen, die diese Stadt erfüllen. Die Luft hier oben nimmt mir ein wenig der Enge in meinem Brustkorb, die ich spüre, seitdem ich in der WG angekommen bin.

Ich schließe die Augen und versuche mir vorzustellen, dass das monotone Rauschen der erwachenden Stadt die Brandung des Meeres sei. Höre das Kreischen der Möwen in meiner Erinnerung, das Treiben des Marktes … Irgendwo heulen Sirenen auf. Es funktioniert nicht. Ich öffne die Augen wieder. Wem mache ich etwas vor?

Ich stoße mich von der Brüstung ab und gehe zum Apartment. Das Einzige, was mir helfen wird, Klarheit in meinen Kopf zu bringen, sind Antworten.

Dein Vater war ein sehr wichtiger Mensch für mich. Was genau hat Eric damit gemeint? Ich muss herausfinden, was er alles über meinen Vater weiß. Ob er wirklich Antworten auf die Fragen hat, die ich schon mein halbes Leben lang mit mir herumtrage.

Mos Bitte drängt sich wieder in meine Gedanken. Wieso will sie, dass ich abreise? Egal. Das ist keine Option für mich. *Noch nicht.*

Die Glastür gleitet auf, und ich steige in das stille Apartment hinab. Direkt nach dem Aufstehen habe ich bereits die halbe Wohnung nach Eric abgesucht. Erfolglos. Außer einem Heimkino, einem Fitnessraum und einer Reihe leerer Gästeschlafzimmer habe ich nichts gefunden.

Doch es gibt eine Tür, hinter der ich es noch nicht versucht habe. Zielstrebig gehe ich auf Erics Büro zu und trete nach kurzem Klopfen ein. Abermals stutze ich beim Anblick des merkwürdigen Möbelsammelsuriums. Obwohl die Räucherstäbchen abgebrannt sind, hängt ihr intensiver Geruch noch immer im Raum, vermutlich haftet er an jedem Gegenstand in diesem Zimmer. Doch ich schüttele die leichte Übelkeit ab, die er in mir weckt, und nehme mein Ziel in Augenschein: die Geheimtür neben dem Bücherregal.

Langsam taste ich an der Wand entlang, suche nach Einbuchtungen oder Unebenheiten, hinter denen sich ein Schalter verbergen könnte – aber die lackierten Paneele, die die Wand hier bedecken, geben nichts preis. Da bleibt mein Blick an etwas hängen. Es ist ein kleiner, silberner Kippschalter an der Wand hinter dem Bücherregal, gerade noch mit den Fingern zu erreichen. Fast bin ich enttäuscht, als die Wand auf die Betätigung des Schalters hin zur Seite gleitet. Irgendwie hatte ich mir etwas Geheimnisvolleres vorgestellt.

Ich schaue die Treppe hinab, die hinter der Wand zum Vorschein gekommen ist. Sie wird von modernen Lampen erhellt und endet vor einer weiteren Tür. Vielleicht finde ich Eric hier? Einen Versuch ist es wert. Schließlich kann er nicht erwarten, dass ich in der Wohnung rumsitze und Däumchen drehe, bis er wieder auftaucht. Nicht, nachdem er versprochen hat, mir alles zu erzählen.

Bevor ich es mir anders überlegen kann, steige ich die Stufen hinab und öffne die Tür am anderen Ende.

Ich weiß nicht, was ich erwartet habe. Einen langen Gang mit dem Charme einer Arztpraxis jedenfalls nicht. Doch bevor ich verstehen kann, wo ich hier gelandet bin, tritt Eric aus einem Raum zu meiner Rechten heraus. Er fährt sich hektisch durch die unordentlichen Haare, dann hebt er den Kopf. Als er mich sieht, bleibt er überrascht stehen.

»Selena! Was machst du denn hier?«

»Dich suchen.«

Er lächelt mich an, als würde mein bloßer Anblick ihn in Begeisterung versetzen.

»Sehr gut. Ich wollte gerade nachsehen, ob du schon wach bist. Willkommen im Schlaflabor!«, sagt er.

»Im Schlaflabor?«, echoe ich.

»Ja«, Eric tritt näher und senkt die Stimme. »Na ja, eigentlich ist es ein Traumlabor.« Er winkt mich zu dem Raum, aus dem er gerade gekommen ist. Ein Fenster ist in die Tür eingelassen.

Ich muss mich auf die Zehenspitzen stellen, um durch die Scheibe zu sehen. Direkt dahinter liegt eine Frau in einem schlichten Krankenhausbett und schläft. An ihrem Kopf sind ein paar Dutzend Elektroden angebracht, die durch bunte Kabel mit einem Kästchen an der Wand verbunden sind.

»Wir bezahlen Menschen dafür, bei Schlafstudien mitzumachen«, erklärt Eric. »Die meisten Studien sind allerdings nur vorgetäuscht. In Wahrheit nutzen wir die Testpersonen, um durch sie in Somna einzusteigen.«

Er sagt es ohne jegliches schlechte Gewissen. Als wäre es völlig normal, unter der eigenen Wohnung ein Labor mit Träumern zu unterhalten.

»Und das«, ich bemühe mich um eine möglichst ruhige Stimme, »das hat nie jemand herausgefunden?«

Eric geht zur nächsten Tür und dreht sich grinsend zu mir um. Dann deutet er auf die eingelassene Scheibe neben sich.

»Doch.«

Zögernd folge ich ihm und werfe einen Blick durch das Glasfenster. Dieser Raum sieht dem ersten sehr ähnlich. Auch hier liegt eine schlafende Person. Doch daneben steht noch jemand und beugt sich über einen Laptop.

»Denise«, sagt Eric gutgelaunt. »Sie brauchte Geld für ihr Physikstudium, darum ist sie als Testperson hergekommen. Aber sie hat gemerkt, dass hier etwas nicht ganz …«, er zögert, »… nun ja, normal ablief. Seitdem haben wir einen Deal: Ich bezahle ihr das Studium, und sie kann umsonst bei uns wohnen. Dafür hilft sie im Labor aus und erzählt niemandem, was wir hier machen.« Er zuckt mit den Schultern. »Sie hat sogar ein paar echte Schlafstudien an Land gezogen. Die Sache scheint ihr fast noch mehr Spaß zu machen als die Uni.«

Unwillkürlich frage ich mich, woher Eric all das Geld hat. Testpersonen bezahlen, ein Studium finanzieren, das Apartment hier in Manhattan unterhalten. Das alles muss Unsummen verschlingen. Vermutlich kommt er aus einer dieser stinkreichen New Yorker Familien.

Wie zur Bestätigung zieht Eric ein Smartphone aus der Hosentasche und drückt es mir in die Hand. »Hier. Das hast du gestern im Bad liegen lassen. Behalte es. Ich schenke es dir.«

Meine Finger umschließen zögernd das Gerät.

»Ich weiß, dass du einige Fragen hast. Die hätte ich an deiner Stelle auch. Ich werde dir alles erzählen, was ich weiß. Versprochen. Nur nicht hier. Hast du Lust auf einen Ausflug nach Somna?«

Er winkt mich zurück zu dem ersten Zimmer und öffnet behutsam die Tür. Ich stecke das Handy in meine Hosentasche und schiebe mich, so leise ich kann, hinter ihm durch den Türspalt.

Auch wenn mein letzter Aufenthalt in Somna noch immer in meinen Gedanken hängt und die Verletzungen an meinem Körper pulsieren, will ich zurück in die Traumwelt. Es ist wie eine Droge, von der ich nie genug bekommen kann. Außerdem muss ich wissen, was Eric mir über meinen Vater sagen kann.

Ohne eine Antwort von mir zu erwarten, beugt er sich über die schlafende Frau und betrachtet ihr Gesicht. Dann prüft er einen Bildschirm an der Wand und nickt.

»Los geht's.«

Er senkt den Kopf über die Träumerin, fast als würde er sich tief vor ihr verbeugen, und ist wenig später verschwunden.

Im Zimmer liegt dichte Stille. Unfassbar laut höre ich die Atemzüge der fremden Frau.

Ich trete ans Bett und weiß, dass ich mich einfach umdrehen, den Ausgang finden und dieses Gebäude und diese Stadt verlassen könnte. Aber das will ich nicht. Ich will Antworten. *Somna. Ich komme.*

Je tiefer ich mich über die Schlafende beuge, desto stärker spüre ich die Woge aus Emotionen, die mich hinwegreißen will. Ein letzter Zweifel bäumt sich in mir auf, bevor ich mich den Gefühlen hingebe: Stress, Hektik, Ärger.

Einen Moment lang löse ich mich in einem Meer aus Emotionen und Helligkeit auf, dann werde ich heftig angerempelt und öffne hastig die Augen. Gerade noch rechtzeitig gehe ich in Deckung, als ein Motorroller hupend an mir vorbeifährt. Meine Hüfte stößt gegen etwas, und fast zeitgleich höre ich den wütenden Protest eines Mannes. »Pass doch auf, Mädchen! Mach die Augen auf!«

Ich fange mich an einem Sperrholzbrett ab, das offenbar zu der Auslage eines Gemüsestandes gehört.

»Ja, ja, schon gut«, blaffe ich, ehe ich richtig verstehe, wo ich mich befinde.

Ich höre ein wütendes Brummen und mache ein paar Schritte von dem Gemüsestand weg, hinein in das Gedränge unzähliger Menschen. Ich bin auf einem Markt. Oder eher: auf einem Basar. Denn es ist unfassbar heiß, die Menschen tragen weite Kleidung in bunten Farben, und die Stände, die mich umgeben, bieten Früchte, Gemüse und Fische an, die ich noch nie gesehen habe. Unter meinen Füßen ist trockener, festgetretener Sand, und sofort beginne ich zu schwitzen.

»Jetzt zwei Kilo Tomaten für den Preis von einem«, brüllt jemand, und ich fange den Blick eines Verkäufers auf. Ohne die Stimme zu senken, schreit er mir entgegen: »Junge Frau, ein paar Tomaten gefällig?«

Ich schüttele den Kopf, doch da ist die Aufmerksamkeit des Mannes schon zu einer Frau neben mir gewandert, die ihm wedelnd ein paar Geldscheine entgegenhält. Ich erkenne die Träumerin aus dem Schlaflabor.

Doch sie ist nicht die Person, die ich hier suche. Hastig schiebe ich mich davon. Wo ist Eric?

Da greift jemand nach meiner Hand. Reflexhaft reiße ich sie los. Als ich mich umsehe, bemerke ich, dass es Eric ist, der mir bedeutet, ihm zu folgen.

Wir drängen uns durch die Menschenmenge, und es ist gar nicht so leicht, ihn nicht aus den Augen zu verlieren. Immer wieder verschließen sich fremde Rücken wie Wände vor mir, und ich kann seinen Rollkragenpulli hinter den leicht unscharfen Körpern nur vermuten.

Irgendwann lichtet sich die Menschenmenge, wir lassen die Verkaufsstände hinter uns und erreichen eine ruhigere Seitenstraße.

»Das ist doch mal eine schöne Abwechslung«, sagt Eric, offenbar noch immer bestens gelaunt. »Normalerweise träumen die Leute von irgendwelchen Orten in den USA. Das hier wirkt eher wie«, er betrachtet prüfend die Häuser um uns herum, »Nordafrika. Marokko oder Ägypten, vielleicht.«

Ich zucke mit den Schultern. Kann sein, dass er recht hat. Wo auch immer wir sind, es ist viel zu heiß. Ich zerre an meinem Shirt und versuche mir Luft zuzuwedeln. Wie macht Eric das nur? Er muss in seinem Pulli doch halb umkommen vor Hitze.

»Komm mit, wir suchen uns ein ruhiges Plätzchen zum Plaudern.«

Wir biegen um eine Ecke und erreichen ein kleines Restaurant, vor dem Tische und Stühle unter Sonnenschirmen verteilt sind. Es wirkt fast wie eines dieser Touristencafés, die es zu Hause in Griechenland zuhauf gibt.

Eric lässt sich an einem Tisch nieder, der etwas abseits der anderen steht. Als ich mich zu ihm setze, frage ich mich, ob dieses Restaurant eine Traumwandlung von Eric ist, so plötzlich ist es aufgetaucht. Doch eigentlich ist es mir egal. Hauptsache wir sitzen im Schatten und ich bekomme endlich Antworten.

»Hast du schon gefrühstückt?«, will Eric wissen.

Ich blinzele irritiert und, kaum habe ich den Kopf geschüttelt, erscheint vor mir ein Korb mit Croissants und ein großes Glas Wasser. Nach kurzem Zögern trinke ich gierig und beiße auch ein Stück von einem der Croissants ab.

Eric beobachtet mich schweigend. Ich schlucke und räuspere mich. Es ist Zeit für meine Fragen.

»Woher kanntest du meinen Vater?«, beginne ich ohne Umschweife.

Da erscheinen eine Packung Zigaretten und ein Feuerzeug auf dem Tisch. Eric greift danach, zerrt fahrig eine Zigarette hervor und zündet sie an.

»Ich hoffe, das stört dich nicht«, murmelt er, während er tief an dem glimmenden Stängel zieht.

Ich antworte nicht, sondern beobachte ihn nur ungeduldig. Als ich schon denke, dass er es sich womöglich anders überlegt hat, beginnt er zu sprechen: »Wir haben uns als Kinder kennengelernt. Oder zumindest war ich ein Kind. Er war schon etwas älter. Damals im … im Waisenhaus. Wir hatten beide früh unsere Eltern verloren und waren vom ersten Tag an unzertrennlich. Er war wie ein großer Bruder für mich.« Jetzt ist seine gute Laune offenbar verflogen. Einen Moment schweigt er, und es ist ein Schweigen, bei dem man weiß, dass man es nicht unterbrechen sollte.

Die Stille zieht sich in die Länge, lädt sich auf. Eric wirft die Zigarette auf den Boden, drückt sie mit dem Schuh aus und starrt auf die Überreste hinab. Dann scheint er sich gewaltsam aus seinen Erinnerungen zu reißen. »Theo und ich hatten etwas gemeinsam. Wir waren Traumgänger, aber konnten … und wollten bei der Traumunion nicht mitmachen.« Er lächelt, doch es wirkt, als würden die Schatten um seine Augen dadurch nur noch dunkler werden. »Das hat die Union natürlich gar nicht gern gesehen.«

»Mein Vater hatte keine Eltern mehr?«, kann ich mich nicht mehr zurückhalten.

Eric nickt, und ich weiß, dass das Thema für ihn damit beendet ist.

»Aber ich verstehe das nicht …« Ich zögere, versuche die richtigen Worte zu finden. »Wenn ihr beide Traumgänger wart. Warum wolltet ihr dann nicht zur Traumunion?«

Das ist eine Sache, die ich mit Sicherheit weiß – die mir immer eingebläut wurde: *Meide die Traumunion, das hat dein Vater auch getan.* So oder so ähnlich haben meine Mutter und Loukas es mir unzählige Male gesagt.

Eric lacht auf, wird jedoch im gleichen Atemzug wieder ernst. Da ist eine Bitterkeit in seinen Zügen, die ich bisher nicht an ihm wahrgenommen habe. Als er mich jetzt ansieht, kriecht mir trotz der Hitze Gänsehaut über die Arme.

»Die Traumunion und wir –«, er stockt, scheint nach den richtigen Worten zu suchen. »Wir haben uns nicht vertragen.« Seine Stimme klingt hohl.

»Aber wieso nicht?« Ich merke, wie ich ungeduldig werde.

»Ist dir das nicht klar, Selena? Hast du in den letzten Tagen nicht den besten Beweis erlebt, wozu die Traumgänger der Union fähig sind?«

Ich schließe den Mund und schlucke trocken. Die Bilder meiner Entführer kommen wieder in mir hoch. Mit zittrigen Händen greife ich nach dem Wasserglas und trinke es in einem Zug leer.

Die Hitze lässt meine Haut pochen, und in meinem Kopf wirbeln unzählige Fragen umher. Es sind so viele, dass sie zu einem undeutlichen Klumpen verschmelzen, den ich nicht in Worte fassen kann. Hier sitzt er vor mir – der Mensch, der mir endlich etwas über meinen Vater und über mich erzählen kann. Und doch fühle ich mich, als würden die Fragen in meinem Kopf immer mehr werden.

Ich schließe die Augen, versuche Ordnung in das Chaos in meinem Inneren zu bringen ... Plötzlich wird mir klar, was ich wissen will. Was ich wissen *muss.* Das, was meine Mutter mir nie richtig beantwortet hat.

Ich räuspere mich und versuche die Schweißperle zu ignorieren, die mir die Stirn hinunterrinnt.

»Wie ist mein Vater gestorben?«

Ich habe die Frage leise ausgesprochen, beinahe ist es ein Flüstern. Und doch scheint sie Eric aufzuschrecken. Seine grünen Augen sehen mich mit einer Intensität an, die mir den Nacken hinaufkriecht.

»Was hat dir deine Mutter erzählt?«

Ich zucke mit den Schultern.

»Nichts. Sie meinte, es wäre ein Unfall gewesen.«

»Ein Unfall?« Er lacht hohl auf.

»Oh, eins kann ich dir sagen, Selena. Ein Unfall war es nicht. Dein Vater wusste ganz genau, was er tat.«

In mir flammt etwas auf. Etwas, das ich schon viel zu lange zurückgehalten habe.

»Ich wusste es! Ich wusste, dass sie mir nicht die Wahrheit sagt. Bis vor kurzem habe ich noch nicht einmal ein Foto von ihm gesehen! Das Einzige, was ich habe, ist eine Notiz, in der er mich erwähnt.« Ich stocke. »Und dich auch.«

Erics Gesicht versteinert. Nur ein Muskel an seinem Kiefer zuckt.

»Eine Notiz?«

»Ja.« Meine Finger gleiten in die Hosentasche. Doch dann zögere ich. Soll ich Eric den Zettel wirklich zeigen? Er ist mein wertvollster Besitz, das Einzige, was ich von meinem Vater habe. Kann ich ihm etwas so Privates anvertrauen?

Das Papier klebt zwischen meinen Fingern. Dann gebe ich mir einen Ruck, ziehe es hervor und falte es auf der Tischplatte auf. Zögernd lasse ich es los. Erics Finger strecken sich nach dem dünnen Blatt aus, behutsam, als wäre die Notiz etwas, das jeden Moment auseinanderfallen könnte. Bilde ich es mir ein oder zittert seine Hand leicht?

Sein Blick fliegt über die Zeilen, dann findet er meinen. Er öffnet den Mund und schließt ihn wieder. Stumm schiebt er den Zettel zu mir herüber und beobachtet, wie ich ihn sorgfältig wieder in meiner Tasche verstaue.

Als er abrupt aufsteht, zucke ich zusammen.

»Komm mit. Ich will dir etwas zeigen.«

Damit stößt er sich vom Boden ab und rast wie ein menschliches Geschoss davon. Eine Träumerin schaut mir verwundert nach, als ich mich, ohne nachzudenken, auch in die Luft erhebe.

Eric sieht sich nicht zu mir um, aber der gerade Kurs und seine Körperhaltung lassen erahnen, dass er ein Ziel vor Augen hat. Was will er mir zeigen? Was in dieser Stadt kann die Antwort auf meine Fragen sein?

Nach einer Weile deutet er auf etwas, das vor uns liegt. Noch ist es versteckt zwischen Häusern und Straßenschluchten, doch ich weiß sofort, worauf er mich aufmerksam machen will.

Ich gerate ins Wanken und muss mich zusammenreißen, um nicht abzustürzen. Natürlich. Ich hätte es wissen müssen.

In einem Bogen fliegen wir näher an die Stelle, auf die er gedeutet hat. Ich starre auf das leuchtende Tor. Wie immer erhebt es sich strahlend, fast friedlich zwischen den Häusern. Doch trotz der Hitze fröstele ich jetzt.

Eric landet auf einem Flachdach, auf dem an langen Leinen Wäsche flattert, und tritt direkt an den Rand. Von hier aus hat man einen ungestörten Blick über den gesamten Platz und auf das Tor, das dort unten steht.

Ich stelle mich direkt neben Eric, jeden Muskel angespannt und mir jedes Meters bewusst, der noch zwischen mir und dem Tor liegt. Es ergibt so viel Sinn. Natürlich sind die Tore die Antwort. Natürlich haben sie etwas mit dem Tod meines Vaters zu tun. Wusste ich das tief in meinem Inneren nicht schon immer?

»Wenn etwas für den Tod deines Vaters verantwortlich ist, dann sind es diese Tore, Selena«, bestätigt Eric meine Gedanken.

Ich starre auf den Platz hinab. Und plötzlich fällt mir auf, dass vor dem Tor Dutzende Menschen stehen, die es stumm beobachten. Sie drängen sich nicht, stehen nur da und betrachten das Leuchten.

In diesem Moment wagt sich eine Frau näher an das Tor heran. Behutsam, fast tranceartig schreitet sie darauf zu, und zu spät verstehe ich, was sie vorhat.

»Stop!«, versuche ich sie aufzuhalten, aber da wird die Frau schon vom Licht verschluckt.

Mein Atem geht stoßweise, und ich sehe geschockt zu Eric auf.

»Selena.« Er klingt absolut ruhig.

»Die Frau ...« Ich deute auf das Tor.

Eric schüttelt den Kopf. »Wir können ihr nicht mehr helfen«, sagt er mit einer Finalität in der Stimme, die mich verstummen lässt.

»Selena, ich glaube, du weißt, was es mit den Toren auf sich hat. Habe ich recht?«

Es ist eine Frage, die keine ist. Ich sage nichts, kann nichts sagen.

»Dein Vater ist hinter so einem Tor gestorben«, fährt er leise fort. »Es gibt sie überall. Sie sind in ganz Somna verteilt. Es sind Fallen. Sie sehen schön aus, aber wenn Menschen durch sie hindurchgehen, sterben sie.«

Ich starre auf das Tor, das gerade die Frau verschluckt hat, während Eric weiterspricht: »Dein Vater und ich haben versucht, die Tore zu zerstören. Damit Somna endlich sicher ist. Doch die Traumunion war dagegen. Ihre Traumgänger haben uns verfolgt. Und deinen Vater schließlich in den Tod getrieben.«

Die Worte stehen zwischen uns, jeder Satz mit einem Gewicht, das sich an mich hängt und mich zu Boden zieht. Ich sehe Eric an, hole Luft, um etwas zu sagen, weiß jedoch nicht, was. Stattdessen starre ich wieder auf das leuchtende Tor.

Unschuldig, fast schön, steht es da. Eine schöne Falle. Ein schrecklich schöner Übergang in den Tod. Solch ein Tor hat meinen Vater verschwinden lassen. Hat ihn in den Tod geschickt.

Es fühlt sich so wahr, so echt an. War ich dabei? Habe ich es mit angesehen und es dann im hintersten Winkel meines Unterbewusstseins vergraben?

Tränen drängen mir in die Augen, und jetzt kann ich sie nicht mehr zurückhalten. Die Zähne auf meine Unterlippe gebissen, stehe ich da, während sie lautlos über meine Wangen rollen.

Erics Stimme klingt sanft, als er fortfährt: »Es war kein Unfall, Selena. Dein Vater ist durch ein solches Tor gegangen ... weil er keine andere Wahl hatte.«

Eric räuspert sich, doch seine Stimme klingt weiterhin belegt. »Theo wollte nicht, dass sein Tod umsonst war. Er hat dir seine Fähigkeiten übertragen, damit wir beide sein Erbe vollenden können ... Damit wir gemeinsam die Tore zerstören können, sobald du alt genug bist.«

Geräuschvoll sauge ich Luft ein und versuche das Beben meines Brustkorbs zu unterdrücken. Doch die Tränen laufen weiter.

Dein Vater wollte, dass ich dich zu ihm schicke, sobald du alt genug bist, damit du ihm helfen kannst, echoen die Worte meiner Mutter in meinem Kopf und bestätigen all das, was Eric mir soeben offenbart hat.

Sekunden, vielleicht sogar Minuten vergehen. Ich habe völlig das Zeitgefühl verloren – als ich endlich genug Kraft habe, um zu fragen: »Aber wie konnte er mir seine Fähigkeiten übertragen?«

»Es geschieht im Moment des Todes. Man muss Körperkontakt dafür haben …«

Vehement schüttele ich den Kopf. Ich bin nicht bereit, eine genaue Schilderung der letzten Augenblicke mit meinem Vater zu hören. Das weiß ich mit absoluter Bestimmtheit.

»Nein«, sage ich schnell. »Ich meine, wie konnte er *mir* seine Fähigkeiten übertragen? Ich bin ein *Mädchen.*«

Wieder dringt ein hohles Lachen aus Eric hervor.

»Dass Mädchen nicht traumgehen können, ist eine Lüge. Eine Geschichte, die so oft erzählt wurde, bis die Leute sie geglaubt haben. Es macht keinen Unterschied, welches Geschlecht man hat. Dein Vater wusste das.«

Abermals verfallen wir in Schweigen. Während ich versuche, all die Informationen zu verarbeiten, die Eric mir gerade gegeben hat, nehme ich vereinzelt ein Flirren vor dem Tor wahr. Immer wieder erscheinen dort Menschen aus dem Nichts, treten unter diejenigen, die bereits dort stehen. Einige von ihnen nähern sich dem Tor und verschwinden in dem Strahlen.

»Aber …« Ich schlucke trocken. »Warum sollte irgendjemand dagegen sein, dass diese Todesfallen zerstört werden? Warum hat die Traumunion euch verfolgt?«

»Tja. So ganz genau kann ich dir das auch nicht beantworten. Ich gehe davon aus, dass sie nicht wollten, dass jemand, der nicht unter ihrer Kontrolle steht, etwas in Somna verändert. Und wie du selbst weißt, haben einige ihrer Traumgänger eine ganz gute Verwendung für die Tore gefunden …«

In meinem Kopf dreht sich alles. Da, wo zuvor nur Fragen waren, herrscht jetzt eine verwirrende, undurchsichtige Leere, die mich lähmt.

»Selena«, höre ich Eric irgendwann neben mir flüstern. »Dein Vater wollte, dass ich dir zeige, wie man diese Tore zerstört. Damit du seine Lebensaufgabe beendest.«

Ich reagiere nicht, bin nicht in der Lage dazu.

»Vertraust du mir?« Er streckt mir seine Hand entgegen.

Statt zu antworten, lege ich meine Hand in seine. Seine Finger umschließen meine mit festem Druck.

»Achtung. Halt dich gut fest«, sagt er.

Während ich mich noch frage, woran genau ich mich festhalten soll, löst sich der Boden unter meinen Füßen auf, und ich klammere mich instinktiv an Erics Finger.

Ein Geräusch ertönt, wie ich es noch nie gehört habe. Oder vielmehr ist es das Gegenteil eines Geräuschs: Es ist, als würden alle Klänge aus meiner Umgebung gesogen und von einer einzigen großen Stille verschluckt. Eine Stille, die so vollkommen ist, dass sie mir in den Ohren schmerzt.

Gleichzeitig wird alles um uns herum eingenommen von etwas, das ich am ehesten als Schwärze beschreiben würde. Doch ich weiß, dass es keine Schwärze ist. Es ist einfach Nichts. Ein Nichts, das sich von dem Punkt aus ausbreitet, an dem soeben noch das leuchtende Tor gestanden hat. Die Stadt verschwindet, die Menschen, die Häuser –

Eine unbändige Angst steigt in mir auf. Gleich werde auch ich mich auflösen, werde ins Nichts fallen. Das Einzige, was sich noch real anfühlt, ist Erics Hand in meiner. Mit aller Macht halte ich sie umklammert, als eine Druckwelle uns erfasst. Schreie durchbrechen die Stille, und ich schlage auf etwas auf. Nun ist es auch mein Schrei, der die Welt um mich herum erfüllt. Jemand zieht mich am Arm nach oben. Mit aller Gewalt richte ich mich auf.

»Alles in Ordnung?« Erics besorgtes Gesicht schiebt sich in mein Sichtfeld. »Tut mir leid. Ich dachte, ich könnte dich besser abfangen.«

Ich keuche, sehe an mir hinab: Zu den blauen Flecken der letzten Tage sind wohl noch ein paar dazugekommen. Als ich Erics Hand loslasse, überkommt mich Schwindel, ich sinke erneut zu Boden und ertaste … Sand. Verwirrt sehe ich mich um.

Wir befinden uns in einer Art Steppe. Verdorrtes Gras und Sand bedecken den Boden. Etwas entfernt rappeln sich weitere Menschen – Träumer –, hoch und sehen sich erschrocken um. Doch mein Blick wird von etwas anderem angezogen: Ein paar Meter vor uns hat sich ein riesiges Loch ausgebreitet, ein kilometerlanges schwarzes Nichts.

Ich rutsche zurück.

»Keine Angst, da kannst du nicht reinfallen«, höre ich Eric sagen. »Schau!«

Wortlos sehe ich zu, wie er auf das Nichts zugeht und den Arm ausstreckt. Gerade will ich ihm eine Warnung zurufen, als er wie von einer unsichtbaren Kraft zurückgestoßen wird.

»Das ist kein Schwarzes Loch oder so was. Es ist einfach nur Nichts. Davor muss man keine Angst haben.«

Ich starre ihn mit offenem Mund an, möchte ihm widersprechen, ihn anschreien, was er da bitteschön gemacht hat. Was mit der Stadt ist, was mit den Menschen. Aber ich bringe nur ein schlichtes »Was war das?« heraus.

Eric lässt sich neben mir auf den Boden sinken und klopft sich den Sand von den Händen.

»Wenn man die Tore zerstört, verschwindet mit ihnen ein großes Stück von Somna. Irgendwie sind sie so tief in der Traumwelt verankert, dass das wohl nicht anders geht. Zumindest haben dein Vater und ich nie einen anderen Weg gefunden.«

»Was ist mit der Stadt?«, murmele ich jetzt doch und kann mich dabei nicht von dem Nichts abwenden.

»Die ist weg«, sagt Eric nur und fügt dann hinzu: »Aber den Träumern passiert nichts. Die wachen einfach auf oder werden wie wir in einen anderen Teil Somnas gespült.«

Er deutet auf die vereinzelten Menschen um uns herum.

»Keiner von ihnen kann jetzt mehr hinter das Tor fallen. Zumindest nicht hinter dieses.«

Ich nicke und habe das Gefühl, dass mir alle Worte fehlen. Vage bekomme ich mit, wie sich die Träumer um uns herum einer nach dem anderen erheben, verblassen oder davongehen. Während ich nicht weiß, wie ich jemals wieder aufstehen soll.

Langsam, ganz langsam, formt sich ein Gedanke in meinem Kopf.

»Du zerstörst Somna. Du bist schuld an den Veränderungen, von denen seit Wochen in den Medien berichtet wird. An den Albträumen …«

Mein Blick fliegt über Erics Gesicht, und ich versuche, in den stechenden Augen und blassen Zügen etwas zu finden, das meinen Verdacht widerlegt. Doch er nickt ernst.

»Meinst du nicht, das ist ein kleiner Preis dafür, dass Somna endlich sicherer wird? Dass die Leute nicht mehr Opfer dieser Todesfallen werden?«

Ich schlucke, weiß nicht, was ich darauf antworten soll.

»Selena, dein Vater wollte Somna von den Todesfallen befreien. Aber alleine ist das nicht möglich. Es sind einfach zu viele.

Nur gemeinsam können wir seinen letzten Willen erfüllen. Deshalb hat er dir seine Fähigkeiten übergeben.«

Erics Worte nehmen mir den Atem und drücken mich in den heißen, trockenen Sand. Mir ist schwindelig.

»Ich möchte zurück«, flüstere ich und meine damit nicht das Apartment in Manhattan.

Die Worte, die ich eigentlich sagen will, sind: »Ich möchte nach Hause.«

12

Ria

Mit trockenem Mund beiße ich von meinem Brötchen ab und sehe mich in der Mensa der Traumunion um. Es ist erst kurz nach halb sieben, und außer ein paar Traumgängern, die mich unverhohlen neugierig mustern, ist kaum jemand unterwegs. Ihre Blicke machen mir die Traumgängeruniform, die ich trage, unangenehm bewusst. Es fühlt sich an, als hätte ich mich verkleidet – und alle würden es bemerken.

Ein kleiner Junge mit voll beladenem Teller und einem bis an den Rand gefüllten Becher schlurft an mir vorbei. Auch er sieht mich immer wieder von der Seite an.

Es ist Ishaan, der indische Junge, den ich vor ein paar Tagen zu seinem Test gebracht habe. Es kommt mir vor, als wäre das Ewigkeiten her. Er sieht aus, als hätte er nicht gut geschlafen. Vielleicht der Jetlag. Oder er fühlt sich einsam und überrumpelt von den plötzlichen Veränderungen in seinem Leben. Willkommen im Club.

Ich gebe mir einen Ruck und deute auf den leeren Stuhl mir gegenüber. »Willst du dich zu mir setzen?«

Abrupt bleibt er stehen, gerät ins Straucheln. Saft schwappt aus seinem Becher und landet auf dem Boden. Erst starrt er auf die kleine, orange Pfütze, dann sieht er wieder mich an und schüttelt wortlos den Kopf.

Okay. Nein ist auch eine Option.

Ich wende mich ab und zwinge mich zu einem weiteren Bissen von meinem Brötchen. Versuche mich innerlich auf den eng getakteten Tag vorzubereiten.

Eigentlich hätte es gestern schon mit ein paar Videodrehs für Yunus' Kanal losgehen sollen, aber die wurden auf heute verschoben. Ich frage mich, ob Yunus sich doch geweigert hat, seine Profile zur Verfügung zu stellen. Ich werde aus seinem Verhalten einfach nicht schlau. Erst beschuldigt er die Traumunion grausamer Verbrechen, und dann sagt er gestern in Giacomos Büro fast kein einziges Wort. Und jetzt? Was tut er jetzt? Ich weiß es nicht. Jedenfalls nimmt er keine Videos mit mir auf – so viel steht fest.

Gerade als mein Blick erneut zu der digitalen Uhr über dem Eingang der Mensa wandert, öffnet sich die Tür, und Paul betritt den Raum. Er entdeckt mich und hebt grüßend die Hand.

»Bereit?«, fragt er, als er mich erreicht.

Auch er sieht aus, als hätte er nicht gut geschlafen.

Ich schlucke den letzten Bissen herunter und mache ein zustimmendes Geräusch. Dann stehe ich auf, bringe mein Tablett weg, und gemeinsam verlassen wir den Raum.

»Gut geschlafen?«, fragt Paul, während wir über den Innenhof laufen.

»Geht so«, murmele ich.

»Wenn du irgendwas brauchst, kannst du jederzeit zu mir kommen. Das weißt du, oder? Egal, was es ist.« Er sieht mich mit einem Lächeln an.

Ich bemühe mich, es zu erwidern, und murmele einen leisen Dank. Auf keinen Fall darf Paul erfahren, dass ich sein Telefonat gestern Abend mit angehört habe, und mich der Gedanke daran die halbe Nacht wachgehalten hat.

Wenn wir uns sehen, wirkt er immer so nett. Aber das Gefühl, dass Yunus mit seinen Vermutungen recht haben könnte und Paul nur eine Maske zur Schau trägt, hat sich tief in mein Inneres gegraben. Abermals verfluche ich mich dafür, dass ich mein Handy abgegeben habe. Das war meine einzige Verbindung nach draußen. Meine einzige Verbindung zu Lil und damit zu der einen Person, der ich in dieser Situation blind vertrauen kann.

Als könnte Paul meine Gedanken lesen, sagt er in einem verständnisvollen Tonfall: »Ich bin übrigens dran an der Smartwatch. Da kannst du dann die Nummern deiner wichtigsten Freunde draufspielen. Ich kann mir vorstellen, wie blöd das für dich war, dein Handy abzugeben.«

»Ja, das stimmt. Danke!«, sage ich gleichermaßen erleichtert wie verblüfft. Was steckt hinter diesen braunen Augen, die jetzt mitfühlend auf mich gerichtet sind? Ich kann ihn einfach nicht richtig lesen.

Wir betreten ein Gebäude und gehen einen der langen, backsteinernen Gänge entlang. Alle, die uns begegnen, mustern mich mehr oder weniger unauffällig. Jeder hat mittlerweile von mir gehört. Wie könnten sie auch nicht? Laut Paul sind die Medien voll von Berichterstattungen über mich, obwohl ich selbst noch nichts davon zu Gesicht bekommen habe. Zumindest dafür war es gut, mein Handy abzugeben, schätze ich.

»Drehen wir heute die Videos für Yunus' Kanal?«, zwinge ich mich zu fragen.

»Du hast Glück, ich habe etwas viel Besseres mit dir vor«, sagt Paul. »Simulationstraining! Das wird dir helfen, deine Emotionen in Somna zu lenken.« Er räuspert sich. »Nachher drehen wir dann noch ein paar Interviewschnipsel.« Mir fällt auf, dass er einem Teil meiner Frage ausweicht.

»Veröffentlicht Yunus die dann über seine Profile?«, hake ich nach.

»Wir werden erst mal unsere eigenen Kanäle verwenden«, sagt Paul nach einer kurzen Pause.

»Aber Yunus soll doch auch noch was posten, oder?« Wir biegen um eine Ecke.

Jetzt sieht Paul mich an. »Yunus hat sich entschieden, seine Profile eine Weile zu pausieren.«

Ich starre ihn an, doch er öffnet nur wortlos eine Tür. Was soll das denn bitte heißen? Das klingt ganz so, als würde sich Yunus weigern zu kooperieren. Widersetzt er sich wirklich Giacomos Anweisungen? Ist es das wert? Das hier ist die internationale Traumunion. *Die berühmte, ehrwürdige internationale Traumunion.* Was will Yunus mit seinem Verhalten bezwecken?

Wir betreten einen weiteren Innenhof und kommen vor einem kleinen Gebäude zum Stehen, das Paul mir gestern auf unserer Tour bereits gezeigt hat. Auf den backsteinernen Mauern thront eine verputzte Kuppel. »Willkommen im VR-Dom«, verkündet Paul und hält mir die Tür auf.

Der Raum, den wir betreten, ist mit einem federnden Boden ausgelegt und komplett fensterlos. An einer Art Garderobe hängen seltsam aussehende, schwarze Anzüge, und ich kann einige technische Gerätschaften sowie mehrere Türen entdecken, die von dem Raum abgehen. Alles wird von gleißenden Deckenstrahlern erhellt.

»Bereit für dein erstes Emotionstraining?«, fragt Paul und grinst.

Ich kann nicht verhindern, dass eine gewisse nervöse Vorfreude in mir aufsteigt, und zucke lächelnd mit den Schultern.

»Normalerweise würden wir etwas langsamer anfangen. Mit Meditation zum Beispiel, um herauszufinden, wie gut du deine eigenen Emotionen ordnen kannst. Aber bei dir muss alles etwas schneller gehen. Immerhin sollst du schon bald zu den anderen aufschließen. Wir werfen dich quasi ins kalte Wasser und schauen mal, wie du dich schlägst!«

Das wischt das Lächeln von meinem Gesicht.

»Keine Angst«, sagt Paul, »es tut nicht weh.«

Er geht auf die Garderobe zu und greift nach einem der schwarzen Anzüge, die daran hängen. Sie sind den Traumgängeruniformen nicht unähnlich, der Stoff sieht jedoch um einiges dicker aus.

Paul dreht sich zu mir um, legt den Kopf schief und mustert mich. Sein Blick gleitet über meine Beine, Hüften und Schultern. Ich spüre, wie mir die Hitze den Körper hinaufkriecht. Endlich greift er nach einem weiteren Anzug und hält ihn mir hin.

»Hier. Zieh den bitte an.«

Damit ist er schon wieder ein paar Schritte weiter und öffnet einen Wandschrank.

Ich sehe mich nach einer Umkleide um, doch bevor ich es bei einer der Türen versuchen kann, ruft Paul mir zu: »Keine Sorge, ich sehe nicht hin!«

Da sein Kopf immer noch hinter der Schranktür verborgen

ist, atme ich tief ein, gehe hinter der Garderobe in Deckung und streife meine Uniform ab. Dann ziehe ich eilig den schwarzen Anzug an und lasse meine Traumgängerkette darunter verschwinden. Er passt perfekt, nur am Rückenverschluss scheitere ich, weil meine Finger bereits in denen am Anzug eingenähten Handschuhen stecken.

»Fertig? Soll ich dir helfen?«

Ich zucke zusammen und drehe mich zu Paul um. Er hat die Hände nach dem Reißverschluss ausgestreckt. Ist da eine gewisse Verlegenheit in seinen Zügen zu erkennen?

Ich nicke, wende ihm den Rücken zu und spüre, wie seine Finger mir die Haare aus dem Nacken streifen. Unwillkürlich muss ich an Yunus denken, seine warme Berührung. Mein Hals kribbelt. Dann hat Paul den Reißverschluss zugezogen und lässt mich los.

»Hier. Das musst du noch aufsetzen.«

Er holt einen seltsam geformten Helm unter der Garderobe hervor.

»Was ist das?«

Ich drehe das Ding in der Hand. Die Innenseite ist mit etwas gespickt, das nach Dutzenden kleinen Saugnäpfen und silbernen Metallplättchen aussieht. Skeptisch blicke ich Paul an.

»Damit messen wir deine Hirnströme, während du in der Simulation bist. Und hier«, er deutet auf eine Ausbuchtung direkt über dem glänzenden Visier des Helms, »sind mehrere Kameras integriert, die deine Mimik aufzeichnen und ein Wärmebild deines Gesichts erzeugen. Mit diesen Daten kann unser Programm deine aktuelle Emotion errechnen und auf die Simulation übertragen. Offiziell heißt das Ding Neuroscanner. Aber mein Cousin

Leo nennt ihn den Wuthut.« Paul lacht, aber als er meinen Gesichtsausdruck sieht, zuckt er mit den Schultern.

»Ohne diese Technik könnten wir Traumwandlungen gar nicht außerhalb von Somna trainieren. Die laufen ja nun mal über Emotionen.«

Er sieht mich bestärkend an.

»Dann mal los! Komm mit!«

Barfuß folge ich Paul und klemme mir dabei den Helm unter den Arm. Ich versuche den charmanten, zu Witzen aufgelegten Jungen vor mir mit der harten Stimme zu verbinden, die ich gestern durch die Tür meines Zimmers hinweg belauscht habe. Doch es gelingt mir nicht.

»So.« Paul lässt sich in der Mitte des Raumes auf dem Boden nieder. Kurz zögere ich, doch was habe ich für eine Wahl. Egal, was Pauls eigentlicher Plan sein mag, jetzt ist er hier, um mir zu erklären, wie ich traumgehen kann. Wie in Somna alles für mich möglich wird. Das ist es doch, was ich immer wollte, oder nicht? Und überhaupt, das hier ist nur eine Simulation. Was soll also schon passieren?

Ich setze mich ihm gegenüber. »Bevor wir anfangen, muss ich dir noch ein paar Grundlagen erklären.« Er räuspert sich und macht eine ernste Miene. »Bei den Simulationen geht es um eine Art Sicherheitstraining. Du weißt ja schon, dass es nicht ungefährlich ist, Traumgänger«, er stockt, »äh, Traumgänger*in* zu sein. In Somna kann man angegriffen oder sogar umgebracht werden. Dagegen haben wir drei Waffen.« Er hebt die Finger und zählt mit. »Erstens: Traumwandlungen. Wir verändern etwas um uns herum oder sogar etwas an uns selbst, um aus einer brenzligen Situation zu entkommen. Dafür braucht man die passende

Emotion, sonst funktioniert es nicht. Deshalb ist das Herzstück unserer Ausbildung die Emotionskontrolle.«

Er hebt einen weiteren Finger.

»Zweitens: Flucht. Ich kann dir nicht sagen, wie wichtig dieses Mittel ist, Ria.« Eine steile Falte zieht sich über Pauls Stirn. »Es ist absolut keine Schande, in die Traumunion zurückzukehren. Lieber, du verlässt Somna rechtzeitig, als dass dir irgendetwas passiert. Verstanden?«

Ich nicke, und mein Mund wird trocken. Denn ich kann mir denken, was die letzte Option ist.

»Drittens: deine Träumgängerkette«, bestätigt Paul meinen unausgesprochenen Verdacht und hebt einen weiteren Finger. »Wenn du keine Möglichkeit mehr siehst, mit dem Leben davonzukommen, ist es deine oberste Pflicht zu verhindern, dass deine Gabe in die Hände des Mörders fällt.«

»Ist das schon mal vorgekommen? Dass sich jemand mit der Kette das Leben nehmen musste, um sein Gabe zu schützen?« Meine Stimme kommt mir sehr laut vor in dem leeren Raum.

Einen Moment zögert Paul. »Es ist schon eine ganze Weile her, ein Junge aus dem Jahrgang meines Onkels –« Er bricht ab.

Ich schlucke schwer, während die Einsicht tief in mein Inneres sickert: Es geht hier nicht um mich – und auch nicht um die anderen Traumgänger. Ging es nie. Es geht um das, was wir können. *Protector non dominus. Hüter, nicht Herrscher.* Die Traumunion steht immer an oberster Stelle.

Plötzlich fühle ich mich noch einsamer als zuvor. Etwas drückt mir die Kehle zu, und ich versuche erneut zu schlucken.

Auch Pauls Lächeln, das er nun aufsetzt – mit kleinen Grübchen auf den glattrasierten Wangen –, kann die Kälte, die seine Worte in mir hinterlassen haben, nicht vertreiben.

»Aber das ist natürlich die allerletzte Option. Mach dir darüber nicht zu viele Gedanken«, höre ich ihn sagen.

Als ich nicht auf seine Worte reagiere, klopft er sich auf die Schenkel und erhebt sich.

»Okay. Genug der Vorrede.« Er grinst. »Dann lass uns mal sehen, was du so draufhast!«

Ich bringe ein wackeliges Lächeln zustande und greife nach der Hand, die er mir hinhält, um mir aufzuhelfen. Da scheint ihm etwas einzufallen. »Hast du schon mal meditiert?«

Ich schüttele den Kopf.

»Nicht so richtig. Das macht mich immer nur müde.«

Einen Moment überlegt Paul, dann zuckt er mit den Schultern.

»Ist auch nicht so wichtig. Vielleicht hast du auch so schon ein ganz gutes Gespür für deine Emotionen. Immerhin hast du es trotz deiner Gabe geschafft, bisher nicht durchzudrehen. Kann sein, dass du ein Naturtalent bist.«

Ich erwidere seinen Optimismus nur mit einem gequälten Lächeln. Bei der Sache mit dem Naturtalent bin ich mir nicht so sicher …

Paul geht zurück zu dem Wandschrank und dreht sich kurz darauf mit einem Touchpad in der Hand zu mir um.

»Setz bitte jetzt den Helm auf!«

Ich hole tief Luft und folge seiner Anweisung. Augenblicklich umgibt mich Dunkelheit und Stille. Ich zucke zusammen, als sich an mehreren Punkten meines Kopfes etwas Kühles und Feuchtes festsaugt. Doch bevor ich mir den Helm wieder vom Kopf reißen kann, knackt es in meinen Ohren.

»Kannst du mich hören, Ria?«

Ohne etwas zu sehen, drehe ich mich zu allen Seiten und will mir gar nicht vorstellen, wie dämlich und orientierungslos ich dabei aussehe.

»Ja«, murmele ich, in der Hoffnung, dass der Helm ein Mikrophon hat.

»Super«, höre ich Pauls Stimme. »Lass mich mal schauen, ob die Elektroden funktionieren … Ja, sieht gut aus. Bereit?«

Gerade will ich fragen, wofür ich denn bereit sein soll, da sehe ich plötzlich eine Steppe vor mir. Nein. Ich bin in einer Steppe. Der Helm lässt alles so realistisch erscheinen, dass ich irritiert bin, als ich einatme und kühle Klimaanlagenluft in meine Lungen strömt.

In meinen Ohren ertönt Grillenzirpen. Und als ich an mir herabsehe, erkenne ich, dass ich auch in der Simulation einen schwarzen Ganzkörperanzug trage.

Doch bevor ich auch nur einen weiteren Gedanken fassen kann, höre ich ein lautes Getöse und reiße den Kopf hoch. Ein riesiger Feuerball rast auf mich zu. Er nähert sich mit einer solchen Geschwindigkeit, dass ich nichts tun kann, als aufzuschreien und mich auf den Boden fallen zu lassen – der viel härter ist als die sandige Savanne vor meinen Augen. Im nächsten Moment geht mein gesamtes Sichtfeld in Flammen auf, und der Anzug, in dem ich stecke, vibriert überall. Dann erscheint der Schriftzug »Session Over« vor den knisternden Flammen, und ich reiße mir den Helm vom Kopf.

Ich liege bäuchlings auf dem Boden des VR-Doms und rappele mich hoch.

»Was war das denn?«

Paul lehnt mit dem Tablet in der Hand an der Wand und lacht.

»Das könnte ich dich auch fragen«, ruft er zurück. »Du musst dich schon wehren, Ria. Benutz deine Traumgängerkräfte.«

»Aber wie denn?«

Meine Knie und Handflächen pochen dort, wo ich aufgeschlagen bin.

»Du musst in den Helm sprechen, welche Traumwandlung du dir wünschst. Falls die errechneten Emotionen dazu passen, setzt das Programm sie für dich um. Gerade hättest du aber wohl keine Chance gehabt.« Er sieht auf das Tablet herab. »Laut Analyse war deine Emotion zu sechsundachtzig Prozent Angst und zu vierzehn Prozent Verwirrung«, liest er vor, während er auf mich zuschlendert. »Damit hättest du dich nicht wirklich schützen können.«

Ich starre ihn nur an und versuche den Ärger in mir in Schach zu halten. Paul lässt das Tablet sinken und kommt vor mir zum Stehen.

»Okay. Was für eine Traumwandlung hättest du zum Beispiel beschwören können, Ria?«

»Keine Ahnung.« Mir entfährt ein Schnauben. »Warum sollte denn überhaupt ein Feuerball auf mich zufliegen?«

»In Somna weiß man nie. Mit den ganzen Albträumen, die gerade so en vogue sind.«

Auf seinen Lippen liegt ein schiefes Grinsen, aber sein Blick wirkt ernst, fast besorgt. Ich reiße mich zusammen. Er hat ja recht. Was weiß ich schon über Somna?

»Ich hätte eine Mauer erscheinen lassen können?«, seufze ich.

Paul nickt zustimmend.

»Ja. Zum Beispiel. Eine feuerfeste Mauer. Was hättest du dafür für Emotionen gebraucht?«

»Entschlossenheit?«, rate ich.

Wieder nickt Paul, als wäre ich seine Lieblingsschülerin.

»Entschlossenheit ist eine der grundlegendsten Emotionen für Traumwandlungen. Nur wenn du in deine Traumwandlung vertraust, wird sie sich materialisieren. In diesem Fall hätte dir vermutlich auch noch ein wenig Angriffslust oder Aggression gutgetan. Es ist immerhin nicht gerade leicht, sich einem Feuerball entgegenzustellen.«

»Hm«, mache ich dumpf, unsicher, was ich dazu sagen soll.

Paul hat sich schon wieder dem Tablet zugewandt. Und erneut taucht die steile Falte zwischen seinen Augenbrauen auf.

»Dann konfrontieren wir dich mal mit dem Klassiker: einem Klarträumer, der dir deine Gabe wegnehmen will.«

Klarträumer. Das Wort hinterlässt wie immer ein ungutes Gefühl in meinen Eingeweiden. »Ihr könnt alle Klarträumer werden. Jeder von euch kann lernen, in seinen Träumen aufzuwachen und diese bewusst zu lenken.« So hatte es meine Lehrerin schon in der Grundschule gesagt. Wie falsch sie damit lag. Zumindest was mich anging …

»Alles okay?«, reißt Paul mich aus der Erinnerung. »Du musst dir keine Sorgen machen. Das hier ist dein erstes Training. Keiner erwartet, dass deine Traumwandlungen gleich perfekt sind. Und außerdem – es ist nur eine Simulation. Hier kann dir nichts passieren.«

Wieder lächelt er auf diese ermutigende Weise, und ich verzichte darauf, ihm zu erklären, woran ich wirklich gedacht habe. Das bisschen Innenleben, das nicht von Kameras, hirnstromableitenden Helmen und eingepflanzten Chips analysiert wird, möchte ich dann doch für mich behalten.

»Und wenn es gar nicht mehr geht, dann kannst du einfach fliehen. Auch in der Simulation. Das ist manchmal die beste Option.«

»Fliehen«, wiederhole ich. »Alles klar.«

»Klingt wenig glorreich, kann dir im Ernstfall aber das Leben retten.«

Ich meine, Sorge in seinem Gesicht zu sehen, und bin überrascht, als er mir die Hand auf den Arm legt. Auch er scheint kurz aus dem Takt gebracht von seiner impulsiven Geste. Denn einen Moment später zieht er die Hand abrupt zurück.

Ich räuspere mich und stülpe mir den Helm wieder über den Kopf. »Wollen wir?«

Pauls Schritte entfernen sich, und ich versinke in einer weiteren Simulation. Es ist eine von vielen an diesem Vormittag. Paul schickt mich in diverse Städte und Landschaften, in denen überall Gefahren auf mich lauern. Ein paar Mal sterbe ich, hin und wieder entkomme ich. Ob ich mich verbessere oder wirklich etwas dabei lerne, weiß ich nicht. Auf alle Fälle wird mir irgendwann schwindelig.

Nach einer Simulation, die ich durch ein panisches »Raus aus Somna« beendet habe, kommt Paul wieder auf mich zu.

In seiner Hand hält er mehrere Powerriegel, von denen er mir einen anbietet. Wir lassen uns auf dem Boden nieder und hungrig reiße ich die Plastikverpackung auf.

Paul beißt ebenfalls von einem Riegel ab und betrachtet mich nachdenklich. Mir fällt auf, dass die steile Falte auf seiner Stirn nicht verschwunden ist. Im Gegenteil. Sie hat sich sogar noch tiefer eingegraben.

»Was ist?«, frage ich, und er sieht ertappt aus.

»Nichts.«

»War ich so schlecht?«

Er zögert, dann lächelt er mich aufmunternd an.

»Es ist nicht leicht, seine Emotionen zu kontrollieren. Seine Angst beiseitezuschieben. Das schafft vermutlich niemand beim ersten Mal.«

Er sieht aus, als wolle er noch etwas sagen, doch dann beißt er einfach von seinem Riegel ab.

»Aber …?«, versuche ich ihn zum Weitersprechen zu animieren. Ich weiß, dass da noch mehr ist.

»Aber bei dir haben wir leider nicht so viel Zeit. Und …«

»Und was?«

Er seufzt.

»Und bei dir sind die emotionalen Ausschläge auf den Skalen sehr hoch. Du warst im obersten Perzentil der Emotionsintensität. In jeder einzelnen Simulation.«

Ich blinzele.

»Bitte was?«

»Das bedeutet, dass nur einer unter hundert Menschen so intensive Emotionen spürt wie du. Das ist per se nicht schlecht. Es kann zu besonders mächtigen Traumwandlungen führen. Aber wenn du die Emotionen nicht lenken kannst, könnte das ein Problem werden.«

»Weil meine Traumwandlungen dann nicht funktionieren?«

Er nickt.

»Ja, zumindest nicht unbedingt so, wie du willst. Im Gegenteil. Du könntest unfreiwillige Traumwandlungen auslösen. Und die sind nicht immer schön.«

Ein Stück des Riegels bleibt mir im Hals stecken, und ich muss husten. Paul klopft mir auf den Rücken, bis ich ihm mit einer Geste zu verstehen gebe, dass es mir wieder besser geht. Meine Gedanken rasen. Ich muss an die Sonne denken, die so plötzlich untergegangen ist, als ich mit Yunus auf dem Alex saß, und an den Kometenschauer, den ich bei meinem letzten Somna-Besuch nicht beabsichtigt hatte. Unkontrollierte Traumwandlungen. Vermutlich ist das alles, was ich bisher zustande gebracht habe. Gerade will mich Unbehagen überspülen, als mir das Fluggerät einfällt, das ich bei meinem ersten Somna-Aufenthalt habe entstehen lassen. Das hatte ich doch genau so beabsichtigt, oder? Zumindest mehr oder weniger.

Ich zwinge ein Lächeln auf mein Gesicht.

»Na, zur Not kann ich ja immer fliehen. So wie du es mir beigebracht hast.«

Ich bin erleichtert, als die Falte auf Pauls Stirn verschwindet und er lacht.

»Ja. Das kannst du auf jeden Fall schon gut.«

Ich halte das Lächeln auf meinem Gesicht. Na, wer sagt's denn? Nach außen hin konnte ich schon immer gut meine Emotionen kontrollieren. Jetzt muss ich es nur noch innerlich schaffen.

Eine Weile sitzen wir schweigend da und essen. Dann entscheide ich, dass ich diesen Moment ebenso gut nutzen kann.

»Paul …«, beginne ich.

Er sieht auf.

»Ja?«

»Woher kommen die Albträume?«

Er kaut langsam und schluckt, als müsse er über seine Antwort nachdenken.

»Wir vermuten, dass es illegale Traumgänger sind, die sie verursachen«, sagt er dann. »Traumgänger, die sich nicht bei der Traumunion gemeldet haben und jetzt Somna manipulieren.«

»Aber warum sollten sie das tun?«

Er zuckt mit den Schultern.

»Macht? Mit Träumen kann man das Unterbewusstsein der Menschen verändern. So hat ja damals auch der große Traumkrieg angefangen.«

»Aber was erreicht man damit, allen Menschen Albträume zu bereiten?«

Ich weiß, dass Paul mir keine Antwort geben kann, aber ich muss trotzdem fragen. Wie erwartet schüttelt er den Kopf.

»Ich habe keine Ahnung. Aber genau deswegen ist es so wichtig, dass du so schnell wie möglich deine Ausbildung erhältst. Und dass wir dieses PR-Desaster mit Yunus' Videos lösen. Nur so kannst du uns helfen.«

Wortlos kaue ich weiter. Ich soll dabei helfen, Somna zu beschützen. Kann ich das? *Hüter, nicht Herrscher.* Ich als Hüterin von Somna. Ria Maywald, Traumgängerin. Ich muss nur lernen, meine Emotionen zu kontrollieren.

Ein Kribbeln läuft durch meinen Körper und hinterlässt einen leichten Schwindel. Vielleicht ist das aber auch die Unterzuckerung. Eilig greife ich nach einem weiteren Riegel. Was auch immer Paul und die anderen Traumgänger mit mir vorhaben, eines schwöre ich mir: Ich werde versuchen meine Gabe zu trainieren und dann für das Gute einzusetzen. Für die Sicherheit Somnas. Und solange die Traumunion dasselbe Ziel hat, stehe ich auf ihrer Seite.

13

Selena

Wenn etwas für den Tod deines Vaters verantwortlich ist, dann sind es diese Tore, Selena. Er hat dir seine Fähigkeiten übertragen, damit wir gemeinsam die Tore zerstören können, sobald du alt genug bist.

Wie ein dissonantes Echo hallen Erics Worte in mir nach und wechseln sich mit der Erinnerung daran ab, wie er vor meinen Augen das Tor verschwinden lässt: Wie es einfach implodiert und alle Farben, Formen, Geräusche und Gerüche mit sich ins Nichts zieht.

Fast körperlich spüre ich die Druckwelle, die mich erfasst hat, und vor meinem inneren Auge sehe ich das riesige Loch, das jetzt anstelle der Stadt mit ihren Basaren, Häusern, Restaurants und Menschen in Somna klafft.

Stimmt es, was Eric sagt, und ich bin ebenfalls in der Lage, die Tore zu zerstören? *Die Todesfallen*, wie er sie nennt? Unruhig lasse ich mich aufs Bett fallen. Aber was ist mit den Löchern? Dem Nichts? Den Albträumen, die gerade alle plagen?

Ich nehme das Handy, das mir Eric gestern geschenkt hat, vom Nachttisch und wähle die Nummer meiner Mutter. Obwohl ich immer noch wütend auf sie bin, muss ich mit ihr sprechen. Auch wenn ich noch nicht so recht weiß, was ich ihr eigentlich sagen will.

Als es klingelt, mischt sich die Wut mit Neugier und Heimweh, und verzweifelt warte ich auf ihre Stimme. Sie geht nicht ran.

Frustriert lasse ich das Gerät sinken. Na toll. Ihre einzige Tochter ist bei einem Halbfremden am anderen Ende der Welt, erfährt Dinge, die ihr komplettes Leben auf den Kopf stellen, und sie kann noch nicht mal ans Handy gehen.

Und jetzt? Mehr aus Gewohnheit als aus Interesse downloade ich eine Social-Media-App und logge mich ein. Mein Daumen gleitet über Bilder von Menschen, die ich mal mehr, mal weniger gut kenne. Keines von ihnen erreicht wirklich mein Gehirn. Zu beschäftigt bin ich mit meinen eigenen Gedanken. Fast will ich das Handy wieder weglegen, als ich an etwas hängen bleibe. Ein Video. Schnell tippe ich auf das kleine Lautsprecherzeichen, um den Ton anzustellen.

»... erste weibliche Traumgängerin gefunden. Gibt es noch mehr? Wird Ria sich als Wunderwaffe entpuppen?«

Ich starre Yunus Dede an, der mit eindringlichem Blick in die Kamera sieht. Das Video startet von vorne und zeigt Bilder eines schüchtern wirkenden, rothaarigen Mädchens. Plötzlich bin ich hellwach.

Ich tippe auf Yunus' Profil, dem ich schon seit ein paar Jahren folge, und sehe mir ein weiteres Video an, das er gepostet hat. Es zeigt, wie die Rothaarige in den Traum eines Kleinkinds einsteigt.

Das ist doch alles gefaked, steht in den Kommentaren.

Und: *Will die Traumunion etwa ablenken? Ich sage nur: #Albträume!* Aber auch Nachrichten wie: *Ich wusste es! Es gibt eben doch weibliche Traumgänger! You go, girl!*

Inzwischen hämmert das Herz in meiner Brust, als befände ich mich gerade mitten in einem Fußballspiel. Kann das sein? Kann das wirklich sein? Eine Traumgängerin in der Traumunion?

Ich rufe den offiziellen Account der Union auf und finde ein erst vor wenigen Minuten gepostetes Video. Ria, wie das Mädchen offenbar heißt, sitzt vor einem mit Grünpflanzen dekorierten Hintergrund und lächelt in die Kamera. Wirklich wohl scheint sie sich dabei allerdings nicht zu fühlen.

»Nein, ich glaube nicht, dass es noch andere weibliche Traumgänger gibt. Das wäre ja schon längst aufgefallen. Sehr ausgeprägt ist die Fähigkeit bei mir auch nicht.« Ein Lächeln. Täusche ich mich oder liest sie den Text ab? In meinem Kopf drehen sich die Gedanken. *Eine Traumgängerin. In der Traumunion.*

Ich öffne den Browser und suche ihren Namen. Das Internet überschlägt sich. Neben einem Flugzeugabsturz in Kanada scheint es die Nachricht des Tages zu sein.

Als wäre mein Kopf nicht so schon voller verwirrender Gedanken gewesen, kommt jetzt noch das Bild des rothaarigen Mädchens mit der blassen Haut und den braunen Augen dazu.

Ich brauche dringend etwas zu trinken. Tief atme ich durch, dann erhebe ich mich vom Bett und mache mich auf den Weg in die Küche. Im Flur ist es so still, dass ich zusammenschrecke, als ich Mo in der Küche stehen sehe. Sie hat den Kühlschrank geöffnet und betrachtet skeptisch den Inhalt einer Plastikbox. Als ich eintrete, sieht sie auf.

»Na. Aufgestanden?«

»Äh. Ja«, stammle ich, unfähig zu einer anderen Antwort.

»Müsstest du wegen des Jetlags nicht eigentlich früher aufwachen statt später?«, sinniert sie, während sie die Plastikbox wieder verschließt und die Kühlschranktür zufallen lässt.

Ich erzähle ihr nicht von meinem morgendlichen Ausflug nach Somna. Von dem Loch, das Eric in die Traumwelt gerissen hat … Stattdessen halte ich ihr das Handy hin.

»Hast du das gesehen?«

Ich muss mit jemandem darüber reden. Und mit wem, wenn nicht Mo – der einzigen anderen Traumgängerin, die ich kenne? Sie tritt näher heran und betrachtet den Bildschirm. Dann verengen sich ihre dunklen Augen.

»Ja, das habe ich gesehen«, sagt sie gedehnt.

Ich starre sie an.

»Und?«

Mo geht langsam zu einem Rucksack, der an der Kücheninsel lehnt, und verstaut die Plastikbox darin. Als sie sich aufrichtet, hat sie einen nachdenklichen Ausdruck auf dem Gesicht.

»Ich weiß nicht«, sagt sie.

Okay. Offenbar ist Mo genauso verwirrt von der Nachricht wie ich.

»Glaubst du, sie ist eine Traumgängerin?«, murmele ich leise.

Mo zuckt mit den Schultern.

»Schon möglich. Eric sagt immer, dass es viele von uns gibt, die Traumunion das nur nicht wahrhaben will.«

Das deckt sich mit dem, was er mir heute Morgen erzählt hat.

»Aber wieso haben sie diese Ria dann aufgenommen?«, frage ich und knibbele an der Ecke des Küchenblocks herum.

Wieder zuckt Mo die Schultern. Mein Blick gleitet über ihr Gesicht. Wie war es für sie, als Traumgängerin aufzuwachsen? Immer versteckt, immer im Geheimen – so wie ich? Wenigstens hatte sie Eric. Ich hatte niemanden. Bevor ich irgendetwas in die Richtung sagen kann, bückt sich Mo nach dem Rucksack.

»Ich muss los.«

Sie wendet sich zum Gehen. Dann fällt ihr etwas ein.

»Ach.« Sie kramt in ihrer Hosentasche. »Das hat Eric mir für dich gegeben. Du sollst dir damit alles kaufen, was du brauchst.«

In ihrer Hand liegt ein Bündel Geldscheine. Ein *dickes* Bündel.

»Nimm schon«, sagt Mo. »Du kannst ja nicht ständig in meinen Klamotten rumlaufen. New York hat ein paar gute Läden, weißt du?«

Wortlos nehme ich das Bündel und starre darauf hinab. Ich bin mir sicher, noch nie so viel Bargeld in der Hand gehalten zu haben.

»Versuch's mal zwischen 7th Avenue und Bryant Park. Da gibt's ganz gute Sportkleidung.«

»Sportkleidung«, wiederhole ich verständnislos.

»Ja. Ist für Somna ganz praktisch. Aber das weißt du ja.«

Meine Finger streichen über die Scheine. Mo sieht mich an, und plötzlich wird ihr Blick verständnisvoll.

»Oder du fährst nach Brooklyn. Da kann ich dir ein paar gute Secondhandshops empfehlen … Falls du lieber weniger ausgeben möchtest.«

»Schon gut. Danke.«

Sieht man mir wirklich so deutlich an, wie sehr mich dieses beiläufig geschenkte Geld aus dem Konzept bringt?

»Melde dich, wenn du doch Tipps willst. Meine Nummer ist in deinem Handy eingespeichert«, wirft mir Mo noch über die Schulter zu, während sie die Küche verlässt.

Einen Moment stehe ich unschlüssig da. Dann lege ich die Scheine behutsam auf die Theke und wende mich dem Kühlschrank zu. Eigentlich hatte ich gehofft, den Rest des Tages erst mal das Chaos und die Neuigkeiten von heute Morgen zu verdauen, aber irgendwie geht es so verwirrend weiter wie zuvor.

Trinken. Erst mal etwas trinken. Dafür bin ich doch eigentlich hergekommen.

Ich öffne den Kühlschrank, ziehe wahllos einen der riesigen Orangensaftkanister heraus und schenke mir ein Glas ein. Dann lehne ich mich gegen die Küchenzeile, und mein Blick wandert wieder zu dem Geld. Als ich das Glas ausgetrunken habe, stelle ich es in die Spülmaschine und greife energisch nach dem Bündel.

Wenn ich Ordnung in das Chaos in meinem Kopf bringen will, muss ich hierbleiben. So viel steht fest. Und dafür benötige ich Klamotten, Badutensilien und alles, was man sonst eben noch so braucht. Falscher Stolz bringt mich kein bisschen weiter.

Ich mache mich auf den Weg zur 7th Avenue.

Es gibt kaum Dinge, die ich weniger gern mache, als einkaufen zu gehen. Die Menschen drängen sich in den Straßen und Geschäften, und das einzige Lächeln, das mir begegnet, ist das der

Mitarbeitenden in den Geschäften – und das wirkt nicht besonders echt.

Mir fällt ein, dass die Menschen hier wie überall unter Albträumen leiden. Vermutlich hätte ich an ihrer Stelle auch keine gute Laune.

Als ich gerade in einer unnatürlich beleuchteten und mit lauter Musik beschallten Umkleide stehe, ruft meine Mutter an.

»Tut mir leid, Schatz. Ich habe das Klingeln nicht gehört. Alles gut bei dir?«, setzt sie an.

»Ja, alles gut«, antworte ich schnell, obwohl mir in dieser Situation allerhand andere Wörter als »gut« einfallen würden, um meinen Zustand zu beschreiben.

Ich ziehe die Hose hoch, die ich gerade anprobiere, und zucke zusammen, als der Bund über eine der Schürfwunden schabt, die ich irgendwann in den letzten Tagen abbekommen habe.

»Das ist schön«, sagt meine Mutter und seufzt. Natürlich hat sie sich mal wieder Sorgen gemacht.

Ich betrachte mein Spiegelbild im weißen Licht der Umkleide und frage mich, was ich meiner Mutter eigentlich sagen will. Bei unserem letzten Gespräch habe ich sie nur angeschrien.

»Freut mich, dass du angerufen hast«, sagt sie in die Stille hinein, und ich kann ihre Anspannung körperlich fühlen. Auch sie denkt vermutlich an unser letztes Telefonat.

»Hast du von dem Mädchen gehört, das sie in die Traumunion aufgenommen haben?«, spreche ich das erste Thema an, das mir einfällt.

»Ja. Aber Sel …«

»Was?«

»Ich würde der Sache nicht trauen.«

»Keine Sorge. Ich habe nicht vor, zu denen zu gehen«, sage ich dumpf. Wenn sie wüsste, wie weit ich nach den letzten Tagen davon entfernt bin, mich an die Traumunion zu wenden …

Ich räuspere mich.

»Mama … Ich war mit Eric unterwegs, heute Morgen. Er hat mir von Papa erzählt.«

Lange bleibt es still am anderen Ende der Leitung. Kurz nehme ich das Handy vom Ohr, um auf das Display zu gucken, aber die Sekunden laufen weiter. In der Umkleide neben mir beginnt sich ein Paar zu streiten, und plötzlich wird mir bewusst, dass mich nur ein dünner Vorhang von den anderen Shoppenden trennt.

»War interessant«, schließe ich lahm. Ich glaube zwar, dass niemand der mich umgebenden Menschen mein Telefonat belauscht, aber ich kann nicht in einer Umkleide mit meiner Mutter über den Tod meines Vaters sprechen.

»Wie geht's dir denn?«, wechsle ich eilig das Thema.

»Gut. Gut.«

Sie klingt erleichtert.

»Hattest du wieder Albträume?«

»Ja. Wie immer. Aber man gewöhnt sich dran.« Sie lacht, und es klingt erschöpft.

»Sag mal …« Ich zögere. »Hast du eigentlich schon mal von einem großen schwarzen Loch geträumt?«

»Ein Loch?«

»Ja. Ist dir so was aufgefallen in Somna?«

»Nicht dass ich wüsste. Es kommt mir alles nur ein bisschen enger und hektischer vor.« Wieder lacht sie auf diese erschöpfte Art. »Aber wenn du wieder da bist, kannst du mir ja neue Träume bauen.«

Etwas an diesem Satz lässt mich innehalten.

»Mama, ich muss los. Ich ruf dich später wieder an, ja? Oder morgen.«

»Äh, okay«, sie klingt überrumpelt, aber ich lasse mir keine Zeit für ein schlechtes Gewissen. Ich verabschiede mich, beende das Gespräch und starre mich anschließend im Spiegel der Umkleide an.

Wäre es möglich, die Löcher einfach mit einer neuen Landschaft zu füllen – so, wie ich für meine Familie schon unzählige Male neue Träume habe entstehen lassen? Dann könnte ich sicherstellen, dass die Tore zerstört werden, ohne Löcher in Somna zu hinterlassen. Ich könnte wunderschöne Landschaften entstehen lassen, noch viel schönere als zuvor. Wieso bin ich da nicht früher drauf gekommen?

Die Hose, in der ich gerade stecke, ist wie immer zu lang. Aber ich habe jetzt keinen Kopf, noch weiter nach Klamotten zu suchen. Wenn ich sie hochkrempele, wird das fürs Erste gehen. Ich werfe sie mir über den Arm und gehe zur Kasse.

Dann eile ich zur nächsten U-Bahn-Station und dränge mich durch die schwitzenden Menschen, um möglichst schnell zurück zum Apartment zu kommen. Ich muss mit Eric reden. Am besten jetzt gleich.

Doch als ich in der WG ankomme, ist Eric nirgends zu entdecken: Weder in seinem Arbeitszimmer noch in der Küche oder im Schlaflabor und auch nicht hinter irgendeiner der anderen Türen, die ich versuchsweise öffne.

Ich treffe nur Denise und lasse eine lange Erklärung ihrer Experimente über mich ergehen, in der Hoffnung, dass Eric doch noch auftaucht, aber das geschieht nicht. Ich kann nicht einmal nach Somna einsteigen, weil sich keiner der Schlafenden in einer Traumphase befindet. Langsam weicht meine Aufregung Frust. Wo kann Eric bloß sein? Mo hatte doch gesagt, dass er das Apartment nie verlassen würde? Hält er sich etwa die ganze Zeit in Somna auf?

Irgendwann betrete ich zum Dutzendsten Mal Erics Büro und bleibe unschlüssig stehen. Das Zimmer liegt in absoluter Stille da; das Fenster mit seinen dicken, zugezogenen Vorhängen hält jedes Geräusch von draußen ab.

Ich gehe darauf zu und ziehe die Gardinen ein Stück zur Seite. Dahinter kommt, wie auch in den anderen Räumen, das Panorama New Yorks zum Vorschein. Hier sieht man direkt auf einen benachbarten Wolkenkratzer, in dem mit Sicherheit unzählige Menschen vor ebenso vielen Computerbildschirmen sitzen.

Ich suche nach einer Möglichkeit, das Fenster zu öffnen und etwas frische Luft in das Zimmer zu lassen, finde allerdings keine. Trotzdem habe ich das Gefühl, dass mich das Tageslicht ein wenig freier atmen lässt. Warum nur hält Eric die Vorhänge immer geschlossen? Zufall? Oder versteckt er sich vor irgendetwas?

Ich wende mich wieder dem Zimmer zu, das in diesem Licht seltsam leer wirkt. Mein Blick wandert von dem altmodischen Schreibtisch zu den Büchern im Regal. Wenn ich schon nicht mit Eric sprechen kann, kann ich vielleicht in seinen Büchern mehr über Somna herausfinden? Meine Schritte klingen dumpf auf dem Teppich, als ich mich dem Regal nähere. Die Wörter auf den Buchrücken leuchten mir geradezu entgegen, locken mich an und zerren mich in unterschiedliche Richtungen. Doch ich weiß genau, mit welchem Buch ich beginnen werde …

Ich greife nach dem Band, den ich schon tags zuvor entdeckt habe, und trage ihn hinüber zum Sofa. Kein Zweifel: Das hier ist eine weitere Kopie des Buches, das ich in der Kiste meiner Mutter gefunden habe. *Somna – Mythen und Sagen der Traumwelt.* Ich lasse die Seiten durch meine Finger gleiten und suche nach dem Kapitel, in dem das Foto meines Vater wie ein Lesezeichen gesteckt hat. *Der Ursprung der Weltentrennung* prangt am oberen Rand der Seite, darunter eine detailreiche Illustration: Ein Mann und eine Frau, nicht unähnlich Adam und Eva, stehen in einem blühenden Garten und sehen empor, über ihnen herrscht Chaos: Fabelwesen mit scharfen Zähnen, schreiende Menschen, die vor den Flammen flüchten … Ich beginne, den dazugehörigen Text auf der nächsten Seite zu lesen:

Einst wandelten auf der Welt nur unsterbliche, körperlose Seelen. Sie lebten in Frieden, bis sich eines Tages zwei der Seelen ineinander verliebten. Mit ihnen hielt das Gefühl der Liebe Einzug in der Welt und sie wurde zu einem schönen, blühenden Ort.

Alle Seelen erkannten das, wurden von Liebe erfüllt und freuten sich. Doch mit der Liebe kamen auch Neid, Angst, Wut und Verachtung und machten die Welt zu einem gefährlichen, unwirtlichen Ort.

Die Seelen mussten mit ansehen, wie ihre Emotionen nach und nach alles zerstörten. Sie wollten sie wieder verbannen, doch es war zu spät. Schon zu tief waren sie im Wesen der Seelen verankert.

Da beschlossen die Seelen die Weltentrennung: In der einen würden sie einen Körper erhalten, eine Hülle, die ihre Emotionen einschloss. Dort, in Corpora, der körperlichen Welt, würden sie zu Menschen werden.

Um ihre Seelen intakt zu halten, mussten die Menschen jedoch regelmäßig ihren Körper hinter sich lassen und nach Somna gehen, die Welt der Träume. Dort konnten die Emotionen freigelassen werden und Ausdruck finden, ohne den Menschen zu schaden.

Um diese beiden Welten zu schützen, wurden tausend Menschen auserkoren. Sie würden ihren Körper niemals verlassen, sondern bewusst in Somna eintreten und dieses zur Sicherheit aller beeinflussen und formen.

Doch für die Weltentrennung zahlten die Seelen einen hohen Preis: Sie wurden sterblich. Denn ihre Hüllen waren nicht ewig haltbar – sie mussten vergehen und wieder neu erschaffen werden. Folglich teilten sie nicht nur die Welten, sondern wurden auch zu Mann und Frau und waren fortan in der Lage, Kinder zu zeugen. Der Kreislauf von Leben und Tod entstand.

Mit der Zeit geriet es den Menschen in Vergessenheit, dass sie ursprünglich ein einziges, unsterbliches Geschlecht gewesen waren und inmitten ihrer Träume in der Allwelt Panthea gelebt hatten.

Irritiert ziehe ich die Stirn kraus. Zwar habe ich schon oft Schöpfungserzählungen gehört, zuletzt jedoch in der Kirche. Und da war es immer Gott, der Corpora und Somna erschuf und die Traumgängergabe vergab. Noch nie habe ich eine Version gelesen, in der die Menschen selbst die Welten getrennt haben, um sich vor ihren Emotionen zu schützen.

Ich blättere weiter, doch hier endet der Text. Stattdessen lese ich eine neue Überschrift: *Die Morphismen.* Darunter sind drei

Gestalten vor einem verworrenen Hintergrund abgebildet. Aber das ist es nicht, was eine Welle der Hitze durch meinen Körper jagt. Jemand hat in einer dünnen, geschwungenen Handschrift etwas direkt über die Köpfe der drei Figuren geschrieben. Ich lese die Worte immer wieder und kann sie doch nicht begreifen.

Ich steht über der rechten Figur. Über der mittleren ist nur ein Fragezeichen notiert und über der linken sind sogar zwei Namen vermerkt. Ich starre darauf hinab.

Theo wurde mit einem etwas dunkleren Stift durchgestrichen, und darüber steht in derselben Handschrift – mein Name: *Selena*.

Fast vergesse ich zu atmen, als ich hektisch auf der gegenüberliegenden Seite nach dem Text suche. Doch dort ist nur eine Geschichte, die nichts mit dem Bild zu tun zu haben scheint. Meine Finger fahren über die Buchmitte und bestätigen meinen Verdacht: Jemand hat die Seite herausgerissen. Was hat das zu bedeuten?

Ich muss Eric finden – jetzt erst recht. Mit einem Ruck fahre ich vom Sofa hoch und verlasse, das Buch immer noch fest im Griff, das Arbeitszimmer.

Erneut durchsuche ich das gesamte Apartment, finde keinen Eric und auch keine Ruhe. Nach einer Weile kehre ich in das Büro zurück, überfliege den Rest von *Somna – Mythen und Sagen der Traumwelt*, ziehe unzählige Bücher aus dem Regal und lese, bis mich Verwirrung und Hunger in die Küche treiben. Doch weder Eric noch Mo tauchen im Apartment auf, und als mich spät am Abend der Schlaf übermannt, liegt *Somna – Mythen und Sagen der Traumwelt* neben meinem Bett.

Die ersten Konturen der Stadt schälen sich aus dem Grau des Morgens hervor, als ich nur wenige Stunden später wieder aufwache. Wenn ich in diesem Schlafrhythmus weitermache, werde ich mich nie an die Zeitverschiebung gewöhnen.

In der Wohnküche koche ich mir Kaffee, für Essen ist es mir noch zu früh. Mit meiner Tasse durchquere ich im Dämmerlicht Erics Büro und öffne die Tür zu der versteckten Treppe.

Ohne große Hoffnung gehe ich nach unten ins Schlaflabor und bin überrascht, als dort Licht brennt. Ich werfe einen Blick durch das in der Tür neben mir eingelassene Fenster. Und da ist er. Eric! Endlich. Ich hole tief Luft.

»Guten Morgen«, flüstert er, als ich die Tür aufdrücke. »Gut geschlafen?«

»Wo warst du?«, bricht es aus mir hervor, und ich muss den Impuls unterdrücken, laut zu werden.

»Was meinst du?«

»Ich habe dich gestern den ganzen Tag gesucht.«

Er macht ein entschuldigendes Gesicht.

»Das tut mir leid. Ich dachte, du bräuchtest ein bisschen Zeit für dich. Da bin ich nach Somna gegangen.«

Ich nehme einen Schluck meines Kaffees und beobachte Eric über den Rand der Tasse hinweg. Schon wieder sieht er müde aus. Hat er gestern noch weitere Tore zerstört? Oder ist es nur die Uhrzeit?

Ich deute auf die schlafende Frau im Bett. Wie alle Probanden ist sie über bunte Kabel mit einem Gerät an der Wand verbunden. »Wolltest du gerade wieder in Somna einsteigen?«

Er nickt.

»Kommst du mit?« Ich lese die Worte eher von seinen Lippen,

als dass ich sie höre, und nicke sofort. Wo könnte ich Eric besser von meiner Idee erzählen als in Somna?

Eric bedeutet mir mit einer Handbewegung, dass er mir den Vortritt lässt, und ich stelle meine Tasse auf dem kleinen Schreibtisch in der Ecke ab. Dann beuge ich mich über die Stirn der Frau, bemüht, dass ihr keines meiner Haare ins Gesicht fällt und sie aufweckt.

Die Welle der Emotionen, die mir entgegenschlägt, lässt sich erst nicht genau greifen, doch dann erkenne ich sie: Sehnsucht und Hunger. Wie immer, wenn ich in Somna eintrete, umhüllt mich Helligkeit.

»Ey, nicht vordrängeln«, höre ich eine tiefe Stimme. Ich öffne die Augen und sehe den beleibten Bauch eines Mannes vor mir.

»Du musst dich hintenanstellen«, brummt er und deutet mit dem klaren Finger eines Träumers auf mich.

»Schon gut«, murmele ich und ducke mich unter seinem Arm hindurch, um aus der Menschenmenge herauszukommen.

Ein paar Schritte weiter werde ich fast von einem unscharfen Auto angefahren, das mit unglaublicher Geschwindigkeit an mir vorbeibrettert.

»Hey!«, schreie ich, obwohl ich weiß, dass das nichts bringt. Dann schaffe ich es, mich umzusehen: Der Parkplatz, auf dem ich stehe, ist voller Menschen und Autos, und über allem liegt eine ohrenbetäubende Geräuschkulisse.

Etwas braust über meinen Kopf hinweg; ich sehe auf und entdecke einen Jet. Wenn ich zuvor noch nicht richtig wach war, so bin ich es jetzt.

Langsam setzt sich das Bild um mich herum zu etwas mehr oder weniger Sinnvollem zusammen. Der Parkplatz gehört zu einem Fastfoodrestaurant, das sich ganz in der Nähe eines Flughafens befindet.

Ich erkenne die Träumerin, in deren Traum ich eingestiegen bin. Mit verklärtem Blick schaut sie zum Gebäudekomplex des Flughafens, als würde sie am liebsten sofort losfliegen. Zu gerne würde ich auf sie zugehen und ihr erklären, dass das hier ein Traum ist und sie jederzeit in ein Flugzeug steigen kann, wenn sie möchte. Aber irgendwie habe ich das Gefühl, dass das keine gute Idee wäre.

Wie zur Bestätigung taucht in diesem Moment Eric neben mir auf.

»Na, du bist ja eine echte Frühaufsteherin«, sagt er grinsend.

»Du aber auch«, gebe ich zurück.

Er zuckt mit den Schultern und betrachtet einen weiteren Jet, der sich über uns hinwegschiebt.

»Morgens sind die Traumphasen am häufigsten«, schreit er mir über den Lärm zu. »Das nutze ich meistens aus.«

»Eric«, brülle ich zurück und entscheide, nicht lange um den heißen Brei herumzureden. »Kann man die Löcher wieder füllen, wenn man die Tore zerstört hat?«

»Was?«

Ich kann das Wort kaum hören. Genervt sehe ich nach oben, konzentriere mich – sofort wird der Jet leiser und dreht ab. Ich grinse. Wie ich Somna liebe!

»Wenn wir die Tore zerstören, warum füllen wir die Löcher dann nicht einfach wieder – mit einer neuen Traumlandschaft? Das würde doch gehen, oder?«

Eric sieht mich begeistert an. »Du hast dich entschieden, die Tore mit mir zu zerstören?«

Ich zucke mit den Schultern. »Ich möchte nichts *zerstören*. Ich will Neues schaffen. Wenn statt der Tore in Somna Landschaften entstehen, *schöne* Landschaften, dann können die Leute weiterhin gut träumen.« So jedenfalls habe ich mir das im Kern in den langen Stunden vorgestellt, die ich gestern allein im Apartment verbracht habe.

Eric sieht mich an, und in diesem Augenblick wünsche ich mir, dass ich seine Gesichtsausdrücke besser lesen könnte. Da geht etwas in ihm vor, hinter den tiefen, grünen Augen, aber ich bin mir nicht ganz sicher, was. Dann lächelt er.

»Okay. Wir können es versuchen.«

»Echt?«, frage ich überrascht. Ich hatte mich auf eine Diskussion eingestellt. Auf tausend Gründe, warum das nicht möglich sei.

»Ja. Lass es uns versuchen.«

Damit schießt er plötzlich in die Höhe und verschwindet über den Bäumen, die den Parkplatz säumen.

»Wie? Jetzt gleich?!«, rufe ich ihm nach, aber er hört mich schon nicht mehr.

Ich seufze und stoße mich ebenfalls vom Asphalt ab. Es tut gut, den gedrängten Parkplatz zu verlassen und die Luft um meinen Körper zu spüren. Wieso die meisten Menschen selbst in ihren Träumen am Boden bleiben, werde ich nie verstehen. Sogar in Somna stellen sie sich an Fastfoodketten an, schauen sehnsüchtig den Flugzeugen hinterher und kommen dabei gar nicht auf die Idee, dass sie jederzeit einfach losfliegen könnten.

Ich rase über die breite Autobahn hinweg, die direkt zwischen dem Fastfoodrestaurant und dem Flughafen liegt, und gestatte mir, die Augen zu schließen. Für einen winzigen Moment fühlt es sich an, als wäre ich auf einem meiner Somna-Ausflüge mit Eleni. Das hier würde ihr gefallen …

Über dem Gelände des Flughafens hole ich Eric ein, und wenig später landen wir auf einem der Terminalgebäude. Von hier oben kann ich die Stadt erkennen, die den Flughafen umgibt und sich bis zum Horizont erstreckt.

»Wo sind wir?«, frage ich.

Eric schaut sich prüfend um. »Gute Frage. Sieht ein bisschen aus wie Chicago, findest du nicht?«

Ich zucke mit den Schultern. Woher soll ich das wissen? Weiter als Athen bin ich in Corpora nie gekommen, und von den USA hat Eleni noch nie geträumt.

»Dann wollen wir doch mal sehen, ob wir hier ein Tor finden«, sagt er, und seine Augen funkeln, als könnte er es kaum erwarten.

»Eric –«, unterbreche ich ihn und warte, bis er mich ansieht. »Bevor wir das machen, habe ich noch eine Frage.«

Er lächelt.

»Frag mich alles, was du möchtest, Selena. Wenn ich die Antwort weiß, werde ich sie dir geben.«

Sofort wendet er sich wieder ab, um die Umgebung nach einem der strahlenden Tore abzusuchen, und ich bin mir nicht sicher, ob er mir wirklich zuhört. Doch ich muss ihn einfach fragen.

»Was sind die Morphismen, und was haben wir und mein Vater mit ihnen zu tun?«

Überrascht sieht er mich an.

»Woher hast du das?«

Fast klingt es anklagend, aber dann erkenne ich die Neugier in seiner Stimme.

»Aus einem Buch. Mein Vater hatte es, und du hast es auch. *Somna – Mythen und Sagen der Traumwelt.* Und in deinem Exemplar …«, kurz zögere ich, plötzlich unsicher, ob ich die Antwort wirklich hören möchte, »standen unsere Namen über einem Bild der Morphismen. Aber der Text dazu war herausgerissen.«

»Ah«, macht Eric und beginnt in seiner Hosentasche zu kramen. Einen Moment später kommt eine Packung Zigaretten zum Vorschein. Er zündet sich eine davon an und inhaliert tief. Es scheint eine Angewohnheit zu sein, um sich zu beruhigen. Aber was macht ihn so nervös?

Er spricht nicht weiter, also hake ich noch einmal nach: »Was sind die Morphismen?«

»Der Morphismus ist eine alte, ausgestorbene Religion«, sagt er schließlich. »Seine Anhänger haben einige der Traumgänger als Götter verehrt. Mit der Aufklärung ist dieser Kult jedoch verlorengegangen.«

Er macht eine Pause und sieht aus, als würde er seine nächsten Worte abwägen. Doch als nichts weiter kommt, kann ich es nicht mehr aushalten: »Das ist alles? Einfach eine heidnische Religion, die die Traumgänger verehrt hat?«

Eric legt den Kopf schief und zieht erneut an seiner Zigarette.

»Ja und nein.«

Wieder scheint er nach Worten zu suchen und keine zu finden.

»Was dann?«, entfährt es mir ungeduldig.

Eric macht ein paar Schritte hin zum Rand des Flachdachs.

Dort lässt er sich auf die Abdeckung einer Belüftungsanlage sinken und bedeutet mir mit einer Geste, mich ebenfalls zu setzen. Zögernd folge ich ihm.

»Diese alte Religion hat eine Sache ziemlich richtig verstanden, Selena. Sie hat geglaubt, dass es etwa eintausend Traumgänger gibt und unter ihnen drei Traum*götter*.« Er macht eine Pause und sieht mich an. »Drei besonders mächtige Traumgänger.«

Damit verfällt er in Schweigen.

»Traumgötter?«, wiederhole ich.

Eric nickt nur. Eine Ahnung zieht in mir auf, und ich bin mir sicher, dass Eric sie in meinem Gesicht ablesen kann.

»Du glaubst, dass du und ich und noch jemand drittes diese Traumgötter sind.« Meine Stimme hört sich fremd in meinen Ohren an, so absurd ist dieser Gedanke.

Langsam nickt Eric.

»So ungefähr. Ich weiß nicht, ob ich so weit gehen würde, uns als Götter zu bezeichnen. Aber du und ich haben definitiv ein paar Fähigkeiten, die andere Traumgänger nicht haben.«

Wieder beginnen sich die Gedanken in meinem Kopf zu drehen.

»Zum Beispiel?«, will ich wissen.

Er lächelt.

»Zum Beispiel das, was ich dir gestern schon erzählt habe.« Er deutet auf etwas, das in der Ferne glänzt, ähnlich einem See, der das Licht der Sonne zurückwirft. Aber ich weiß, dass es kein See ist … Es ist etwas ganz anderes. »Wenn normale Traumgänger versuchen, die Tore zu zerstören, kehren diese immer wieder zurück, sobald sie Somna verlassen. Doch unsere Wandlungen bleiben erhalten.«

Ich ziehe eine Augenbraue in die Höhe.

»Oder die Tatsache, dass wir Dinge aus Somna mitnehmen können. Ich weiß nicht, ob dir das bewusst ist, aber normale Traumgänger sind dazu nicht in der Lage.«

Ich mache ein Geräusch, von dem ich selbst nicht weiß, was es bedeuten soll.

»Und du glaubst, dass mein Vater mir diese …«, wieder zögere ich, »… diese Fähigkeiten übertragen hat?«

Eric nickt.

»Und wer ist der dritte ›Traumgott‹?« Das letzte Wort setze ich mit meinen Fingern in Anführungszeichen. Es klingt einfach zu unglaublich.

»Oder *die* dritte Traumgött*in*«, sagt Eric, hebt eine Augenbraue und lächelt. »Ich weiß es nicht. Theo und ich haben es nie herausgefunden. Aber wir wussten, dass es diese Person geben muss.«

Da fällt mir etwas ein.

»Die haben jetzt ein Mädchen in die Traumunion aufgenommen!«

»Hm«, macht Eric. »Das habe ich auch gehört.«

»Vielleicht ändert sich ja jetzt was.«

Eric lacht, doch diesmal entbehrt der Klang jeder Freude.

»So optimistisch wäre ich da nicht, Selena. Du hast doch am eigenen Leib erfahren, was die Traumgänger der Union mit Traumgängerinnen machen. Das wird sich auch mit dieser Ria nicht ändern.«

Damit steht er abrupt auf.

»So. Wollen wir unsere Götterfähigkeiten mal nutzen und dieses Ding da vorne loswerden?« Das Funkeln ist in seine Augen zurückgekehrt. Er klettert auf den Sims, der am Rand des Daches entlangführt, und stößt sich ab.

Kurz sehe ich ihm nach, wie er über die Landebahn davonfliegt, dann reiße ich mich zusammen. Traumgöttin. Traumgängerin. Was macht das schon für einen Unterschied? Hauptsache, wir können Somna von diesen Todesfallen befreien.

Ich folge ihm über die Landebahnen hinweg und lasse dabei die Flugzeuge unter mir anhalten. Ich habe keine Lust, in dem Getriebe dieser riesigen, stählernen Maschinen zu enden.

Eric setzt auf der Grasfläche am Rande einer Landebahn auf, und ich folge seinem Beispiel. Hier trennen uns nur wenige Meter von dem strahlenden Tor. Unschuldig und schön sendet es sein Licht aus. Mit einem dumpfen Gefühl im Magen betrachte ich die Menschenmenge, die sich um das Tor versammelt hat.

»Also. Willst du es mal versuchen?« Eric sieht mich erwartungsvoll an.

»*Ich* soll das Tor zerstören?«, frage ich, obwohl ich die Antwort bereits weiß.

Eric nickt.

»Wenn du möchtest. Im Grunde ist es nur eine Traumwandlung. Wenn auch eine etwas …«, er zögert, »… anstrengendere.«

Ich lasse meinen Blick über das Tor gleiten – über die runde Form und das kräftige Strahlen, das ich schon dutzende Male in Somna gesehen habe. Entschlossenheit ergreift mein Inneres, als ich in das Licht schaue. Jetzt ist der Moment gekommen, in dem ich mich zumindest ein kleines bisschen für den Tod meines Vaters rächen kann.

»Und danach erschaffen wir eine neue Landschaft?«, versichere ich mich.

Eric lacht auf und breitet die Arme aus, als wolle er alles um uns herum umfassen. »Wenn du willst. Noch viel schöner als es hier jemals gewesen ist.«

Ich grinse und spüre, wie Erics Begeisterung auf mich überschwappt. Dann werde ich wieder ernst, schließe die Augen und versuche, mich zu konzentrieren. Der Wind trägt den Lärm der Stadt an meine Ohren, das Surren der verbliebenen Flugzeuge – aber in mir wird es ruhig.

»Versuch es mit Wut und Eifer«, flüstert Eric.

Ich öffne die Augen.

»Wut und Eifer?«, echoe ich.

Er sieht mich nur an und zuckt dann mit den Schultern. »Die Dinger sind nicht leicht wegzukriegen.«

Ein ungebetener Gedanke schiebt sich in meinen Kopf, während ich erneut die Augen schließe: Werde ich es wirklich schaffen, eine neue Landschaft aufzubauen, die mindestens genauso schön ist wie Traum-Chicago?

Wut und Eifer. Wut spüre ich ganz deutlich. Immerhin besteht kein Zweifel daran, dass ein Tor wie dieses für den Tod meines Vaters verantwortlich ist. Aber Eifer? Bin ich wirklich überzeugt davon, das Richtige zu tun? Da ist plötzlich eine Frage in meinem Kopf, die alles andere überlagert. Erneut öffne ich die Augen.

»Warum gibt es die Tore überhaupt, Eric? Wer hat sie erschaffen?«, platzt es aus mir heraus.

Eine seltsame Abfolge von Emotionen gleitet über Erics Gesicht. Erst sieht er überrascht, dann nachdenklich und dann – als sein Blick abrupt über meine Schulter in die Ferne geht – erschrocken aus.

»Weg hier«, stößt er hervor.

Ich wirbele herum, und sehe, wie jemand auf uns zurast. Drei, nein, vier Gestalten. Als mein Blick auf eines der Gesichter fällt, rieselt Schock durch meinen Körper.

14

Ria

Vielleicht passt es zu meiner Stimmung: Die Welt steht kopf. Ich liege auf meinem Bett und stelle mir vor, wie es wäre, an der Decke zu laufen. Dieses Gedankenspiel habe ich schon geliebt, als ich noch ganz klein war. Immer wenn ich mich gelangweilt habe, habe ich mir ausgemalt, wie viel Platz ich plötzlich in einem Raum hätte, in dem die Möbel über mir hingen und das Einzige, auf das ich aufpassen müsste, die Deckenlampe wäre …

Da klopft es, und mein Zimmer kippt augenblicklich wieder richtig herum.

»Komme«, rufe ich, als ich mich aufrichte, und streife meine Schuhe über. Es geht los!

Nach dem Programm der letzten vierundzwanzig Stunden – dem furchtbaren Videodreh und dem stundenlangen Training mit Paul – kann ich das, was jetzt passieren wird, kaum erwarten.

Trotzdem zögere ich kurz, als ich an der Tür angekommen bin. Die Härte in Pauls Stimme, mit der er vorgestern am Telefon über mich gesprochen hat, kommt mir wieder in den Sinn – und auch Yunus' Warnung.

Doch dann straffe ich die Schultern. Ich bin jetzt ein Mitglied der Traumunion, und sie fördern meine Bekanntheit, die mich laut Yunus so sehr schützt, ja sogar auf ihren Social-Media-Kanälen … Wieso sollten sie mir etwas antun? Ich öffne die Tür und setze ein Lächeln auf.

»Bereit für Somna?«, fragt Paul, der grinsend auf dem Gang steht.

Und wie ich das bin. Jede Faser meines Körpers sehnt sich danach, wieder in die Traumwelt einzutreten.

Wenig später sind Paul und ich auf dem Weg über das Gelände der Union. Als wir am Wohnhaus der Traumgänger vorbeikommen, halte ich Ausschau nach Yunus. Doch auch heute ist er nirgends zu sehen. Ich muss mir eingestehen, dass da ein seltsames Ziehen in meinem Inneren ist, wenn ich an ihn denke. Er fehlt mir. Nicht wegen unserem Moment auf dem Alex. Das war nur ein harmloser Flirt, so viel ist mir mittlerweile klar. Aber ich kann nicht vergessen, dass er der Erste war, der mir geglaubt hat – der in mir die gesehen hat, die ich bin.

»Ria?«

Überrascht sehe ich mich um. Paul wartet ein paar Schritte entfernt und betrachtet mich stirnrunzelnd. Wann bin ich stehen geblieben?

»Ich komme«, sage ich schnell und versuche meine Verlegenheit mit einem Lächeln zu überspielen, während ich zu ihm aufschließe.

Schweigend gehen wir weiter, und ich bin erleichtert, als Paul den Weg durch die Kellergänge wählt. Die Alternative wäre gewesen, den Innenhof vor dem Eingang der Traumunion zu überqueren, und das möchte ich lieber vermeiden.

Obwohl die Testtage vorbei sind, weiß ich nicht, wer sich alles dort aufhält. Was wohl Luisa gedacht hat, als sie mich in ihrem Nachrichtenfeed entdeckt hat? Bei unserer letzten Begegnung hat sie mich so fassungslos angesehen …

Als wir in der Nähe des Foyers wieder aus den Kellergängen auftauchen, kommt uns in der Tat eine Schulklasse entgegen, die gerade eine Führung durch die Traumunion erhält. Ich bemühe mich um einen zügigen Gang und versuche jeden Augenkontakt zu vermeiden. Alles an mir soll signalisieren, dass ich keine Zeit habe und sowieso eigentlich gar nicht hier bin. Paul scheint denselben Gedanken zu haben. Mit eiligen Schritten, und den Blick auf seine Smartwatch gerichtet, läuft er an der Klasse vorbei.

Als wir ein verlassenes Treppenhaus erreichen und den Aufstieg in die Etage mit den Einstiegsräumen beginnen, atme ich erleichtert auf.

»Wir sind heute in der Acht«, sagt Paul, sobald wir das Stockwerk erreicht haben.

Ich folge ihm in das kleine Zimmer, das genau wie alle anderen auf diesem Flur aufgebaut ist: Da ist das Krankenhausbett mit einer Träumerin, die über bunte Kabel an diverse Gerätschaften angeschlossen ist, daneben ein Stuhl und ein Erste-Hilfe-Kasten an der Wand.

Joseph Hoggs steht neben dem Bett, zusammen mit zwei weiteren Traumgängern, von denen mir einer vage bekannt vorkommt.

»Das sind Chester Graham und Matteo Laurenti. Sie kommen heute mit«, erklärt mir Paul.

Ich nicke, da mein Mund zu trocken und meine Kehle zu eng für eine Begrüßung ist. Aber es scheint auch niemand eine zu erwarten. Mir fällt auf, dass jeder der Männer einen Gürtel um die Hüfte trägt, an dem jeweils eine Pistole baumelt. Gerade schnallt Paul sich einen ganz ähnlichen um. Sind diese Waffen mit dem Betäubungsmittel geladen, von dem er mir bei unserer letzten Trainingseinheit erzählt hat? *Debix*, oder so?

»Wenn du wüsstest, wie viele Traumgänger sich freiwillig gemeldet haben, um dich bei deiner ersten Übungspatrouille zu begleiten«, flüstert mir Joseph zu. »Da hätten wir eine ganze Busladung mitnehmen können.«

Ich ringe mir ein Lächeln ab und bin sicher, dass es zu einer nervösen Grimasse verkommt. Aber der Vize-Generalsekretär hat sich schon wieder der Träumerin zugewandt.

»Gut, Jungs. Dann mal los«, sagt er.

Schweigend sehe ich zu, wie sich die Männer einer nach dem anderen über die Stirn der schlafenden Frau beugen, kurz dort innehalten und dann einfach verschwinden. Es sieht aus wie im Fernsehen – oder wie in dem Video auf dem Tempelhofer Feld, das Yunus von mir veröffentlicht hat. Im einen Moment sind sie noch da, im nächsten weg.

Paul gibt mir mit einer Geste zu verstehen, dass er mir den Vortritt lässt. Doch bevor ich mich über die Träumerin beugen kann, berührt er mich am Arm.

»Denk an das, was wir trainiert haben. Bleib einfach ganz entspannt, dann wird nichts passieren. Und wenn doch was ist, sind wir immer in deiner Nähe.«

Er nickt mir bestärkend zu, doch seine Worte haben nicht den Effekt, den er beabsichtigt hatte. Nervosität kriecht in mir empor. Mein Blick bleibt eine Sekunde an der Waffe an Pauls Hüfte hängen. Dann reiße ich mich davon los, hole tief Luft und beuge mich über die Träumerin. Anspannung schlägt mir entgegen, mischt sich mit meinen eigenen Gefühlen. Mit geschlossenen Augen spüre ich, wie sich die Welt um mich herum auflöst, Helligkeit mich umgibt und ich wenig später wieder festen Boden unter den Füßen habe. Erleichterung durchströmt mich: Ich habe es geschafft. Der Einstieg nach Somna fällt mir mit jedem Mal leichter.

Ich blinzele und und stelle fest, dass ich mich auf einem großen, asphaltierten Areal befinde. Ein paar Meter von mir entfernt stehen Joseph, Matteo und Chester und sehen mir entgegen.

Während ich auf sie zugehe, schaue ich mich um. Vermutlich ist das hier ein Fabrikgelände. Große Hallen reihen sich in eintönigem Grau aneinander und zahlreiche Lkws parken vor riesigen Toren. Scharfe und unscharfe Menschen rennen über den Asphalt zwischen den Hallen, so als wären sie vor irgendetwas auf der Flucht.

Jetzt schält auch Paul sich aus der Menschenmenge; die Unruhe scheint ihn ebenso wenig zu verunsichern wie die anderen. Was sie in Somna wohl schon alles gesehen haben?

»Habt ihr schon rausgefunden, wo wir sind?«, fragt er in die Runde.

»Südosteuropa, denke ich«, sagt Chester und tippt auf seiner Smartwatch herum. »Grob Richtung Rumänien vielleicht. Die Ortung ist noch nicht fertig.«

Joseph räuspert sich. »Wie auch immer … Für unser heutiges Ziel ist das irrelevant«, sagt er und lächelt mir zu. »Wir …« Er wird vom Vibrieren seiner Smartwatch unterbrochen.

Auch bei den anderen drei ist das rhythmische Summen der kleinen Geräte zu hören. Gleichzeitig senken sie den Blick auf ihre Handgelenke, und Chester stöhnt genervt auf.

»Na gut«, sagt Joseph, und auch in seinem tiefen Bass schwingt Widerwillen. »Kleine Planänderung.« Er hebt den Kopf, als würde er etwas in der Ferne fokussieren. »Dort hinten steht der Flieger.« Mit dem Finger deutet er auf eine Straße, die zwischen zwei Fabrikhallen hindurchführt. Und kurz frage ich mich, wie er das mit solcher Bestimmtheit sagen kann. Doch dann verstehe ich, dass er eine Traumwandlung ausgeführt haben muss.

Ohne zu zögern, will Paul sich in Bewegung setzen, doch Joseph hält ihn zurück. »Unser eigentliches Ziel bleibt aber natürlich bestehen«, sagt er in die Runde, und ich habe das Gefühl, dass sein Blick dabei kurz an mir haften bleibt. Doch da nicken die Männer schon, und noch bevor sich die Puzzleteile in meinem Kopf zusammensetzen können, gehen wir weiter.

Ich schließe zu Paul auf. »Was ist los? Was machen wir jetzt?«, zische ich ihm zu und versuche mir das schwere Gewicht, das mir vor Unbehagen in die Magengrube presst, nicht anmerken zu lassen.

Paul sieht mich an, ohne seinen Schritt zu verlangsamen. »Jetzt fliegen wir nach Amerika.«

Mein Gesichtsausdruck muss mehr als verständnislos aussehen, denn Paul lacht auf. Und irgendwas hat dieses Lachen an sich – etwas Echtes –, das mich wieder ruhiger werden lässt.

»Okay. Also. Das hier ist eine offizielle Patrouille«, beginnt er zu erklären. »Solche Patrouillen machen wir als Traumkommissare jeden Tag. Dabei haben wir vor allem die Aufgabe, nach illegalen Traumgängern Ausschau zu halten und dafür zu sorgen, dass die Träume der Menschen unangetastet bleiben.« Wir biegen um eine Ecke und gehen nun zwischen den Fabrikgebäuden entlang. »In letzter Zeit gibt es da einiges zu tun. Gerade hat uns zum Beispiel Pritam Bedi geschrieben, dass unser Überwachungssystem verdächtige Aktivitäten in Chicago registriert hat.«

Ich muss fast joggen, so schnell gehen die anderen.

»Also sind da in Chicago illegale Traumgänger?«, keuche ich.

»Das ist es, was wir herausfinden müssen.«

Bevor ich noch etwas fragen kann, kommen wir abrupt vor einem kleinen Flugzeug zum Stehen, und Paul folgt den anderen die Treppe hinauf in den Innenraum.

Ich beeile mich hinterherzukommen.

Im Flugzeug sieht trotz der leichten Verschwommenheit alles mehr oder weniger so aus, wie ich es mir in einem Privatjet vorgestellt habe: Breite Ledersessel sind mit komfortablem Abstand entlang eines Ganges angeordnet, und zwischen zwei von ihnen steht jeweils ein kleiner Tisch. Paul lässt sich in einen der Sessel fallen, und ich wähle den Platz ihm gegenüber.

Ich kann nicht anders. Ich muss lachen.

»Ein Flugzeug?«

Paul scheint meine Frage nicht zu verstehen.

»Ja. Wie gesagt, wir müssen nach Chicago.«

»Aber warum ein Flugzeug? Wir sind doch in Somna. Könnten wir uns nicht einfach dorthin teleportieren?«

Ich verschweige lieber, dass ich eigentlich ganz froh bin, nicht wieder meine fehlenden Flugkünste offenbaren zu müssen. Aber fragen muss ich trotzdem.

Mit einem Surren setzt sich das Flugzeug in Bewegung.

Paul holt tief Luft. »In Somna gibt es so etwas wie Naturgesetze. Eins davon besagt, dass man keine plötzlichen Veränderungen der gesamten Umgebung machen kann. Alles in Somna braucht einen Prozess des Wandels, egal wie kurz er auch ist. Dich aufzulösen und im selben Moment woanders wieder zusammenzubauen funktioniert nicht. Natürlich könnte man versuchen, einfach so schnell wie möglich von einem Ort zum nächsten zu fliegen. Das wäre dann fast wie eine Teleportation. Aber eins kann ich dir sagen: Da brauchst du einen starken Magen.«

Er lacht und sieht aus dem Fenster, als wolle er die Aussicht genießen.

»Und die anderen?«

»Was?«

»Was sind die anderen Naturgesetze?«

Paul sieht sich überrascht zu mir um, dann strafft er zufrieden die Schultern, wieder ganz im Lehrer-Modus.

»Also. Es gibt sieben besonders wichtige.«

Schweigend beobachte ich, wie er sie an seinen Fingern abzählt: »Erstens: Träumer gehen nur mit einer Art Abbild von sich selbst nach Somna. Wir Traumgänger hingegen tun es mit unserem echten Körper. Also können wir uns hier auch wirklich verletzen und wirklich sterben.«

Er hebt einen weiteren Finger. »Zweitens fliegen wir aus Somna raus, sobald unsere Träumerin aufwacht. Wir sind alle an sie gekoppelt. Mal sehen, wie viel Zeit uns heute bleibt.« Er räuspert sich und wirft Joseph einen schnellen Blick zu, bevor er den nächsten Finger hebt. »Drittens: Nur du selbst, die Dinge, die du beim Einstieg direkt am Körper trägst, und alles, was ein Träumer ansieht, sind scharf. Außerdem Klarträumer und andere Traumgänger. Alles andere bleibt verschwommen. Viertens: Du kannst nichts, aber auch gar nichts aus Somna mitnehmen. Fünftens: Alle Veränderungen, die du in Somna vornimmst, lösen sich wieder auf, sobald du die Traumwelt verlässt. Sechstens …«

Er sieht kurz aus dem Fenster, vor dem nun Wolken vorbeiziehen. Das Röhren des kleinen Flugzeugs ist so laut, dass ich mich vorbeuge, um Paul besser zu verstehen.

»Du kannst nur da in Somna einsteigen, wo sich dein Träumer oder deine Träumerin gerade befindet. Erst dann kannst du den Standort wechseln. Und siebtens kennst du ja schon: Mit Traumwandlungen kann man alles machen, was man sich vorstellen kann, sofern du die passende Emotion dafür aufbringen kannst. Man kann auch einen Flug, der in der wachen Welt Stunden dauern würde, auf wenige Sekunden verkürzen.« Da spüre ich, dass das Flugzeug in den Sinkflug geht. Paul lächelt mir zu. »Aber alles braucht einen Prozess.«

Kurz denke ich über das Gesagte nach, versuche mir jede Regel zu merken. Doch noch bevor ich eine weitere Frage stellen kann, geht ein Ruck durch das Flugzeug, der mich gegen den Tisch vor mir knallen lässt. Sicherheitsdurchsagen gibt es auf einem Flug durch Somna wohl nicht.

Irritiert sehe ich durch eines der Fenster: *Chicago O'Hare International Airport* steht in großen Lettern auf einem der Gebäude, an denen wir vorbeirollen.

Kurz darauf kommt das Flugzeug zum Stehen.

Joseph erhebt sich als Erster, öffnet die Tür und tritt ins Freie. Die anderen folgen ihm fast augenblicklich. Auch ich gehe schnell zum Ausgang, während ich mich interessiert umschaue. Ich war noch nie in den USA.

Einmal gab es in meiner Schule einen Austausch nach Wisconsin, aber am Tag des Abflugs bin ich krank geworden und konnte nicht teilnehmen. Ich frage mich, ob dieses Traum-Chicago auch nur im Entferntesten so aussieht wie das echte. Wenn ich Paul und vor allem meiner Erfahrung mit Yunus glaube, dann müsste es zumindest einigermaßen hinkommen.

Die Sonne steht tief über dem Asphalt der Landebahnen und lässt die Karosserien unzähliger Flugzeuge und Fassaden der Terminals glänzen. Menschen laufen überall umher. So etwas ist in der wachen Welt sicher nicht erlaubt. Was machen all diese Leute hier?

Paul winkt mich zu sich. Eilig steige ich die Treppe des Flugzeugs herab und erreiche ihn gerade, als sich die anderen Traumgänger abwenden und in unterschiedliche Richtungen davonfliegen. Ich komme nicht umhin zu bemerken, dass Paul ihnen missmutig nachsieht.

»Wohin gehen die anderen?«, frage ich.

Er wendet sich mir zu und hat dabei seine Mimik schon wieder unter Kontrolle. »Die suchen die Illegalen.«

Ich runzele die Stirn. »Und wir?«

Kurz zögert Paul. »Wir warten.«

»Worauf?«

»Darauf, dass sie zurückkommen«, seufzt er. »Wir wollen dich da erst mal raushalten.«

»Hm«, mache ich und merke, dass ich kurz enttäuscht bin. Aber das Gefühl verschwindet so schnell, wie es gekommen ist. Ich lasse den Blick schweifen. *Somna. Ich bin in Somna.* Bisher hatte ich noch keine Chance, mir diese Tatsache – diese wunderbare Tatsache – bewusstzumachen. Egal, was passiert: Dieses Gefühl der Leichtigkeit, das ich in der Traumwelt verspüre, wird mir niemals abhandenkommen. Hier habe ich die Möglichkeit, alles zu verändern – jederzeit. Es ist berauschend. Wie habe ich nur so lange ohne Somna leben können?

»Ein bisschen die Gegend erkunden, während wir warten, können wir aber schon, oder?«, sage ich in Pauls Richtung, und mein Übermut ist so groß, dass ich keinen Moment bezweifle, dass meine Traumwandlung klappen wird: Zwei Fahrräder erscheinen vor uns. Knallgrün und mit sportlichen, dünnen Reifen – genauso, wie ich mir immer eines gewünscht habe. »Und zwar mit meinem Lieblingstransportmittel«, verkünde ich vergnügt.

Jetzt lacht Paul laut auf, und es ist wieder dieses echte Lachen, dass ihn mir trotz all meinen Zweifeln sympathisch macht.

»Na los. Du hast doch gesagt, dass uns womöglich nicht mehr viel Zeit bleibt.«

Bevor mich der Übermut wieder verlassen kann, packe ich eines der Fahrräder und steige auf. Es ist perfekt auf meine Höhe eingestellt. Kräftig trete ich in die Pedale, fahre einfach los. Paul protestiert nicht, sondern taucht neben mir auf, tief über den Lenker seines Fahrrads gebeugt. Der Ausdruck auf seinem Gesicht lässt mich grinsen.

Wir rasen nebeneinander über die Landebahn, weichen Menschen und Flugzeugen aus, und ich spüre, wie der Fahrtwind an meiner Traumgängerkette zerrt. Das Gras am Rande des Flughafenfelds gleitet an mir vorbei, ohne dass ich irgendeine Anstrengung spüre. Die Tatsache, dass meine Traumwandlung so reibungslos funktioniert hat, lässt die Glücksgefühle nur so durch meinen Körper schießen.

Ich weiß nicht, wie viel Zeit vergangen ist, als ich bemerke, dass Paul nicht mehr bei mir ist. Ein Blick über die Schulter verrät mir, dass er stehen geblieben ist und auf seine Smartwatch sieht. Auf seiner Stirn hat sich wieder die tiefe Falte gebildet. Langsam rolle ich zu ihm zurück und komme neben ihm zum Stehen.

»Matteo hat was«, sagt er nur.

»Wo?«

»Da hinten auf der Landebahn.«

Er deutet in die Ferne.

»Na dann los!«

Ich steige wieder auf und trete energisch in die Pedale. Woher ich diese Bestimmtheit nehme, weiß ich nicht, aber plötzlich ist mir eines bewusst: Ich bin keine Traumgängerin, um mit einem quietschgrünen Fahrrad über irgendwelche Flugfelder zu radeln. Ich habe eine Verantwortung, und die werde ich wahrnehmen.

»Hey, Ria, warte!«, höre ich Paul hinter mir rufen. »Die anderen übernehmen das!«

»Wir können doch helfen!«, brülle ich zurück, ohne mich umzusehen.

Es dauert nur wenige Sekunden, ehe ich ein Knattern hinter mir höre. Paul erscheint an meiner Seite. Er hat sein Fahrrad gegen ein Motorrad mit Düsenantrieb eingetauscht. Sein Blick schwankt zwischen Resignation und … Bewunderung? »Okay.

Gut. Aber dann steig ab. Jetzt nehmen wir mein Lieblingstransportmittel.«

Einen Moment bin ich mir nicht sicher, ob er es ernst meint, aber dann hält er mir einen schwarz glänzenden Helm hin und zuckt mit den Schultern.

»In meiner Familie hat Motorradfahren Tradition.« Wir bleiben stehen, und ich nehme den Helm entgegen, während er sich einen anderen aufsetzt. »Eine der wenigen Familientraditionen, die ich mag.« Ist das Bitterkeit in seiner Stimme? Wieder muss ich an Yunus' Verdacht denken. Was will Paul hier andeuten? Was ist das Geheimnis der Erlbachs?

»Kommst du?«, reißt Paul mich aus meinen Gedanken und bedeutet mir, mich zu setzen. Ich dränge meine Zweifel beiseite und schwinge mich hinter ihm auf den Sitz.

Als Paul Gas gibt, schnellen mein Arme nach vorne und umschließen seinen Oberkörper. Mein Herz pocht, während ich auf den Asphalt ein paar Meter unter uns sehe. Dann wende ich den Blick ab und richte ihn auf Pauls Nacken. Die silberne Traumgängerkette flattert im Fahrtwind um seinen sonnengebräunten Hals. Sollte ich mich lieber woanders festhalten? Da macht die Maschine einen Ruck, und ich rutsche noch näher an Paul. *Vermutlich gibt es keine andere Option, wenn ich nicht runterfallen will.*

Nur wenige Sekunden später wird Paul langsamer und setzt überraschend sanft am Rand der Landebahn auf. Hastig lasse ich ihn los und steige vom Sitz. Ein paar Meter entfernt stehen Joseph, Chester und Matteo. Ich folge ihrem Blick und entdecke einen großen Torbogen, der sich in einiger Entfernung erhebt – gerade so hell leuchtend, dass man ihn betrachten kann, ohne geblendet zu werden. Er ist wunderschön. Verheißungsvoll, elegant und zugleich respekteinflößend. Vor dem Bogen hat sich eine Menschenmenge gebildet, offenbar angezogen von dem Licht. Langsam streife ich mir den Helm vom Kopf. Auch ich kann nicht wegsehen.

»Was ist das?«, murmele ich.

Entweder hört Paul mich nicht, oder er ignoriert meine Frage, denn er geht einfach weiter zu den anderen Traumkommissaren.

Sie wechseln ein paar Worte, und Matteo deutet in Richtung des Tores. Dort, etwas abseits der Menge, stehen zwei Menschen. Auch wenn ich aus der Ferne kaum mehr erkennen kann, als dass sie unterschiedlich groß sind, macht ihre Haltung doch deutlich, dass sie nicht zu den Leuten gehören, die sich wie in Trance vor dem Tor versammelt haben. Sind das die illegalen Traumgänger?

Im Augenwinkel sehe ich, wie Paul ein Fernglas erscheinen lässt und kurz hindurchschaut, bevor er entschlossen nickt. Hastig kommt er auf mich zu und zückt dabei seine Pistole.

»Fliegt schon mal vor. Wir sind direkt hinter euch!«, ruft er und scheint es plötzlich eilig zu haben. In meine Richtung fügt er hinzu: »Los, steig wieder auf! Wir müssen näher ran.«

So schnell ich kann, schiebe ich mich hinter Paul auf das Motorrad. Kaum sitze ich, gibt er Gas, und wir rasen dicht über die Grasfläche neben der Landebahn. Noch ehe ich reagieren kann, löst sich meine Hand vom Helm, und er fällt zu Boden. Mist! Hastig umfasse ich Pauls Körper, als der Sog der Beschleunigung mich nach hinten reißt.

Immer näher kommen wir den beiden Gestalten. Wie erstarrt stehen sie da, dann verschwindet die größere der beiden. Will Paul gar nicht abbremsen?

Und dann passiert alles auf einmal. Mein Blick verhakt sich mit dem der verbliebenen Gestalt, und in ihrem Gesicht spiegelt sich derselbe Schock, den auch ich fühle: Es ist ein Mädchen. Doch bevor ich nur einen klaren Gedanken fassen kann –

Explodiert die Welt.

Es ist, als würden alle Farben und alle Helligkeit in Richtung des Tores gesogen werden. Zurück bleibt etwas, das dichter ist als Dunkelheit, und alle Geräusche verstummen.

Dann erfasst uns eine Druckwelle. Mein Körper knallt gegen Pauls Rücken, als das Motorrad abrupt zum Halten kommt. Einen winzigen Moment lang ist es, als befänden wir uns in einem Vakuum, dann werden wir zurückgeworfen. Pauls Körper rutscht auf mich und drängt mich von der Maschine. Etwas trifft mich in die Seite. Schmerz durchzuckt mich und nimmt meine komplette Wahrnehmung ein. Ich spüre, wie sich meine Finger von Pauls T-Shirt lösen und ich durch die Luft geschleudert werde.

Die Welt um mich herum dreht sich. Ich weiß nicht, wo der Boden und wo der Himmel ist – wenn es sie inmitten all des Nichts überhaupt noch gibt. Kein Laut entfährt mir, kein Schrei.

Dann trifft mich erneut etwas hart und schmerzvoll. Ich schnappe nach Luft, doch da ist keine. Meine Lunge füllt sich mit Wasser. Panik wallt in mir auf. Heiße, ungebremste Panik. So, wie sie nur Todesangst auslösen kann.

Wasser umschließt mich zu allen Seiten. Drückt auf meine Ohren. Fließt in meinen Mund.

Ich folge irgendeinem Instinkt. Woher er kommt, weiß ich nicht, und ich habe auch keine Zeit, darüber nachzudenken. Es ist blinder Überlebenswille, der mich mit ein paar kräftigen Bewegungen die Oberfläche durchbrechen lässt. *Luft.*

Ich huste. Atme. Huste. Sacke wieder ab. Strample mit den Beinen. Meine Seite ist ein einziger Schmerz. Es gibt nichts, an dem ich mich festhalten könnte.

Dunkle Flecken tanzen in meinem Sichtfeld, während ich mich hektisch umsehe. Da entdecke ich in der Ferne das verschwommene Ufer. Es fühlt sich weit weg an. Zu weit weg.

Wieder huste ich und drehe mich unbeholfen um mich selbst. Jäh gleitet ein heißer Schock durch mich hindurch. Am Horizont, ganz in meiner Nähe, endet das Wasser im Nichts. Im schwarzen und zugleich unsichtbaren, im dichten und zugleich leeren Nichts. Es ist mehr ein Gefühl als etwas, das ich wirklich begreifen kann.

Panisch mache ich ein paar Schwimmzüge. Nur weg. Weg von dieser unheimlichen Leere, die an meinem Körper zu zerren scheint.

Da ertönt in meinem Rücken eine Kakophonie an Geräuschen, und ich kann nicht anders. Ich wende mich noch einmal um.

Vor meinen Augen scheint das Nichts zu schmelzen. Etwas, das einer Stadt gleicht, wächst, erhebt sich und schrumpft dann wieder. Ich huste. Das Loch vor mir ist kleiner geworden, in der Entfernung sehe ich nun Häuser und Straßen, wo zuvor nur Schwarz war.

Adrenalin lässt mich handeln, ohne nachzudenken. Nie war ich mir einer Sache sicherer: Ich stelle mir vor, wie die Stadt sich vergrößert, das Ufer näher rückt. Etwas in mir greift nach dem Nichts und lässt Felder entstehen, deren Halme sich sanft im Wind wiegen. Eine Schafherde grast auf einer Weide … Die

Landschaft wächst und wächst, doch es fühlt sich an, als würde ich ein Gummiband zum Zerreisen spannen. Meine Kraft ist am Ende, und ich muss aufgeben, um nicht unterzugehen.

Ein Teil der Landschaft bricht in sich zusammen, als würde er vom Nichts absorbiert werden. Doch das Ufer und die Felder bleiben bestehen.

Ich habe keine Zeit, sie zu betrachten. Eine Müdigkeit hat von meinem Körper Besitz ergriffen, die droht, mich in die Tiefe zu ziehen. Mit letzter Kraft schwimme ich zum nun nahe gelegenen Ufer und robbe auf allen vieren die grasbewachsene Böschung empor. Dann sacke ich schwer atmend auf dem weichen Boden zusammen.

Doch es dauert nur Sekunden, bis mich etwas erneut hochschrecken lässt. Ein Schrei, dessen Sinn ich nicht verstehe. Mein Kopf ruckt hoch, und ich kann das Mädchen erkennen: *Die Traumgängerin. Die andere weibliche Traumgängerin.* Sie ist es, die gerade alles hat explodieren lassen. Da bin ich mir sicher. Und jetzt hat sie es auf mich abgesehen. Mein Puls rast, ebenso wie meine Gedanken, während sie auf mich zurennt.

Und plötzlich weiß ich, was ich tun muss. Schon längst hätte tun sollen.

Ich schließe die Augen und lasse mich davontragen, hinein in das künstliche Licht und die klimatisierte Luft des Einstiegsraumes.

Noch während ich die Augen öffne, verliere ich das Gleichgewicht und falle, nass und erschöpft wie ich bin, auf den harten Linoleumboden.

»Ria!« Jemand ist an meiner Seite und zieht mich nach oben. Ich huste und ringe nach Luft.

»Endlich!«

Paul steht vor mir, zusammen mit Joseph, Chester und Matteo. Ich weiche einen Schritt zurück, um etwas Distanz zwischen mich und ihre erschrockenen Gesichter zu bringen.

Doch Paul lässt mich nicht los. »Wo warst du?« Fast schreit er. Seine Stimme scheint den gesamten Raum zu erfüllen. »Du hättest schon längst wieder da sein müssen. Die Träumerin ist vor über einer Minute aufgewacht.«

Ich antworte nicht, sondern drehe mich zu der Träumerin, die in der Tat aufrecht im Bett sitzt und mich verwundert mustert.

»Ich dachte, du wärst tot«, brüllt Paul, und seine Stimme bricht. »Wo warst du?«

Seine Vorwürfe hängen überall in der Luft und machen mir das Atmen noch schwerer. Joseph greift nach Pauls Arm und zieht ihn von mir weg.

»Lass gut sein, Paul. Wir wissen doch alle, wo sie war.« Joseph sieht mich mit bohrender Miene an. »Ich glaube, wir haben unser Ziel erreicht.«

Jetzt kommt Chester mit offenem Mund auf mich zu. »Sie ist ganz nass«, stellt er unnötigerweise fest.

Zitternd stehe ich da, starre sie alle an und kann nur eines hervorbringen: »Da war eine Traumgängerin. Noch eine Traumgängerin.«

Paul zuckt zusammen, erwidert jedoch mit fester Stimme: »Das ist jetzt nicht wichtig.«

Die Kleidung klebt nass und kalt an meiner Haut. Aber etwas Heißes läuft mir über den Körper. Wut.

»Nicht wichtig?!« All die Zweifel, die Yunus' Warnung und

Pauls Verhalten in den letzten Tagen in mir gesät haben, drängen nach oben. »O doch! Natürlich ist es wichtig! Ihr wollt es mir nur nicht sagen!«

Paul sieht mich bloß an. Offensichtlich weiß er nicht, was er sagen soll. Oder sagen *will.*

»Was soll das hier alles, Paul?« Ich fixiere ihn mit meinem Blick, versuche den Jungen zu erkennen, mit dem ich lachend über die Landebahn des Chicagoer Flughafens geradelt bin. »Was habt ihr mit mir vor? Wer war das gerade in Somna?« Als er weiter schweigt, werde ich laut. »Ich hab verdammt nochmal Antworten verdient!«

Sein Mund öffnet sich leicht, er zögert und schüttelt dann unmerklich den Kopf.

Ich stoße ihn aus dem Weg und bin in zwei Schritten bei der Tür. Ich muss hier raus.

Meine Seite schmerzt, doch ich kann jetzt nicht darüber nachdenken. Keiner der Männer folgt mir, als ich in tropfenden Klamotten den Gang hinunterhumpele. Eine Schulklasse kommt mir entgegen, mehrere Kinder und sogar der Lehrer starren mich an. Sollen sie ruhig. Ich lächle ihnen grimmig entgegen und halte auf das Treppenhaus zu.

Bei jedem Schritt baumelt die Traumgängerkette energisch an meinem Hals.

15

Selena

»Selena!«

Schwindel lässt mich zu Boden stürzen. Ich reiße die Augen auf. Metallene Tischbeine. Eine weiße Wand. Helles, unnatürliches Licht.

»Selena!«

Es ist mehr ein Zischen als ein Flüstern, mit dem Eric meinen Namen sagt. Unsanft zieht er mich auf die Beine, und ich schnappe nach Luft. Ich bin wieder im Schlaflabor.

Wie betäubt lasse ich mich von Eric aus dem Raum und die Treppe hinauf zerren. Mehrfach stolpere ich über die Stufen und meine eigenen Füße, doch Eric zieht mich jedes Mal wieder unsanft hoch. Als sich die Tür des Büros hinter uns schließt, fährt er zu mir herum. »Wo warst du?«, ruft er.

Ich muss daran denken, wie er mich vorhin angelächelt hat, als ich ihm gesagt habe, dass ich mit ihm die Tore zerstören würde. Es war, als hätte ich ihm ein Geschenk gemacht. Von dieser Freude ist nun nichts mehr zu spüren.

»Der Blonde. Das war der Typ«, sage ich atemlos. »Einer meiner Entführer. Und er hatte wieder ein Mädchen dabei.«

Noch immer pumpt der Schock darüber Adrenalin durch meine Adern und hält mich davon ab, vor Erschöpfung zu kollabieren.

Erics Blick wandert über mein Gesicht, als müsste er es neu zusammensetzen. Vermutlich ergeben meine Worte für ihn nicht viel Sinn. Aber nichts in meinem Kopf ergibt gerade Sinn … Es kostet mich alle Kraft, ruhig zu atmen.

»Das war einer der Männer, vor denen Mo mich gerettet hat«, setze ich erneut an, »der auf dem Motorrad. Und er hatte das Mädchen aus der Traumunion dabei – diese Ria! Sie wollten sie bestimmt hinter das Tor stoßen!« Meine Stimme bricht.

Eric weicht zurück und lässt sich auf die Schreibtischplatte sinken. Dann sagt er in einem Ton, der so klingt, als würde er die Antwort nicht hören wollen: »Was hast du gemacht, Selena?«

Jetzt spüre ich Wut in mir hochkochen. Warum will er nicht verstehen, was ich ihm hier gerade sage?

»Ich habe das Tor zerstört! Ich musste doch irgendetwas tun!«

»Du hast das Tor zerstört?«, wiederholt er tonlos. »Haben die Traumkommissare dich dabei gesehen?«

»Das war doch genau das, was du wolltest!«, erwidere ich, ohne seine zweite Frage zu beantworten.

»Ja, aber doch nicht vor den Augen der Traumunion!«, ruft er und springt von der Tischplatte auf. »Haben die gesehen, wie du das Tor zerstört hast?«

»Ja. Klar. Ich lass doch nicht zu, dass sie ein Mädchen umbringen.«

Eric fasst sich an den Kopf und macht ein paar ziellose Schritte. »Verdammt. Selena. Die haben dich gesehen. Und sie wissen jetzt, was wir machen. Ist dir klar, was du da getan hast?«

Er kommt auf mich zu, ungezügelter Zorn auf seinem Gesicht.

»Was willst du eigentlich von mir?«, fauche ich. Ich deute warnend auf ihn, und es fehlt nicht viel, dann würde sich mein Finger direkt in seine Brust bohren. »Du hast mich angelogen!«

Er hat die Dreistigkeit, überrascht auszusehen.

»Von wegen, man kann die Traumlandschaft wiederaufbauen! Ich habe es versucht und habe gerade mal die Hälfte einer Stadt hervorgebracht, den Rest hat das Nichts jedes Mal wieder geschluckt. Da ist immer noch ein riesiges Loch in Somna! Es ist unmöglich, die Löcher wieder zu füllen!«

In mir vermengen sich Frustration und Wut mit der Sorge um dieses fremde Mädchen zu etwas, das mich davon abhält, mich zu beruhigen.

Es sieht aus, als würde die Luft aus Eric entweichen. »Das stimmt nicht, Selena«, sagt er. »Ja, du hast recht. Es ist nicht leicht, die Traumlandschaften wiederaufzubauen. Aber zusammen können wir es schaffen, da bin ich mir ganz sicher. Sobald wir alle Tore zerstört haben, fangen wir damit an. Versprochen. Aber dafür müssen wir Kraft sammeln. Und unerkannt bleiben.« Er atmet tief ein, versucht offensichtlich, sich zu beruhigen. »Wobei es dazu vielleicht schon zu spät ist. Die wissen jetzt, wie du aussiehst.«

»Na und?«, rufe ich trotzig. »Das wussten sie vorher auch. Die haben versucht, mich umzubringen, schon vergessen?«

»Aber jetzt wissen sie, wer du bist. *Was* du bist!«

Fast weiche ich zurück, so erschreckt mich Erics jähe Lautstärke. Es ist, als würde in ihm etwas brodeln, das nun zum ersten Mal an die Oberfläche dringt. Er bleibt direkt vor mir stehen.

»Selena. Die werden dich *jagen.*« Das letzte Wort spricht er langsam aus, betont jede Silbe. »Uns bleibt keine Zeit mehr. Wir müssen die Tore jetzt noch schneller zerstören.«

»Wer sagt, dass ich dir noch immer dabei helfen will?«

Ich sehe ihm ins Gesicht. Etwas dahinter scheint zu arbeiten. Abzuwägen.

»Selena, ich …«

»Was?!«

Es tut gut, das Wort herauszuschreien.

Er schweigt – der Blick gequält, die Lippen stumm aufeinandergepresst.

Ich schnaube.

Gerade als die Stille zwischen uns unerträglich wird, wird die Tür aufgestoßen. Mo steht im Türrahmen und sieht uns prüfend an.

»Alles okay bei euch?«

Ich werfe Eric einen möglichst vielsagenden Blick zu und dränge mich an Mo vorbei auf den Gang, ohne auf ihre Frage zu reagieren.

»Selena«, höre ich Eric in meinem Rücken. »Wo gehst du hin?«

Statt zu antworten, steuere ich auf den Aufzug zu. Ich brauche frische Luft.

»Bleib hier!«, ruft er mir hinterher.

Ich wirbele herum.

»Du hast mir gar nichts zu sagen!«

Damit steige ich in den Aufzug und Genugtuung erfüllt mich, als ich feststelle, dass Eric mir nicht folgt. Er traut sich nicht. Es ist genau wie Mo gesagt hat, er verlässt nie das Apartment. Ich lehne mich an die verspiegelte Wand und versuche, ruhig zu atmen. Wieder muss ich an den Typen auf dem fliegenden

Motorrad denken. Es ist, als hätte sich das Bild in meine Netzhaut gebrannt. Und diese Ria? Schwebt sie wirklich in Gefahr? Oder … Jäh durchzuckt mich ein Gedanke: Kann es sein, dass sie mit diesem Paul unter einer Decke steckt? Habe ich doch zu überstürzt reagiert, als ich das Tor zerstört habe?

Unten angekommen, durchquere ich die Lobby, ignoriere den Gruß des Portiers und trete in die Straßenschlucht vor dem Gebäude. Bereits jetzt am Morgen ist sie erfüllt von einer stickigen Hitze, die aus jeder betonierten Fläche, jedem Auspuff und jeder der unzähligen surrenden Klimaanlagen zu strömen scheint. Es ist wie eine verschwitzte Umarmung, aus der man sich nicht befreien kann. Kurz muss ich innehalten, da mich ein Schwindel erfasst. Dann habe ich mich wieder unter Kontrolle und laufe den Bürgersteig entlang, als hätte ich ein Ziel.

Die Menschen um mich herum tragen verschiedene Grade der Erschöpfung auf ihren Gesichtern. Da sind Businessmenschen in schwarzen Anzügen und Kostümen, die zu ihrem ersten Termin eilen. Da sind Touristen, die mit überforderten Augen die Häuserfassaden betrachten und davon ausgehen, dass man ihnen ausweicht. Da ist der müde Bettler, der dem Strom stumm die Hand entgegenhält.

In New York fühle ich mich, als wäre ich die Zuschauerin eines Films, in dem die Komparsen allesamt die Hauptrolle spielen wollen. Vielleicht ist das der einzige Aspekt, der mir an großen Städten wirklich gefällt. Hier bin ich nicht besonders. Hier bin ich nicht komisch. Hier bin ich keine Traumgöttin, wie Eric es genannt hat. Ich bin einfach nur eine junge Frau, die etwas übermüdet aussieht. So wie alle anderen auch.

»Selena!«

Ich drehe mich um. Mo drängt sich hinter mir zwischen ein paar Menschen hindurch, ihren Rucksack über der Schulter.

Einen Moment zögere ich, aber dann bleibe ich stehen.

»Hey«, sagt sie außer Atem, und wir fallen nebeneinander in einen zügigen Schritt. »Was war denn das da oben?«

Ich zucke mit den Schultern. Ist sie mir nachgelaufen, um mich zurückzuholen? Das kann sie aber so was von vergessen.

»Selena, ich weiß, du willst vermutlich gerade allein sein. Aber ich … Darf ich dich ein bisschen begleiten?«

Ich betrachte ihr Gesicht und mache dann ein Geräusch, das Mo als Zustimmung interpretiert. Überrascht stelle ich nach ein paar Metern fest, dass Mo offenbar nichts sagen möchte. Sie geht neben mir an den Fassaden und Hauseingängen vorbei, überquert mit mir die Straßen, und synchron weichen wir den entgegenkommenden Menschen aus. Ich beginne, mich zu entspannen.

Wir erreichen einen betonierten Platz mit zahlreichen Bänken und wenigen Bäumen, der laut einer Tafel als Park bezeichnet wird. Zwischen den Bänken steht eine Gruppe von Menschen, die Schilder in die Luft halten.

Kurz komme ich ins Stocken, als ich die Worte auf den Schildern lese und höre, was einer der Demonstranten in ein Megaphon ruft: »Wir fordern freie Träume! Wo bleibt die Reaktion der Traumunion? Wo bleibt der Schutz, den sie uns immer versprechen? Was passiert da gerade in Somna? Wer nicht merkt, dass seine Träume manipuliert werden, ist blind! Wir müssen uns wehren! Jetzt! Wir dürfen nicht länger auf die Union vertrauen! Lernt jetzt alle das Klarträumen! Lernt, eure Träume selbst zu lenken. Lernt, euch zur Wehr zu setzen!«

Eine Frau kommt mit einem eifrigen Gesichtsausdruck auf uns zu und drückt mir einen Zettel in die Hand.

KLARTRÄUM-KURS. JETZT ANMELDEN steht in Großbuchstaben darauf.

Ich lächle sie an und beschleunige meine Schritte. Den Zettel werfe ich in den nächsten Mülleimer. Mo folgt mir.

Erst als ich die Rufe der Demonstranten nicht mehr höre, werde ich langsamer. Das Schweigen zwischen Mo und mir ist jetzt nicht mehr angenehm. Das kann ich deutlich spüren. Sie betrachtet mich von der Seite, und ich versuche es zu ignorieren.

Meine Gedanken rasen. *Wer nicht merkt, dass seine Träume manipuliert werden, ist blind!* Plötzlich spüre ich Schweiß aus all meinen Poren drängen.

Wir biegen in eine ruhigere Seitenstraße ein. Mo kickt einen leeren Pappbecher vor uns über den Bürgersteig.

»Was haben Eric und du in Somna gemacht, Selena?«

Ich schlucke. Jetzt sind wir beim Thema. Ich versuche es mit einer Gegenfrage. »Bist du nie mit Eric in Somna?«

Mo zuckt mit den Schultern.

»Doch, schon«, sagt sie und schweigt.

»Dann machen er und ich vermutlich etwas Ähnliches in Somna wie du sonst auch«, versuche ich möglichst überzeugend auszuweichen.

Wieder kickt sie den Pappbecher.

»Wie lange bist du schon bei ihm? Er hat dich adoptiert, richtig?«, frage ich und hoffe, dass meine Ablenkungstaktik funktioniert. Über die Tore reden will ich jetzt nicht.

Mo schweigt, bis wir den Pappbecher erreicht haben und sie ihm wieder einen heftigen Tritt versetzt. Diesmal fliegt er besonders weit und landet auf der Straße, wo er von einem vorbeifahrenden Taxi überrollt wird.

»Ja. Als ich klein war. Aus Japan.«

Irgendetwas lässt mich befangen schweigen. Ja, ich bin ohne meinen Vater aufgewachsen, aber ich hatte immer meine Mutter. Ich wusste, wo ich herkomme. Wie muss es sein, als Adoptivtochter aufzuwachsen?

Jetzt, wo ich darüber nachdenke, fällt mir kein besonders herzlicher Moment zwischen Eric und Mo ein. Plötzlich habe ich den Drang, Mo zu berühren, tue es aber nicht. Sie starrt auf den Asphalt vor uns. Die Stadt um uns herum kommt mir unfassbar laut vor.

»Ich habe einen Job, mit dem ich mein eigenes Geld verdiene«, sagt sie. »Und demnächst habe ich genug gespart, um mir eine Reise nach Japan zu leisten.«

Ich frage sie nicht, warum sie sich die Reise nicht einfach von Eric bezahlen lässt. Stattdessen lächle ich zurück, dankbar, dass sie das Thema Somna hat fallen lassen.

»Wo arbeitest du denn?«

»In einem Laden in Brooklyn. Da wollte ich eigentlich gerade hin.«

»Kann ich mitkommen?«, frage ich, einem Impuls folgend.

Mo sieht mich überrascht an.

»Okay«, sagt sie schlicht. Die Fragen stehen ihr ins Gesicht geschrieben, und ich rechne es ihr hoch an, dass sie keine von ihnen stellt.

Auf viele davon hätte ich vermutlich sowieso keine Antwort gehabt. Zum Beispiel auf die Frage, warum ich mit nach Brooklyn will. Es ist schlicht ein innerer Drang, irgendetwas zu machen, das mich möglichst weit weg vom Schlaflabor und all dem bringt, was ich heute erfahren habe. Zur Hölle mit Eric und seinem »Bleib hier«. Ich mache, was ich will. Und jetzt will ich nach Brooklyn fahren.

»Da lang«, sagt Mo irgendwann und deutet auf den Eingang einer U-Bahn-Station.

Wir laufen die Treppen der Station hinunter, kaufen Tickets und betreten einen der silbernen Wagen, die ratternd vor uns zum Stehen kommen.

Die Fahrt verbringen wir schweigend, und ich bin die meiste Zeit damit beschäftigt, die anderen Fahrgäste zu beobachten. Vermutlich kann mich nichts so gut von meinen kreisenden Gedanken ablenken wie eine Fahrt in der New Yorker U-Bahn. All die unterschiedlichen Gerüche, Farben, Formen und Größen. Ich genieße es, dass niemand mich beachtet. Vielleicht habe ich die wahre Magie von Großstädten bisher unterschätzt. Der Wagen rumpelt in einer ohrenbetäubenden Lautstärke über die Schienen.

Irgendwann gibt mir Mo ein Zeichen, und wir steigen aus. Von der Straße weht uns heiße, abgasschwere Luft entgegen, als wir die Treppe nach oben laufen. Ich blinzele in die Sonne und stelle fest, dass Brooklyn eine ganz andere Atmosphäre verströmt als Manhattan.

Die Straßen sind leerer und die Häuser kleiner, mit ausladenden Feuertreppen. Alles scheint eine Spur langsamer zu sein als auf der Landzunge gegenüber. Und eine Spur weniger perfekt.

In der Nähe ist eine der Wände komplett mit einem farbenfrohen Graffiti bemalt. Ich erstarre. Täusche ich mich oder ist das das Gesicht der rothaarigen Traumgängerin, das dort einen Teil der Wand ziert? Hastig wende ich den Blick ab, doch es fühlt sich an, als hätten sich die Augen des Mädchens in mich gebohrt. Ein Graffiti. Es ist nur ein Graffiti. Ich sehe schon Gespenster. Ohne mich noch einmal umzudrehen, folge ich Mo um eine Ecke.

Vor einem vergitterten Ladenfenster bleibt sie stehen, geht in die Hocke und zieht einen Schlüssel aus der Tasche. Ratternd saust das Gitter nach oben und legt eine gläserne Ladentür frei.

Mo schließt die Tür auf, und ein Geruch strömt mir entgegen, den ich nicht ganz zuordnen kann. Ich bleibe am Eingang stehen und schaue mich verblüfft um. Erst jetzt entdecke ich den großen Schriftzug, der auf dem Schaufenster prangt: *Radical Records.*

Ich betrete die knarzenden Dielenbretter des Geschäfts. Der Raum ist über und über mit Kästen vollgestellt, in denen sich Schallplattenhüllen aneinanderschmiegen.

Mo knipst das Licht im hinteren Teil des Ladens an. Es erhellt eine altmodische Theke und ein paar verblichene Autogrammkarten, die gerahmt und verstaubt an der backsteinernen Wand hängen.

Ich drehe mich einmal um mich selbst und lasse den Blick über die unzähligen Schallplatten und die offenbar vor Jahrzehnten geschriebenen Preisschilder gleiten. Ich muss an das schicke, moderne Apartment denken, in dem Mo und ich wohnen. Dieser Laden könnte nicht gegensätzlicher sein.

»Du arbeitest in einem Plattenladen?«, frage ich.

Mo grinst.

»Ja. Aber mal sehen, wie lange noch. Eddy, der Besitzer, hat es nicht so mit wirtschaftlichen Überlegungen. Ich habe ihm schon öfter vorgeschlagen, hier ein Café reinzunehmen. Aber er sagt, er wäre zu alt für so was. Jetzt mache ich den Laden einfach ein paar Mal die Woche auf, und wenn Eddy kann, gibt er mir dafür ein bisschen Lohn.«

»Wieso suchst du dir nicht einen anderen Job? Wäre doch besser zum Sparen, oder?«

Mo sieht sich um. Fast wirkt sie verlegen, und plötzlich habe ich das Gefühl, dass ich in etwas sehr Privates vorgedrungen bin. Als hätte Mo mit unserer Fahrt nach Brooklyn eine unsichtbare Hülle abgestreift, unter der eine andere, sehr vertraute Mo zum Vorschein kommt.

»Ich weiß nicht.« Sie scheint ernsthaft nachzudenken. »Ich liebe die Atmosphäre hier einfach. Die Platten … Es ist schön zu wissen, dass überall im Raum die Stimmen von Menschen lagern, die schon längst nicht mehr am Leben sind. Ihre Texte, ihre Melodien und ihre Stimmen sind für immer in die Platten gepresst. Auch wenn sie selbst nicht mehr da sind.« Kurz scheint Mo wieder abwesend zu sein. Dann lächelt sie mich an. »Mit digitaler Musik ist das einfach nicht dasselbe.«

Ich nicke, obwohl ich mir nicht sicher bin, ob ich wirklich verstehe, was sie meint.

»Weißt du«, Mo hantiert mit einer alten Kaffeemaschine hinter der Theke, »manchmal denke ich mir, dass der Tod gar nicht so schlimm sein kann, wenn diese ganzen tollen Künstler schon tot sind. Die warten dann da. David Bowie. Aretha Franklin. Elvis Presley.« Sie nickt zu den Platten herüber. »Darum bin ich so gerne hier.«

»Du bist echt seltsam, Mo«, sage ich und muss lachen.

Sie grinst, und mir fällt wieder auf, dass sich ihr Gesicht verändert, wenn sie das tut. Sie wirkt freier, leuchtender, schöner.

Mit einer Kanne in der Hand geht sie durch einen löchrigen

Türvorhang, und ich höre, wie sie im Hinterzimmer Wasser in die Kanne füllt.

»Willst du einen Kaffee?«, ruft sie.

»Gerne!«

Sie kehrt zurück und füllt das Wasser in die Kaffeemaschine. Röchelnd und zischend beginnt das Gerät zu arbeiten.

»Milch? Zucker?«

»Nee, danke. Schwarz.«

Ich gehe im Raum auf und ab. Draußen fährt hupend ein Auto vorbei. Mo kommt hinter dem Tresen hervor, zwei Klappstühle unter dem Arm.

»Hier. Stell die mal draußen auf.«

Ich nicke und bugsiere die Stühle vor das Schaufenster.

Mo schiebt einen Ständer mit Schallplatten vor die Tür, verschwindet wieder und kommt schließlich mit zwei randvollen Tassen zurück. Eine davon drückt sie mir in die Hand, bevor sie an einer Stange kurbelt und sich der Schatten einer Markise über uns legt. Vorsichtig lasse ich mich auf einem der Klappstühle nieder und nippe an dem heißen Getränk. Der Kaffee ist stark.

»Soll ich dich eigentlich Selena oder Sel nennen?«

Überrascht sehe ich Mo an.

»In Somna habe ich gehört, wie die Leute dich Sel genannt haben. Deine Cousine zum Beispiel. Stimmt doch, oder?«

Unangenehm senkt sich das Bewusstsein auf mich herab, dass Mo mich bereits über Jahre in Somna beobachtet haben muss. Genau wie Eric.

»Ist mir egal«, sage ich schnell. »Nenn mich, wie du willst!«

Mo nickt. »Sel gefällt mir. Oder Selly. Was hältst du davon?«

Fast verbrenne ich mich am Kaffee.

»Nee. Also Selly wirklich nicht. Nein.«

Mo lacht und hebt entschuldigend die Hand. »Okay, okay. Schon verstanden. Alles, nur nicht Selly.«

Trotz meiner verbrühten Zunge trinke ich einen weiteren Schluck Kaffee, um die seltsame Verlegenheit zu überspielen, die ich plötzlich spüre.

»Und du? Ist Mo eine Abkürzung?«

Mir fällt auf, dass ich kaum japanische Namen kenne und schon gar nicht solche, für die sich Mo als Abkürzung eignen würde.

»Ja. Für Morgan.«

»Morgan?«

»Ja.«

Man muss meinem Gesicht die Überraschung angesehen haben, denn Mo fährt fort: »Den Namen habe ich mir selbst gegeben, als ich nach New York gekommen bin.«

Wieder bekomme ich dieses dumpfe Gefühl, dass da so viel mehr in den Sätzen mitschwingt als das, was Mo sagt.

»Wieso Morgan?«

»Wegen Morgan le Fay.«

Verwirrt ziehe ich eine Augenbraue nach oben.

»Die Magierin aus der Artussage.«

Ich nicke langsam, aber wirklich verstehen tue ich es nicht. Mo zuckt mit den Schultern.

»Die mochte ich einfach schon immer. Eine Frau, die anders ist als die anderen. Und trotzdem steht sie zu sich und weiß, was sie will.«

Ich lächle und stelle mir eine kleine, ernste Mo vor, die die Artussage liest und sich von der starken Magierin inspirieren lässt.

Dann sehe ich eine andere Mo vor meinem inneren Auge. Die Mo, die an meinem ersten Abend in New York meinte, dass sie, Eric und ich alle nicht normal seien. Vielleicht war das auch ein Grund, weswegen ich hiergeblieben bin.

Wir nippen an unseren Kaffees.

»Hast du schon mal andere kennengelernt? Also andere Mädchen wie uns, die traumgehen können?«, frage ich.

»Nee. Nur dich und dieses Mädchen, das bei der Traumunion aufgetaucht ist. Wobei ich die natürlich nur aus den Medien kenne.«

Wir schweigen. Ich muss an das Gesicht der Rothaarigen denken, wie sie hinter diesem Paul auf dem Motorrad saß. Wie es ihr jetzt wohl geht?

»Was, meinst du, haben die mit ihr vor?«

Mo sieht mich über ihre Kaffeetasse hinweg an.

»Keine Ahnung. Aber ich glaube nicht, dass es irgendetwas Gutes bedeutet.«

»Hm«, mache ich und frage mich, ob ich Mo von meinem Besuch in Somna heute Morgen erzählen soll. Aber wo sollte ich anfangen? Bei den Toren? Beim Morphismus und meinen Fähigkeiten als Traumgöttin? Bei dieser Ria Maywald und dem Blonden?

»Irgendetwas verändert sich gerade«, sagt Mo in das Geräusch eines vorbeifahrenden Autos hinein. »Somna wird immer hektischer und voller. Es wird gefährlicher. Alle merken das. Die Menschen haben so oft Albträume. Etwas gerät total aus den Fugen.«

Ich verschlucke mich und muss husten.

»Geht's?«

Ich nicke und räuspere mich mehrmals.

Mo richtet den Blick auf den Asphalt, und eine Düsternis liegt darin, die sich wie eine Anschuldigung anfühlt. »Hast du gelesen, wie viele Unfälle es allein in den letzten Tagen gab? Die Menschen sind völlig übernächtigt.«

Trotz der Hitze läuft mir ein kalter Schauer über den Körper.

Ich wende mich ab und beobachte eine Taube, die sich auf der anderen Straßenseite niederlässt. Dabei spüre ich Mos nächste Frage in der Luft und will sie nicht hören. Und gleichzeitig kann ich nicht anders als hier sitzen und warten, dass sie sie endlich stellt.

»Sel?« Mos Stimme klingt eindringlich, obwohl sie gedämpft spricht. »Ist es Eric, der Somna verändert? Was ist vorhin passiert dort drüben? Warum habt ihr gestritten?«

Ich sehe sie an. Der Blick ihrer dunklen Augen tanzt zwischen meinen hin und her, als könnten sie mich so dazu bringen, alles abzustreiten. Als würde sie am liebsten aus mir herauspressen, dass ich nichts mit den Veränderungen zu tun habe. Dass Eric nichts tut, was außergewöhnlich wäre. Aber im selben Moment weiß ich, dass das eine Lüge wäre. Und etwas sagt mir, dass ich Mo nicht anlügen kann.

»Wie kommst du darauf?«, versuche ich auszuweichen.

»Er ist komisch in letzter Zeit. Er ist immer länger in Somna unterwegs. Manchmal glaube ich, dass er nur noch zum Schlafen ins Apartment zurückkommt.« Sie sieht mich eindringlich an, und mir fällt auf, wie dunkel ihre Augen sind. Nur leicht zeichnet sich der Unterschied zwischen Pupille und Iris ab. »Also. Was treibt er da? Weißt du was?«

Ich zögere und sage dann schließlich das Einzige, was ich in diesem Augenblick sagen kann: »Er … zerstört die Tore. Und er hat mich gebeten, ihm dabei zu helfen.«

»Die Tore«, wiederholt Mo langsam, spricht jedoch nicht weiter.

»Ja. Es sind Todesfallen. Man stirbt nicht nur, wenn man hindurchgestoßen wird. Sie locken die Menschen geradezu an und lassen sie freiwillig in den Tod gehen.« Ein vorbeilaufender Passant sieht mich irritiert an.

»Hm«, macht Mo nur und wirkt nicht überrascht.

Eine Weile sitzen wir einfach da.

»Und machst du mit?«

Ich sehe zu ihr auf.

»Was?«

»Na, wirst du ihm helfen, die Tore zu zerstören?«

Ich schüttele den Kopf. »Ich weiß es nicht.«

Wieder umhüllt uns Schweigen.

Ich habe das Gefühl, dass ich noch etwas sagen muss. Etwas, um mich zu erklären.

»Eigentlich wollte ich ihm helfen. Unschuldige Menschen sterben in den Toren«, sage ich. »Aber …« Ich zögere. Mo mustert mich, und ich kann den Ausdruck auf ihrem Gesicht nicht deuten. »Aber wenn man die Tore zerstört, verschwindet mit ihnen jedes Mal ein großes Stück von Somna.«

Noch immer sagt Mo nichts, trinkt einen weiteren Schluck von ihrem Kaffee.

»Aber glaubst du nicht, dass es einen Grund gibt, warum die Tore existieren?«, fragt sie schließlich leise, und ich bin überrascht, keine Entrüstung oder sonstige Regung in ihrer Stimme zu hören. »Bist du dir sicher, dass sie schlecht sind?«

Jäh spüre ich Ärger in mir hochkochen.

»Natürlich sind sie schlecht. Die Traumgänger der Union wollten mich damit umbringen. So viele Menschen sind schon darin gestorben!«

Ich sage nichts von meinem Vater, doch vor meinem inneren Auge sehe ich ihn langsam in den Strahlen verschwinden. Habe ich es so oder so ähnlich wirklich erlebt?

Mo macht eine abwehrende Handbewegung.

»Ich frage ja nur. Es muss schließlich einen Grund geben, warum es sie gibt.«

»Ja. Aber das muss ja kein guter Grund sein«, gebe ich patzig zurück.

Eine Passantin bleibt an den Schallplatten stehen, und Mo erhebt sich, um ihr in den Laden zu folgen.

Tief atme ich den Duft des Kaffees ein, doch er bringt keine Klarheit. Ich habe ja auch keine Ahnung, woher die Tore kommen. Aber mein Vater wollte, dass ich sie zusammen mit Eric zerstöre. Das jedenfalls behauptet Eric. Und meine Mutter sagt, dass mein Vater wollte, dass ich zu Eric gehe und ihm helfe. Schulde ich es ihm nicht, diesem Auftrag nachzukommen? Zugleich nagt der Zweifel an mir: Wird Eric sein Wort halten und Somna im Anschluss gemeinsam mit mir wiederaufbauen? Ist es das Risiko wert? Und was ist, wenn die Traumunion mich jetzt wirklich jagt, so wie Eric behauptet? Sollte ich mich dann nicht lieber bedeckt halten? Doch gleichzeitig scheine ich einer der wenigen Traumgänger zu sein, die die Tore überhaupt zerstören können – sofern ich Eric Glauben schenke. Muss ich diese Fähigkeit nicht nutzen?

Gerade, als meine Gedanken anfangen, sich immer schneller im Kreis zu drehen, kommen Mo und die Frau wieder aus dem Laden. Sie verabschieden sich, und Mo lässt sich auf den Klappstuhl neben mir fallen.

»Hat Eric dir schon mal was von den Morphismen erzählt?«, frage ich, weil ich die Frage nicht zurückhalten kann.

Sie runzelt die Stirn.

»Von den Morphismen?«

Ich nicke. Mo kaut auf der Unterlippe.

»Nee. Was ist das?«

»Ach. Nur was, das Eric erwähnt hat.«

Mos Biss auf ihrer Unterlippe wird fester.

»Da habe ich noch nie von gehört. Hat Eric nie erwähnt … mir gegenüber jedenfalls.«

Da schwingt etwas in ihrer Stimme und der Art, wie sie jetzt den Blick abwendet, mit, und wieder frage ich mich, was für ein Verhältnis Mo und Eric eigentlich haben.

»War auch nichts Wichtiges«, sage ich schnell.

»Egal was du tust, Selena«, sagt Mo schließlich leise und zögert. »Bitte mach Somna nicht kaputt. Die Menschen brauchen die Traumwelt. Ich brauche die Traumwelt. Wenn Eric Somna zerstört, dann müssen wir ihn aufhalten.«

Sie sieht mich an, lange, fast flehend. Ich schlucke.

»Sel.« Die Silbe klingt in ihrem Mund wie etwas Schweres, Bedeutsames. »Bitte. Lass die Tore stehen. Ich weiß, dass Eric eine Macht hat, die er eigentlich nicht haben dürfte. Und du hast sie, glaube ich, auch. Aber nutze sie nicht *dafür*. Zumindest nicht, solange du nicht weißt, was genau du tust. Du bringst dich und die ganze Welt in Gefahr.«

Ich will widersprechen, will ihr sagen, dass sie keine Ahnung hat. Dass ich einen Weg finden werde, die Tore zu zerstören und Somna wiederaufzubauen. Dass ich verhindern muss, dass Menschen wie mein Vater weiterhin sterben oder Menschen wie ich und diese Ria von Traumgängern hinter die Tore gestoßen werden. Dass ich die Aufgabe erfüllen muss, die mein Vater mir hinterlassen hat.

Aber in meinem Kopf hängen die Schlagzeilen der letzten Tage – die Nachrichten über all die Verkehrstoten und Unfälle. Mos trauriger Blick. Und das Wissen, dass sie recht haben könnte … Ich stehe auf. Plötzlich kann ich ihre Nähe nicht mehr aushalten.

Behutsam stelle ich meine Tasse neben Mo ab, als wäre es eine wichtige Geste. Vielleicht ist es das auch.

»Ich denke darüber nach. Danke für den Kaffee.«

Meine Kehle schnürt sich zu, und ich wende mich ab. Ich werde zurück nach Manhattan laufen. Auch wenn ich dafür vermutlich Stunden brauchen werde.

16

Ria

Ich schlüpfe in ein trockenes T-Shirt und lasse mich aufs Bett sinken. Bei jedem Atemzug geht ein schneidender Schmerz durch meine rechte Seite. Was hat mich da an den Rippen getroffen? War es das Motorrad? Der Aufprall auf dem Wasser? Behutsam ziehe ich den Stoff nach oben, um die Prellung ein weiteres Mal zu begutachten. Die rote, geschwollene Stelle ist heiß, als hätte jemand eine glühende Kugel unter meine Haut geschoben. Vermutlich müsste ich die Verletzung kühlen. Aber das Badezimmer ist so weit weg und die Küche noch viel weiter. Das Bett muss also reichen. Stöhnend schiebe ich mich nach hinten in die Kissen. Gerade betaste ich erneut die Prellung, als die Tür aufgerissen wird. Schnell ziehe ich das T-Shirt wieder über meinen Bauch.

»Paul!«

»Sorry.« Er verharrt, eine Hand noch immer auf der Türklinke. »Ich wollte dich nicht erschrecken.«

»Was willst du?«

»Ich wollte nur nachsehen, ob bei dir alles okay ist … Gut, dass du hier bist.« Er wirkt merkwürdig erleichtert.

»Wo sollte ich denn sonst sein?«

Paul zuckt mit den Schultern, schließt übertrieben vorsichtig die Tür und kommt dann langsam auf mich zu, jeder Schritt eine Frage.

Ich muss daran denken, wie er mich vorhin im Einstiegsraum angeschrien hat. Daran, wie ich ihn habe stehen lassen und er mir nicht gefolgt ist. Daran, wie ich klitschnass und mit erhobenem Haupt quer über das Gelände der Traumunion gehumpelt bin.

Jetzt lässt Paul sich langsam neben mir auf die Matratze sinken.

»Ria … Ich … Es tut mir leid …«

Ich hebe die Brauen und warte, dass er mir erklärt, was *genau* ihm denn leidtut. Aber da fällt sein Blick auf meine Seite, die ich noch immer schützend mit den Händen bedecke.

»Bist du verletzt?«

Ich merke, wie mein Hals zu kribbeln beginnt. Was hat er gesehen, bevor ich das T-Shirt runtergezogen habe?

Sein besorgter Gesichtsausdruck bringt meine Selbstkontrolle ins Wanken, doch ich schaffe es, mit fester Stimme zu sagen: »Ja, aber es ist nur halb so schlimm.«

Fragend streckt er die Hände nach meinem T-Shirt aus. »Darf ich mal sehen?«

Ich zögere. Das Misstrauen gegenüber Paul und der Wunsch, den Schmerz in meiner Seite zu lindern, kämpfen in meinem Inneren um die Oberhand. Paul lässt die Hände sinken und betrachtet mich – resigniert? Traurig? Gekränkt? Irgendetwas an seinem Gesichtsausdruck lässt mich einknicken. Ich halte die Luft an und schiebe mein Shirt nach oben, gerade weit genug, dass er die Schwellung an meinen Rippen sehen kann.

Scharf zieht er die Luft ein. »Da lassen wir lieber mal einen Arzt draufgucken.«

Schon tippt er auf seiner Smartwatch herum.

»Gleich sollte jemand kommen.«

Ich nicke, und in der Tat fliegt in diesem Moment erneut die Tür auf. Doch es ist kein Arzt. Wolfgang Erlbach taucht im Türrahmen auf – Luisas Vater, den ich bereits einmal in Giacomos Büro gesehen habe. Kurz steht er da, starrt uns nur an. Dann kommt er mit schnellen Schritten auf mich zu.

»Ist sie es, Paul?«

Die Stimme des großen Mannes dröhnt durchs Zimmer. Hastig ordne ich mein T-Shirt und schiebe mich in den Kissen nach oben.

»Bin ich was?«, frage ich.

Paul steht auf. »Wolfgang. Was machst du hier?«

»Ich habe gehört, was passiert ist. Ist sie es?«

Pauls Blick fällt auf mich, und kurz sehe ich Bedauern darin.

»Vermutlich.«

»Bin ich was?«, wiederhole ich, diesmal lauter.

Doch die beiden reden einfach weiter, als wäre ich gar nicht da. »Wissen die anderen schon Bescheid? Die Briten? Die Italiener? Die Amerikaner?«

Paul nickt.

»Klar, die waren ja mit dabei. Du kennst die Abmachung. Das läuft jetzt nach Protokoll.«

Wolfgang Erlbach betrachtet mich, und etwas liegt in seinem Ausdruck, das ich nicht ganz zuordnen kann. Als würde er gegen den inneren Drang ankämpfen, mich zu greifen und mit sich zu zerren. Am liebsten würde ich aufstehen und ihn aus meinem

Zimmer werfen. Aber meine schmerzende Seite lässt mich bleiben, wo ich bin. Feindselig starre ich zurück.

»Wolfgang. Lass uns das draußen besprechen.«

Paul legt einen Arm auf den Rücken seines Onkels, als wolle er ihn sanft zur Tür schieben, aber der ältere Traumkommissar bewegt sich nicht. Er starrt mich noch immer an und Kälte durchläuft meinen Körper.

In diesem Moment vibriert etwas. Da ich kein Handy mehr habe, kann es nicht meines sein. Paul lässt seinen Onkel los, zieht ein Smartphone aus der Tasche und hält Wolfgang Erlbach das Display hin.

»Das beantwortet wohl die Frage, ob die anderen bereits Bescheid wissen.«

Er hält sich das Gerät ans Ohr.

»Hallo, Giacomo. Ja, genau. Die ist in ihrem Zimmer.«

Mit diesen Worten geht er auf die Tür zu und bedeutet seinem Onkel, ihm zu folgen.

»Hey«, rufe ich ihnen hinterher. Paul hält inne und sieht sich zu mir um.

»Moment, Giac«, sagt er und fügt dann in meine Richtung hinzu: »Gleich kommt ein Arzt zu dir. Warte einfach hier, ja?«

Noch bevor Paul die Tür hinter sich und seinem Onkel schließt, spüre ich, wie Wut in mir aufsteigt. *Schon wieder.* Er übergeht mich schon wieder. Als ob ich ein kleines Kind wäre … Worüber haben die beiden gerade geredet? Warum hat mich Wolfgang Erlbach auf diese seltsame Art angesehen? Abermals pocht Yunus' Verdacht in meinem Kopf, stärker und drängender denn je.

Dann höre ich Stimmen vor der Tür. Laute Stimmen, die nicht

nur von Paul und Wolfgang Erlbach stammen können. Sie sprechen Englisch.

Was zum Teufel ist hier los?

In diesem Moment übertönt Paul sie alle: »Niemand geht da rein. Wir klären das so, wie es vereinbart wurde!«

Noch bevor ich verstehe, was passiert, höre ich, wie sich ein Schlüssel im Schloss dreht. Heißer Schock fährt durch mich hindurch.

»Hey!«, rufe ich wieder, und diesmal springe ich in der Tat vom Bett auf. Kurz bleibt mir vor Schmerz die Luft weg, aber ich muss zur Tür. Haben die mich gerade wirklich hier eingesperrt?

Hektisch rüttele ich an der Klinke. Die Tür lässt sich nicht öffnen.

»Lasst mich raus!«, brülle ich. Doch die Schritte und Stimmen entfernen sich.

Ich fahre herum. Kalte Angst, wie ich sie so noch nie gespürt habe, wächst in meinem Inneren. Übertüncht alle Erschöpfung.

Jetzt ist es also so weit gekommen. Werden sie mich jetzt verschwinden lassen? Genau, wie Yunus es befürchtet hat? Was auch immer hier vorgeht, ich bin hier nicht mehr sicher.

Mein Blick fliegt durch das Zimmer.

Kurz zögere ich, dann stürze ich zum Fenster, öffne es und schaue hinaus. Bis zum Boden sind es deutlich weniger als drei Meter. Ein Beet mit aufgelockerter Erde schmiegt sich an die Hauswand. Wenn ich mich abrolle, sollte ich das schaffen. Hastig ziehe ich mir Schuhe an und greife nach meinem Geldbeutel. Dann schiebe ich den Sessel zurecht, steige auf das weiche Polster und setze einen Fuß auf den Fensterrahmen. Meine Rippen pulsieren, und ich hole tief Luft, um mich auf den Schmerz vorzubereiten, den der Sprung auslösen wird.

Aber mein Entschluss steht fest. Ich werde mich nicht einsperren lassen. Von niemandem. Nicht von der internationalen Traumunion. Und schon gar nicht von Leuten, die mich mit einem so habgierigen und grausamen Ausdruck auf dem Gesicht ansehen wie Wolfgang Erlbach.

Ich schwanke leicht, und als ich mich durch das enge Fenster zwänge, bleibe ich an einem Scharnier hängen. Ich befreie mich ruckartig und stoße mich ab.

Ein Reißen durchzieht meinen Körper, als ich unten aufkomme und mich abrolle, doch ansonsten scheine ich mich nicht verletzt zu haben. Schwer atmend liege ich da, bis der schlimmste Schmerz verebbt ist.

Dann sehe ich mich um. Das Gästehaus liegt ganz am Ende des Geländes, in der Nähe der backsteinernen Mauer, die den Komplex der Traumunion umgibt. Ich bin allein. *Und jetzt?*

Humpelnd gehe ich los, und noch während ich an der Rückseite des Gebäudes entlangschleiche, formt sich ein Plan in meinem Kopf.

Ich schlucke und versuche meine Erschöpfung wegzublinzeln, denn mir ist klar: Wenn ich damit durchkommen will, muss ich so selbstbewusst wie möglich aussehen. Nicht gerade meine Stärke. Aber wenn ich es jemals schaffen kann, dann jetzt, wo das Adrenalin durch meine Adern pumpt und die Männer, die mich eingesperrt haben, meine Flucht noch nicht bemerkt haben.

Sobald ich aus dem Schatten des Gästehauses trete, muss ich wirken, als hätte ich ein Ziel, an dem ich dringend erwartet werde. Als würde es absolut selbstverständlich sein, dass ich über das Gelände der Traumunion humpele und geradewegs zur Eingangstür hinausspaziere.

Ich hole tief Luft und richte mich, soweit es geht, auf. Immer noch ist niemand im Innenhof zu entdecken. Zielsicher steuere ich auf das Nachbargebäude zu, von dem ich weiß, dass es einen Eingang zu den Kellergängen besitzt, die diesen Teil des Geländes mit dem Hauptgebäude verbinden.

Halb rechne ich damit, Pauls oder Giacomos Stimme zu hören, die nach mir ruft, aber niemand hält mich auf. So schnell ich kann, verschwinde ich im Eingang des Gebäudes, finde die Treppe zum Keller und mache mich auf den Weg zum Ausgang. Dabei spüre ich das schmerzhafte Echo jedes einzelnen Schrittes.

Ich lächle einen entgegenkommenden Traumkommissar an und traue mich nicht, mich nach ihm umzusehen, als ich spüre, wie er stehen bleibt und mir hinterhersieht. *Einfach weitergehen.* Meine Bestimmtheit hat ein berauschendes Niveau erreicht.

Irgendwann erreiche ich die Treppe zum Foyer des Hauptgebäudes. Zwei Frauen in schicken Businessanzügen kommen mir entgegen. Ich versuche, sie besonders herzlich anzulächeln, und sie erwidern es. Als ich das Foyer betrete, atme ich erleichtert auf. Ich habe einen ruhigen Moment erwischt. Mit schnellen Schritten bin ich beim Eingangsportal, hebe den Kopf und versuche mein Humpeln, so gut es geht, zu verstecken. Dann schiebe ich mich an den Polizisten in der Sicherheitsschleuse vorbei ins Freie.

Erst als ich um die Ecke biege und das Gelände der Traumunion nicht mehr zu sehen ist, traue ich mich, langsamer zu werden. Meine Rippen klopfen im Rhythmus meines Herzschlags, und ich atme tief durch.

Raus. Ich bin raus aus der Traumunion. Eigentlich war ich nur ein paar Tage nicht mehr hier auf der Straße, aber es fühlt sich an wie eine Ewigkeit. Die Ria, die vor kurzem noch durch diese Straßen geschlendert ist und sich mit Yunus auf dem Tempelhofer Feld getroffen hat, war eine völlig andere Person.

Plötzlich fällt mir die Traumgängerkette ein, die um meinen Hals baumelt, und ich stopfe sie hektisch unter mein T-Shirt.

Es ist heiß und die Sonne so gleißend hell, dass ich die Augen zusammenkneifen muss. Ich wünschte, ich hätte meine Sonnenbrille eingesteckt. Aber an so etwas habe ich natürlich nicht gedacht.

Wovon haben Paul und Luisas Vater da geredet? Wen hat Paul vor der Tür angeschrien? Wohl kaum Giacomo Laurenti oder Joseph Hoggs. Das würde er sich nicht trauen –

Und warum um alles in der Welt hat mich jemand in meinem Zimmer eingeschlossen? Hat das alles etwas mit dieser Traumgängerin zu tun, die wir in Somna gesehen haben? Ist sie diejenige, die Somna zerstört und damit die Albträume auslöst? Und was hat Luisas Vater damit gemeint, als er fragte: »Ist sie es?«

Es kann wohl kaum daran liegen, dass ich eine weibliche Traumgängerin bin. Das wissen alle ja schon längst.

Ich versuche die Gedanken in meinem Kopf zu ordnen, die Ereignisse der letzten Stunden noch einmal Revue passieren zu lassen. Die Explosion des seltsamen Tores, Pauls Wut darüber, dass ich nicht gleich zurückgekehrt bin, die Träumerin, die mich verwirrt angesehen hat, und Joseph Hoggs Kommentar, dass sie ihr Ziel erreicht hätten … Ich habe das Gefühl, vor einem Puzzle zu stehen, dass ich nicht ganz zusammensetzen kann.

Mein Kopf dreht sich. Es ist viel zu warm. In den klimatisierten Räumen der Traumunion waren die langen, schwarzen Sporthosen angenehm. Hier draußen brennt die Sonne unbarmherzig auf mich herab.

Ich steuere einen der Kioske an, die die Berliner »Späti« nennen. Ich brauche etwas zu trinken. Ein paar Kunden befinden sich in dem bis obenhin vollgestopften Laden, und ich muss mich an ihnen vorbeidrängen, um zu dem riesigen Kühlschrank in der Ecke zu gelangen. Ein kühler Luftzug schlägt mir entgegen, während ich die Apfelschorle herausangele, und ich bin versucht, einfach vor der geöffneten Tür stehen zu bleiben.

Ich stelle mich an und beobachte, wie ein rundlicher Mann einer Kundin gerade ihr Wechselgeld zwischen den Kaugummiaufstellern hindurchreicht. Als ich an der Reihe bin und meine Apfelschorle auf dem Tresen platziere, kommt mir eine Idee.

»Haben Sie auch Eis?«, frage ich den Verkäufer.

»Klar, hinten inner Truhe, da findeste alles«, brummt er und nickt in Richtung Eingang, während er mein Geld vom Münzteller kratzt.

»Nein. Ich meine Eis zum Kühlen, nicht zum Essen.«

»Also wenn ick nen Eis esse, dann kühlt mich das och.«

Ich verdrehe die Augen.

»Ja. Aber ich hab da so eine«, ich deute auf meine Seite, »so eine Prellung.«

Zum ersten Mal sieht er mich richtig an, über seine Brille hinweg und mit einer leichten Besorgnis im Blick.

»Nee. So wat ham wa nich … da jehste am besten …« Seine Worte werden immer langsamer, während er mich betrachtet, und schließlich bricht er ab. Er legt den Kopf schief.

»Sach ma …«, beginnt er, und mir wird heiß. Noch viel heißer als draußen im prallen Sonnenschein. »Dich kenn ick doch irjendwoher.«

Ich schüttele den Kopf, der mit einem Mal wie leergefegt ist. Mir wird unangenehm bewusst, dass sich hinter mir weitere Kunden anstellen und unserem Gespräch zuhören.

»Doch, na klar. Ick kenn dich aus'n Fernsehn.« Er deutet auf das Gerät am Rand des Tresens. »Ach du, wenn du wüsstest, wer hier allet schon einjekoft hat. Ick erkenn die immer. Und dich och. Du bist doch …«

Ich packe meine Apfelschorle und wende mich zum Gehen.

»Behalten Sie das Wechselgeld.«

Schnell schiebe ich mich an den Wartenden vorbei, spüre die intensiven Blicke, die über mein Gesicht gleiten. Ich weiß nicht, wer es sagt, aber plötzlich höre ich die Worte: »Ist das nicht die aus der Traumunion? Das Mädchen, das traumgehen kann?«

Die Traumgängerkette um meinen Hals fühlt sich mit einem Mal wahnsinnig auffällig an, obwohl ich weiß, dass nur das zarte Silber unter meinem T-Shirt hervorguckt.

Fast stolpere ich über ein paar eingeschweißte Bierdosen, die im Gang stehen. Meine Seite meldet sich mit einem stechenden Schmerz. Das hier ist der Moment. Der Moment, in dem mein Kartenhaus aus Selbstsicherheit in sich zusammenfällt.

Endlich habe ich es zum Ausgang geschafft und haste hinaus auf den heißen Bürgersteig.

»Hey, warte mal«, ruft jemand. Aber ich drehe mich nicht um, sondern bringe, so schnell es meine Verletzung erlaubt, Abstand zwischen mich und den Späti.

»Hey!« Ein Mädchen taucht neben mir auf, ein breites Grinsen auf dem Gesicht und die Haare an den Seiten kurzgeschoren. »Das stimmt doch. Du bist die aus der Traumunion, oder? Die, die von Yunus Dede entdeckt wurde?«

Ich nicke, weil mir nichts Besseres einfällt, was ich unter ihrem erwartungsvollen Blick tun könnte.

»Das ist so was von cool«, stößt sie hervor. »Endlich mal eine Frau, die diesen Männerladen aufmischt.«

Ich zucke mit den Schultern und beschleunige meine Schritte, aber mein Schweigen scheint das Mädchen nicht im Geringsten zu irritieren. Sie setzt eine verschwörerische Miene auf und senkt die Stimme.

»Aber ist das echt wahr? Kannst du im Ernst traumgehen? Oder ist das alles so eine …«, sie macht eine unbestimmte Geste, »so eine feministische Aktion?«

Ich muss sie entrüstet angesehen haben, denn sie hebt entschuldigend die Hände. »Hey, egal was es ist, ich finde es total cool. So eine Sache ist echt mal nötig. Die feinen Herren da drin brauchen dringend ein bisschen weiblichen Input. Richtig cool, Ria. So heißt du doch, oder?« Jetzt senkt sie die Stimme erneut. »Was ist eigentlich mit Yunus los? Seit der die Sachen über dich gepostet hat, hört man nichts mehr von ihm. Geht ihm schon gut, oder?«

»Ich muss los«, sage ich nur und beginne zu laufen.

»Liebe Grüße an Yunus!«, brüllt das Mädchen mir hinterher.

Ich denke nicht nach, sondern renne einfach. Ich renne so lange, bis ich mir sicher bin, dass mich das Mädchen nicht mehr sehen kann und der Schmerz in meiner Seite mir die Tränen in die Augen treibt. Hektisch schnappe ich nach Luft. Scheiße. Was mache ich bloß? Wieso bin ich noch nicht mal auf die Idee gekommen, dass mich jemand erkennen könnte, wenn ich das Gelände der Traumunion verlasse?

Ich erreiche eine unbelebte Seitenstraße, lasse mich zwischen zwei parkenden Autos auf den Bordstein sinken und öffne die durchgeschüttelte Apfelschorle. Dann sitze ich da, trinke und versuche meine Gedanken zu ordnen.

Das Mädchen aus Somna kommt mir wieder in den Sinn. Sie war eine Traumgängerin. Mit absoluter Sicherheit. Trotz der Hitze überläuft mich ein Schauer. Das heißt, dass ich nicht die einzige weibliche Traumgängerin bin – genau wie Yunus es gesagt hat. Paul hat kein Wort darüber verloren. Er schien nicht mal überrascht. Das kann nicht gut sein.

Und plötzlich ist mir klar, was ich tun werde. Ich muss mit Yunus sprechen. Er ist der Einzige, der mir jetzt helfen kann, die Situation zu ordnen. Das letzte Mal habe ich ihn in Giacomos Büro gesehen. Obwohl das nur zwei Tage zurückliegt, kommt es mir ewig her vor. Ich zwinge mich aufzustehen, auf eine Passantin zuzugehen und sie nach dem Weg zur nächsten U-Bahn-Station zu fragen. Wo genau Yunus wohnt, weiß ich nicht. Und ob er überhaupt dort sein wird, erst recht nicht. Aber ich meine, mich an den Namen der Haltestelle zu erinnern. Auf dem Linienplan werde ich ihn hoffentlich wiedererkennen.

Abermals verfluche ich, dass ich Paul mein Handy gegeben habe. Wie viel einfacher das hier wäre, wenn ich Yunus einfach anrufen könnte.

Die fremde Frau sieht mich zwar irritiert an, aber sie gibt mir eine Wegbeschreibung, ohne etwas Weiteres zu sagen.

Ich laufe zur U-Bahn, starre auf den Linienplan und finde die Haltestelle, an deren Namen ich mich zu erinnern meine. Als ich vor ein paar Tagen Yunus' Wohnung verlassen habe, bin ich mit der Bahn nach Hause gefahren. Ich bin mir relativ sicher, den Weg zu seiner Wohnung zurückzufinden, wenn ich einmal an der richtigen Station bin.

Während die Bahn durch die Tunnel ruckelt, sitze ich in der hintersten Ecke und vergrabe mein Gesicht in den Händen. Es klappt. Niemand spricht mich an.

Der zweite Teil meines Plans verläuft dann allerdings nicht so gut. Als ich ankomme und die Treppe der U-Bahn-Station emporsteige, empfängt mich der Lärm einer mehrspurigen Straße. Nichts hier kommt mir bekannt vor. Da ist nur Hitze, Auspuffgestank und Asphalt.

Ich weiß nicht, was es ist, das mich immer weitergehen lässt. Vielleicht die Verwirrung. Vielleicht die Verzweiflung. Vielleicht die Tatsache, dass ich irgendwann schon zu viel investiert habe, um einfach aufzugeben.

Einmal erkennt mich ein älterer Herr, der mit seinem Hund spazieren geht, dann muss ich die Flucht vor einer Gruppe Mädchen ergreifen, die Fotos mit mir machen wollen. Ich verstecke mich in einem Hinterhof, und es kostet mich eine gute halbe Stunde, bis die Schmerzen in meiner Seite verebbt sind und ich mich wieder heraustraue.

Durch die Straßen kriecht mittlerweile die Abendstimmung, und der Feierabendverkehr wird langsam weniger, als ich schließlich eine Seitenstraße betrete, die mir vage bekannt vorkommt. Wieso nur sehen hier alle Häuser gleich aus?

Ich gehe von einer Tür zur nächsten und lese die Namen auf den Klingelschildern. Nach einer gefühlten Ewigkeit finde ich ihn: *Dede*. Da steht es, in dünnen, schwarzen Buchstaben.

Erschöpft lasse ich mich auf die Stufe vor dem Eingang sinken. Ich habe sie tatsächlich gefunden. Die Wohnung von Yunus' Eltern. Aber soll ich wirklich klingeln? Yunus ist bestimmt sowieso in der Traumunion.

Etwas leuchtet in meinem Augenwinkel auf, und ich hebe den Blick. An der Häuserfassade gegenüber tanzt blaues Licht, das immer intensiver wird. Sofort stehe ich auf und drücke mich in den Hauseingang.

Der Streifenwagen rauscht an mir vorbei. Erst als außer dem Hämmern meines Herzens und dem gewohnten Rauschen der Stadt nichts mehr zu hören ist, atme ich auf. Wie bescheuert von mir, zu denken, dass der Wagen nach mir suchen könnte. Die Union würde schon nicht die Polizei auf mich hetzen. Oder doch? Funktioniert dieser Tracker, den sie mir eingesetzt haben, wirklich nur in Somna, so wie Paul es versprochen hat?

Kurzentschlossen findet mein Finger die Klingel mit der Aufschrift Dede und drückt sie zwei Mal kräftig. Ich lehne mich an die Tür aus Milchglas.

»Hallo?«, ertönt es kratzig aus dem kleinen Lautsprecher über dem Klingelbrett.

»Ähm. Hier ist Ria. Ich bin eine Freundin von Yunus«, sage ich, weil mir nichts Besseres einfällt.

Kurz passiert nichts, und ich will mich schon resigniert zu Boden sinken lassen, als die Tür plötzlich surrt. Hastig drücke ich sie auf, dann stehe ich im Dämmerlicht des Treppenhauses. Jetzt gibt es kein Zurück mehr.

Ich kann mich erinnern, dass ich mit Yunus einige Stockwerke emporgestiegen bin, aber diesmal kommt es mir noch viel anstrengender vor. Je höher ich komme, desto stärker schmerzt meine Seite. Als wüsste mein Körper, dass er gleich sein Ziel erreicht hat, und würde mir zu verstehen geben, dass er es danach keinen Meter weiter schafft.

Ich habe schon aufgehört, die Stockwerke zu zählen, als neben mir eine Tür geöffnet wird. Eine zierliche Frau steht im Rahmen, die dunklen Locken zu einem Pferdeschwanz zusammengebunden. Sie kommt mir bekannt vor – und nachdem ich kurz überlege, fällt mir auch ein, warum: Ich habe sie bereits gesehen, in Somna. Emre, das Kleinkind, das in diesem Moment zwischen ihren Beinen auftaucht, hat von ihr geträumt. Es ist Yunus' Mutter.

Aus der Wohnung zieht der Duft würzigen Essens, und ich merke, wie mein Magen knurrt.

»Hallo?«, sagt die Frau, und es ist eine Frage.

»Hi«, stoße ich hervor und versuche, zu Atem zu kommen, während ich mich am Treppengeländer festhalte, um nicht das Gleichgewicht zu verlieren. »Ich bin eine Freundin von Yunus. Ist er da?«

Die Frau schüttelt den Kopf und mustert mich. Mir fällt auf, dass ihre Augenbrauen fast so auffällig sind wie die ihres Sohnes. Jetzt zieht sie sie besorgt zusammen. Dann lächelt sie.

»Willst du reinkommen?«

»Ich …«, beginne ich und weiß nicht ganz, was ich sagen will.

»Du bist die, von der Yunus die Videos gemacht hat, oder?«, fragt die Frau, und ich sehe sie nur überrascht an. Aber dann verstehe ich. Jeder, wirklich jeder, scheint diese dämlichen Videos gesehen zu haben. Natürlich auch Yunus' Mutter.

Ich nicke.

Sie tritt zurück und winkt mich herein.

Da mir kein Grund einfällt abzulehnen, und ich sowieso keine Kraft mehr hätte, die Treppe wieder herunterzusteigen, folge ich ihrer stummen Aufforderung und schiebe mich an ihr, einem Berg Schuhe und dem neugierig zu mir aufblickenden Emre vorbei in die Wohnung.

Als ich auf dem farbenfrohen Teppich stehe, der den Gang ausfüllt, merke ich, dass Yunus' Mutter mich wieder mustert.

»Du siehst nicht gut aus«, sagt sie.

Ich lächle müde.

»Geht schon.«

Kurz sehen wir uns nur still an.

»Also Yunus ist nicht da?«, frage ich, obwohl ich die Antwort bereits kenne.

Ich bin froh, dass Emre diesen Moment wählt, um sich mit einem Quietschen auf mein linkes Bein zu stürzen. Ob er sich wohl daran erinnert, dass wir uns schon mal begegnet sind?

»Oh, entschuldige«, sagt Yunus' Mutter und nimmt Emre auf den Arm, der augenblicklich anfängt zu protestieren. Dann trägt sie ihn den Gang hinunter.

»Komm rein. Wenn du willst, kann ich Yunus anrufen und ihm sagen, dass du da bist.«

»Ja. Das wäre super. Mein Handy ist …«, ich stocke, »kaputt.«

»Willst du was trinken?«, ruft sie mir über die Schulter zu und weicht zwei weiteren Jungen aus, die johlend aus einem der Zimmer stürzen. Sie haben beide denselben dichten Haarschopf, den auch Yunus hat, und sind etwa fünf Jahre alt. Zwillinge? Kurz halten sie inne, als sie mich sehen, und rennen dann weiter ins angrenzende Wohnzimmer.

Ich streife meine Schuhe ab und lasse sie neben dem Haufen am Eingang fallen. Dann gehe ich zögerlich den Gang entlang in Richtung der Tür, in der Yunus' Mutter verschwunden ist. Der Teppich kitzelt unter meinen nackten Füßen.

Ich erreiche eine winzige Küche, in die sich eine langgezogene Küchenzeile presst. Hier ist der Geruch des würzigen Essens noch intensiver. Ein kleiner, untersetzter Mann steht am Herd und wischt sich die Hände an der Hose ab, als er mich sieht.

»Das ist Ria. Eine Freundin von Yunus«, sagt Yunus' Mutter mit bedeutungsschwerer Miene.

»Ah«, sagt der Mann, der ohne Zweifel Yunus' Vater ist, und streckt mir die Hand entgegen. »Willkommen. Erdal Dede. Aber Yunus ist nicht hier.«

»Das habe ich ihr auch schon gesagt«, kommt mir Yunus' Mutter zuvor. »Ich rufe ihn an. Aber sieh sie dir an. Sie bekommt jetzt erst mal was zu trinken.«

Ich schüttele Erdal Dede die Hand und merke, wie sich das Spiegelbild seines Lächelns auf mein Gesicht legt. Yunus' Eltern sind mir schon nach ein paar Sekunden sympathisch.

Ich schwanke leicht und versuche mich unauffällig gegen den Türrahmen zu lehnen, aber natürlich fällt es Yunus' Mutter sofort auf.

Sie drückt mir ein Glas kühles Wasser in die Hand und schiebt mich resolut aus der Küche, den Gang entlang und hinein ins Wohnzimmer. »Du setzt dich jetzt erst einmal hin und ruhst dich aus.« Sie macht eine scheuchende Handbewegung. »Adem. Can. Runter da!«, kommandiert sie. Die beiden Jungs springen kichernd vom Sofa, auf dem sie gerade noch herumgeturnt sind, und rennen aus dem Zimmer. Emre quengelt und läuft seinen

Brüdern hinterher, sobald seine kurzen Beine den Boden berühren.

Yunus' Mutter schiebt mich sanft in die Kissen der Couch und setzt sich neben mich. Mir fällt auf, dass ich hier schon einmal saß – in Somna. Gemeinsam mit Yunus statt mit seiner Mutter.

Ich spüre ihren besorgten Blick auf mir und trinke hastig ein paar Schlucke. Es tut gut. Zu trinken tut gut. Zu sitzen tut gut. Und selbst der Blick dieser fremden Frau tut auf seltsame Weise gut.

»Warum bist du nicht in der Traumunion?«, fragt sie unvermittelt, und ich verschlucke mich fast.

»Ich … ich …«, stottere ich.

»Schon gut.« Yunus' Mutter legt mir eine Hand auf die Schulter. »Ich gehe mal Yunus anrufen, ja?«

Damit zwinkert sie mir zu und verlässt den Raum. Ich bleibe sitzen und halte mich an meinem Wasserglas fest. Werde ich jemals die Kraft haben, wieder aufzustehen? Mein Magen knurrt erneut, und ich muss an mein spärliches Frühstück in der Traumunion denken. Das liegt schon Stunden zurück.

Der Geruch des Essens, das Yunus' Vater gerade kocht, zieht ins Wohnzimmer und lässt mich die Leere meines Magens nur noch mehr spüren.

Kurz darauf kommt Yunus' Mutter wieder ins Zimmer, einen Stapel Teller in den Händen. »Yunus kommt gleich. Willst du mitessen?«

»Yunus kommt hierher?«, frage ich, meine Stimme etwas höher als normal.

Sie nickt und sieht mich mit unverhohlener Neugierde an. Ich kann mir vorstellen, was in ihrem Kopf vor sich geht. Sie fragt sich, in welchem Verhältnis ich zu ihrem Sohn stehe. Dann sind wir ja schon zwei.

Immerhin kann ich mir jetzt denken, woher Yunus seinen Drang hat, Geheimnisse aufzudecken. Seine Mutter betrachtet mich, als wäre ich ein Rätsel, das sie unbedingt lösen möchte.

Sie beginnt, die Teller auf dem Tisch zu verteilen.

Ich zwinge mich, aufzustehen. Die Stimme meiner eigenen Mutter klingt in meinem Ohr.

»Kann ich helfen?«, frage ich.

»Nein, nein.« Yunus' Mutter hält in der Bewegung inne, einen Teller kurz über der weißen Tischdecke. »Sag mal, was ist mit dir passiert?«

Ich bemerke zu spät meine leicht gebeugte Haltung.

»Ähm.« Ich kann nicht verhindern, rot anzulaufen. »Ach, das … Ich habe mich beim äh, Training verletzt. Aber es ist nur eine Prellung oder so.«

Ich deute auf meine Seite. Der Teller landet unbeachtet auf dem Tisch, und Yunus' Mutter ist in wenigen Schritten bei mir.

»Setz dich.«

Vielleicht ist es das Mütterliche an ihr oder aber ihre Stimme, die keinen Widerspruch zuzulassen scheint. Jedenfalls sinke ich zurück auf das Polster, ziehe mein Shirt nach oben und lasse Yunus' Mutter die Schwellung an meiner Seite begutachten.

Ihre markanten Augenbrauen ziehen sich immer dichter zusammen und lassen mich abermals an ihren Sohn denken.

»Das muss gekühlt werden«, entscheidet sie in resolutem Tonfall. »Du bleibst hier liegen. Ich hole dir ein Kühlpack. Und in ein paar Minuten gibt es Essen.«

Sie dreht sich um und marschiert aus dem Zimmer. Fast muss

ich lachen. Erleichterung und Erschöpfung durchströmen mich, als die Anspannung immer mehr von mir abfällt.

Aus irgendeinem Grund kann ich Yunus' Mutter den Befehlston, den ich bei meinem Vater, Paul oder Giacomo so hasse, nicht übelnehmen. Im Gegenteil. Ich fühle mich so geborgen wie schon lange nicht mehr.

Wenig später kommt sie mit einem in ein Küchenhandtuch gewickelten Kühlpack zurück. Ich presse es mir auf die Schwellung, während Yunus' Mutter weiter den Tisch deckt und seine Brüder immer wieder rein- und rausrennen.

Irgendwann trägt Yunus' Vater ein paar dampfende Töpfe aus der Küche und stellt sie auf den Esstisch. Das lockt seine drei Söhne sofort ins Wohnzimmer. Ich beobachte, wie die Zwillinge auf ihre Stühle klettern und sich mit dem gesamten Körper über den Tisch beugen, um die Deckel der Töpfe anzuheben.

»Finger weg, wir haben einen Gast!«, brummt Yunus' Vater und setzt Emre in einen Hochstuhl. Die beiden Zwillinge sehen mich mit ihren dunklen Augen an, als wären sie von einer plötzlichen Schüchternheit befallen. Mir geht es nicht anders. Ich erhebe mich von der Couch und nähere mich dem Tisch.

»Vielen Dank. Das riecht köstlich. Wo darf ich denn sitzen?«, frage ich und glaube, dass meine Mutter stolz auf mich wäre, wenn sie wüsste, wie gut erzogen ich klinge. Aber das lösen Yunus' Eltern in mir aus. Nicht nur, weil sie so wirken, als wüssten sie gute Manieren zu schätzen, sondern weil sie *Yunus'* Eltern sind. Ich weiß nicht, warum, aber irgendwie ist mir wichtig, dass sie mich mögen.

»Was hast du da?«, quäkt einer der Jungen und sieht mich mit großen Augen an.

Yunus' Vater zieht einen Stuhl hervor und bedeutet mir, mich zu setzen.

»Da hab ich mich gestoßen.« Ich lasse mich auf dem Stuhl nieder und bemerke, dass der Junge mich weiterhin fragend ansieht. Aber ich weiß nicht, was ich ihm noch sagen soll … *Ich bin durch die Luft geflogen, als ein anderes Mädchen die Traumwelt hat explodieren lassen, und dann ist mir ein Motorrad in die Seite gekracht, bevor ich in einem riesigen See gelandet bin, der aus dem Nichts aufgetaucht ist?* Das kann ich ihm wohl kaum erzählen.

In diesem Moment kommt Yunus' Mutter herein, und das Essen wird verteilt. Ich bemerke, dass neben mir ein weiterer Platz gedeckt ist, auf dem niemand sitzt.

Es schmeckt genauso gut, wie es riecht – wobei ich mir nicht sicher bin, was ich da genau esse. Das muss allerdings nicht daran liegen, dass die Zutaten ausgefallen sind, sondern kann auch der Tatsache geschuldet sein, dass ich mich zu Hause fast nur von Pizza und Pasta ernähre. Immerhin ist meine Mutter als Alleinerziehende schon seit Jahren nicht mehr mittags daheim gewesen, und ich habe früh begonnen, mir selbst etwas zu essen zu machen.

»Schmeckt köstlich«, sage ich, und Yunus' Vater lächelt.

»Also, Ria. Du bist jetzt auch in der Traumunion?«, setzt er an, und ich weiß, dass er schon länger darauf gewartet hat, mir diese Frage zu stellen.

Ich nicke und fange den Blick eines der Jungen auf – Can oder Adem. Erstaunen funkelt darin.

»Das ist das Mädchen, das in die Träume gehen kann?«, stößt er mit vollem Mund aus und fängt sich eine rügende Geste seiner Mutter ein.

Ich stecke mir gerade eine weitere Gabel in den Mund, als ich den Schlüssel in der Haustür höre. Das muss Yunus sein.

Auch der Rest der Familie scheint es gehört zu haben. Emre stößt einen hohen Laut aus und patscht mit der Hand auf den Plastikteller, den seine Mutter vor ihn gestellt hat.

Dann erscheint Yunus im Türrahmen. Er wirkt etwas außer Atem, aber da ist auch ein Lächeln in seinem Gesicht, das von einem Mundwinkel zum anderen tanzt.

In diesem Moment wird mir bewusst, was er gerade sieht: Mich, die inmitten *seiner* Familie in *seinem* Wohnzimmer am gedeckten Tisch sitzt und isst. Das Mädchen, mit dem er auf dem Alex den Sonnenuntergang angeschaut hat. Das Mädchen, das ihn in Schwierigkeiten mit der Traumunion gebracht hat. Und das Mädchen, mit dem er jetzt schon zwei Tage lang kein Wort mehr gewechselt hat.

Mein Hals fängt an zu kribbeln, und meine Verletzung pocht noch energischer. Mit einem Mal fällt mir wieder ein, dass der Junge, der jetzt auf mich zukommt und sich neben mir auf einen der schlichten Holzstühle fallen lässt, Yunus Dede ist. *Yunus Dede.* Der Influencer, den ich schon seit Jahren von seinen Social-Media-Accounts kenne. Mein Lächeln zittert, als er mich ansieht. Ich bin mir sicher, unzählige Fragen in seinen Augen zu sehen.

Dann wendet er sich ab.

»Sorry, hat ein bisschen länger gedauert diesmal«, sagt er und schenkt sich ein. »Die wollen, dass ich durchgehend auf dem Gelände bleibe. Da musste ich mich erst rausschleichen.«

Seine Mutter nickt verständnisvoll. »Wir haben einfach schon mal angefangen. Ist aber noch warm.«

Yunus schaufelt sich einige Gabeln in den Mund, als hätte auch er ewig nichts mehr zu essen bekommen.

»Yunus, ich habe Schleim gezüchtet«, krakeelt einer der Jungs. »Willst du ihn sehen?«

»Schleim?« Yunus lacht. »Na klar will ich den sehen, Adem.«

Bevor seine Eltern protestieren können, ist Adem schon zum Fensterbrett gelaufen und kehrt mit einem Behälter zurück, in dem ein glitschiger, grüner Haufen liegt.

»Das ist aus so einem Experimentierbuch«, sagt Yunus' Vater kopfschüttelnd.

Adem fischt den unförmigen Batzen mit spitzen Fingern aus dem Behälter und verlangt von Yunus und mir, dass wir ihn anfassen. Der Schleim fühlt sich feucht und weich an. Zu Adems Freude mache ich ein übertrieben angeekeltes Geräusch.

Ich merke, wie ich mich mehr und mehr entspanne. So sehr, wie schon seit Tagen nicht mehr. Es dauert nicht lange, und ich spüre den Schmerz in meiner geschwollenen Seite, weil ich lachen muss über einen Kommentar, den Can – oder ist es Adem? – macht. Aber der Schmerz stört mich nicht. Dieses Abendessen ist eines der besten, das ich seit langem hatte.

Als alle aufgegessen haben, verbietet Yunus' Vater uns, beim Abräumen der Teller zu helfen, und mir entgeht nicht, wie er Yunus einen vielsagenden Blick zuwirft.

Unschlüssig stehe ich da mit dem Kühlpack in der Hand, das mittlerweile warm geworden ist. Yunus schiebt sorgsam seinen Stuhl an den Tisch, während der Rest seiner Familie mit dem Geschirr das Zimmer verlässt.

»Was hast du da gemacht?«, fragt er und nickt in Richtung meiner Rippen.

Ich sehe darauf hinab, als würde mir meine Verletzung erst jetzt auffallen.

»Ach das. Da habe ich mich verletzt«, sage ich unnötigerweise und versuche mich an einem Lächeln, das er mir mit Sicherheit nicht abkauft. Seiner Familie kann ich vielleicht etwas vormachen, aber ich weiß, dass ich ihm die Wahrheit sagen muss. Darum bin ich doch hier, oder? Weil ich jemanden brauche, der ehrlich mit mir ist.

»In Somna?«, fragt er, das Gesicht ernst.

Ich nicke und beobachte Emre, der gerade zurück ins Zimmer gerannt kommt. Er stolpert über seine eigenen Füße, fällt bäuchlings auf den Boden und beginnt zu schreien. Yunus hebt ihn hoch und versucht, ihn zu trösten.

»Der gehört ins Bett«, sagt seine Mutter, die Emre mit schnellen Schritten gefolgt ist und Yunus' das Kleinkind nun abnimmt.

Als sie den Raum verlassen hat, ist es ungewohnt still. Nur der Geruch des Essens hängt noch in der Luft, und die abendliche Sommersonne taucht alles in ein warmes Licht.

»Ich weiß nicht, was ich mir dabei gedacht habe, herzukommen …«, sage ich verlegen und mache ein paar Schritte in Richtung Tür. Ich werde mich bei Yunus' Eltern bedanken und gehen. Vermutlich zurück zur Traumunion. Was bleibt mir schließlich anderes übrig? Ewig werde ich mich nicht verstecken können.

»Weißt du, dass dich gerade die ganze Traumunion sucht?«, fragt Yunus.

Ich erstarre.

»Jetzt guck nicht so überrascht. Dir muss doch klar sein, dass die durchdrehen, wenn ihre einzige Traumgängerin plötzlich verschwindet.«

Yunus macht ein paar Schritte auf mich zu. »Und ich habe mir auch ziemliche Gedanken gemacht«, murmelt er. »Dass du selbst abgehauen sein könntest und gemütlich bei meiner Familie zu Abend isst, war auf der Liste meiner Theorien nicht ganz oben.«

Mein Herz beginnt immer schneller zu klopfen. Auf die Idee war ich gar nicht gekommen. Hat Yunus sich wirklich Sorgen um mich gemacht? Was ist mit meinem Vater? Ob er wohl meine Mutter angerufen hat?

»Hast du denen gesagt, dass ich hier bin?«

Er schüttelt den Kopf. »Nein. Aber es wird nicht lange dauern, bis sie merken, dass auch ich nicht mehr auf dem Gelände bin, und sie eins und eins zusammenzählen. Sie wissen auf alle Fälle, wo meine Familie wohnt.«

Ich schlucke, sage nichts.

»Was ist passiert, Ria?«, fragt er leise und kommt dicht vor mir zum Stehen.

Ich zucke mit den Schultern und lasse mich dann auf die Couch sinken. Yunus folgt meinem Beispiel, und mir fällt auf, wie nahe er mir dabei ist. Als wolle er jeden Moment die Hand ausstrecken, um sicherzugehen, dass ich auch wirklich hier bin. Als würde er sich noch immer Sorgen um mich machen. Da ist nichts mehr von der Härte, die er in Giacomos Büro gezeigt hat. Irgendetwas legt sich um meine Kehle, und ich schlucke trocken.

»Ich war in Somna«, beginne ich. Ich muss es ihm erzählen. Wem sonst kann ich vertrauen? »Mit Paul und dem Vize-Generalsekretär …«

»Joseph Hoggs?«

»Ja, genau. Und mit noch zwei anderen. Wir sind nach Chicago geflogen, also in Somna, und waren dort auf Patrouille.« Ich räuspere mich, um meine Stimme etwas fester klingen zu lassen, und erzähle dann weiter – von dem Tor, der fremden Traumgängerin und schließlich meiner Flucht.

Yunus unterbricht mich kein einziges Mal. Als ich aufhöre zu reden, sieht er mich an, die Augenbrauen in einem Bogen geformt, wie nur er es kann.

»Bist du schlimm verletzt?«, fragt er sanft, und aus irgendeinem Grund bin ich so erleichtert, dass das seine erste Frage ist, dass ich lache.

Ich lege das Kühlpack neben mir auf die Polster.

»Nein. Geht schon.«

Er nickt, als würde er mir nicht ganz glauben, und wieder sehe ich Sorge in seinem Gesicht. Ich lasse mich zurück in die Sofakissen sinken, und schlechtes Gewissen breitet sich in mir aus. Das letzte Mal, als ich ihn gesehen habe, war ich so sauer auf ihn, dass er die Videos veröffentlicht hat. Jetzt bin ich mir sicher, dass er recht hatte mit seinem Verdacht. Was, wenn diese Videos mir tatsächlich das Leben gerettet haben? Irgendetwas stimmt da ganz und gar nicht in der Traumunion.

»Es war gut, dass du abgehauen bist.«

Überrascht sehe ich ihn an.

»Also, ich sage nicht, dass es schlau war«, fügt er hinzu und lächelt schief. »Aber es hat dich auf jeden Fall noch mal mehr zum Gesprächsthema gemacht. Das ist vermutlich gar nicht so schlecht.«

Das Einzige, was dich jetzt schützen kann, ist Bekanntheit. Seine Worte hämmern in meinem Kopf.

»Warum hast du mir geglaubt?«, frage ich.

»Was?«

»Warum hast du mir geglaubt, als ich dir gesagt habe, dass ich nicht träume? Warum warst du bereit, mich zu testen?«

Kurz wendet Yunus den Blick ab. Als er mich wieder ansieht, ist es, als hätte er entschieden, jede Hülle abzulegen. Als wäre der Yunus, der mich hier ansieht, der absolut echte Yunus. Ohne Influencer-Gehabe. Ohne gekonntes Lächeln. Sondern mit einer gewissen Angst.

»Du warst so außer dir. Diese Panikattacke oder was das war. Ich konnte nicht anders, als dir zu glauben. Und …«, er zögert, »ich kann das gut nachvollziehen, wenn man das Gefühl hat, nie wirklich dazuzugehören. So hast du auf mich gewirkt. Da wollte ich dir helfen. Und …« Wieder zögert er, doch diesmal verändert sich sein Gesichtsausdruck, und ein verschmitztes Funkeln tritt in seine Augen. »Und ich fand dich süß. Darum bin ich dir ja überhaupt gefolgt, als du abgehauen bist.«

Bestimmt werde ich gerade knallrot. Da ist es wieder. Dieses Flirten. Dieser Funke zwischen Yunus und mir, den ich einfach nicht leugnen kann.

Anstatt verlegen zu grinsen, zwinge ich mich zu sagen: »Aber warum warst du dir so sicher, dass es weibliche Traumgänger gibt? Wo alle Welt das Gegenteil behauptet?«

Yunus' Ausdruck wird wieder ernst. Er verschränkt die Arme.

»Also erst mal gibt es ja überhaupt nicht so viele Traumgänger. Was sagen sie immer? Vermutlich tausend? Also vorausgesetzt, sie haben damit recht, ist das nicht gerade viel, gerechnet auf die Weltbevölkerung. Da könnte man die paar Frauen, die es auf der Welt mit der Gabe gibt, gut unter den Teppich kehren. Das habe ich mir schon immer gedacht. Je exklusiver der Club, desto härter der Türsteher, oder? Und außerdem …«

Jetzt geht sein Blick in Richtung Esstisch, aber ich bin mir sicher, dass er gerade etwas ganz anderes vor sich sieht.

»Ich habe mal eine kennengelernt«, flüstert er. »Ein Mädchen. Eine Traumgängerin in Somna. Damals war ich gerade erst in die Traumunion aufgenommen worden. Wir haben uns gut verstanden, und ich wollte ihr helfen. Nach meiner Rückkehr habe ich einem Traumkommissar davon erzählt und ihm ihre Kontaktdaten gegeben, aber … na ja, ich habe sie nie wiedergesehen.«

Sein Gesicht sieht gequält aus. Ich schweige und muss auf einmal an das kleine Mädchen denken, das während den Testtagen auf mich zugekommen ist und einen Testtermin haben wollte. Was, wenn sie wirklich ebenfalls traumgängerische Fähigkeiten hatte?

»Weißt du, Ria, du musst dir einfach überlegen, ob du bei deren Spiel mitspielen willst oder nicht«, unterbricht Yunus meine Gedanken.

»Bei deren Spiel?«

»Ja. Nehmen wir nur mal die ganze PR … Das, was sie da machen, ist Zensur. Die haben mich vor die Wahl gestellt: Entweder ich poste das, was sie wollen, oder ich fliege aus der Union. Aber den Gefallen werde ich ihnen ganz bestimmt nicht tun. So einfach werden die mich nicht los.«

Ich starre ihn an und merke im selben Moment, dass ich so etwas Ähnliches bereits erwartet habe.

»Warst du darum beim letzten Dreh nicht dabei?«, frage ich.

Yunus nickt grimmig. »Ich habe keinen Bock, da mitzumachen. Jetzt ist es deren Problem, was die Leute denken, weshalb mein Account inaktiv ist. Ich werde denen auf keinen Fall helfen, Frauen aus der Traumunion fernzuhalten. Und du solltest das schon gar nicht.«

Da ist plötzlich etwas Angriffslustiges in seiner Stimme. Ein Vorwurf, der sein Ziel in meinem Inneren findet.

Ich muss an die Worte des fremden Mädchens auf der Straße denken. Sie hat gefragt, ob das eine ›feministische Aktion‹ sei. Dann sehe ich mich vor meinem inneren Auge, wie ich vor der Kamera meine Traumgängergabe heruntergespielt habe. Nein, mit mir ist das wohl das Gegenteil einer Aktion für Frauen. Ich spüre, wie mir immer mehr Blut in den Kopf steigt.

Kurz legt Yunus eine Hand auf mein Bein, und wie erstarrt sehe ich darauf hinab. Dann zieht er sie weg.

»Ria. Ich will nur, dass du weißt, dass ich dir helfe, wenn du etwas verändern möchtest. Du bist nicht allein.«

Seine Worte sind nett gemeint, aber es ist, als würden sie ein zentnerschweres Gewicht auf meinen Schultern ablegen.

Wir sitzen schweigend da, und ich spüre Yunus' Nähe, als wären die paar Zentimeter zwischen uns realer als alles, was sich sonst noch in diesem Zimmer befindet.

»Yunus«, bringe ich irgendwann hervor.

Er sieht mich an.

»Dieses strahlende Tor, vor dem wir die Traumgängerin in Somna gesehen haben. Hast du eine Ahnung, was das war?«

Yunus zieht die Augenbrauen zusammen, scheint über seine Antwort nachzudenken.

»So genau weiß ich das ehrlich gesagt auch nicht. In der Ausbildung bringen sie uns nur bei, uns von diesen Dingern fernzuhalten. Es ist wohl noch niemand zurückgekommen, der durch ein solches Tor gegangen ist.«

Mein Mund öffnet und schließt sich lautlos. Ich muss an die Menschenmenge denken, die in Chicago auf der Landebahn gestanden hat. Ich kann mich nicht erinnern, dass sie verängstigt gewirkt hätten oder dass das Tor vor ihnen auf irgendeine Weise gefährlich ausgesehen hätte. Im Gegenteil – der Glanz war warm und wunderschön, bevor die fremde Traumgängerin alles zerstört hat. Ein solches Tor soll gefährlich sein? Irgendwie kann ich mir das nicht ganz vorstellen.

»Und jetzt?«, frage ich irgendwann, und meine Stimme klingt belegt.

Yunus räuspert sich. »Du kannst hierbleiben, wenn du willst. Obwohl das vermutlich nicht die beste Idee wäre. Nicht nur, weil dich gerade die gesamte Traumunion sucht, sondern auch, weil meine Mutter wirklich sehr neugierig ist. Immerhin bist du das erste Mädchen, das ich mit nach Hause bringe.«

Vielsagend zieht er eine Augenbraue nach oben.

»Na ja, wirklich mit nach Hause gebracht hast du mich ja nicht«, murmele ich.

»Nee. Stimmt. Das hast du ja netterweise für mich erledigt.«

Er grinst. Und während ich noch überlege, was er genau mit dieser Formulierung gemeint hat, drückt er einen Knopf an seiner Smartwatch, und der Willkommensbildschirm leuchtet auf. Ich frage mich, ob er sie extra ausgeschaltet hat, um die Ortung zu vermeiden. Fast augenblicklich fängt das Ding an zu vibrieren.

»Yup«, sagt er. »Sie haben mitbekommen, dass wir beide verschwunden sind. Vermutlich taucht hier bald eine Horde Beamte auf, wenn wir uns nicht sofort bei der Union melden.«

Ich erstarre.

»Also gut. Ich würde sagen, wir erlösen sie mal und schreiben ihnen, dass ich dich gefunden habe und wir auf dem Rückweg sind, oder?«

Meine Kehle wird eng. Ich versuche zu schlucken.

»Aber …«

Da ist es wieder: ein Echo der Angst, die ich vorhin in meinem Zimmer der Traumunion gespürt habe. Kann ich wirklich einfach wieder zurückgehen? Insbesondere, nachdem mir Yunus gerade erzählt hat, dass die letzte weibliche Traumgängerin, die er in Kontakt mit der Traumunion gebracht hat, verschwunden ist?

Wieder legt sich Yunus' Hand warm und beruhigend auf mein Bein.

»Ria. Ich bin da. Ich lasse dich nicht allein. Und auch wenn sie es nie zugeben würden: Die haben Angst vor mir. Die wissen, dass, wenn sie dir auch nur ein Haar krümmen, die ganze Welt sofort davon erfahren wird.«

Er lächelt mich an. Und ich kann nicht anders: Ich lächle zurück. Das ungute Gefühl in meinem Magen bleibt, aber Yunus' Versprechen hallt beruhigend in mir nach. *Ich lasse dich nicht allein.* Vermutlich ist eine Rückkehr in die Traumunion meine einzige Option.

Nicht ohne Wehmut löse ich mich von der Couch und Yunus' Nähe. Ich lege das Kühlpack auf den Esstisch und gehe dann Yunus' Eltern suchen, um mich zu verabschieden. Beide umarmen mich herzlich, und ich betone mit einem bemüht sorglosen Lächeln, wie köstlich das Essen war.

Dann schleichen Yunus und ich zum Ausgang, um Emre nicht

zu wecken, der bereits schläft. Ich finde meine Schuhe neben der Garderobe, und wenig später schließt sich die Tür hinter uns. Wir stehen im Treppenhaus.

Obwohl ich weiß, dass wir keine andere Wahl haben, zögere ich.

»Vertrau mir«, sagt Yunus und lächelt mir aufmunternd zu. »Dir wird nichts passieren. Ab jetzt stecken wir da zusammen drin. Denen zeigen wir's.«

Mit aller Macht versuche ich ihm zu glauben. Ich ringe mir ein Lächeln ab und folge Yunus humpelnd die Treppe hinunter. Irgendwo im zweiten oder dritten Stock greift er nach meiner Hand. Seine Finger umschließen meine, und ich wage nicht, dem Blick zu begegnen, den er mir zuwirft. Hand in Hand gehen wir die Stufen hinunter, und als wir um die letzte Biegung treten, sehe ich, dass durch das Milchglas der Haustür das pulsierende Blaulicht einer Polizeistreife flackert. Dieses Mal sind sie definitiv meinetwegen hier.

Noch einmal zögere ich, als wir auf die Tür zugehen, und bin erleichtert, dass Yunus mich zurückhält, bevor ich nach der Klinke greifen kann.

»Hey«, sagt er, und sein Gesicht wird im Dämmerlicht des Treppenhauses vom rhythmischen Schein des Polizeiwagens erleuchtet. Das Licht tanzt in seinen Augen. »Ich hab noch eine Sache vergessen.«

Damit beugt er sich zu mir herunter, und seine Lippen treffen meine. Ein warmer Schauer läuft durch meinen Körper, als er mich zu sich zieht und mich mit beiden Armen umfasst. Meine Lippen öffnen sich, und ich spüre seine weiche Zunge gegen meine stoßen. Sein Geschmack, sein Geruch, sein Atem nehmen mich völlig ein und verdrängen alle Gedanken, alle Angst, die ich soeben noch hatte. Ich versinke in einem Strudel, der nur einen Namen hat: Yunus. Yunus Dede. Ich küsse diesen Jungen, der die ausdrucksstärksten Augen hat, die ich kenne. Diesen Jungen, der als Allerester an mich geglaubt hat. Diesen Jungen, der ab jetzt an meiner Seite steht. Der es eigentlich schon die ganze Zeit getan hat.

Doch da höre ich Schritte vor der Haustür, und aus dem Augenwinkel sehe ich, wie ein Schatten auf dem milchigen Glas wächst. Ich löse mich von Yunus und zwinge mich, einen Schritt zurückzutreten.

»Bereit?«, flüstert Yunus, und ich muss ihn nicht ansehen, um sein schiefes Lächeln zu erkennen.

Ich nicke und atme tief ein.

Dann greife ich nach der Klinke und öffne die Tür.

17

Selena

Die Bergkette vor mir zeichnet sich verschwommen gegen den Himmel ab, geht über in felsige Abhänge und bewaldete Täler. Wie ein Gemälde, in dem die Konturen verwischt wurden.

Das hier, das Plateau auf dem ich sitze, ist mein neuer Lieblingsplatz in Somna. Ob es diesen Ort wohl auch in der wachen Welt gibt? Vielleicht sind es die Appalachen. Oder womöglich die Rocky Mountains.

Wo auch immer ich bin – es sind kaum Träumer zu sehen, und das ist etwas, das man in Somna mittlerweile selten erlebt. Vermutlich ist es den Menschen selbst in ihren Träumen zu anstrengend, die steilen Berge zu erklimmen. Und um zu fliegen, fehlt ihnen einfach die Phantasie.

Mit einem flauen Gefühl im Magen denke ich daran, wie viel von Somnas wunderschöner Natur Eric schon zerstört hat. Wie viel ich zerstören müsste, wenn ich mich doch entschiede, ihm bei der Beseitigung der Tore zu helfen. Bin ich wirklich dazu bereit?

Ich kralle meine Finger in den mit trockenen Gräsern bewachsenen Boden, als würde ich ihn festhalten, damit er sich nicht im nächsten Moment in Luft auflöst.

Mein Blick richtet sich wieder auf das, was sich auf dem gegenüberliegenden Gipfel erhebt: ein leuchtendes Tor, dessen warmer Schein über die Hänge fast bis ins Tal fließt.

Ich stehe auf und trete an den Rand des Plateaus. Nur wenige hundert Meter trennen mich von dem Tor. Sind ein paar Berge nicht ein geringer Preis dafür, dass niemand mehr das Schicksal meines Vaters teilen wird? Dass niemand mehr in diese Todesfallen tappt?

Ich kneife die Augen zusammen und versuche mir meinen Vater vorzustellen – den Mann von dem Fotostreifen –, wie er mich ansieht und in dem Strahlen verschwindet. Ist das eine Erinnerung oder alles nur Einbildung? Wie kann es sein, dass man jemanden so sehr vermisst, den man kaum gekannt hat?

Energisch trete ich mit dem Fuß gegen einen Felsbrocken. Der leichte Schmerz in meinen Zehen tut gut. Er bestätigt, wie real die Traumwelt ist. Egal wie schnell Eric oder ich das alles hier verschwinden lassen können, jetzt existiert es. Jetzt ist es *echt.*

»Selena!«

Ich schrecke zusammen und wirbele herum – zu Eric, der plötzlich hinter mir an einem Felsen lehnt.

»Wie …«, beginne ich.

»Dein Tracker hat mir gesagt, dass du hier bist«, beantwortet er meine unausgesprochene Frage und lächelt müde.

Ich kann nichts tun als ihn anzustarren. Schon seit meiner Ankunft in New York wirkt er müde, aber so erschöpft wie heute habe ich ihn noch nie gesehen. Mit einer Hand wischt er sich eine Haarsträhne aus der glänzenden Stirn.

»Schön hier, oder?«, sagt er und lässt den Blick über die Gipfel um uns herum schweifen. Ich muss daran denken, wie er mich angeschrien hat, als ich ihn das letzte Mal gesehen habe. Nun wirkt es nicht so, als hätte er noch die Kraft dazu. Widerwillig gehe ich auf ihn zu und betrachte ihn genauer.

Rote Äderchen durchziehen das Weiß seiner Augen, und die Schatten darunter scheinen sich ausgeweitet zu haben – oder ist es die kränkliche Hautfarbe, die sie mehr hervorstechen lässt?

Jäh kommt mir ein Verdacht, warum er so erschöpft ist.

»Hast du die ganze Nacht Tore zerstört?«, frage ich.

Ein Lächeln, das gleichzeitig müde und grimmig aussieht, legt sich auf Erics Lippen.

»Wir müssen uns beeilen. Jetzt haben wir noch eine Chance«, sagt er heiser, und selbst das Reden scheint ihn anzustrengen.

»Und danach wirst du die Löcher wieder füllen?«, frage ich spitz.

»Natürlich. Das habe ich dir gestern doch versprochen.«

Da ist keine Regung in seinem Gesicht.

Ein harter Kontrast zu Mos ernsten Augen, die sich in diesem Moment gemeinsam mit ihren Worten in meine Erinnerung drängen: *Lass die Tore stehen. Du bringst dich und die ganze Welt in Gefahr.*

Ich schüttele den Kopf, versuche Klarheit hineinzubringen. Mein Vater hat Eric vertraut. Wieso sonst hätte er meine Mutter gebeten, mich zu ihm zu schicken, sobald ich alt genug bin? Ist es doch möglich, die Löcher wieder zu füllen, so wie Eric es behauptet? Gestern bin ich stundenlang in Brooklyn und Manhattan herumgelaufen und habe genau darüber nachgedacht. Eine Antwort habe ich nicht gefunden. Denn die eigentliche Frage ist:

Vertraue ich meinem Vater? Und wenn ja, muss ich dann nicht auch Eric vertrauen?

Nun räuspert sich Eric.

»Ich brauche deine Hilfe, Selena«, flüstert er in die Bergluft hinein, während er sich vom Felsen abstößt und auf mich zukommt. »Es tut mir leid, dass ich dich gestern angeschrien habe. Das hätte ich nicht tun sollen.«

Unsere Blicke treffen sich, und ich kann nicht anders: Ich nicke stumm. Vielleicht macht er sich ja wirklich nur Sorgen. Wegen der Todesfallen. Und um mich. Hat er recht, und ich schwebe jetzt in noch größerer Gefahr als zuvor? Aber trotzdem …

»Bist du dir sicher, dass es das wert ist?«, will ich wissen.

»Wie meinst du das?«

Etwas an seiner Frage lässt Ärger in mir hochkochen. »Na, die ganzen Landschaften in Somna, die zerstört werden! Was, wenn wir es nicht schaffen, alles wiederaufzubauen? Ja, die Tore sind schrecklich. Aber kann man die Leute nicht irgendwie anders daran hindern, durch sie hindurchzugehen? Muss man wirklich diese Löcher in Somna reißen?«

Kurz sieht Eric mich nur an. Dann wirkt es, als würde er all seine Kräfte mobilisieren. »Komm mit. Ich will dir etwas zeigen. Du musst es wissen.«

Verständnislos sehe ich ihm hinterher, als er an den Rand des Plateaus tritt. Sein Blick ist auf das Tor auf der anderen Seite des Tals gerichtet, dann wendet er sich erneut zu mir: »Vertrau mir.«

Damit erhebt er sich in die Luft und fliegt auf das Tor zu.

Vertrau mir. Wenn es nur so leicht wäre.

Ich schnaube, stoße mich aber ebenfalls ab und folge ihm.

Während wir über das Tal hinwegfliegen, gehen mir alle möglichen Theorien durch den Kopf, was Eric mir zeigen möchte. Ich bezweifle, dass er mir irgendein Argument für die Zerstörung der Tore präsentieren könnte, über das ich nicht schon in den letzten vierundzwanzig Stunden nachgedacht habe.

Ein gutes Stück von dem strahlenden Bogen entfernt, landen wir auf dem Berggipfel, und aus der Nähe fällt mir auf, dass etwas an diesem Tor anders ist: Kaum jemand steht davor.

Um genau zu sein, sehe ich nur eine einzelne Frau. Sie muss an die neunzig Jahre alt sein, trägt einen Wanderrucksack auf dem Rücken und betrachtet den leuchtenden Bogen neugierig.

Eric lässt sich erschöpft auf einen der Felsbrocken sinken, die uns umgeben.

Ich überkreuze die Arme und behalte die alte Frau im Auge. »Was willst du mir zeigen, Eric?«, verlange ich zu wissen.

»Das hier.«

Jetzt drehe ich mich doch zu ihm um und sehe noch die ausladende Geste, die er macht. *Das hier?* Das Tor? Das ist alles? Gerade will ich zu einer verärgerten Reaktion ansetzen, da kommt Eric mir zuvor.

»Ich habe dir bisher nicht die volle Wahrheit gesagt, Selena. Das war falsch, und es tut mir leid. Ich hätte dir längst erzählen sollen, was dein Vater und ich wirklich vorhatten.«

Stille legt sich über uns, nur das Rauschen des Windes ist zu hören und dann Erics tiefe Stimme.

»Du hast recht. Wenn die Tore bloße Fallen wären, könnte man sie einfach umzäunen oder etwas Ähnliches, und das Problem wäre gelöst. Aber so leicht ist es leider nicht.«

Jetzt geht sein Blick wieder in Richtung der Frau, und noch

während ich mich ihr zuwende, bemerke ich ein Flirren in der Luft direkt neben ihr. Eine Gestalt nimmt Form an, als würde sie sich vor unseren Augen materialisieren – und dann erkenne ich es: Ein kleiner Junge, der sich verwirrt umschaut. Die alte Frau lächelt ihm sanft zu. Gemeinsam betrachten sie das Tor. Ein ungutes Gefühl regt sich in mir.

»Hast du schon mal von Nahtoderfahrungen gehört?«

Der Wind trägt Erics Frage zu mir herüber, und Gänsehaut läuft über meinen gesamten Körper. Doch ich sehe ihn nicht an, kann mich nicht von den beiden Gestalten vor dem Tor abwenden.

»Die Menschen berichten dabei immer von einem Tunnel, einem Licht oder …«, er macht eine Pause, »… von einem Tor.«

Etwas drückt sich um meinen Oberkörper und macht mir das Atmen schwer. Ich weiß nicht, ob ich möchte, dass Eric weiterspricht.

Da ergreift die alte Frau die Hand des Jungen, und gemeinsam gehen sie auf das Strahlen zu. Eine Sekunde lang bin ich wie erstarrt. Dann kommt Bewegung in mich.

»Halt! Stop!«, schreie ich und stürze los. Doch ich komme nicht weit. Arme umschließen mich und halten mich mit überraschender Kraft fest.

»Lass mich los, Eric!«

Ich versuche mich zu befreien, doch als Eric seinen Griff endlich lockert, sind die Frau und der Junge bereits hinter dem leuchtenden Bogen verschwunden. Mein Körper erschlafft. »Sie … sie sind …«

Eric vollendet meinen Satz: »Tot. Ja.«

Die Art, wie er das sagt, mit dieser vollkommenen Ruhe, lässt die Gefühle in mir überkochen.

»Du hast sie sterben lassen!«, schreie ich ihn an und stoße ihn von mir weg. Überrumpelt stolpert er nach hinten und fällt auf den felsigen Boden. Das muss weh getan haben. Gut so. Die Frau und der Junge … Er hat sie einfach in den Tod gehen lassen.

»Das war ein kleiner Junge! Der war höchstens sechs!« Meine Stimme bricht.

»Wir konnten nichts mehr für sie tun, Selena.«

Ich schnaube.

»Natürlich konnten wir das. Ich hätte sie aufgehalten, wenn du nicht …«

»Glaub mir, es war zu spät. Sie waren schon tot. Zumindest so gut wie.«

Diese letzten Sätze lassen mich innehalten.

»Was?« ist das einzige Wort, das meinen Mund verlässt.

Eric nickt müde. Noch immer sitzt er auf dem Boden.

»Sie waren schon tot«, wiederholt er. »Das ist es, was ich dir bisher nicht erzählt habe. Ich habe gesagt, die Tore seien Todesfallen. Aber das war nur die halbe Wahrheit.«

Völlig reglos stehe ich da. Die Pause, die Eric macht, fühlt sich an, als würde sie an all meinen Organen ziehen. Ich weiß, was jetzt kommt … aber ich will es nicht hören. Unwillkürlich mache ich einen Schritt von Eric weg. Doch ich kann nicht verhindern, dass seine Worte die Stille durchschneiden.

»Das Leuchten, von dem die Leute bei Nahtoderfahrungen erzählen, sind die Tore in Somna. Sie sind keine Todesfallen.« Eric holt Luft, und es dröhnt unnatürlich laut in meinen Ohren. »Sie *sind* der Tod.«

Stille.

Ein atemloses Lachen dringt aus mir hervor – nicht weil ich es lustig finde, sondern weil ich weiß, dass Eric die Wahrheit sagt. Weil sich die unterschiedlichen Gefühle in mir keine andere Bahn brechen können.

Eric sieht mich an, eine Müdigkeit auf dem Gesicht, die jedes Leben aus seinen Augen vertreibt. »Alle, die sterben, egal wie und egal wo, gehen nach Somna«, murmelt er. »Da treibt es sie zu den Toren, und sobald sie über deren Schwelle treten, sind sie tot. Sie können nicht mehr zurück. Dein Vater wusste das. Und er wollte es ändern.«

Noch immer stehe ich reglos da.

»Verstehst du, was ich dir zu sagen versuche?« Ein Glimmen tritt in Erics Augen, und er richtet sich auf. »Wir können das verhindern. Du und ich, wir haben die Macht, die Menschheit vor dem Tod zu bewahren. Wir können die Tore zerstören und damit den Tod abschaffen!«

Den Tod abschaffen, hallt es in meinem Kopf wider. Und gleichzeitig drängt sich Mo erneut in meine Gedanken: *Der Tod kann gar nicht so schlimm sein.*

»Wir können den Tod nicht abschaffen.« Vehement schüttele ich den Kopf

»Doch. Das können wir. Du und ich, wir sind dazu in der Lage.«

»Aber das wäre falsch«, flüstere ich.

Mir fällt auf, dass ich nicht gesagt habe, dass es nicht möglich wäre. Ich habe nicht gesagt, dass er verrückt sei und niemand die Macht habe, den Tod zu verhindern – schon gar nicht ich.

Ich muss an meinen Vater denken, der durch so ein Tor geschritten ist, und an meine Genugtuung, als ich eines dieser Dinger habe explodieren lassen.

Jetzt rappelt sich Eric vom Boden auf.

»Warum ist das falsch, Selena? Weil es schon immer so war? Weil Menschen schon immer gestorben sind? Ist es deswegen richtig, nur weil es seit Anbeginn der Zeit so läuft?«

Ich öffne den Mund, schließe ihn wieder.

Den Tod abschaffen. Noch immer klingt das Echo in meinem Kopf, als könne er die Bedeutung der Worte nicht begreifen.

»Das ist es doch, was die Menschen seit jeher wollten«, fährt Eric fort. »Dein Vater hat es sich zur Aufgabe gemacht, ihnen diesen Wunsch zu erfüllen. Und du und ich können sein Werk für ihn vollenden. Jetzt.«

Aus dem Augenwinkel sehe ich, wie vor dem Tor abermals eine Gestalt erscheint, aber ich drehe mich nicht um.

»Niemand muss mehr seinen Vater verlieren, niemand sein Kind oder seine große Liebe. Glaubst du nicht, dass ein paar Löcher in Somna ein kleiner Preis für die Unsterblichkeit sind?«

»Woher soll ich wissen, ob das wirklich das ist, was mein Vater wollte? Ich habe ihn nie fragen können. Ich habe nur dein Wort!«, stoße ich hervor – in meinem Rücken immer wieder das Flirren … Menschen, die sterben.

Eric kommt auf mich zu und bleibt dicht vor mir stehen.

»Erinnere dich, Selena. Du musst dich nur erinnern. Tief in deinem Inneren kennst du die Wahrheit doch längst.«

»Mich erinnern?«, stoße ich hervor. »Woran denn?«

»An deinen Vater.«

Jetzt löst sich etwas in mir, und ich beginne zu zittern.

»Ich erinnere mich aber nicht!«, schreie ich. »Wie auch? Ich habe nichts von meinem Vater! Nur diesen blöden Zettel.« Ich greife in meine Tasche und halte Eric die Notiz hin. »Meine Mutter gibt mir keine Antworten! Und als er starb, war ich gerade mal sechs Jahre alt. Ich weiß nur das, was du mir sagst!«

Etwas in Erics Gesicht zuckt. Und dann höre ich die Worte, die mir durch und durch gehen: »Hast du mich wirklich vergessen, Sel?«

Alles an mir ist plötzlich wie von einer Eisschicht überzogen. Meine Bewegungen erstarren, in meinem Kopf herrscht Leere, und mein Herz setzt aus. Ich drehe mich um. Langsam, weil ich nicht weiß, ob meine Beine mich tragen werden. Und dann steht er vor mir.

Mein Vater. Wie ich mich an ihn erinnere. Wie ich mich *doch* an ihn erinnere ... Dieselben Augen, die mir schon von dem Fotostreifen entgegengefunkelt haben, sehen direkt in meine. Und auch jetzt lächelt er, so liebevoll, dass mein Herz wieder zu schlagen beginnt.

»Papa.« Das Wort ist mir über die Lippen gerutscht, so leicht und natürlich, dass ich nicht weiß, ob ich es wirklich ausgesprochen habe.

Sein Lächeln wird breiter. »Ja, mein Schatz.«

Ohne darüber nachzudenken strecke ich meine Finger nach ihm aus. Ich berühre das schlichte Hemd, das er trägt, und er ergreift meine Hand. Warm und kräftig umschließt er sie.

Ich bin nicht imstande, noch irgendetwas zu sagen, doch das muss ich auch nicht. Er hat mich schon verstanden. Traurigkeit trübt seine Miene: »Ich bin nicht wirklich hier, Sel. Ich bin nur ein Traumspiegel. Eine Erinnerung. Eric hat mich erschaffen.«

Er wirft Eric einen Blick zu, der sich an einen Felsen gelehnt und einen gequälten Ausdruck auf dem Gesicht hat.

Mein Atem geht stoßweise, und meine Hand umklammert die meines Vaters. Er fühlt sich so echt an, so lebendig. Fast kann ich spüren, wie das Blut durch seine Finger pulsiert. Jetzt sieht er mir ins Gesicht und scheint alles daran aufsaugen zu wollen. Und ich tue es ihm gleich.

Eine Weile stehen wir so da. Vielleicht sind es Sekunden, vielleicht Minuten. Ich weiß es nicht. Die Zeit und alles um uns herum wird zu etwas völlig Irrelevantem. Das Einzige, was zählt, ist der Ausdruck in den Augen meines Vaters.

Es fühlt sich an, als würde etwas tief in mir aus der Dunkelheit emporsteigen und ich könnte es endlich, nach endlosen Jahren, im Tageslicht betrachten. Tröstend und schmerzhaft zugleich regt sich die Erinnerung in mir, wie es sich anfühlt, in seinen Armen in den Schlaf gewiegt zu werden.

Irgendwann bemerke ich, dass mir Tränen über die Wangen laufen. Wann ich begonnen habe zu weinen, weiß ich nicht.

Mein Vater lässt meine Hand los und fährt mir mit den Fingern über die Wangen. Dabei summt er eine ruhige Melodie, die mich aufschluchzen lässt.

»Das habe ich Eric immer vorgesungen, wenn er traurig war. Damals, als wir im … Waisenhaus waren. Kennst du es? Vermutlich habe ich es auch dir vorgesungen, wenn ich euch besucht habe, oder?«

Ich nicke stumm.

»Ich wollte euch nicht verlassen, Sel. Das musst du mir glauben. Aber ich hatte keine andere Wahl.«

Die Worte lassen mich erzittern.

»Warum?«, bringe ich hervor.

»Die Traumunion hätte mich sonst gefasst. Und auch dich und deine Mutter. Das konnte ich nicht zulassen.«

In meinem Kopf dreht sich alles, während mein Vater mir immer und immer wieder über die Wange streicht.

»Du warst dabei, weißt du noch?« Seine Stimme klingt sanft und so leise, dass ich sie kaum hören kann. »Als ich gestorben bin. Da warst du dabei. Es war vor einem solchen Tor.«

Jetzt wendet er sich dem leuchtenden Bogen zu, und ich muss mich zwingen, den Blick von ihm zu lösen, um es ihm gleichzutun.

»Ich habe dir meine Fähigkeiten übergeben, als ich gestorben bin. Du warst damals noch ein Kind und hast nicht verstanden, was passiert ist. Aber vergessen hast du es nicht. Da bin ich mir sicher.«

Ich stehe da und beobachte, wie immer wieder Menschen vor dem Tor auftauchen und in ihm verschwinden. Und ja, da ist etwas. Leise, ganz zaghaft regt sich eine Erinnerung. *Die* Erinnerung. Aber es ist mehr ein Gefühl als ein Bild, das in mir auftaucht. Das Gefühl daran, wie ich meinen Vater zurückgelassen habe. Daran, wie er in den Strahlen verschwunden ist. Wie ich wusste, dass ich ihn nie wiedersehen würde. Und wie seitdem alles anders geworden ist.

»War ich …« Fast versagt mir die Stimme, doch ich bin entschlossen, die Frage zu stellen. »War ich schuld an deinem Tod?«

Ganz kurz zeichnet sich etwas auf dem Gesicht meines Vaters ab, das nach einem Zögern aussieht, doch einen Moment später ist es verschwunden, und ich weiß nicht, ob ich es mir nur eingebildet habe.

»Nein«, er lächelt mich liebevoll an. »Du warst nicht schuld. Wenn jemand dafür verantwortlich ist, dann die Traumgänger der Union. Sie haben mich in die Enge getrieben.«

Ich nicke, doch das Gewicht auf meiner Brust will sich nicht lösen.

Irgendwann habe ich genug Kraft, um meine Stimme wieder zu benutzen. »Willst du … hättest du gewollt, dass ich die Tore zerstöre?«

Sein Blick wird intensiv.

»Der Tod zerreißt Familien, Liebende, Freundschaften. Was, wenn wir das alles verhindern könnten?«

»Aber wir können doch nicht einfach den Tod abschaffen …«

»Doch. *Du* kannst es. Gemeinsam mit Eric. Ihr könnt die Menschheit von dem befreien, vor dem sie am meisten Angst hat. Vertrau mir.«

Vertrau mir. Seine Worte ähneln Erics, doch aus dem Mund meines Vaters klingen sie plötzlich nicht mehr absurd, sondern wahr. Machbar. Notwendig.

Nur eine Sache bleibt …

»Aber wir machen Somna damit kaputt. Die Löcher …«

»… können wieder geflickt werden. Da bin ich mir sicher.«

Ich sehe in das sanft lächelnde Gesicht meines Vaters, zögere, dann flüstere ich heiser: »Aber ich kann es nicht. Ich habe es versucht und es nicht geschafft.«

Er schüttelt den Kopf. »Doch, das hast du, Sel. Geh nach Chicago und sieh nach. Die Landschaften, die du erschaffen hast, sind noch immer da.« Wieder streicht er mir sanft über das Gesicht. »Ja, große Löcher zu füllen ist nicht leicht. Immerhin braucht man nicht nur die richtige Emotion, sondern auch die

Komplexität einer ganzen Landschaft. Aber es ist eine Frage der Übung. Den Rest des Lochs in Chicago hat Eric geflickt.« Jetzt sieht er lächelnd in Erics Richtung. »Ich selbst habe ihm beigebracht, wie es funktioniert.«

Mein Blick wandert von meinem Vater zu Eric, zu dem strahlenden Tor. Und auf einmal, obwohl ich weiß, dass dies alles nur ein Produkt von Erics Erinnerung ist, kann ich die Frage nicht mehr zurückhalten: »Was liegt hinter den Toren, Papa?«

Ich sehe ihn an, direkt in seine liebevollen Augen.

»Bald muss das niemand je wieder herausfinden.«

Etwas an dieser Antwort lässt eine Kälte über meinen ganzen Körper laufen.

Mein Vater macht einen Schritt auf das Tor zu. Auf seinem Gesicht liegt ein Ausdruck, der nach Endgültigkeit und Abschied aussieht.

Da taucht Eric neben mir auf. Er legt mir eine Hand auf die Schulter.

»Er ist nur eine Erinnerung, Selena. Tut mir leid«, murmelt er.

Mein Vater wendet sich noch einmal zu mir um und nickt. »Ich bin nur ein Traumspiegel. Aber eines ist deswegen nicht weniger wahr: Ich habe dich und deine Mutter sehr geliebt. Ich hätte euch niemals freiwillig verlassen.«

Ich will auf ihn zustürzen, die Arme um ihn schlingen, mich an seinem Bauch vergraben, als wäre ich ein kleines Kind. Immer und immer wieder diese Worte hören. Und doch bleibe ich, wo ich bin.

»Gib meinem Tod eine Bedeutung, Selena.«

Damit dreht sich mein Vater um und geht auf das Tor zu.

Meine Kehle lässt keinen Laut hindurch.

Ein weiterer Schritt.

Ich kann ihn nicht noch einmal verlieren.

Ein weiterer Schritt.

Sie sind wieder da. Die Erinnerungen.

Ein weiterer Schritt.

Mit aller Macht strömen sie auf mich ein: Momente, deren Kostbarkeit mir als Kind völlig entgangen ist. Ein Ball, den mir mein Vater zuwirft. Eine Gutenachtgeschichte, vorgelesen im tiefen Bass seiner Stimme. Ein Pferdchenspiel, ich auf seinem Rücken. Und dann die endlosen Stunden, in denen ich wartend aufs Meer geblickt habe, in der Hoffnung, dass mit dem Schiff am Horizont mein Vater zu seinem nächsten Besuch kommen würde.

Mein Gedächtnis lässt all diese Bilder, all diese Gefühle auf einmal frei, und ich werde von ihnen davongeschwemmt. Ich bekomme keine Luft mehr. Das Glück meiner Kindheitstage ist jetzt nur noch etwas, das sich schmerzhaft in mich bohrt und mir klarmacht, dass es nie wieder zurückkehren wird. Ich habe ihn verloren. An das Tor.

»Papa!«

Abermals halten mich erstaunlich kräftige Arme zurück. Mein Vater steht direkt vor dem Bogen, dreht sich noch einmal zu mir um. Seine Silhouette zeichnet sich scharf vor dem Strahlen ab, und seine Gesichtszüge beginnen mir zu entgleiten. Das Bild, das ich sehe, vermischt sich mit dem aus meiner Erinnerung. Wird eins. Zerreißt mich.

Und dann weiß ich, dass ich keine andere Wahl habe. Sie nie hatte. Ich muss meinen Emotionen nur einen leichten Schubser geben. Und die Welt versinkt im Nichts.

18

Ria

Der Ausdruck in Yunus' Augen ist intensiv, die Mischung aus Wehmut und Verlangen in ihnen unwiderstehlich. Langsam beugt er sich vor, und meine Sinne sind erfüllt von seiner Nähe, seinem Geruch und seiner Berührung. Dann spüre ich Yunus' Lippen auf meinen, seine Hand in meinem Nacken, und ein Schauer läuft durch meinen Körper. Seine Lippen sind weich und kräftig zugleich, und er schmeckt so gut wie nichts anderes, das ich kenne.

Fast ist es so, als wäre ich wieder dort – im Treppenhaus des Neuköllner Mietshauses mit Yunus. Ich lächle müde und vergrabe mein Gesicht im weißen Bezug des Kissens. Wenn ich schon nicht träumen kann, so habe ich doch das Tagträumen über die Jahre perfektioniert. Mein neuer Favorit, den ich in Endlosschleife durch meinen Kopf laufen lasse: der gestrige Kuss mit Yunus. Seit ich heute im Morgengrauen aufgewacht bin, erlebe ich ihn wieder und wieder. Was bleibt mir auch anderes übrig? Schließlich kann ich ohne Handy noch nicht mal Lil anrufen und ihr haarklein davon berichten. Ich kann nur versuchen, ihn in Gedanken zu wiederholen, dümmlich in mein Kissen zu grinsen und den Verdacht zu ignorieren, dass meine Erinnerung an den Kuss mit jedem Tagtraum intensiver und, nun ja, heißer als die Realität wird. Schade nur, dass meine Phantasie offenbar nicht ausreicht, um mir ein besseres Ende auszudenken als das, was uns in Wirklichkeit erwartet hat.

Auch in meinem Kopf werden wir irgendwann von den Polizisten vor der Tür unterbrochen, in die Traumunion gebracht und dort von einem verärgerten Giacomo Laurenti empfangen.

Ich wälze mich in den Laken und versuche, gedanklich zu dem Kuss zurückzukehren. Ich will nicht über Giacomos verärgerte Ansprache nachdenken oder mir Gedanken machen, was mein kleiner Ausflug zu den Dedes noch für Konsequenzen haben wird. Ich möchte diese wenigen verbleibenden Minuten genießen, bevor jemand in mein Zimmer platzt und …

»Guten Morgen!«

Stöhnend blinzele ich im Licht der Deckenlampe. Die Silhouette, die ich ausmachen kann, ist leicht zuzuordnen. Meine Laune ist schlagartig im Keller. *Paul.*

»Schon mal was von Klopfen gehört?«, brumme ich und vergrabe mein Gesicht im Kissen, um der Realität ein paar Augenblicke länger zu entkommen.

»Wir haben geklopft. Hast du das nicht gehört?«

Wir? Plötzlich bin ich hellwach.

In der Tat stehen mehrere Männer in meinem Zimmer, und es kommt mir vor wie ein unangenehmes Déjà-vu. Zumindest hat Paul diesmal nicht Wolfgang Erlbach mitgebracht, sondern zwei junge Traumkommissare.

Einer von ihnen besitzt die Dreistigkeit, die Vorhänge beiseitezuziehen und eines der Fenster weit zu öffnen. Draußen scheint bereits die Sonne und ich höre lautes Vogelgezwitscher.

Ich gebe ein paar unverständliche Laute von mir, bei denen ich selbst nicht weiß, was ich damit ausdrücken will. Protest? Resignation? Irgendetwas dazwischen.

Als ich in Pauls Gesicht blinzele, weiß ich, dass der heutige Tag nahtlos da weitergeht, wo der letzte aufgehört hat: mit einem gestressten, verärgerten Paul und mir, die keine andere Wahl hat als ihm und den restlichen Traumkommissaren zu gehorchen.

Wie wütend sie alle waren, dass ich abgehauen bin. Aber ich würde es wieder machen. Immer und immer wieder. Denn auch ich bin wütend – darin hat sich seit gestern nichts geändert. Doch eine leise Stimme hält mich zurück, die mir zuflüstert, dass ich vorsichtig sein muss. Ich muss Yunus' Warnung vor den Traumgängerfamilien ernst nehmen.

Paul setzt sich auf die Bettkante.

»Hast du gut geschlafen nach dem aufregenden Tag gestern?«, fragt er.

Es hat also keine zehn Sekunden gedauert, bis er das Thema anspricht. Trotz meiner noch immer schmerzenden Seite und dem verschlafenen Zustand versuche ich mich einigermaßen würdevoll aufzurichten.

»Bist du hier, um mir Vorwürfe zu machen oder mich wieder einzusperren?«

Er lächelt, als hätte ich einen Scherz gemacht, aber ich kann ganz genau sehen, dass seine Mundwinkel leicht zittern.

»Nein. Ich bin hier, um dir deine neuen Begleiter vorzustellen. Das ist Eugenio Laurenti … und Chester Graham kennst du ja schon.«

»Meine *Begleiter*?«

»Ja. Einer von uns dreien wird ab jetzt immer an deiner Seite sein.«

Ich betrachte die Männer. Sind sie Bodyguards oder Gefängniswärter? In meinem Kopf hallt das Geräusch des sich drehenden Schlüssels in meiner Zimmertür nach.

»Warum brauche ich Begleiter?«

»Na ja, wir wollen einfach gut auf dich aufpassen.« Paul steht auf. »Jetzt zieh dir aber mal was an, und dann gehen wir frühstücken. Wir wollen dich so schnell wie möglich wieder nach Somna bekommen.«

Argwöhnisch sehe ich ihm nach, wie er zu meinem Kleiderständer geht und mir kurz darauf eine Uniform aufs Bett wirft.

»Wie geht's eigentlich deiner Verletzung?«

»Besser«, antworte ich, bevor ich mich zurückhalten kann. Denn das war eines der ersten Dinge, die mir heute Morgen aufgefallen sind: Die Schmerzsalbe, die mir der Arzt gestern Abend aufgetragen hat, scheint gut gewirkt zu haben. Vielleicht war es aber auch das Kühlpack von Yunus' Mutter.

»Gut.« Paul lächelt, als würde er sich wirklich darüber freuen. »Dann mach dich mal fertig.«

Er lässt sich in den Sessel fallen, in dem er schon neulich gesessen hat.

Mein Blick wandert von ihm zu den anderen beiden Männern, die sich erwartungsvoll an die Wand lehnen.

Er verdreht die Augen. »Im Bad, Ria. Nebenan.«

Ich hole Luft, will etwas Patziges erwidern, aber mir fällt nichts ein. In Ermangelung einer Alternative schiebe ich mich also trotzig aus dem Bett und bin froh, einen halbwegs passablen

Schlafanzug zu tragen. Um genau zu sein, ist es kein Schlafanzug, sondern ein Paar Shorts und ein unförmiges T-Shirt, das ich bei einer Ü16-Party ergattert habe, auf die Lil mich geschleppt hat. Aber immerhin ist es nicht der flauschige Pyjama mit den Segelschiffen drauf, von dem ich mich nicht trennen kann, obwohl mir die Hose nur noch bis zu den Knöcheln reicht und das Shirt über der Brust spannt.

Wortlos sammle ich meine Sachen ein, hänge mir die Uniform über den Arm und gehe auf die Tür zu.

Okay. Ich spiele mit. Zumindest erst mal.

Es tut gut zu wissen, dass Yunus hier irgendwo auf dem Gelände sein muss. *Ich lasse dich nicht allein.* Das hat er gestern gesagt. Sofort ist da ein wohliges Gefühl in meiner Magengrube.

Ich trödele absichtlich mit der Morgenwäsche und dem Anziehen. So viel stillen Protest erlaube ich mir. *Begleiter.* Dass ich nicht lache.

Irgendwann – ich überlege gerade, ob ich mir auch noch die Nägel schneiden sollte – klopft es an der Tür. »Ria. Bist du so weit? Sonst hast du gleich keine Zeit mehr fürs Frühstück.«

Ich ziehe eine Grimasse im Spiegel und werfe mir dann ein möglichst selbstbewusstes Lächeln zu. Es sieht fast überzeugend aus. *Fast.*

Auf dem Gang warten die drei Traumkommissare und nehmen mich in ihre Mitte, als wir auf den Ausgang zusteuern. Doch kurz bevor wir die Tür erreichen, biegen die Männer ab und beginnen, die Treppenstufen gegenüber dem Haupteingang zu erklimmen. Ich halte inne.

»Wollten wir nicht zum Frühstück?«

Der Typ, den Paul als Eugenio vorgestellt hat, wendet sich zu mir um. Er hat dichtes dunkles Haar, und im Gegensatz zu den meisten anderen Traumkommissaren, die ich bis jetzt kennengelernt habe, einen deutlichen Bauchansatz. Mit seinem freundlichen Lächeln wirkt er geradezu sympathisch, doch ich weiß, dass ich vorsichtig sein muss.

»Wir haben eine Überraschung für dich«, sagt er mit rollendem R.

Durch meinen Kopf laufen verschiedene Szenarien, welche Überraschungen die Traumunion nach der gestrigen Aktion für mich in petto haben könnte. Aber die Tatsache, dass ich sowieso keine andere Wahl habe, lässt mich neben Eugenio die Treppe emporsteigen.

»Du heißt auch Laurenti, oder? Bist du mit Giacomo verwandt?«, frage ich.

Er nickt. »Ich bin sein Neffe.«

Ich überlege, ob ich einen Vorstoß wagen kann, und setze meinen naivsten Blick auf.

»Es gibt ziemlich viele Laurentis hier, oder?«, flöte ich.

»Ja, wir sind eine der großen Traumgängerfamilien.«

Er sagt es ohne jede Spur von schlechtem Gewissen. Das kann jetzt alles bedeuten. Während wir drei weitere Stockwerke erklimmen, überlege ich, was ich weiter fragen könnte, um Yunus' Hypothese zu bestätigen. Hat Eugenio seine Gabe wirklich geerbt oder hat dafür eine weibliche Traumgängerin ihr Leben lassen müssen? Leider fällt mir nichts ein, was meinen Verdacht nicht offenbaren würde …

Wir erreichen eine gläserne Tür, die auf eine weitläufige Dachterrasse führt. Ich schaue Paul fragend an, aber der nickt mir nur auffordernd zu und hält die Tür auf.

Vor mir auf der Terrasse ist ein schickes Sonnensegel über einem gedeckten Tisch gespannt – und an dem Tisch darunter sitzt … mein Vater. Irritiert halte ich inne.

Er sieht mir lächelnd entgegen und stellt seine Kaffeetasse ab, bevor er sich erhebt und auf mich zukommt.

»Was soll das denn sein? Ein Familienbrunch?«, murmele ich. Bei allen Spekulationen, was die Traumunion sich als Konsequenz für mich einfallen lassen könnte, wäre ich niemals darauf gekommen. Ob er mir die Leviten lesen soll? Was für ein absurder Gedanke.

Jetzt hat er mich erreicht: »Ria, mein Schatz. Guten Morgen!«

Er breitet seine Arme aus, um mich zu umarmen, und ich bin so überrumpelt, dass ich die Geste erwidere.

»Schön, dass du da bist. Hast du Hunger?«

»Äh, ja. Du frühstückst heute mit mir?«

Mein Vater lacht leise, während seine Hand sich auf meinen Rücken legt und er mich sanft in Richtung des Tisches schiebt.

»Ja. Ich dachte mir, dass ich dich in letzter Zeit kaum noch zu Gesicht bekomme. Hier, setz dich.«

Er deutet auf einen der Stühle. Ich betrachte den gedeckten Tisch: ein Korb mit Brötchen, ein paar Aufstriche, Früchte, Käse, Saft und Kaffee.

»Orangensaft?«, fragt mein Vater, nachdem ich mich hingesetzt habe, und hält die Karaffe fragend in die Höhe.

Ich nicke zustimmend und beobachte, wie er den Saft in mein Glas plätschern lässt. Noch immer lächelt er, als wäre der Ausdruck auf seinem Gesicht kleben geblieben. Irgendetwas stimmt nicht.

Ich sehe mich um. Die drei Traumkommissare stehen im

Hintergrund und halten Abstand, in einer lächerlichen Nachahmung von Privatsphäre.

»Was soll das hier?«, platzt es aus mir heraus.

Fast sieht es aus, als würde mein Vater sich ertappt fühlen.

»Das hier?«

»Ja. Dieses Frühstück. Warum esse ich nicht wie die letzten Tage in der Mensa?«

Er lehnt sich zurück, und Falten furchen seine Stirn unter dem lichten Haaransatz.

»Dass du in der Mensa isst, ist leider nicht mehr möglich. Ich habe mit Giacomo gesprochen. Er kann deinen Drang, etwas mehr rauszukommen, verstehen. Darum haben wir dir das Dach freigeräumt.«

Wieder hallt das Geräusch des sich drehenden Schlüssels in meinem Kopf. Okay. Die Sache ist klar. Von wegen *Begleiter*. Die Traumkommissare hinter mir sind Gefängniswärter, nichts anderes.

Mein Vater schenkt sich Kaffee ein, und ich merke, dass er meinem Blick ausweicht.

»Weißt du, warum ich gestern abgehauen bin?«, frage ich. »Weil man mich eingesperrt hat, Papa. Das geht echt gar nicht.«

Er stellt seufzend den Kaffee ab, muss mich jetzt doch ansehen.

»Rieschen, man hat dich nicht eingesperrt, um dir etwas Böses zu tun. Die anderen wollten dich nur beschützen.«

»Ach, so nennt man das heute«, sage ich und kann mir nicht verkneifen, meinen Sarkasmus zu unterstreichen, indem ich die Augen verdrehe. Nur mein Vater bringt diese Seite in mir hervor.

Leider lässt er sich nicht beirren, vielleicht auch, weil er mich schon wieder nicht ansieht. Er nimmt sich ein Brötchen, schneidet es auf und schaut sich auf dem Tisch um, als wäre die Wahl des Aufstrichs gerade seine wichtigste Entscheidung.

»Was willst du, Papa?«, hake ich weiter nach. »Warum bist du hier?«

Er hält in der Bewegung inne.

»Ich habe bemerkt, dass ich zu wenig Zeit mit dir verbracht habe. In Zukunft werde ich mich besser um dich kümmern. Wenn du dich hier nicht wohl fühlst, möchte ich etwas dagegen tun.«

Ich starre ihn an, und in mir passieren mehrere Dinge gleichzeitig: Der Teil in meinem Inneren, der rote Zöpfe und bunte Spangen auf dem Kopf trägt, lächelt freudig. Viel zu lange hat er auf diese Worte gewartet. Doch er wird sofort von meinem jetzigen Ich beiseitegeschubst, das meinen Vater mit verschränkten Armen und zusammengekniffenen Augen beobachtet.

»Woher kommt denn diese Idee plötzlich?«, frage ich.

»Na ja, ich …« Jetzt scheine ich meinen Vater doch ein wenig aus dem Konzept gebracht zu haben.

»Hat Giacomo dir befohlen, mit mir zu frühstücken? Was sollst du machen? Mich einlullen, damit ich nicht merke, was hier läuft?«

Mein Vater öffnet den Mund und schließt ihn wieder. Einen Moment lang sieht er entrüstet aus, dann legt sich die professionelle Pressesprechermiene über sein Gesicht.

»Ria. Wir wollen alle nur dein Bestes.«

»Glaubst du das wirklich? Oder sind das Giacomos Worte?«, zische ich zurück, und abermals sehe ich etwas in den Augen meines Vaters flackern. Sein Blick huscht zu den Traumkommissaren hinter mir, dann sieht er wieder mich an, und mit einem Mal ist da etwas Gequältes in seinem Ausdruck.

»Ich weiß, dass das alles gerade ziemlich überwältigend für dich sein muss …«

Ich will ihm schon eine entnervte Erwiderung entgegenwerfen, als er leise murmelnd hinzufügt: »Aber du solltest vorsichtig sein, Ria. Als weibliche Traumgängerin … Mit deinen Fähigkeiten …« Er räuspert sich. »Darüber müssen wir reden, Ria. Das, was du gestern in Somna gemacht hast, das war … nun ja … nicht normal.« Es wirkt, als müsse er die Worte aus seinem Mund bekommen, bevor ich ihn unterbrechen kann: »Du bist erst eine volle Minute nach dem Erwachen der Träumerin zurückgekehrt. Du hast Traumwandlungen in Somna hinterlassen. Die Landschaft, die du dort errichtet hast, die gibt es wohl immer noch. Und du hast etwas mitgebracht aus Somna. Das ist alles nicht normal.«

Jetzt grätsche ich dazwischen. »Was soll ich denn mitgebracht haben?«

»Wasser.«

»Wasser?«

»Ja, Wasser. Du warst ganz nass, als du zurückgekommen bist. Erinnerst du dich?«

»Natürlich erinnere ich mich«, gebe ich patzig zurück. »Aber was soll das denn bitte heißen? Das ist nicht normal?«

Mein Vater hebt abwehrend die Hände. »Es ist nichts Schlechtes. Wenn, dann macht dich das noch besonderer.« Sein Lächeln zittert. »Das sagt Giacomo jedenfalls.«

Ich lehne mich in meinem Stuhl zurück und versuche zu verarbeiten, was mein Vater da eben gesagt hat. Das Puzzle, das gestern noch so unklar vor mir lag, scheint sich langsam zusammenzusetzen.

»Aber wir wussten doch eh schon, dass ich nicht normal bin … als Mädchen«, erwidere ich dumpf.

Mein Vater nickt. »Aber das hier …« Wieder versucht er es mit einem Lächeln. »Das macht dich eben noch besonderer.« Er räuspert sich. »Giacomo hat mir versprochen, auf dich aufzupassen, und ich weiß, dass er zu seinem Wort steht.«

Ich bin mir nicht sicher, wen mein Vater mehr überzeugen will – mich oder sich selbst. Er wischt sich Schweiß von der Stirn, und plötzlich sieht er nicht mehr wie der Pressesprecher der Traumunion aus, sondern wie ein unausgeschlafener und in die Enge getriebener Mann.

Ein wenig meines Ärgers verpufft. Er scheint sich wirklich Sorgen um mich zu machen. Ich weiß nicht, ob mich das besänftigen oder beunruhigen sollte. Auf seltsame Weise tut es beides.

Mein Vater nimmt einen großen Schluck von seinem Kaffee und greift dann nach dem Brotkorb.

»Brötchen?«, fragt er und hält mir den Korb hin.

Wie automatisiert nehme ich eines und lege es auf meinen Teller, ohne es eines Blickes zu würdigen.

»Und was passiert jetzt?«, frage ich.

»Jetzt?«

Mein Vater wirkt zerstreut.

»Ja. Was hat Giacomo jetzt mit mir vor? Er muss dir doch etwas gesagt haben.«

»Ähm. Ja.« Wieder wischt sich mein Vater den Schweiß von der Stirn. Dann räuspert er sich. »Richtig.«

Hinter einem Teller mit frisch geschnittenem Obst zieht er

etwas hervor, das ich im ersten Moment nicht richtig erkennen kann. Dann macht mein Herz einen Hüpfer.

»Also erst mal soll ich dir das hier geben.« Er reicht mir die Smartwatch über den Tisch. »Die haben sie extra für dich eingerichtet. Hat alle Funktionen wie bei den anderen Traumgängern auch. Nur Nachrichten kannst du zurzeit nur an Mitglieder der Traumunion schicken. Das hielt Giacomo angesichts der aktuellen Medienlage erst mal für besser … Deshalb musst du dich auch noch etwas gedulden, bis du dein Handy zurückbekommst.«

Meine anfängliche Freude beim Anblick der Smartwatch fällt in sich zusammen. Ich sehe auf das kleine, schwarze Gerät in meinen Fingern. Der Bildschirm leuchtet auf, und die Uhrzeit erscheint. Ich tippe auf das Rädchen an der Seite, und eine Sammlung von Apps wird angezeigt.

»Paul wird sie dir später noch erklären. Na, mach sie schon um!«

Ich starre weiterhin auf die Uhr, kurz verspüre ich den Drang, sie vom Dach zu werfen. Doch was würde das schon bringen. Mit dem Tracker unter der Haut und den drei *Begleitern* in meinem Nacken stehe ich ohnehin unter ständiger Überwachung. Und so kann ich wenigstens Yunus kontaktieren. Also lege ich mir die Smartwatch um mein Handgelenk.

Mein Vater sieht mich an, als hätte er mir gerade ein Weihnachtsgeschenk gemacht. »Jetzt siehst du wirklich aus wie eine echte Traumgängerin«, sagt er lächelnd, und ich glaube, wir merken beide, wie misslungen dieses Kompliment ist.

»Giacomo hat übrigens Großes mit dir vor«, sagt er eilig und blickt auf seine Hand herab. Schnell dreht er sie von der einen

Seite zur anderen, als müsste er überprüfen, ob er wach ist. Ich atme tief ein.

»Was hat Giacomo denn vor?«, frage ich bemüht gelassen.

»Es soll wohl noch mehr Löcher in Somna geben. Große, schwarze Löcher, reines Nichts. Sie glauben, diese Löcher sind der Grund für all die Albträume. Du sollst sie mit neuen Landschaften füllen. Du hast ja gestern gezeigt, dass du das kannst. Das ist eine sehr wichtige Aufgabe.« Wieder lächelt er mich an. »Eine große Ehre.«

Jetzt greife ich doch nach dem Messer neben meinem Teller und schneide schwungvoll mein Brötchen auf.

»Na ja, wenn es sonst niemand kann …« Ich zucke mit übertriebener Selbstsicherheit die Schultern.

Mein Vater nimmt einen eiligen Schluck von seinem Kaffee.

»Aber, Ria, da ist noch etwas …«

Ein Schwung Kaffee landet auf dem Tisch, als er die Tasse abstellt.

»Das mit deinen Fähigkeiten … Also die Fähigkeiten, die über die eines normalen Traumgängers hinausgehen … Das sollte möglichst niemand erfahren. Ein paar Leute sind eingeweiht, aber dabei soll es bleiben.«

Eine Pause entsteht, in der ich eine Käsescheibe von einem Teller ziehe, auf mein Brötchen lege und hineinbeiße.

»Ich wusste, dass du das verstehst«, bemerkt mein Vater, ohne auf eine Antwort von mir zu warten.

Ich kaue, während der Ärger in mir wächst. »Nur mal so rein hypothetisch. Was würde passieren, wenn die Leute doch erfahren, dass es Traumgängerinnen gibt, die vielleicht sogar mehr Macht haben als ihre männlichen Kollegen?«

Seine Miene versteinert.

»Das wäre … nicht gut.«

»Aha«, sage ich tonlos.

»Na ja, stell dir mal das PR-Debakel vor …« Mein Vater bricht ab, als er meinen Gesichtsausdruck bemerkt, und da sehe ich etwas anderes in seinen Augen. Angst? »Damit müsste dann jemand anderes umgehen.«

Ich halte mitten in der Kaubewegung inne. Ein unguter Verdacht beschleicht mich.

»Giacomo hat damit gedroht, dich rauszuwerfen?«, sage ich mit vollem Mund.

»Nein, nein.« Die Hast, mit der er die beiden Worte gesagt hat, verrät seine Lüge. Wieder wischt er sich den Schweiß von der Stirn. »Aber als dein Vater wäre das dann einfach nicht mehr die richtige Position für mich. Bereits jetzt ist es schwierig …«

Er sieht so klein aus, so gequält. In meinem Inneren macht sich eine seltsame Leere breit.

Mein Blick wandert von meinem Vater zu den Traumkommissaren, die sich auf der Dachterrasse verteilt haben, und plötzlich wird mir meine Situation in einem Ausmaß bewusst, das mir den Atem nimmt. Ich bin eine *Gefangene.*

Die Traumunion wird mich nicht mehr aus den Augen lassen. Sie werden dafür sorgen, dass ich genau das tue, was sie wollen, und auf keinen Fall je wieder alleine das Gelände verlasse. Die Smartwatch zieht wie ein schweres Gewicht an meinem Handgelenk.

Abrupt schiebe ich den Stuhl nach hinten und stehe auf.

»Ria?«

Mein Vater folgt mir nicht, als ich zum Rand des Daches gehe und mich an das Geländer lehne. Tief sauge ich die Luft ein. Mein Herz klopft schnell, und ich spüre die Blicke der anderen auf mir, doch um nichts in der Welt möchte ich mich umdrehen und in ihre heuchlerischen und verräterischen Gesichter sehen.

Vor mir breitet sich das Gelände der Traumunion aus. Ich kann den VR-Dom erkennen, das Hauptgebäude, das Kesselhaus und das Wohngebäude der Traumgänger. Ob sich Yunus darin befindet? Gedankenverloren spiele ich an meiner Smartwatch herum. Sobald ich kann, werde ich ihm eine Nachricht schicken.

Ich weiß nicht, wie lange ich so dastehe. Aber als ich Schritte hinter mir höre, presse ich die Kiefer aufeinander.

»Alles okay bei dir?«

Es ist Paul. Er lehnt sich neben mir an das Geländer.

Ich lasse seine unnötige Frage unbeantwortet und betrachte die Stadt vor mir. Autos schieben sich durch die Straßen, eine gelbe S-Bahn fährt über eine Brücke, Menschen eilen zu ihren Büros. In einiger Entfernung kann ich den Alex erkennen, der sich in den blauen Himmel streckt. Die Spitze des Alex – einer meiner Lieblingsorte in dieser Stadt.

»Wo ist Yunus?«, frage ich.

»Der ist auf Patrouille, glaube ich.«

»Also ist er nicht in Schwierigkeiten wegen gestern?«

»Nein.«

Paul wendet sich vom Treiben der Stadt ab, und ich sehe im Augenwinkel, wie er mich betrachtet. Er fährt sich mit der Hand durch die Haare, bevor er wieder nach vorne schaut. Seine Finger klopfen auf das Metall des Geländers.

»Sag mal, Ria. Läuft da was zwischen Yunus und dir?«

Er hat es in gedämpfter Stimme gesagt, als wolle er verhindern, dass die anderen seine Frage hören. Mein Hals und meine Wangen beginnen jäh zu prickeln.

»Ich wüsste nicht, was dich das angeht«, stelle ich klar.

»Also ja.«

Er sieht grimmig aus.

Während ich ihn noch anstarre, dreht er sich wieder zu mir.

»Ria. Ich weiß, es mag nicht immer so wirken, aber ich bin auf deiner Seite. Wir brauchen dich jetzt. Du kannst Somna retten. Und ich werde nicht zulassen, dass dir dabei etwas passiert.«

Ich sehe ihn skeptisch an und schweige.

»Da sind Verrückte in Somna unterwegs, und wir können sie aufhalten. Aber dafür müssen wir jetzt zusammenarbeiten«, sagt er energisch.

»Verrückte?«, wiederhole ich dumpf, und dann kann ich es mir nicht mehr verkneifen: »Wie wäre es, wenn wir mal darüber reden, dass eine von diesen *Verrückten* eine Traumgängerin ist?«

Paul zieht eine Augenbraue nach oben.

»Hör zu, Ria.« Wieder fährt er sich nervös mit einer Hand durchs Haar, bevor sich sein Blick intensiviert. »Ist doch eigentlich egal, ob es ein Mädchen war oder nicht, jetzt ist nur wichtig, ob du zulassen willst, dass diese Leute Somna zerstören.«

»Natürlich nicht«, presse ich hervor.

»Na, dann stell dich nicht quer. Wenn du fertig gefrühstückt hast, gehen wir rüber in die Einstiegsräume für einen Ausflug nach Somna.«

Ich drehe mich weg, sehe auf die Stadt hinaus und bemühe mich, die Tränen in meinen Augen zu unterdrücken. Erleichtert höre ich, wie Paul sich nach kurzem Zögern entfernt, und atme tief durch. Ein. Und aus. Das hilft.

»Ria, hast du keinen Hunger?«, schallt die Stimme meines Vaters über die Dachterrasse.

Ich wende mich um und sehe ihn an. Er steht da und winkt mit einem Frühstücksbrötchen.

Ich muss an Yunus' Worte denken: *Du musst dir einfach überlegen, ob du bei deren Spiel mitspielen willst oder nicht.*

Noch einmal atme ich tief durch. Dann lächle ich meinem Vater und den Traumkommissaren zu und kehre zum Tisch zurück. Ich glaube, ich habe meine Antwort gefunden. Ich werde mitspielen – allerdings nach meinen Regeln.

19

Selena

Ich blinzele in die tiefstehende Sonne, die über dem Meer glänzt, lehne mich gegen die Kaimauer und gestatte mir einen Moment, in dem ich das Treiben um mich herum beobachte. Menschen fahren auf Skateboards die Promenade entlang, schlendern in Gruppen auf und ab oder joggen im Rhythmus der Musik, die irgendwo aus einem Lautsprecher dröhnt. Ich war zwar noch nie an der amerikanischen Westküste, aber in etwa so habe ich sie mir vorgestellt. Selbst das Gedränge der Träumer und Traumstatisten wirkt hier nicht bedrohlich, sondern einfach lebendig.

Trotzdem, ganz wie in der wachen Welt ist es wohl doch nicht. Da ist ein Akrobat, der Verrenkungen macht, die definitiv nicht menschenmöglich sind. Ein Skateboarder bleibt ein paar Sekunden zu lange in der Luft, und ein Tiger schiebt sich gemächlich durch die Menge.

Ein dumpfes Ziehen macht sich in meinem Inneren bemerkbar, als ich daran denke, dass es all das hier bald nicht mehr geben wird. Dass ich es gleich auslöschen werde.

Mein Blick gleitet zu der großen Rasenfläche, die sich an

die Promenade anschließt. Unzählige Menschen stehen dort. Schweigend betrachten sie das strahlende Tor, das sich vor ihnen erhebt.

Wie viele Tore habe ich bereits zerstört? Meiner Erschöpfung nach zu urteilen zu viele.

Wie viele werde ich heute noch schaffen? Und vor allem – wie viele gibt es noch in Somna? Ich habe keine Ahnung.

Die Smartwatch an meinem Handgelenk vibriert. Eric hat sie mir gestern gegeben. Und obwohl sie mich unangenehm an die Traumgänger der Union erinnert, habe ich eingesehen, dass sie der einzige Weg ist, in Somna miteinander zu kommunizieren.

Ich sehe auf das Display hinab.

Alles gut bei dir?, steht da.

Per Spracherkennung gebe ich meine Antwort an Eric ein: »Ja, mache eine kurze Pause. Wo bist du?«

Ich warte. Nur Sekunden später ist seine Antwort da: *Irgendwo in Kanada. Bleib nicht zu lange an einem Ort.*

Ich verdrehe die Augen. Eric hat mir bereits etliche Male eingeschärft, dass ich vorsichtig sein soll, wenn wir uns in Somna aufteilen. Das bedeutet in erster Linie, möglichst schnell den Standort zu wechseln, vor allem, nachdem ich ein weiteres Tor zerstört habe. Denn diese und andere Traumwandlungen bringen die Traumkommissare auf unsere Spur. Doch so weit ist es noch nicht.

Ich wende den Passanten den Rücken zu und stemme mich auf die kleine Kaimauer. Vielleicht ist es wieder nur der Impuls, immer das Gegenteil von dem zu tun, was man mir sagt. Oder aber ich habe mir einfach eine Pause verdient. Jedenfalls werde ich erst mal hier sitzen bleiben und den Wellen bei ihrem immer gleichen und doch neuen Spiel zusehen. Dank der leichten Unschärfe wirkt das Ganze in Somna noch hypnotisierender als in der wachen Welt. Ich muss an unsere Insel in Griechenland denken. An meine Mutter, meinen Onkel, meine Cousine. Meinen Vater …

Den Tod abschaffen. Die Größe unseres Vorhabens hämmert in meinem Kopf. Und daneben, ganz klein und trotzdem unleugbar klopft der Zweifel: Tue ich das Richtige?

Ich wende mich von den Wellen ab und sehe zurück zu dem Tor. Selbst aus der Entfernung kann ich sehen, wie anders die Stimmung dort ist. Während die Promenade vor Leben und Übermut nur so strotzt, liegt der leuchtende Bogen in absoluter Stille da.

Die Menschen wirken, als wüssten sie genau, was sie dort betrachten, und könnten sich trotzdem oder gerade deshalb nicht davon losreißen. Es ist wie bei all den anderen Toren, die ich bereits gesehen habe: Es sind ausschließlich Träumer, echte Menschen, und die meisten von ihnen sind alt. Aber auch ein paar Jüngere und sogar Kinder mischen sich darunter.

Die Szene hält mich so gefangen, dass ich nicht bemerke, wie sich mir jemand nähert. Erst im letzten Moment nehme ich die schlanke Gestalt wahr und wirbele herum.

»Mo!« Schock und Erleichterung branden durch mich hindurch.

»Hey!«

»Du hast mich erschreckt.«

»Sorry.«

Sie sieht müde aus. Ihre offenen Haare wehen in der sanften Brise, und eine tiefe Falte hat sich in ihre Stirn gegraben. Mit misstrauischem Blick auf die Leute um uns herum stemmt sie sich neben mich auf die kleine Mauer. Nervös lässt sie ihre Turnschuhe gegen den Beton schlagen.

»Was machst du hier?«, frage ich, als mir klarwird, dass sie nicht vorhat, etwas zu sagen.

»Dasselbe sollte ich dich fragen.«

Ich schlucke.

»Weißt du, dass ich dich schon die ganze Zeit suche? Dich und Eric? Seit Stunden ist keiner von euch mehr im Apartment aufgetaucht, und jedes Mal, wenn ich in Somna eingestiegen bin, sind meine Träumer nach kürzester Zeit aufgewacht. Und dann springst du auch noch von einem Ort zum anderen. Es hat ewig gedauert, dich zu finden.«

Ich sage nichts. Was soll ich dazu auch sagen?

»Du hast dich also doch dazu entschieden, die Tore zu zerstören.«

Es ist keine Frage. Ich sehe von ihr zu dem leuchtenden Bogen.

»Es … Es sollte sie nicht geben«, bringe ich mit weniger Bestimmtheit hervor, als ich es mir wünschen würde. »Eric und ich kümmern uns darum.«

»Ihr *kümmert* euch darum? Du meinst, ihr reißt noch mehr Löcher in Somna?« Plötzlich sieht sie verzweifelt aus. »Bringst du dich damit nicht in Gefahr? Was ist, wenn die Traumunion dich findet?«

Ihr Blick verschränkt sich mit meinem.

»Sie werden mich nicht finden«, sage ich und versuche dabei möglichst selbstsicher zu klingen. »Ich bin vorsichtig.«

»Vorsichtig? Ja, vorsichtig ist genau das Wort, das mir zu dir als Erstes einfällt«, schnaubt Mo, und irgendetwas an ihrer Aufgebrachtheit rührt mich. *Sie macht sich Sorgen um mich.*

»Mo, ich …«, beginne ich, aber sie unterbricht mich.

»Also, was ist der Plan?«

»Der … Plan?«

»Ja, der Plan. Es muss doch einen Plan geben, den du und Eric hier verfolgen. Warum zerstört ihr Somna? Warum setzt ihr alles aufs Spiel?«

Ich hole Luft und weiß einen Moment nicht, was ich sagen soll. Dann presse ich hervor: »Ich tue nur, was mein Vater gewollt hätte. Die Tore sind gefährlich. Wir beseitigen sie, um Somna und damit auch Corpora sicherer zu machen.«

Es klingt lahm, und offensichtlich denkt Mo das auch. Sie weiß ganz genau, dass das nicht die ganze Wahrheit ist. Bevor sie widersprechen kann, fahre ich also fort: »Die Tore sind nicht nur Todesfallen, sie *sind* der Tod. Jeder, der stirbt, geht durch sie hindurch.«

Es tut gut, die Wahrheit laut auszusprechen, sie mit jemand anderem zu teilen als Eric. Wenn mich jemand versteht, dann ist es Mo.

Sie sitzt ganz starr da, als hätte ich sie soeben mit Eiswasser übergossen. Sieht mich einfach nur an.

»Ihr wollt den Tod abschaffen? Den *Tod*?«, fragt sie mit hohler Stimme.

Ich nicke und merke, dass das Ganze aus ihrem Mund noch absurder klingt als in meinem Kopf.

Sie sagt nichts, starrt nur auf die Menschen vor uns.

»Der Tod ist schrecklich, Mo. Er bringt so viel Leid über die Menschen. Er … er reißt Familien auseinander. Eric und ich können das verhindern. Aus irgendeinem Grund haben wir die Fähigkeiten, die Tore endgültig zu zerstören. Wir können die Menschheit vom Tod befreien!«

»Vom Tod befreien«, wiederholt Mo tonlos, als müsste sie die Formulierung schmecken, um sie zu verstehen. Dann wirbelt sie zu mir herum. »Aber das ist doch totaler Wahnsinn! Ihr könnt doch nicht einfach den Tod abschaffen!«

Obwohl ich noch vor wenigen Stunden sehr ähnlich reagiert habe, regt sich Ärger in mir.

»Und warum nicht?«, gebe ich ungehalten zurück.

»Weil es falsch ist.«

»Ach ja?« Jetzt springe ich von der Mauer herunter. Möchte Abstand zwischen mich und Mos Worte bringen.

»Ja!« Die Furche zwischen ihren Brauen gräbt sich immer tiefer in ihre Stirn. »Ihr könnt nicht einfach den Tod abschaffen!«, wiederholt sie und macht eine ausladende Geste. »Und dabei auch noch all das hier zerstören –«

»Somna lässt sich wiederaufbauen. Denkst du, dass ich das nicht überprüft hätte? Ich habe es mit eigenen Augen gesehen – in Chicago. Eric hat das Loch dort gefüllt, und ich werde auch noch lernen, wie das geht. Aber diese Menschen da«, jetzt bin ich es, die eine energische Geste macht, »die lassen sich nicht mehr zurückbringen. Die sind gleich weg. Tot. Für immer.«

»Ihr könnt nicht einfach Gott spielen! Das musst du doch verstehen, Selena!«, ruft Mo.

Ich wirble herum und gehe mit schnellen Schritten davon. All meine Erschöpfung, die Zweifel, die Verwirrung ergießen sich in ein neues Gefühl: Wut.

Meine Smartwatch vibriert. »Was machst du? Bleib in Bewegung«, steht da. Ich tippe auf das Display und schalte die Uhr aus. Die können mich alle mal. Ich mache, was ich will.

Auf der Promenade angekommen, lasse ich mich von den Passanten davonspülen, weg von Mo und weg von dem Tor mit seinem schönen Schein.

Die Gesichter um mich herum sind mal scharf, mal unscharf. Und auch sonst begegne ich einigen Dingen, die es so nur hier in Somna geben kann: ein Mann, der im Zement stecken geblieben ist, gefolgt von einem knutschenden Pärchen, über dessen Köpfen kleine Herzchen schweben, bis hin zu einer Horde Affen, die definitiv nicht in diese Breitengrade gehört. Sobald ich das Gefühl habe, genug Platz zwischen mich und Mo gebracht zu haben, bahne ich mir einen Weg zurück zur Kaimauer. Ich brauche Luft, Weite und freie Sicht auf das Meer. Erleichtert lehne ich mich gegen den Beton und atme tief durch. Gleich werde ich zum Tor zurückgehen und es zerstören – so wie mein Vater es wollte. *Gleich.* Nur einen winzigen Moment noch …

Da taucht Mo wieder neben mir auf. Ihr Atem geht hektisch, als wäre sie gerannt. Nachdem sie einmal tief Luft geholt hat, streckt sie die Hand nach mir aus, legt sie auf meinen Arm, zögernd und sanft. Sofort entziehe ich ihn ihr, doch das warme Echo ihrer Berührung bleibt auf meiner Haut zurück.

»Weißt du«, flüstert sie, »ich mag die Tore auch nicht. Ich habe Angst vor ihnen.«

Mein Mund wird trocken.

»Aber trotzdem«, es wirkt, als müsse Mo die Worte hervorpressen, »trotzdem würde ich sie niemals zerstören, selbst wenn ich es könnte.«

»Wieso nicht?«, zwinge ich mich zu fragen.

Mo lehnt sich neben mir an die Kaimauer.

»Weil es einen Sinn geben muss. Davon bin ich fest überzeugt.«

»Einen Sinn?«

»Ja. In all dem hier.« Sie macht eine unbestimmte Bewegung, die unsere gesamte Umgebung miteinschließt. »Im Leben, den Träumen … aber eben auch in den Toren. Und im Tod.«

Ich schüttele den Kopf.

»Was soll der Tod denn für einen Sinn haben?«

Sie zuckt mit den Schultern.

»Das weiß ich auch nicht. Aber was, wenn wir ihn brauchen?«

Jetzt muss ich lachen. »Ihn brauchen? Wann hast du dir jemals gedacht: Mensch, jetzt könnte ich den Tod so richtig gut gebrauchen?«

Sie lässt sich nicht aus der Ruhe bringen. »Na ja, für die Liebe zum Beispiel –«

»Für die Liebe?«, echoe ich.

Ihr Blick wandert zu mir, und ich sehe in diese tiefbraunen Augen, in denen die Pupille in der Iris zu versinken scheint. In ihnen liegt ein Ernst, der es mir unmöglich macht wegzusehen. Mo nickt.

»Wenn wir nicht wüssten, dass alles jederzeit vorbei sein kann, würden wir uns dann auf dieselbe Art verlieben? Gäbe es dann überhaupt noch die eine große Liebe?«

Mos Stimme ist leise, aber es ist, als würden ihre Worte alle anderen Geräusche verdrängen. »Wenn du wüsstest, dass du ewig lebst, dann wäre jeder Augenblick und jeder Mensch, dem du nahekommst, viel beliebiger. Wir wüssten, dass danach noch einer kommt und dann noch einer und noch einer. Wir würden das Leben viel weniger wertschätzen, wenn es den Tod nicht gäbe.«

Ich weiß nicht, was ich darauf antworten soll. Irgendwie fühlt sich das, was sie sagt, richtig an. Aber …

»Aber glaubst du nicht, dass es besser ist, ein Leben voller flüchtiger Liebe zu haben, als seine eine große Liebe zu verlieren, weil sie stirbt?«, bringe ich schließlich hervor.

»Ich … Ich weiß nicht«, murmelt Mo. Dann schweigt sie. Ich wende mich ab und sehe auf das Meer hinaus.

Tief atme ich die salzige Luft ein, dann kann ich es nicht mehr zurückhalten: »Ich habe meinen Vater gesehen – hier in Somna.«

Ich merke, wie Mo sich neben mir anspannt.

»Er war nicht echt. Nur ein Traumspiegel, den Eric erschaffen hat. Aber er hat sich«, ich knete meine Finger, »er hat sich so echt angefühlt.«

Auf der Promenade zieht eine Gruppe lärmender Mädchen vorbei. Dann schwebt Mos sanfte Stimme zu mir herüber. »Erinnerst du dich an deinen Vater? Du warst noch jung, als er gestorben ist, oder?«

Ich nicke.

»Ich habe ein paar Erinnerungen. Zumindest habe ich das Gefühl, seitdem ich seinen Traumspiegel gesehen habe. Er …« Ich zögere. »Er ist in einem der Tore gestorben.« Mein Blick zuckt zu ihr, und ich sehe Verständnis in ihrer ernsten Miene. »Meine Mutter hat mir nie wirklich etwas über ihn erzählt. Lange wusste ich nur, dass er auch ein Traumgänger war. Bis vor kurzem habe ich nicht mal ein Foto von ihm gesehen.«

Noch immer knete ich meine Hände, und plötzlich legt sich etwas Warmes darüber. Mos Finger. Ich sehe darauf hinab und dann, ohne nachzudenken, drehe ich die Handfläche der einen Hand nach oben, und Mo verschränkt ihre Finger mit meinen. Sie passen zusammen wie ein Puzzle. Wärme pulsiert durch meinen ganzen Körper.

»Weißt du …«, murmelt Mo, »ich glaube, deine Mutter hat es nur gut mit dir gemeint. Die Male, die ich sie in Somna gesehen habe, hat sie immer von dir geträumt. Sie würde alles für dich tun. Das ist so unfassbar viel wert, Sel.« In ihrer Stimme liegt ein Klang, der sowohl liebevoll als auch traurig ist. Meine Finger schließen sich fester um ihre. »Und dein Onkel, deine Tante, deine Cousine – denen allen bist du echt wichtig. Nicht jeder hat eine so tolle Familie.«

Jetzt sehe ich zu Mo, und da ist ein Lächeln auf ihren Lippen, das kaum über ihre Mundwinkel hinausgeht. Als würde sie sich plötzlich nicht trauen, es zuzulassen. Immer wieder vergesse ich, wie viel Mo eigentlich schon über mich weiß. Wie gut sie mich und meine Familie aus all den Jahren der Beobachtung in Somna kennt.

Zum ersten Mal finde ich diesen Gedanken nicht beunruhigend, sondern auf seltsame Weise schön. Vertraut.

Mit dem Daumen streicht Mo über meine Haut, und das Gefühl ist unendlich berauschend und verwirrend zugleich. Der Druck ihrer Finger wird fester. Es ist nur eine winzige Veränderung, aber ich nehme sie mit jeder Zelle meines Körpers wahr.

»Mo«, hauche ich und zögere, ehe ich weiterspreche. »Ist Eric ein guter Vater für dich?«

Sie hält in ihrer Bewegung inne, dann sieht sie mich mit zusammengepressten Lippen an und zuckt mit den Schultern.

»Ich hatte immer alles, was ich brauchte.«

Wir beide wissen, dass das nicht das ist, wonach ich gefragt habe. Aber keine von uns spricht es laut aus. Stattdessen verfallen wir erneut in Schweigen und sehen Seite an Seite auf das Meer hinaus. Lauschen dem Rhythmus der Brandung, bis er eins mit unserer Atmung wird.

»Und jetzt?«, höre ich irgendwann Mos Stimme.

Ja – und jetzt? In mir kämpft der Drang, das Tor loszuwerden, mit dem Wunsch, einfach weiter mit Mo hier stehen zu bleiben. Doch bevor ich irgendetwas sagen kann, gleitet heißer Schock durch meinen Körper. Ich lasse Mo abrupt los. Jemand hat mich an den Schultern gepackt.

»Da bist du!«

Ich drehe mich um und sehe in Erics erleichtertes Gesicht.

»Alles okay?«, fragt er und hält mich von sich, um mich besser betrachten zu können.

»Äh, ja.« Mein Blick wandert von Eric zu Mo, die sich ebenfalls umgedreht hat. Erst jetzt scheint Eric sie zu registrieren.

»Mo. Was machst du denn hier?«

»Warum sollte ich nicht hier sein?«, gibt sie zurück. Kurz sieht sie zu mir.

»Es ist zu gefährlich«, antwortet Eric und schaut dabei immer wieder nervös über die Schulter. »Wir sollten nicht alle gleichzeitig hier sein. Geh nach Hause, Mo. Selena und ich haben noch etwas zu erledigen.«

Alles an Mo strahlt Trotz aus. Von den zusammengezogenen Brauen hin zu den überkreuzten Armen. »Aha. Ihr habt was zu erledigen? Meinst du damit etwa, dass ihr die Tore zerstören wollt?«

»Mo!«, stöhnt Eric. »Ich habe jetzt keine Zeit, mit dir darüber zu diskutieren. Geh. Nach. Hause.« Damit packt er mich am Arm und zieht mich in die Menschenmenge hinein.

»Wir müssen schnell sein«, raunt er mir zu, ohne anzuhalten. »Das ist hier viel zu unübersichtlich.« Ich bin zu überrumpelt, um zu reagieren, werde von Eric mitgezogen und von der Menge weiter Richtung Tor geschoben. Doch da holt Mo uns schon ein.

»Eric!« Sie drängt sich durch die Passanten zu uns. »Ihr müsst damit aufhören. Was ihr da tut, ist nicht richtig!«

Die beiden fangen an zu diskutieren, doch ich höre nicht zu. Ich kenne seine Antwort. Und ich weiß, dass auch meine Entscheidung gefallen ist.

Obwohl ich gerne noch etwas länger mit Mo an der Kaimauer gestanden hätte …

Das Strahlen des Tores kommt immer näher, und unsere Schritte werden dumpf, als wir den Rasen betreten. Wie ich es bereits von der Promenade aus beobachtet habe, herrscht hier eine vollkommen andere Stimmung. Die Menschen stehen wie in Trance in dem warmen Schein. Und immer wieder drängt es jemanden nach vorne – angezogen wie die Motten vom Licht. Jede Sekunde, die wir hier stehen und diskutieren, verliert ein weiterer Mensch sein Leben –

Kälte senkt sich auf mich herab. Mos Worte an der Kaimauer mögen gut geklungen haben, aber das hier ist die Realität. Die tödliche Realität. Es ist, als hätte jemand den Lautstärkeregler heruntergedreht. Nur das Rauschen des Windes und der Wellen ist zu hören – und nun Mos und Erics Stimmen.

»… nicht richtig«, brüllt Mo.

»Du sollst dich da raushalten, habe ich gesagt!«, schreit Eric sie an. »Du verstehst das nicht!«

Blanke Wut steht in Mos Gesicht.

»Ich soll mich da raushalten? Ist es wirklich das, was du willst? Am liebsten wäre es dir doch, dass ich komplett verschwinde, oder?« Inzwischen ist sie so laut, dass einige der Träumer sie verwundert ansehen. »Was ich den ganzen Tag lang mache, interessiert dich doch schon seit Jahren nicht mehr. Warum hast du mich überhaupt adoptiert, wenn du gar keine Tochter haben wolltest?« Sie tritt dicht auf Eric zu. Und ich merke, wie sich mein ganzer Körper anspannt. Wann hat sich ihr Streit so hochgeschaukelt?

»Gib es zu. Du wolltest eigentlich nie Vater sein. Zumindest nicht meiner.«

Als sie sich nun zu mir umdreht, verrät ihre Miene nichts mehr von der Nähe, die eben an der Kaimauer noch zwischen uns geherrscht hat. »Aber von jetzt an kann Selena ja deine Tochter sein. Selena, die all das kann, wozu ich nicht in der Lage bin.«

Ich zucke zusammen, und es sind nicht nur ihre Worte, die mir eine Gänsehaut über den Körper jagen. Es ist die tiefe Verletztheit in ihrem Blick.

»Mo«, flüstere ich und mache einen Schritt auf sie zu. Aber Eric hält mich mit ausgestrecktem Arm auf Abstand.

»Mo! Was soll das?«, knurrt er. »Hier geht es nicht um dich. Das musst du doch verstehen. Hier geht es um etwas viel Größeres!«

Sie lacht freudlos auf.

»Ja … Das tut es schon immer, oder?« Jetzt glitzern Tränen in ihren Augen. »Gab es auch einen größeren Plan dahinter, mich zu dir zu holen? Oder hattest du wirklich nur Mitleid mit dem kleinen Mädchen ohne Eltern?«

»Mo … Das ist weder die richtige Zeit noch der richtige Ort.« Erics Stimme ist leise und erschreckend kühl. »Hör auf, dich so kindisch zu verhalten, und geh zurück ins Apartment. Wir sprechen später.« Damit wendet er sich ab.

»Ich soll also nach Hause gehen und Däumchen drehen, während ihr mal eben den Tod abschafft?« Jetzt gewinnt Mos Wut wieder Oberhand. »Wieso interessiert es dich nicht, was ich davon halte? Wir beide kennen den Tod. Meine Eltern sind genauso tot wie deine, schon vergessen?«

Einen Moment sieht Eric sie nur an.

Dann, gerade so, dass ich es über dem Rauschen des Windes hören kann, stößt er hervor: »Deine Eltern sind nicht tot.«

Mo erstarrt.

»Was?«

»Deine Eltern sind nicht tot, Mo.«

Noch während sie reglos dasteht und ihr Mund ein Wort formt, das ihre Lippen nie verlässt, ergreift Eric meine Hand. Umgehend spüre ich die Veränderung um uns herum.

So oft habe ich nun schon Tore implodieren sehen, wurde von der Druckwelle erfasst – aber nie hat es sich so schmerzhaft angefühlt wie jetzt. Ich will es aufhalten, will etwas zu Eric und Mo sagen, egal was. Aber es ist zu spät.

Die Menschen, der Sonnenschein und das Meerrauschen verschwinden im Nichts, und das Letzte, was ich wahrnehme, bevor ich an Erics Hand davongeschleudert werde, ist Mos Blick. Sie sieht mich an, sieht direkt in mein Inneres und etwas in mir zerbricht.

20

Ria

Helles Licht dringt durch meine Lider und begrüßt mich erneut in Somna. Sofort prasseln unzählige Eindrücke auf mich ein: Stimmen, die hundertfach widerhallen und zu einem summenden Chor werden. Luft, die nach Dreck und Abgasen riecht. Menschen, die gegen mich stoßen und mich zum Stolpern bringen.

Ein Bahnhof. Ich bin mitten in einer Bahnhofshalle gelandet. Hoch über mir wölben sich die Metallstreben der Decke, und eine riesige Uhr hängt zwischen ihnen. Die Zeiger drehen sich zugleich vorwärts und rückwärts – da sind sich wohl ein paar Träumer nicht einig.

Eine Menge von teils scharfen, teils unscharfen Gesichtern wogt um mich herum. Und es dauert einen Moment, ehe ich vertraute Züge unter ihnen entdecke. Da – nur ein paar Schritte entfernt an einem Zeitungskiosk steht der Träumer, über den ich in der Traumunion eingestiegen bin, und neben ihm sehen sich mehrere Gestalten suchend um.

Jetzt hat mich Eugenio entdeckt und winkt mich rasch zu sich. Ich lasse mir Zeit, die wenigen Meter zu überwinden, obwohl ich die Ungeduld in den Mienen der Männer deutlich sehen kann. Neben Eugenio sind natürlich auch meine anderen beiden Bewacher Chester und Paul unter ihnen. Aber auch ein paar weitere Traumkommissare haben es sich nicht nehmen lassen, mitzukommen. Ich schätze, man sieht nicht alle Tage, wie eine weibliche Traumgängerin riesige schwarze Löcher in Somna stopft. Vorausgesetzt, ich bekomme es dieses Mal hin.

Nach einigen gescheiterten Versuchen am gestrigen Tag, bei denen meine Emotionen vieles, aber keine Landschaften hervorgebracht haben, hat es heute Morgen endlich geklappt. Ich habe eines der Löcher stopfen können. Zwar nur mit einer monotonen Graslandschaft, aber immerhin.

Allerdings hat mich das so viel Kraft gekostet, dass Paul und die anderen mir zähneknirschend eine Pause bis zum Abend gestattet haben. Jetzt kommt also der nächste Versuch. Noch immer spüre ich die Erschöpfung in meinen Gliedern, aber in Somna zu sein gibt mir neue Kraft.

Als ich die Traumkommissare erreiche, nicken mir meine Bewacher zu und wenden sich dann fast synchron ihren Smartwatches zu. Ich bemühe mich, die neugierigen Blicke der anderen zu ignorieren.

»Okay. Nehmen wir das Loch direkt vor dem Bahnhof, oder?«, fragt Chester.

Paul runzelt die Stirn.

»Das ist riesig. Vielleicht probieren wir es erst mal mit einem kleineren.«

»Wenn sie heute nur noch eins schafft, sollte es wenigstens ein größeres sein, oder nicht?« Chester sieht mich abschätzend an.

»Aber das hier ist eine Stadt«, wendet Paul ein. »Ich finde, wir sollten mit einer etwas einfacheren Landschaft beginnen.«

»Die Leute träumen lieber von Städten als von Graslandschaften! Die sollten wir also priorisieren. Und wenn sie es allein nicht hinkriegt, helfen wir ihr eben bei der Traumwandlung. Dann muss sie nur dafür sorgen, dass sie dauerhaft bestehen bleibt.«

Ich unterdrücke ein Schnauben. Schon wieder reden die drei über mich, als wäre ich gar nicht da. Und kann vielleicht mal jemand anerkennen, dass es schon eine ziemliche Leistung ist, dass ich überhaupt erfolgreich eine Graslandschaft habe entstehen lassen? Immerhin habe ich erst vor ein paar Tagen mit dem Traumgehen angefangen.

Um ihnen nicht weiter dabei zuhören zu müssen, wie sie über meinen Kopf hinweg reden, schaue ich mich in der Bahnhofshalle um. Noch immer steht der Träumer vor dem Zeitungskiosk und blättert versonnen in ein paar Magazinen. Er trägt Hut und Mantel und sieht damit ein bisschen so aus wie ein Charakter aus der Sherlock-Holmes-Serie, die ich mit Lil gesehen habe. Ich meine zu erkennen, wie die Buchstaben auf den Zeitungen ständig wechseln. Doch den Träumer scheint das nicht zu stören.

Lustlos beginne ich auf meiner Smartwatch herumzutippen. Die grundlegendsten Funktionen und Apps der Uhr habe ich längst verstanden. Ich tippe auf das Menü, und eine Liste aller sich derzeit in Somna befindlichen Traumkommissare erscheint. Dann drehe ich am Rädchen an der Seite der Uhr, bis ich den Namen, den ich suche, gefunden habe: Yunus Dede. Daneben wird ein kleines Bild von ihm angezeigt. Ich tippe darauf und sofort erscheint ein pulsierender, blauer Punkt auf der Karte von

Somna. Die Schweiz. Yunus ist irgendwo in der Schweiz. Vermutlich auf einer Patrouille.

Ich knabbere auf meiner Unterlippe herum. Als ich gestern endlich eine ruhige Minute hatte, habe ich sofort die Nachrichtenfunktion meiner Smartwatch ausprobiert und ihm geschrieben. Viel mehr als die Information, dass es ihm gutgeht und er die ganze Zeit mit irgendwelchen Patrouillen beschäftigt gehalten wird, habe ich allerdings nicht erhalten. Vermutlich ist das auch besser so – wer weiß, wer unsere Unterhaltungen mitliest.

Wie so häufig in den letzten Tagen muss ich an das Gefühl seiner Nähe denken, und ein Schauer überläuft mich. Gerade will ich in einen Tagtraum fliehen, der in diesem Moment so viel verlockender scheint als die Traumwelt, als Pauls Stimme mich zurück ins Hier und Jetzt befördert.

»Ria? Kommst du?«

Er sieht mich erwartungsvoll an, und ich bemerke, dass er nicht der Einzige ist. Ich nicke, und unsere Gruppe beginnt sich durch die Menschenmenge in Richtung Ausgang zu kämpfen. Paul bleibt dicht an meiner Seite, und nach ein paar Schritten beugt er sich zu mir herüber.

»Also. Wie gesagt: Unsere Strategie ist, dass du dir keine neue Landschaft ausdenkst, sondern die zuvor dagewesene erneut entstehen lässt. Wir vermuten, dass Somna eine Art Gedächtnis dafür hat. Das müsste es um einiges einfacher für dich machen.« Er weicht einem Träumer aus, ist aber eine Sekunde später wieder bei mir. »Die Emotion, die du dafür brauchst, ist Nostalgie. Meinst du, du kriegst das hin?« Er wartet gar nicht auf meine Antwort, sondern schlägt einen fröhlichen Plauderton an. »Lass uns doch ein bisschen über deine Kindheit reden. Das würde dir bestimmt helfen, die richtige Emotion zu finden. Also, was ist deine schönste Erinnerung, sagen wir … an deine Oma?« Er lächelt mich an, und da begreife ich, dass er den Vorschlag wirklich ernst meint.

Mir entfährt ein Schnauben, das Paul nicht hört, weil wir uns wieder aufteilen, um uns an den entgegenkommenden Passanten vorbeizuschieben.

»Zu welchem Loch gehen wir?«, frage ich, als er wieder neben mir steht.

»Direkt vor dem Bahnhof ist die halbe Stadt verschwunden. Das ist unser Ziel.« Er hält mir seine Smartwatch hin, damit ich es auf der Karte sehen kann.

Da erscheint eine Push-Nachricht auf dem Display. Hastig zieht er seinen Arm zurück.

Doch er war nicht schnell genug. Ich habe die Worte bereits gelesen:

Wolfgang Erlbach: Haben ein Mädchen. Wer kann helfen beim Transport?

Paul räuspert sich und wirft mir einen Blick von der Seite zu. Obwohl er es zu verbergen versucht, sehe ich das Erschrecken in seinen Augen. Ich reagiere eher instinktiv als bewusst. Mein Gesicht wird zu einer Maske der Langeweile und Erschöpfung, während mein Herz schneller schlägt und meine Gedanken zu rasen beginnen.

»Leute! Das bringt so nichts!«, brüllt Paul den anderen Traumgängern um uns herum zu. »Hier sind zu viele Menschen. Wir fliegen!«

An mich gewandt, fügt er hinzu: »Bereit?«

In seinen Augen sehe ich noch immer die Frage, ob ich die

Nachricht gelesen habe oder nicht. Ich werfe ihm ein möglichst überzeugendes Lächeln zu und lasse ein Fluggerät in meiner Hand entstehen. Die Traumwandlung kostet mich nicht die geringste Mühe, denn sie wird von der Entschlossenheit gespeist, mit der sich gerade ein Plan in meinem Kopf formiert. Ich schwinge ein Bein über den Sitz des Gerätes.

»Bereit«, sage ich.

Paul wendet sich ab, offenbar ein wenig beruhigt. »Dann los!«

Damit stößt er sich vom Boden ab und mit ihm sämtliche anderen Traumgänger. Auch ich gebe meinem Fluggerät einen Impuls, und es saust in die Höhe. Doch statt den Traumkommissaren in Richtung Ausgang zu folgen, reiße ich das Gerät herum und rase geradewegs auf den Kiosk zu.

Es ist nur eine Idee, eine wilde Idee, aber das Gefühl in meinem Bauch sagt mir, dass sie funktionieren kann. Funktionieren muss. *Haben ein Mädchen.* Die Worte leuchten vor meinen Augen, als wäre Wolfgang Erlbachs Nachricht in mein Sichtfeld gebrannt.

Der Zeitungsstand kommt näher und mit ihm der Träumer, über den wir alle nach Somna eingestiegen sind. Ich höre, wie jemand meinen Namen ruft. Doch mir bleibt keine Zeit, mich umzudrehen.

Ich gehe in den Sturzflug. Erst im letzten Moment bremse ich ab. Ich reiße das Fluggerät zur Seite und kollidiere unsanft mit dem Träumer. Wir gehen beide zu Boden, mit uns der Zeitungsständer.

»Wach auf!«, brülle ich den erschrockenen Mann an.

»Ria! Was machst d…«

Noch während ich zu Paul, der über mir schwebt, hochblicke,

löst er sich in Luft auf. Und jetzt merke ich, dass auch der Träumer verschwunden ist. Ich liege allein zwischen meinem Fluggerät und Dutzenden Magazinen auf dem kühlen Steinboden.

Triumph macht sich in mir breit. Ich habe es geschafft! Ich bin meine Bewacher los – und noch immer in Somna. Sie hatten recht. Ich bin die Einzige, die in Somna bleiben kann, wenn der Träumer aufwacht.

Jetzt oder nie.

Wieder stoße ich mich vom Boden ab und rase durch die Luft, die Schienen entlang in Richtung Tageslicht. Adrenalin jagt durch meine Adern und lässt ein Lachen aus meiner Kehle aufsteigen. Die Welt um mich herum verschwimmt, bis keine Landschaften mehr zu erkennen sind. Einzig meine Entschlossenheit ist da und das Wissen, dass mein Fluggerät mich tragen wird – wohin auch immer ich es schicke.

Ich weiß, dass ich für meine Aktion hier später bezahlen werde, aber gerade fühlt es sich einfach nur gut an.

In dem sicheren Wissen, dass ich nicht fallen werde, lasse ich mit einer Hand den Haltegriff los und tippe auf die Smartwatch an meinem Handgelenk. Ein paar Klicks, dann habe ich Wolfgang Erlbachs Standort gefunden. In der Tat befindet er sich in Somna. In Kalifornien, um genau zu sein.

Ich überlasse mich ganz dem Fluggerät, speise es mit dem Vertrauen, dass es mich schon an den richtigen Ort bringen wird. Und kaum eine Sekunde später spüre ich, wie es in den Sinkflug geht.

Da sind Wellen, die an einen verschwommenen Küstenstreifen branden. Imposante Häuser, deren Gärten direkt in den Strand übergehen und … Mein Atem stockt. Ein paar hundert Meter weiter endet das Meer plötzlich in dichtem Nichts. Ein weiterer Riss in der Landschaft Somnas.

Schnell checke ich meine Koordinaten. Tatsächlich befinde ich mich in Kalifornien, und nicht weit von mir entfernt leuchtet Wolfgang Erlbach als kleiner Punkt auf der Karte auf.

Jetzt gibt es kein Zurück mehr.

Je näher ich dem Boden komme, desto genauer erfasst meine Uhr Wolfang Erlbachs Position. Er befindet sich gemeinsam mit Leopold Erlbach in einem etwas abseits gelegenen Gebäude. Kurz denke ich darüber nach, woher ich den zweiten Namen kenne. Ist das nicht Pauls Cousin, der seit ein paar Tagen mit einer gebrochenen Nase herumläuft?

Weitere Traumgänger werden nicht angezeigt. Ich setze in einiger Entfernung auf einer Schotterstraße auf und betrachte das Haus. Es ist ein zweistöckiger Rohbau, dessen Umrisse nur durch nackte Betonpfeiler zu erahnen sind. Statt Mauern hängen Plastikplanen dazwischen herab und erzeugen ein gespenstisches Schaben, während sie im Wind über den grauen Betonboden fahren.

Ich habe keinen Plan, aber auch keine Wahl. Wer auch immer das Mädchen ist – ich muss ihr helfen. Und überhaupt, was sollen sie schon tun? Sie werden mich wohl kaum umbringen, wenn sie mich erwischen – oder doch? Ein kalter Schauer läuft über meinen Nacken.

Bevor ich es mir anders überlegen kann, zwänge ich mich durch ein Loch in dem Zaun, der die Baustelle umgrenzt, und bin in wenigen Schritten bei der betonierten Fläche angekommen.

Vorsichtig schiebe ich eine der Planen beiseite, und als ich niemanden entdecken kann, betrete ich das Innere des Rohbaus: Das, was offenbar einmal ein riesiger Raum werden soll, erstreckt sich vor mir im milchigen Licht. Der Wind pfeift ungehindert durch die Planen und trägt in diesem Moment noch etwas an mich heran: Stimmen. Ich kann nicht verstehen, was sie sagen, aber eine von ihnen gehört eindeutig Wolfgang Erlbach. Da bin ich mir sicher.

Möglichst leise schiebe ich die nächste Plane beiseite und betrete einen weiteren nackten Raum. Ein verschwommenes Gerät, das der Form nach ein Betonmischer sein könnte, steht in der Mitte, und das Skelett einer Treppe führt ins obere Stockwerk. Wenn ich mich nicht täusche, kommen die Stimmen von dort.

Eine Stufe, zwei, drei – ich spähe um die Ecke, kann aber niemanden entdecken. Noch ein paar weitere Stufen, dann halte ich inne und gehe hinter dem betonierten Treppenlauf in Deckung.

Da sind drei Menschen: die beiden Erlbachs, die ich bereits auf der Karte gesehen habe, und eine Gestalt, die vor ihnen auf dem Boden liegt. Ich wage es, meinen Kopf ein weiteres Mal emporzuschieben, um mir einen Überblick zu verschaffen. Die Gestalt am Boden regt sich. Die schwarzen Haare fallen ihr über das Gesicht und auf den grauen Betonboden, und ich erkenne, dass sie ein pinkes Sportoutfit trägt. Dann ziehe ich mich hastig wieder hinter die Brüstung zurück.

»Und? Gibt es was Neues?«, fragt der Jüngere. Seine Stimme kiekst, als hätte er den Stimmbruch noch nicht völlig hinter sich gelassen.

»Nein. Nichts Neues. Wir müssen warten«, brummt Wolfgang Erlbach.

Nervöses Fußscharren.

»Aber was ist, wenn uns in der Zwischenzeit jemand entdeckt? Sollen wir sie nicht doch mitnehmen? Im Einstiegsraum war ja keiner.«

»Das ist viel zu gefährlich, Leo. Wie oft soll ich dir das noch erklären? Wir müssen warten, bis dein Bruder in der Villa nach Somna eingestiegen ist und hierherkommt. Er kann sie dann mitnehmen. Wir können sie nicht einfach in die Union bringen.«

Wieder spähe ich über den Treppenabsatz und sehe gerade noch wie Leo Erlbach – noch immer den weißen Verband über der Nase – auf das am Boden liegende Mädchen zutritt und sie mit der Schuhspitze anstößt.

»Eh! Was hast du in Somna gemacht?«

Das Mädchen wendet den Kopf leicht. Wenn sie etwas sagt, dann so leise, dass ich es nicht hören kann.

»Lass sie«, brummt Wolfgang. »Die hat zu viel Debix abbekommen, um uns irgendwas zu erzählen.«

Leo zuckt mit den Schultern.

»Ist auch egal. Außer …« Er steckt die Hände in die Taschen seiner grauen Traumgängeruniform und wiegt den Kopf hin und her. »Außer sie ist wie die andere.«

»Was?«

»Na ja. Als wir gekommen sind, hat sie gerade versucht, das Loch da draußen mit einer Landschaft zu füllen. Wäre ja möglich, dass es ihr gelungen wäre, wenn wir uns nicht eingemischt hätten. Vielleicht haben ihre Traumwandlungen Bestand. So wie bei der anderen. Bei Ria.«

Ein Kribbeln läuft bei dem Klang meines Namens über meinen Rücken, und ich ziehe mich hastig wieder hinter die Brüstung zurück.

»Unwahrscheinlich«, entgegnet Wolfgang Erlbach. »Meistens haben diese Mädchen einfach keine Ahnung, dass ihre Traumwandlungen verschwinden, sobald sie Somna verlassen.«

Wieder Fußscharren.

»Na, könnte ja sein. Ich sag ja bloß: Wenn die eine ein Mädchen ist, könnte das auch bei den anderen beiden so sein.«

Der Wind frischt auf, und die Planen um das Haus herum beginnen laut über den Boden zu schaben. Die nächsten Sätze der Männer werden im Geräusch von Plastik auf Beton verschluckt.

»Wir müssen Geduld haben«, höre ich Wolfgang Erlbachs Stimme schließlich wieder.

»Geduld, immer nur Geduld«, entgegnet Leo Erlbach. »Sagst du das zu Paul auch? Warum darf der eigentlich immer bei allem mitreden und ich nicht?«

»Das hat doch mit Paul gar nichts zu tun. Hör zu. Ich bin dabei, die Sache mit Joseph, Giac und Greg zu verhandeln. Lange werden wir nicht mehr warten. Die Kleine wird von Tag zu Tag bekannter. Aber noch sind mir die Hände gebunden.« Er räuspert sich. »Das ist eine delikate Sache. Und außerdem ist ihr Vater unser Pressesprecher, was das Ganze nicht einfacher macht. Auch wenn er zurzeit noch kooperiert.«

Die Worte prasseln auf mich ein, und Hitze überkommt mich. *Mein Name. Verhandlungen. Lange werden sie nicht mehr warten. Mein Vater.*

Ich zwinge mich, ruhig Luft zu holen, und umklammere die scharfen Kanten der Betonstufen. Was zum Teufel geht hier vor?

Als ich mich etwas gefangen habe und abermals hinter der Brüstung hervorluge, bewegt das Mädchen am Boden gerade seine Beine. Und plötzlich steht mein Entschluss fest. Ich habe schon zu lange gewartet. Jeden Moment kann mich jemand entdecken – die Männer vor mir oder wen auch immer sie als Verstärkung angefordert haben per Tracker.

Und was brauche ich noch für Beweise? Die Erlbachs haben vor, diesem Mädchen seine Fähigkeiten zu stehlen. Das ist völlig klar. Auf einmal sehe ich mich selbst zu ihren Füßen auf dem Boden liegen. *Das hätte auch ich sein können.*

Was ist der Unterschied zwischen mir und diesem Mädchen? Pures Glück.

Und das könnte mir bald ausgehen. Ich muss etwas tun. *Jetzt.* Ich folge einem Impuls. Die Wut leitet mich, und so ist es nicht schwer, die gegenüberliegende Seite des Hauses zum Einsturz zu bringen. Im Gegenteil – ich löse aus Versehen sogar noch ein paar weitere Explosionen aus, aber das ist in diesem Fall nur von Vorteil. Leo jault auf, stolpert zurück und stößt gegen Wolfgang. Wieder handele ich impulsiv. Es gibt kein Nachdenken, kein Abwägen, keinen Plan, dem ich folge.

In dem Loch, das nun auf der einen Seite des Rohbaus klafft, taucht ein glühender Ball auf. Gleißend wie die Sonne. Bevor ich mich geblendet abwende, sehe ich noch, wie die beiden Männer die Hände vor ihre Gesichter reißen. Überall ist Helligkeit.

Wie vorhin am Bahnhof lasse ich ein Fluggerät in meiner Hand entstehen, schwinge mich darauf und spüre, wie es unter mir beschleunigt. Obwohl ich in all dem Chaos vollkommen den Überblick verloren habe, scheint das Gerät genau zu wissen, wo es mich hinlenkt. Und als ich nun nach vorne greife, kriege ich einen Arm zu fassen: die fremde Traumgängerin. Ich ziehe sie hoch und kralle eine Hand in ihr Shirt, um sie festzuhalten, dann beschleunigt das Gerät erneut. Wir fliegen davon.

Mein Atem geht schwer. Jeder Meter – oder sind es Kilometer, die wir zurücklegen? – zieht die Kraft aus meinen Armen, mit denen ich den Körper der fremden Traumgängerin halte. Ich merke, dass ich nicht mehr weiterkann, und sofort setzt das Gerät zur Landung an. Häuser. Dächer. Straßen. Menschen. Alles gleitet wie in einem Wirbel an uns vorbei. Dann kristallisiert sich die Dachterrasse eines Hochhauses heraus. Ich habe keine Ahnung, wo wir sind. Doch im Grunde ist es mir egal. Weiter schaffe ich es nicht mehr.

Krachend landen wir, und ich rolle über Steinplatten. Der Schmerz in meiner Seite explodiert. Etwas klirrt, jemand stöhnt, und dann ist es still.

Eine ganze Weile bleibe ich einfach auf dem Rücken liegen und starre hinauf in den blauen Himmel, eingehüllt in der jähen Ruhe, die mich umgibt. Meine Seite pulsiert, als würde jemand bei jedem Atemzug hineintreten. Wolken ziehen vorbei. Unscharfe, weiche Wolken. Wie schön sie aussehen. Ich würde mich gerne auf sie legen und einfach nur schlafen.

Ein erneutes Stöhnen holt mich zurück in die Realität. Langsam wende ich den Kopf und sehe in dunkle Augen. Die fremde Traumgängerin liegt knapp einen Meter von mir entfernt. Da ist etwas in ihrem Blick. Ein Wille. Der Kampf um Bewusstsein.

Ich richte mich auf und sauge zischend die Luft ein, als ein stechender Schmerz meine Seite durchfährt. Kurz sitze ich nur da, bis die leuchtenden Punkte vor meinen Augen aufgehört haben zu tanzen. Dann wende ich mich wieder dem Mädchen neben mir zu. Noch immer liegt sie reglos da, das dichte schwarze Haar wie eine eigenartige Krone um ihren Kopf ausgebreitet.

Gerade will ich zu ihr rüberrobben, da bewegt sie die Lippen. Ihre Stimme ist ein kaum wahrnehmbarer Hauch.

»Was?«, krächze ich.

»Adrenalin.«

Ich starre sie an.

»Was?«

»Debix. Adrenalin.«

Sie schließt die Augen.

Dann verstehe ich. Adrenalin kann die Wirkung von Debix abschwächen. Jetzt erinnere ich mich auch daran, dass Paul das bei all den Ausführungen der letzten Tage erwähnt hat.

Ich sehe wieder auf das Mädchen herab. Ihre Augenlider flattern, und ihr Atem geht flach. Das hier ist eine weitere Traumgängerin. Eine weitere weibliche Traumgängerin. Und egal wie erschöpft ich bin, ich muss ihr helfen.

Kurz schließe ich die Augen, um mich ganz auf meine Emotionen zu konzentrieren. Als ich sie wieder aufschlage, liegt neben mir eine unscheinbare Spritze. Ich keuche auf. Ich habe es geschafft.

Vorsichtig greife ich nach der Spritze und beiße die Lippen aufeinander. Noch nie habe ich jemanden eine Injektion verabreicht. Kann man dabei etwas falsch machen? Doch ich darf jetzt nicht zögern. Vermutlich bleibt mir nicht mehr viel Zeit bis …

Als würde Paul meine Gedanken hören, vibriert in diesem Moment die Smartwatch an meinem Handgelenk, und eine Nachricht leuchtet auf.

Paul Erlbach: Wtf, Ria?! Bin auf dem Weg. Bleib, wo du bist.

Mein Griff um die Spritze wird fester. Ich muss es darauf ankommen lassen. Ich habe keine andere Wahl.

Mit zusammengebissenen Zähnen befreie ich die Spritze aus ihrer Verpackung, umfasse den Arm der fremden Traumgängerin und schiebe ihr die Nadel unter die Haut. Sekundenlang wage ich es nicht zu atmen. Was, wenn es nicht funktioniert? Doch dann regt sich das Mädchen und reißt die Augen auf.

Ich zucke zusammen.

»Was?«, stößt sie hervor.

Hektisch richtet sie sich auf, und ihr Blick rast in alle Richtungen, bevor sie mich erneut fokussiert. Sie saugt hörbar Luft ein.

Ich öffne den Mund, um etwas zu sagen, aber mir fällt nichts ein. Da rutscht sie von mir weg, Panik in den Augen.

»Keine Angst. Ich tue dir nichts!«, kommt es mir sofort über die Lippen.

Das scheint sie nicht zu überzeugen. Im Gegenteil. Wie hypnotisiert starrt sie auf meine Traumgängerkette und das Logo der Traumunion, das auf meiner Brust prangt.

»Ich gehöre nicht zu denen … Also doch irgendwie schon. Aber ich bin auf deiner Seite!«, beeile ich mich zu sagen. Wie lange wird es dauern, bis Paul hier auftaucht? Ich habe keine Ahnung.

»Bist du …« Ich räuspere mich. »Bist du okay?«

Erleichterung durchströmt mich, als sie nickt.

»Hör zu«, murmele ich möglichst sanft, »du musst hier weg.

Die kommen gleich, um mich wieder einzusammeln. Und wenn die dich hier finden –« Ich zögere. Doch dann muss ich es einfach wissen: »Kennst du noch mehr? Noch mehr Mädchen, die traumgehen können?«

Argwohn liegt in ihren Augen, und ich weiß, dass ich keine Antwort bekommen werde. Wieder sehe ich mich nervös um. Vermutlich ist Paul jede Sekunde hier. Aber ich muss es noch einmal versuchen: »Hast du eine Ahnung, was Wolf… Was die beiden Männer mit dir vorhatten?«

Und diesmal überrascht mich die Fremde. »Meine Gabe klauen.«

Sie sagt es, als wäre es völlig offensichtlich. Etwas in mir zieht sich zusammen. Also stimmt Yunus' Theorie tatsächlich.

»Warum hast du versucht das Loch zu füllen?«, stelle ich die nächste Frage. Ich spüre förmlich, wie die Zeit mir zwischen den Fingern verrinnt.

Jetzt regt sich etwas in dem Gesicht des Mädchens, das zuvor noch nicht da war. Da ist ein Zucken um ihre Augen.

»Ich …« Sie zieht die Beine an, als wäre sie kurz davor aufzustehen und davonzulaufen. »Ich habe versucht, es wiedergutzumachen. Aber es bringt sowieso nichts. Ich bin nicht so mächtig wie sie.«

»Nicht so mächtig wie wer?«, frage ich leise, aber sie schüttelt nur den Kopf.

Wieder sehe ich mich um. Wie lange haben wir noch?

»Hör zu. Ich weiß, du kennst mich nicht, und du hast keinen Grund, mir zu vertrauen. Aber ich bin auf deiner Seite. Ich möchte die Zerstörung Somnas verhindern. Wenn du etwas weißt, dann musst du es mir sagen!«

Es klingt drängender, als ich es beabsichtigt habe, und fast erwarte ich, dass das Mädchen aufspringt und mich einfach hier sitzen lässt … doch plötzlich schimmern Tränen in ihren Augen.

»Ich kann sie nicht davon abhalten. Sie werden nicht aufhören, bis das letzte Tor zerstört ist! Und dann wird kaum noch etwas von Somna übrig sein«, platzt es aus ihr heraus.

Ich packe sie am Arm.

»Wen? Wen kannst du nicht abhalten?«

Sie schüttelt erneut den Kopf, und jetzt laufen die Tränen über ihre Wangen.

»Warum wollen sie die Tore zerstören?«, zische ich im selben Moment, in dem ich hinter mir Pauls Stimme höre. Er ruft meinen Namen.

Ich lasse das Mädchen los, als hätte ich mich an ihr verbrannt. »Los! Du musst weg!«

Sie ist wie erstarrt.

»Geh!«

Hektisch sehe ich mich um. Eine Gestalt, die nur Paul sein kann, landet am anderen Ende der riesigen Dachterrasse, hinter ihm mehrere Traumgänger. Noch versperren die großen Blumenkübel, die die Terrasse unterteilen, ihnen die Sicht. Aber gleich werden sie hier sein.

Ich habe bereits die nächste Warnung auf den Lippen, doch als ich wieder herumwirbele, durchfährt mich Erleichterung: Das Mädchen ist verschwunden.

Mein Blick klebt an dem Fleck, auf dem sie gerade noch gekauert hat.

»Was sollte das, Ria?«

Sträucher rascheln, und Paul schiebt sich zwischen ein paar Blumenkübeln hindurch. Ich versuche mein Zittern unter Kontrolle zu bringen.

»Ich …«

Pauls Gesicht ist eine einzige Maske der nur schwer kontrollierten Rage. Ich ringe mir ein Lächeln ab.

Es ist egal. Erst mal ist alles egal. Das Einzige, was zählt, ist: Ich habe einen Plan, wie ich Somna retten kann.

21

Selena

Das warme Licht der untergehenden Sonne durchströmt das Apartment, als ich mit einem Glas Wasser die Küche verlasse. Vor Mos Tür halte ich zum wiederholten Male an diesem Abend inne. Wie bereits zuvor sehe ich ein ungemachtes Bett, Klamotten, die auf dem Boden verstreut sind, einige Musikzeitschriften und Bücher, aber keine Mo. Ich seufze und schließe die Tür wieder, bevor ich weiter in Richtung meines Zimmers gehe.

Ich muss aufhören, über Mo, Eric und die Tore nachzudenken. Sonst werde ich nie in den Schlaf finden. Und solange ich das nicht tue, werde ich keinen klaren Kopf bekommen, um herauszufinden, was ich jetzt machen soll.

Gerade habe ich mein Zimmer erreicht, da wird ein paar Meter weiter die Tür zu Erics Büro geöffnet. Ich will schon in mein Zimmer huschen – Eric ist gerade wirklich die letzte Person, die ich sehen möchte –, doch da halte ich inne.

»Mo!«, entfährt es mir.

Sie sieht schrecklich aus. Ihre Haare sind komplett zerzaust, ihr Shirt hängt schief auf dem dünnen Oberkörper, und sie scheint leicht zu hinken. Das Schlimmste allerdings ist ihr Blick: Keine Regung zeigt sich in ihren Augen, einzig eine dumpfe Erschöpfung.

»Mo!« Ich gehe auf sie zu und verschütte dabei fast mein Wasser.

Sie schließt die Tür hinter sich – und schlurft einfach an mir vorbei, ohne mich weiter zu beachten.

»Mo«, sage ich ein drittes Mal, unfähig, andere Worte zu finden. Doch sie reagiert nicht.

Nun ist sie an ihrer Tür angekommen und zieht sie hinter sich zu. Das Einrasten hallt unnatürlich laut durch den Gang. Kurz verharre ich, dann sammle ich den Rest meiner Kraft und folge ihr.

Das Zimmer wirkt nicht anders als wenige Minuten zuvor. Doch nun ist da Mo, die komplett bekleidet auf dem Bett liegt und die Wand anstarrt.

Ich trete ein und schließe die Tür vorsichtig hinter mir.

»Mo?« Diesmal sage ich ihren Namen sanft, behutsam. Sie blinzelt nur.

Ich schiebe ein paar Bücher auf dem Nachttisch beiseite und stelle mein Glas auf die freie Ecke. Dann lasse ich mich neben sie auf die Bettkante sinken.

»Können wir darüber reden?«

Wieder kommt keine Antwort. Und langsam beschleicht mich ein Unbehagen, das sogar die Müdigkeit übertüncht. Ich klettere vollends auf das Bett, lasse mich neben Mo sinken und lege meine Hand auf ihren Rücken. Unsere Gesichter sind nun auf derselben Höhe, und ich versuche ihren Blick einzufangen, doch sie sieht an mir vorbei, als wäre ich gar nicht da. Ihr Atem geht flach und regelmäßig, als würde sie schlafen – wären da nicht ihre offenen Augen.

»Warst du noch mal in Somna? Was ist passiert?«

Ich beginne, ihr über den Rücken zu streichen, spüre ihre Schulterblätter, das Heben und Senken ihres Brustkorbs und … kleine Löcher in ihrem Shirt. Woher kommen diese Löcher? Und wieso antwortet sie mir nicht?

Immer wieder fahre ich mit der Hand über Mos Rücken, streiche ihr das Haar aus dem Gesicht, merke, wie ihre Muskeln sich nach und nach entkrampfen. Als ich mit den Fingern über einen Kratzer auf ihrer Wange taste, zuckt sie zusammen.

»Entschuldige«, sage ich schnell, und sie scheint sich wieder zu entspannen.

Ich verlege mich darauf, sanft mit meinen Fingerspitzen über ihren Nacken zu streichen und immer wieder »Alles wird gut« zu flüstern. Dabei habe ich keine Ahnung, ob wirklich alles gut werden wird.

Ich weiß nicht, wie lange wir so daliegen, aber irgendwann setzt die Dämmerung ein, kriecht die Wände empor und lullt mich ein. Ich sehe, wie Mos Lider müde flattern und sich für immer längere Intervalle schließen. Auch mein Körper kapituliert langsam vor der Erschöpfung. Meine Aufregung und meine Fragen verschwinden in Mos Duft und dem Geräusch ihres Atems. Ihre Nähe wirkt wie ein weiches Kissen und trägt mich davon in einen tiefen Schlaf.

Ein Geräusch lässt mich aufschrecken, und ich brauche einen Moment, ehe ich verstehe, wo ich bin. Desorientiert sehe ich mich um. Die Lampe auf Mos Nachttisch leuchtet und schickt einen warmen Schein in alle Ecken des Zimmers.

Mo steht vor dem Fußende des Bettes und beugt sich zu etwas hinab, das ich von hier aus nicht sehen kann.

»Was … was machst du da?«, murmele ich und wische mir verschlafen über das Gesicht.

Sie wirft mir einen Blick zu, dreht sich dann zurück zum Schrank und greift achtlos nach ein paar Klamotten. Noch immer trägt sie ihr zerlöchertes Sportoutfit.

»Ich muss hier weg«, sagt sie nur.

»Was?«, stoße ich hervor, und es fühlt sich an, als würde sich jeder Gedanke in meinem Kopf unfassbar langsam bewegen.

Die Klamotten landen mit einem dumpfen Geräusch auf dem Boden. Oder, nein … Ich rutsche ein paar Zentimeter nach vorne und entdecke einen aufgeklappten Koffer.

»Mo … Was …«

Keiner meiner Gedanken lässt sich richtig greifen. Mo beachtet mich nicht, sondern beginnt jetzt, Unterwäsche aus einer Schublade zu reißen und ebenfalls in den Koffer zu werfen.

»Was machst du da?«, wiederhole ich.

Erneut schaut Mo mich nur kurz an, und ich weiß nicht, was mich mehr irritiert: Ihre jähe Energie oder die Entschiedenheit in ihren Augen.

»Ich packe.«

So weit, so offensichtlich. Ich schlucke. »Und wofür?«

»Ich muss weg«, sagt sie erneut.

»Wohin?«

»Japan.«

»Japan?«

»Ja …« Plötzlich scheint sie unsicher. »Oder vielleicht auch nicht. Auf jeden Fall weg.«

Verwirrt sehe ich sie an. »Was?«

Dann kehrt die Erinnerung an Erics gestrige Worte wie eine heiße Welle zurück. Ich schiebe meine Beine aus dem Bett und gehe langsam auf Mo zu.

»Das, was Eric gesagt hat … über deine Eltern … Dass sie noch leben … Ich kann verstehen, dass dich das durcheinanderbringt.«

Sie schnaubt, ehe sie sich zu mir umdreht.

»Mich *durcheinanderbringt*?«

»Du hast alles Recht der Welt, wütend zu sein. Das wäre ich auch. Lass uns morgen in Ruhe darüber sprechen, ja?«

Sie taxiert mich, als wäre ich auf einmal eine andere. Ich blinzele, versuche den Nebel der Müdigkeit aus meinen Gedanken zu vertreiben.

»Hör zu. Mein Vater ist auch aus meinem Leben verschwunden, als ich klein war.« Mo zieht ein paar Bücher von einem Stapel und wirft sie in den Koffer. Ich trete näher an sie heran. »Ich kann verstehen, dass du deine Eltern kennenlernen willst, wenn sie noch leben. Und ich kann verstehen, dass du sauer auf Eric bist. Das kann ich sogar sehr gut verstehen. Wirklich, glaub mir.«

Sie sieht mich an, plötzlich ganz ruhig.

»Dann komm mit.«

Sie schiebt sich am Koffer vorbei und steht direkt vor mir. Ihre Augen glänzen im dämmrigen Schein der Nachttischlampe. »Komm mit, weg von hier. Such mit mir nach meinen Eltern.«

Ich schlucke, und einen Moment lang spüre ich den Impuls zu nicken, um die Verzweiflung aus Mos Gesicht zu vertreiben. Um sie nicht zu enttäuschen. Doch wie ein schweres Gewicht liegt die Gewissheit auf mir, dass ich das nicht tun kann. Ich muss hierbleiben. Muss den letzten Wunsch meines Vaters erfüllen – aus demselben Grund, aus dem ich verstehen kann, dass Mo weg möchte.

»Ich kann nicht«, zwinge ich über meine Lippen.

Die Hoffnung, die soeben noch in ihren Augen zu erkennen war, fällt in sich zusammen. Als hätte ich sie von mir gestoßen, weicht sie zurück.

»Das musst du doch verstehen«, bricht es aus mir hervor. »Ich kann hier nicht einfach weg. Und du solltest auch hierbleiben.«

Mo beachtet mich gar nicht und fährt fort, scheinbar zufällige Dinge in ihren Koffer zu werfen. Mir fällt auf, dass ihre Bewegungen noch immer etwas unnatürlich wirken, als hätte sie Schmerzen.

»Was ist passiert?«, frage ich mit brüchiger Stimme. »Du bist verletzt …«

Ihr Rücken, den sie mir zugewandt hat, versteift sich, und sie hält in der Bewegung inne. Dann dreht sie sich langsam zu mir und holt zwischen bebenden Lippen Luft. »Die Traumunion. Das ist passiert. Und wenn du nicht aufhörst, Somna zu zerstören, dann wird es nicht lange dauern, bis sie auch dich wieder kriegen. Und ich werde nicht da sein, um dich noch mal zu retten, Selena.«

Ihre Worte sind wie ein Hieb. Ich spüre, wie die Luft aus meinen Lungen weicht, und bin unfähig, neue einzuatmen.

Mo reißt aus einer Schublade allerlei elektronische Geräte.

Als ich wieder genug Luft kriege, presse ich hervor: »Aber wo willst du denn hin? Du hast doch keine Ahnung, wo deine Eltern sind! Lass uns morgen in Ruhe mit Eric reden und mehr herausfinden.«

Mo richtet sich auf.

»Vielleicht weiß ich nicht, wo genau ich hinwill, aber eins weiß ich: Ich muss hier weg. Weg von Eric. Genau wie du. Du solltest hier abhauen, Selena. Checkst du das nicht?«

Ich öffne den Mund, finde aber keine Worte.

»Ich gehöre hier nicht hin. Das hat Eric mir jetzt endgültig klargemacht.«

»Wieso redest du nicht noch mal mit ihm und fragst ihn, was mit deinen Eltern passiert ist?«, wiederhole ich meinen Vorschlag schwach.

»Es geht nicht um meine Eltern!« Plötzlich ist ihre Stimme laut geworden. »Zumindest nicht nur! Es geht um das, was ihr da tut. Ich kann nicht länger zusehen, wie ihr Somna zerstört!«

»Wir müssen die Tore zerstören. Der Tod ist …«, beginne ich, doch sie unterbricht mich.

»Nein, Selena. Der Tod ist egal. Diese ganze Diskussion ist egal. Das habe ich jetzt begriffen. Es geht nur noch um eines.« Sie tritt nahe an mich heran, und ihre Züge erzittern. »Es geht nur um die Frage, wann sie euch erwischen. Denn das werden sie.«

Damit wirft sie, was auch immer sie gerade in der Hand hält, energisch in den Koffer. Sie zuckt zusammen, als hätte die Bewegung ihr Schmerzen verursacht.

Ich kann nicht anders. Ich strecke meine Hände nach ihr aus. »Mo. Was ist mit dir passiert?«

Sie tritt einen Schritt zurück, außerhalb meiner Reichweite. Das Beben in ihrem Gesicht wird stärker, und sie scheint die Tränen nicht mehr halten zu können. »Die Traumgänger haben mich erwischt. Sie wollten mich austauschen. Aber dann ist dieses Mädchen aufgetaucht. Dieses Mädchen aus der Traumunion. Sie hat mich gerettet.«

Wieder ist es, als wäre alle Luft aus meinen Lungen gepresst. Mo fährt fort: »Sie wissen, dass ihr es auf die Tore abgesehen habt. Sie werden euch kriegen. Früher oder später werden sie euch kriegen.«

Sie sieht mich an, und der Ärger auf ihrem Gesicht wandelt sich in Verzweiflung. Ihr Körper zuckt, und dann brechen die Tränen endgültig aus ihr hervor, zusammen mit geräuschvollen Schluchzern. Sie will sich abwenden, aber ich bin sofort bei ihr, greife ihre Schultern und drücke sie fest an mich. Ihr Beben ist so stark, dass es sich auf meinen Körper überträgt, und als sie den Kopf an meine Schulter sinken lässt, muss ich um mein Gleichgewicht kämpfen.

Wieder streiche ich ihr über den Rücken und spüre jeden ihrer Schluchzer wie einen stechenden Schmerz in meinem Inneren. Ich vergrabe mein Gesicht in dem dunklen Schleier ihrer Haare.

»Bleib hier«, flüstere ich und kann nicht anders: »Für mich. Bitte. Bleib hier für mich.« Ich weiß, wie egoistisch es ist, was ich da verlange. Ich weiß, dass sie recht hat. Dass wir uns in Gefahr begeben. Aber ich kann nicht anders. Meine Stimme bricht. »Ich schaffe das nicht ohne dich. Bitte bleib hier, Mo.«

Sie versteift sich in meinen Armen, und mir wird klar, dass ich einen Fehler begangen habe, noch ehe sie mich von sich schiebt.

Der Blick, mit dem sie mich betrachtet, ist von tiefer Resignation erfüllt. Irgendwo in mir zieht sich etwas heftig zusammen.

Sie atmet einmal langsam ein und aus. Dann nähert sich ihr Gesicht meinem, und einen Moment später spüre ich ihre Lippen auf meiner Wange. Es ist ein zarter und zugleich auf unbeschreibliche Weise schmerzhafter Kuss. Sie löst sich von mir.

»Du solltest jetzt gehen«, sagt sie und schiebt mich sanft in Richtung Tür.

»Lass uns morgen sprechen, ja?«, bringe ich hervor.

Sie sieht mich an und nickt. Dann öffnet sie die Tür, schiebt mich auf den Gang hinaus, und ich höre, wie sich der Schlüssel im Schloss dreht.

22

Ria

Ich starre an die Decke, und mein Zimmer steht kopf. Normalerweise beruhigt mich diese Perspektive immer, aber heute funktioniert es nicht.

Vermutlich ist es diese seltsame Mischung aus Erschöpfung und Aufregung, die es mir unmöglich macht, in Gedanken an der Decke zu laufen. Stattdessen dreht sich das Karussell in meinem Kopf und spült immer wieder neues Adrenalin durch meinen Körper.

Ich schrecke hoch. War da etwas am Fenster? *Nein. Alles ist still.*

Vorhin habe ich noch Schritte auf dem Gang gehört, aber auch die sind mittlerweile verstummt. Nur die Geräusche der nächtlichen Stadt dringen durch das Fenster herein.

Nicht, dass ich so naiv wäre zu glauben, dass niemand vor meinem Zimmer Wache hält. Nach meiner Flucht und dem Alleingang heute in Somna werden sie mich so schnell nicht mehr aus den Augen lassen.

Mit einem Anflug von Genugtuung denke ich an Pauls wütendes Gesicht, als er mich vorhin aus Somna zurückgebracht hat. Vermutlich wird er sich heute höchstpersönlich die Nacht um die Ohren schlagen, um sicherzugehen, dass ich nicht wieder auf dumme Gedanken komme. Dabei habe ich nichts dergleichen vor. Im Gegenteil. Ich werde Somna retten.

Sie werden nicht aufhören, bis das letzte Tor zerstört ist! Und dann wird kaum noch etwas von Somna übrig sein.

Seit ich mit der fremden Traumgängerin gesprochen habe, formt sich ein vager Plan in meinem Kopf. Doch bevor ich mich damit an Giacomo wende, muss ich Yunus davon erzählen. Ich muss wissen, was er von alldem hält. Aber wie komme ich am besten zu ihm? Per Smartwatch kann ich ihm nicht schreiben, die wird sicherlich überwacht.

Abrupt setze ich mich auf. Diesmal bin ich mir sicher. Da war ein Geräusch am Fenster. Ein Kratzen und Scharren, dann ein leises Stöhnen. So schnell es meine Erschöpfung zulässt, springe ich auf und humpele zu dem offenen Quadrat, das die warme Nachtluft hereinströmen lässt.

»Also irgendwie hatte ich mir das einfacher vorgestellt«, dringt Yunus' Stimme aus dem Halbdunkel herauf. Er steht auf einem winzigen Mauervorsprung und versucht sich am Fensterrahmen hochzuziehen, rutscht jedoch immer wieder ab.

»Was machst du denn hier? Kannst du Gedanken lesen?«, entfährt es mir, und ich schüttele grinsend den Kopf, als ich seinen fragenden Blick sehe. »Egal.« Hauptsache, er ist da.

Mein Herz hüpft, während ich den Sessel zurechtziehe und daraufsteige. Dann lehne ich mich aus dem weitgeöffneten Fenster, gerade genug, um Yunus' ausgestreckte Hand zu ergreifen.

Ich bin mir nicht sicher, wie genau wir es schaffen, aber nach drei Versuchen ziehe ich ihn auf den Fensterrahmen, er springt neben mir ins Zimmer und klopft sich die Hände ab.

»Einmal heimlich bei einem Mädchen ins Zimmer einsteigen – daran kann ich jetzt auch einen Haken machen«, verkündet er grinsend.

Ich spüre, wie Hitze durch meinen Körper rauscht. Hastig wende ich mich ab, um das Fenster hinter ihm zu schließen. Dann ziehe ich sicherheitshalber noch die Vorhänge zu. Meine Seite pulsiert von der Anstrengung, aber ich versuche, den Schmerz zu ignorieren.

»Wie hast du das geschafft? Hat dich keiner gesehen?«

»Warum? Wäre es dir peinlich, wenn man mich nachts bei dir im Zimmer findet?« Noch immer hat er dieses herausfordernde Grinsen auf dem Gesicht. Ich verdrehe die Augen.

»Keine Sorge. Mich hat keiner gesehen. Die hatten Thomas Graham draußen postiert, aber dem musste ich nur sagen, dass die anderen gerade Overwatch zocken und ihnen noch ein Mitglied für ihre Team fehlt. Schon war der weg.« Damit lässt er sich auf mein Bett plumpsen und wippt auf und ab, als würde er die Festigkeit der Matratze testen.

»Schickes Zimmer hast du hier. Definitiv besser als drüben im Wohnheim.«

Ich rücke den Sessel umständlich wieder an seinen angestammten Platz und lasse mich mit einem nicht zu unterdrückenden Stöhnen darauf nieder. Yunus betrachtet mich, und plötzlich wirkt er ernst.

»Ist deine Prellung noch nicht besser?«

Ich sehe auf meine Seite herab.

»Doch schon. Also zumindest war sie das. Bis vorhin.«

»Bis vorhin …«, sagt er langsam, und seine in die Höhe wandernden Brauen machen es zu einer Frage.

Ich überlege, wo ich anfangen soll. Doch irgendwie bringt mich Yunus' Anwesenheit aus dem Konzept. Das letzte Mal, als ich ihn gesehen habe, haben wir uns geküsst.

Mein Blick wandert über sein Gesicht – seine weichen und doch kräftigen Lippen, seine dunklen Haare, die ihm teilweise in die Stirn hängen, und seine Augen, in denen sich das Licht der Deckenlampe spiegelt. Seit zwei Tagen habe ich ihn nun schon nicht mehr gesehen.

Es ist, als würde er spüren, woran ich denke, denn er setzt sich auf.

»Wie geht es dir? Sorry, dass ich erst jetzt zu dir kommen konnte.« Er zieht missmutig die Brauen zusammen. »Die haben mich von morgens bis abends auf Patrouille geschickt.«

»Ich weiß«, murmele ich, aber spüre im selben Moment das Verlangen, eine bessere Entschuldigung von ihm zu hören. Irgendetwas, das die Nähe zwischen uns zurückbringt, die ich bei ihm zu Hause empfunden habe. Ich knibbele am Stoff des Sessels herum. Das Ding hat eine wirklich hässliche Farbe. Kackbraun würde Lil es vermutlich nennen.

»Tut mir leid, Ria«, flüstert Yunus in die nächtliche Stille des Zimmers hinein. Dann steht er auf und geht auf mich zu. Direkt vor mir bleibt er stehen, und ich bewege mich nicht, sehe ihn nur an. Im Sessel ist nur Platz für eine Person. Das scheint Yunus jetzt auch klarzuwerden. Kurz verhaken sich unsere Blicke ineinander, dann macht er eine unbeholfene Geste, als wolle er mir über den Arm streichen, würde es sich dann aber in letzter Sekunde anders überlegen.

Aus irgendeinem Grund lässt das ein Lächeln auf meinem Gesicht wachsen. Yunus Dede, den berühmten Traumgänger, so verlegen und stumm vor mir stehen zu sehen, ist einfach zu seltsam. Ich kichere leise, was Yunus offensichtlich noch mehr verunsichert, und reibe mir mit den Händen über das übermüdete Gesicht.

»Alles okay bei dir?«, höre ich ihn fragen.

»Ja.« Ich nicke und grinse ihn zwischen meinen Fingern hindurch an. »Vermutlich war der Tag heute einfach ein bisschen zu viel.«

Yunus lächelt nicht, sondern sieht mich weiterhin besorgt an.

»Alles gut!«, wehre ich ab und beschließe, ihn zu erlösen. Ich stehe umständlich auf, setze mich gegenüber auf das Bett und bin versucht, mich einfach zurück auf die weiche Decke sinken zu lassen. Doch da sitzt Yunus schon neben mir.

Jetzt streicht er mir wirklich mit der Hand über den Arm, und ich spüre ein Prickeln an den Stellen, an denen er mich berührt. Mein Übermut ist wie weggeblasen, und ich bin mir der Stille im Zimmer und seiner Anwesenheit so bewusst, dass mein Herz beginnt, schneller zu schlagen.

Ich räuspere mich.

»Yunus.« Seine Hand hält inne. »Ich habe heute Wolfgang und Leopold Erlbach dabei beobachtet, wie sie ein Mädchen aus Somna entführen wollten.«

»Du hast was?«

Ich nicke und berichte ihm in knappen Worten, was passiert ist.

»Und du bist dir sicher, dass das Mädchen diejenigen kannte, die Somna zerstören?«, fragt er, als ich fertig bin.

Ich nicke.

Yunus springt so plötzlich auf, dass ich zusammenzucke.

»Ria! Das ist riesig!«, ruft er.

»Sch!«, mache ich und nicke Richtung Tür.

Schuldbewusst sieht sich Yunus um und wiederholt dann leiser: »Das ist riesig, Ria. Wir wissen jetzt, dass die Erlbachs definitiv in die Sache mit den weiblichen Traumgängern verwickelt sind. Warum sonst hätten sie das Mädchen nicht zurück in die Traumunion bringen wollen? Und dann noch die Sache mit den Löchern. Das Mädchen kennt die Leute, die schuld daran sind. Wir sind ihnen näher als je zuvor!«

Ich nicke erneut und muss sein begeistertes Grinsen erwidern.

»Die Frage ist nur«, er beginnt auf und ab zu laufen, »wie gehen wir jetzt vor?«

»Ich hätte da eine Idee«, sage ich leise. Er hält inne.

»Wie wäre es, wenn …«, fahre ich langsam fort und zögere. Was, wenn das, was ich Yunus vorschlagen will, absolut unrealistisch ist? Größenwahnsinnig? Gefährlich? Ist es nicht genau das? Und könnte es nicht genau deshalb funktionieren?

»Was?«, fragt er ungeduldig.

Ich hole tief Luft.

»Also. Ich glaube, dass das zwei unterschiedliche Probleme sind – die Sache mit den Mädchen und die Sache mit den Traumgängern, die Somna zerstören.«

Yunus nickt.

»Und ich glaube«, fahre ich fort und versuche, während ich spreche, meine Gedanken zu ordnen, »dass das dringendere Problem die Zerstörung Somnas ist.«

Wieder nickt Yunus, hält dann allerdings inne.

»Na ja. Du hast gerade auch gesagt, dass Wolfgang deinen Namen erwähnt hat …«

Ich beiße mir auf die Unterlippe. Dieses Detail versuche ich eigentlich zu verdrängen. Seit Paul mich in Somna eingesammelt hat, liegt der Gedanke brennend wie Säure in meinen Eingeweiden. Was genau passiert hier hinter den Kulissen? Was weiß Paul? Was weiß mein Vater? Und wie lange bin ich hier noch sicher?

»Ria, du musst vorsichtig sein.« Yunus hat die Augenbrauen wieder auf diese Weise zusammengezogen, wie nur er es kann, und kurz nimmt mir die Intensität in seinem Blick die Luft.

Ich schüttele den Kopf.

»Ja. Aber was sollen sie schon machen? Sie haben selbst zugegeben, wie bekannt ich mittlerweile bin … Wegen dir und deinen Videos vermutlich.«

Ich spüre, wie meine Wangen heiß werden, während ich Yunus ansehe. Das hier kommt einem Dank vermutlich näher als alles, was ich bisher zu ihm gesagt habe. Mir ist inzwischen klar, dass er mich in der Tat mit seinen Videos beschützt hat – auf seine Art.

Ein zartes Lächeln spielt um Yunus' Lippen. Er macht einen Schritt auf mich zu, bleibt dann aber wieder stehen, als wäre seine Unsicherheit von zuvor zurück. Ich bin gefangen zwischen der Möglichkeit, diesen seltenen Anblick auszukosten, und der, ebenfalls aufzustehen und meine Arme um ihn zu schlingen, so wie es gerade jede Faser meines Körpers verlangt. Doch bevor ich einem der beiden Impulse folgen kann, erstarre ich.

Auch Yunus hat es gehört. Bewegungslos sehen wir uns an. Schritte. Schnelle Schritte, die sich meiner Tür nähern.

Uns bleibt keine Zeit, Yunus zu verstecken, das Licht auszuschalten oder sonst irgendetwas zu tun, denn in diesem Moment wird die Tür aufgerissen.

Paul steht auf der Schwelle, seine Silhouette zeichnet sich hart gegen das grelle Flurlicht ab, und seine Augen scannen in kürzester Zeit den Raum. »Hatte ich mir doch gedacht, dass ich etwas gehört habe«, sagt er säuerlich.

»Hi, Paul«, seufze ich, sobald ich mich gefangen habe.

Paul ignoriert mich und geht mit großen Schritten auf Yunus zu.

»Was hast du hier zu suchen, Dede?«, fragt er, und in seinem Gesicht spiegelt sich Abneigung.

Yunus richtet sich zu seiner vollen Größe auf, und mir fällt auf, dass er Paul um ein paar Zentimeter überragt.

»Ich wollte nachsehen, ob es Ria gutgeht. Scheint hier ja sonst niemanden wirklich zu interessieren.« Yunus reckt das Kinn.

»Was soll das denn heißen?«

»Denk mal scharf drüber nach, Erlbach«, gibt Yunus zurück und schafft es dabei, Pauls Nachnamen wie ein Schimpfwort klingen zu lassen.

Schnell stehe ich auf und schiebe mich zwischen die beiden.

»Paul«, sage ich, doch er reagiert nicht. Stattdessen fokussiert er Yunus, und ich kann sehen, dass er seine Wut nur mühsam in Schach hält.

»Paul!«, wiederhole ich, diesmal lauter. Doch er ignoriert mich weiterhin.

Kurz zögere ich – denn noch immer hatte ich keine Gelegenheit, mit Yunus über meinen Plan zu sprechen –, aber vielleicht ist es auch besser so. Wer weiß, ob er meinen Entschluss versteht? Bevor ich den Mut verliere, stoße ich hervor: »Ich weiß, wie wir die Zerstörung Somnas aufhalten können!«

Jetzt sehen mich beide Jungs an.

Ich hole tief Luft. Meine Entscheidung ist klar: Erst muss ich mich um Somna kümmern, dann um die Sache mit den weiblichen Traumgängern und um meine eigene Sicherheit. So muss es sein. Somna ist wichtiger.

»Ich will, dass du mich zu Giacomo bringst«, verlange ich mit aller Autorität, die ich aufbringen kann.

»Was?« Paul ist sichtlich überrascht.

»Ich habe eine Idee, wie wir die illegalen Traumgänger schnappen können. Heute in Somna, da habe ich … Na ja, mir ist eine Idee gekommen.«

Pauls Augen verengen sich. Natürlich weiß er, wen ich heute in Somna getroffen habe. Oder er ahnt es zumindest. Da bin ich mir sicher. Immerhin ist er ein Erlbach – sein Onkel hat ihm bestimmt erzählt, was passiert ist, und er hat eins und eins zusammengezählt. Vielleicht kann er sogar über meinen Tracker herausfinden, wo in Somna ich gewesen bin, nachdem ich ihn abgeschüttelt hatte.

Aber darauf angesprochen hat er mich bisher nicht. Kann er ja auch gar nicht. Denn dann müsste er sich meiner Anschuldigung stellen.

Die Wahrheit hängt schwer zwischen uns in der Luft und macht mir noch deutlicher, wie dringend ich handeln muss. Wie lange werden die Erlbachs mich mit diesem Wissen noch tolerieren?

»Was für eine Idee?«, will Paul wissen.

»Das …« Ich versuche Yunus' Blick zu ignorieren, mit dem er mir anscheinend etwas mitteilen möchte. Doch das ändert nichts. Ich habe meine Entscheidung getroffen. »Das erzähle ich, wenn du mich zu Giacomo gebracht hast.«

Bevor Paul etwas darauf erwidern kann, erscheinen hinter ihm zwei weitere Gestalten im Türrahmen. Chester und Eugenio.

»Was ist hier los?«, fragt Chester, und sein sonst so höflich wirkender britischer Akzent kann die Gereiztheit in seiner Stimme nicht verstecken.

Paul dreht sich zu ihm um.

»Ich kläre das schon«, gibt er zurück.

»Du klärst hier gar nichts«, sagt Chester. »Keine Alleingänge, schon vergessen?«

Paul schließt den Mund, und ich sehe seine Kiefer mahlen.

»Was machst du denn hier?« Diesmal ist es Eugenio, der spricht und Yunus dabei feindselig ansieht.

»Ich besuche Ria. Etwas dagegen?« Yunus' Stimme steht der Angriffslust der anderen in nichts nach.

»Allerdings.« Eugenio verschränkt die kräftigen Arme. »Wie bist du hier reingekommen?«

Yunus lächelt. »Durchs Fenster. Ihr seid wohl doch nicht so gute Gefängniswärter, wie ihr denkt, oder?«

Eugenio gibt ein Knurren von sich und macht ein paar Schritte auf Yunus zu. Mein Blick fliegt zwischen den Männern hin und her. Okay. Genug. Das ist mir hier definitiv viel zu viel Testosteron.

»Stopp«, rufe ich und hebe die Arme zu beiden Seiten. Für diese Streitereien haben wir keine Zeit. »Ich will jetzt mit Giacomo sprechen«, verlange ich. »Sofort!«

»Mit Giacomo?«, echot Chester.

Paul verdreht die Augen. »Sie hat irgendeine Idee, die sie ihm vorschlagen will.«

Ärger brodelt in mir auf.

»Ja, genau«, gebe ich zurück. »Ich weiß, wie wir die Illegalen schnappen können, die Somna kaputt machen. Und wenn euch die Traumwelt irgendetwas bedeutet, dann bringt ihr mich jetzt zu Giacomo.«

»Was denn für eine Idee?«, fragt Eugenio und mustert mich eher überrascht als abgeneigt.

»Was checkt ihr nicht an dem Satz ›Bringt mich zu Giacomo‹?«, stoße ich hervor. »Mit jeder Minute, die vergeht, wird Somna weiter zerstört. Ich habe eine Idee, wie wir das verhindern können. Und dafür braucht ihr mich und meine Fähigkeiten. Das wisst ihr genauso gut wie ich.«

Da. Ich habe es ausgesprochen. Habe ausgesprochen, was seit Tagen zwischen uns in der Luft hängt. Ich habe in Somna mehr Macht als all die Männer um mich herum. Vielleicht habe ich meine Emotionen noch nicht so gut unter Kontrolle wie sie. Aber ich kann länger in Somna bleiben als sie, bin in der Lage, Dinge von dort mitzubringen und die Löcher dauerhaft zu füllen, die sie nur kurzzeitig tilgen können.

Ich bin eine Frau – und trotzdem bin ich die Mächtigste unter allen Traumgängern der Union.

Paul, Chester und Eugenio scheinen nicht zu wissen, was sie darauf sagen sollen, schauen nur unschlüssig von einem zum anderen. Und … da ist noch etwas anderes, das in ihren Blicken mitschwingt. Etwas, das ich noch nicht vollständig verstehe.

Mit aller Selbstsicherheit, die ich aufbringen kann, sage ich in das Schweigen hinein: »Also, was ist jetzt?«

Eugenio ist der Erste, der sich bewegt. Er zuckt mit den Schultern.

»Okay. Ich rufe Giac an.«

Er zieht ein Handy aus der Hosentasche, tippt auf das Display und entfernt sich ein paar Schritte, um zu telefonieren. Einen Moment lang sind nur schnelle italienische Worte zu hören. Dann dreht sich Eugenio wieder um.

»Er kommt her.«

»Hm«, mache ich und nicke. Umso besser. Dann muss ich nirgendwo hingehen. Plötzlich erfasst mich eine Welle der Erschöpfung, und ich lasse mich hinter mir auf das Bett sinken. Sofort ist Paul bei mir und sieht mich besorgt an.

»Alles okay bei dir, Ria?«, fragt er und setzt sich neben mich auf die Bettkante.

Bevor ich reagieren kann, ist Yunus auf meiner anderen Seite.

»Ach, auf einmal interessiert es dich, wie es ihr geht, oder wie?«, gibt er bissig an Paul zurück. Ich werfe ihm einen warnenden Blick zu, der ihm deutlich machen soll, dass ich für mich selbst sprechen kann.

»Alles gut, Paul«, sage ich und sehe mit gehobener Augenbraue zwischen ihm und Yunus hin und her. Sie verstehen meine nonverbale Aufforderung und verfallen in Schweigen.

Auch Chester und Eugenio sagen nichts. Chester setzt sich auf den kackbraunen Sessel und klopft ungeduldig auf das Polster, während Eugenio zum Fenster geht und die Vorhänge beiseitezieht, vielleicht um nachzusehen, wie Yunus hier reinkommen konnte.

Je länger wir so dasitzen, desto bleierner wird die Müdigkeit, die mich erfüllt. Ich starre zur Deckenlampe, und bunte Flecken tanzen in meinem Sichtfeld. Wacher macht mich das nicht – ich würde noch immer am liebsten einfach rückwärts auf die Matratze fallen und einschlafen.

Langsam, ganz langsam lässt Yunus seine Hand zu meiner gleiten. Es ist eine winzige Bewegung, die unbemerkt bleiben könnte, wäre sie in dieser Situation nicht so auffällig. Ich spüre Chesters Blick auf uns und meine zu merken, wie Paul sich neben mir versteift, als Yunus' Finger meine umschließen. Zaghaft wende ich mich zu Yunus und erwidere das sanfte Lächeln in seinem Gesicht.

Bevor irgendjemand das Ganze kommentieren kann, erklingen Schritte auf dem Gang, und ich ziehe meine Hand abrupt aus Yunus'.

Eine Sekunde später steht Giacomo Laurenti im Türrahmen und verströmt nur mit seiner Haltung eine solche Autorität, dass alle im Zimmer sich aufrichten. Dann tritt hinter Giacomo ein zweiter Mann ins Zimmer, und ich kann gerade noch verhindern, zurückzuzucken. Es ist Wolfgang Erlbach. Er sieht sich um, mustert jeden von uns argwöhnisch und stellt sich dann neben Giacomo.

»Na, das ist doch mal ein gemütliches Treffen zu dieser späten Stunde«, stellt Giacomo fest.

Paul neben mir springt auf, ebenso wie Chester.

»Danke, dass du gekommen bist, Giac. Wir hätten natürlich auch zu dir …«

Giacomo unterbricht Paul mit einer Handbewegung. »Wolfgang und ich waren sowieso noch auf dem Gelände unterwegs. Lange Nacht heute.«

Ich kann nicht aufhören, Wolfgang Erlbach anzustarren. Er sieht noch genauso aus wie vorhin in Somna – der graue Traumgängeranzug, die grüne Kette der Union und ein Ausdruck im Gesicht, der zwischen Herablassung und Gier schwankt.

Ich bin erleichtert, dass er mich nicht allzu lange ansieht. Falls er ahnt, dass ich ihn in Somna belauscht habe, lässt er es sich zumindest nicht anmerken. Ich muss an seine Worte denken: *Ich bin dabei, die Sache mit Joseph, Giac und Greg zu verhandeln. Lange werden wir nicht mehr warten.* Womit? Was wird verhandelt? Haben er und Giacomo gerade genau darüber gesprochen und waren deshalb zusammen unterwegs? Und wer ist Greg? Etwa Gregory Graham, das Oberhaupt der britischen Traumgänger?

Ich höre meinen Namen und reiße meinen Blick von Wolfgang Erlbach los. »Was?«

Paul sieht mich erwartungsvoll an. »Du wolltest Giac von einer Idee erzählen?«

Ich kann nicht verhindern, dass mir heiß wird und mein Hals wieder zu prickeln beginnt.

»Äh, ja.« Ich versuche, mich zusammenzureißen. »Wir haben doch neulich gesehen, wie die illegalen Traumgänger ein Tor in Somna zerstört haben. Einen dieser riesigen, leuchtenden Bögen, die …«

»Wir wissen, wovon du sprichst«, unterbricht Giacomo mich. Seine Stirn ist in Falten gelegt. »Wenn du uns nur hierhergerufen hast, um uns mitzuteilen, dass diese Illegalen für die Veränderungen in Somna und damit für die Albträume verantwortlich sind, muss ich dich enttäuschen. Das ist uns längst klar. Außerdem können wir davon ausgehen, dass es ihr Ziel ist, so viele Tore wie möglich zu zerstören. Weshalb auch immer.«

Die Männer nicken ungeduldig.

»Ähm …« Kurz komme ich aus dem Takt, lasse mich aber nicht verunsichern. »Das ist es nicht, zumindest nicht nur … Ich weiß nicht, warum wir da nicht schon längst draufgekommen sind – aber wir können die Illegalen doch einfach bei einem der Tore einkreisen.«

Wolfgang Erlbach schnaubt ungehalten. »Na, was für eine originelle Idee. Meinst du wirklich, dass wir daran noch nicht gedacht haben? Aber es mag dir noch nicht aufgefallen sein: Somna ist riesig, und es gibt unzählige von den Dingern. Es ist unmöglich, sie alle im Auge zu behalten.«

Ich funkle ihn an. »Nicht unbedingt.«

»Wie bitte?« Wolfgang sieht mich entnervt an.

Und ich weiß, nun ist der Moment gekommen, in dem ich meinen Plan zum ersten Mal laut aussprechen werde. Jetzt gibt es kein Zurück mehr.

»Wir könnten es kleiner machen«, murmele ich.

Stille liegt über dem Raum.

»Wie meinst du das?« Es ist Paul, der zuerst seine Stimme wiederfindet, doch ich wende mich an Giacomo.

»Alles, was wir tun müssen, ist, die fremden Traumgänger mit ihren eigenen Waffen zu schlagen. Mit den Traumwandlungen der Traumkommissare lassen sich die Tore vorübergehend zerstören, bis nur noch eines übrig bleibt. Und diese Chance werden sich die Illegalen nicht entgehen lassen. Dann können wir sie einkesseln.«

Chester lacht auf. »Du willst Somna zerstören? Bist du jetzt völlig irre?«

Ich werfe ihm einen giftigen Blick zu.

»Nein. Bin ich nicht. Aber wenn wir diese Traumgänger aufhalten wollen, dann müssen wir unsere Taktik ändern. Und wir würden Somna ja nicht wirklich zerstören. Ich bin schließlich die Einzige, deren Traumwandlungen permanent sind.«

»Das ist doch Wahnsinn, Ria.« Jetzt ist es Paul, der den Kopf schüttelt. Ich stehe vom Bett auf, recke das Kinn nach vorne.

»Nein. Das kann funktionieren«, sage ich und bin selbst von meiner festen Stimme überrascht. »Ich weiß, dass es das kann.«

Paul hat nicht aufgehört, den Kopf zu schütteln. »Und was, wenn die Illegalen unsere vorübergehende Zerstörung in eine permanente verwandeln? Es mag dir vielleicht nicht bewusst sein, aber das könnte passieren, wenn sie das letzte Tor zerstören. Das können wir nicht riskieren.«

Ich beiße mir auf die Lippe. Das habe ich tatsächlich nicht bedacht. Aber dennoch, wir haben keine Wahl. Wenn es stimmt, was das Mädchen in Somna mir erzählt hat, bleibt uns nicht viel Zeit. Ich presse die nächsten Worte hervor: »Dann würde es ja mich geben, die alles wiederaufbauen kann.«

Chester lacht tonlos, und ich kann es ihm nicht verübeln. Bei meiner bisherigen Erfolgsbilanz ist diese Aussage gelinde gesagt gewagt. Aber was bleibt uns anderes übrig, wenn wir die Illegalen stoppen wollen?

Ich zwinge mich, Giacomo und Wolfgang anzuschauen – die einzigen Männer in diesem Raum, deren Meinung hierbei wirklich zählt. Giacomo steht vor mir, die Arme noch immer überkreuzt und den Kopf nachdenklich zur Seite gelegt. Sein Blick ist stechend. Wolfgang sieht mich fast ausdruckslos an.

Ich will gerade aufgeben und mich zurück aufs Bett fallen lassen, als Giacomo murmelt: »Doch. Vielleicht kann es funktionieren.«

Erstaunt hole ich Luft und bin damit nicht die Einzige. Alle Anwesenden starren den Generalsekretär der Traumunion entgeistert an.

»Sie hat recht«, sagt er, ohne auch nur die Stimme zu heben. »Wenn wir alle Traumgänger der Union dafür einspannen, Somna schrumpfen zu lassen, hätten wir ein gewisses Zeitfenster, in dem wir den Radius der Illegalen massiv einschränken.«

Einen Moment ist es, als würden seine Worte im Raum nachhallen. Dann kann Paul sich nicht länger zurückhalten: »Das ist viel zu gefährlich, Giac. Wir würden ganz Somna aufs Spiel setzen. Und außerdem ist nicht sicher, dass sich die Illegalen überhaupt in Somna aufhalten, wenn wir loslegen!«

»Sie werden sich die Chance nicht entgehen lassen, alle Tore zu zerstören«, wiederhole ich und bin mir nicht ganz sicher, woher ich diese Überzeugung nehme.

»Das ist Wahnsinn, Ria«, stößt Paul hervor.

Und ich kann nicht anders. »Ach halt doch einfach mal die Klappe, Paul«, erwidere ich, ohne nachzudenken.

Paul öffnet den Mund, schließt ihn wieder, und da ist mehr als Erstaunen in seinem Blick. Schmerz? Im Augenwinkel sehe ich Yunus, der mich vom Bett her angrinst.

Giacomo wendet sich Wolfgang zu. »Was meinst du dazu?«

Das Oberhaupt der Erlbach-Familie betrachtet mich, und zum ersten Mal habe ich das Gefühl, nicht nur Herablassung in seinem Gesicht zu lesen. »Es könnte funktionieren«, sagt er langsam. Dann sieht er Giacomo an. »Aber wir sollten es bald tun. Und wir müssen uns davor gut absprechen.«

»Morgen«, bestimmt Giacomo grimmig. »Wir machen es morgen.«

Paul geht auf die beiden zu, offenbar zu aufgebracht, um sich zurückzuhalten. »Das ist keine gute Idee. Es ist viel zu riskant.«

Jetzt erhebt sich auch Yunus vom Bett und stellt sich direkt neben Paul. »Das stimmt. Zumindest sollten wir Ria da raushalten. Der Plan funktioniert auch ohne sie.«

Zu meinem Entsetzen nickt Giacomo.

»Wir halten sie aus dem Geschehen raus. Aber in Somna sollte sie sein. Es ist immer gut, jemanden wie Ria in der Hinterhand zu haben. Sie ist die Einzige, die über dieselben Fähigkeiten wie die Illegalen verfügt.« Giacomo wirft den anderen Männern bedeutungsschwere Blicke zu.

Er wendet sich zuerst an Wolfang: »Gibst du Joseph Bescheid?« Und dann an Chester: »Und du Gregory? Wir treffen uns in zehn Minuten in meinem Büro.«

Damit geht er Richtung Tür, und bevor er auf dem Gang verschwindet, fügt er über die Schulter hinzu: »Ria, du solltest jetzt schlafen. Los, alle raus hier.«

Einen Augenblick herrscht Stille im Zimmer. Dann kommt Bewegung in die Traumgänger.

»Paul, auf ein Wort?«, fragt Wolfgang Erlbach und sieht seinen Neffen vielsagend an. Der blickt zwischen seinem Onkel und mir hin und her und folgt ihm schließlich aus dem Raum, nicht ohne irgendetwas Unverständliches zu grummeln. Auch Chester und Eugenio verlassen grußlos das Zimmer.

Als Yunus ebenfalls ein paar verhaltene Schritte auf den Ausgang zumacht, greife ich nach seiner Hand. »Du bleibst«, sage ich.

Er grinst. »Ich wollte nur die Tür zumachen.«

Mit einem Zwinkern geht er davon, und ich höre das dumpfe Klacken des Türschlosses, während ich mich wieder auf das Bett fallen lasse – diesmal rücklings der vollen Länge nach.

Eine Welle der Erschöpfung brandet über mich hinweg, als

hätte meine Energie genau bis hierhin gereicht und keine Sekunde länger.

Ich blinzele zu Yunus hinüber, der langsam auf mich zukommt. Ein Schritt, zwei Schritte, drei. Dann hat er das Bett erreicht und bleibt davor stehen. Auf seinem Gesicht liegt ein besorgter Ausdruck. »Ria. Das, was du da vorgeschlagen hast, ist ziemlich riskant. Ich wünschte, du hättest mir vorher erzählt, was dein Plan ist.«

»Das wollte ich ja. Aber mach dir keine Gedanken. Die werden schon mit den Illegalen fertig. Und wenn nicht, bin ich ja da und kann eingreifen«, murmele ich und kann ein Gähnen nicht unterdrücken.

»Genau das macht mir Sorgen«, sagt er und lässt sich neben mir auf die Matratze sinken. »Du exponierst dich mit so einer Aktion total. Von da an wird allen klar sein, welche Fähigkeiten du besitzt. Das macht dich noch viel mehr zur Zielscheibe als bisher. Und es wird ein totales Chaos. Ich weiß nicht, ob ich dann noch auf dich aufpassen kann.«

Ich verziehe ärgerlich die Stirn. »Kannst du bitte mal aufhören, immer auf mich aufpassen zu wollen? Das kann ich schon sehr gut selbst.«

Er lacht. »Okay. Sorry.«

»Ja, allerdings«, murmele ich säuerlich und schließe die Augen. Einen Moment später spüre ich, wie seine Fingerspitzen über meine Wange fahren und eine Haarsträhne hinter mein Ohr streichen. Ich halte die Augen geschlossen, auch wenn ich ganz genau weiß, dass er mich gerade beobachtet. Dass sein Blick über meine Wange streift, meine Haare, meine Augen, meinen Mund. Alles an mir fühlt sich an, als würde es glühen.

»Was meinst du, wird mit den illegalen Traumgängern passieren, wenn sie sie kriegen?«, flüstere ich, ohne die Augen zu öffnen.

»Ich weiß es nicht.«

Wieder streichen seine Finger über meine Wange, obwohl ich mir sicher bin, dass sich dort kein Haar mehr finden lässt, das er mir hinters Ohr klemmen könnte.

»Immerhin werden alle sehen, dass eine von ihnen ein Mädchen ist. Da können sie sich dann nicht mehr rausreden«, raune ich.

Yunus' Finger kommen ins Stocken, und ich öffne die Augen. Wieder sieht er mich besorgt an. »Hast du diese Aktion deshalb vorgeschlagen?«

Ich stemme mich mühsam auf die Unterarme, und Yunus zieht seine Hände zurück.

»Nein. Ich will Somna retten. Darum geht es. Aber wer sagt, dass man nicht zwei Fliegen mit einer Klappe schlagen könnte?«

Ich bekomme sogar ein verschmitztes Lächeln hin, das Yunus nach kurzem Zögern erwidert. Bei ihm sieht es jedoch noch immer leicht gequält aus.

Wieder lasse ich mich auf die Matratze sinken, mache einen tiefen Atemzug und schließe die Augen. Seit ich Giacomo von meiner Idee erzählt habe, hat sich etwas in mir verändert. Vielleicht mag sie gewagt oder sogar unvernünftig sein, aber sie ist vor allem eins: *Meine* Idee. Endlich habe ich wieder ein wenig Kontrolle über mein Leben gewonnen.

Das Lächeln auf meinem Gesicht wird sanft, als ich spüre, wie Yunus' Finger abermals meine Wange berühren. Er beginnt, die Konturen meines Gesichts nachzuzeichnen – fährt über meine

Augenbrauen und meine Nase, an den Nasenflügeln hinab zu meinem Mund, als wolle er jeden meiner Gesichtszüge nicht nur sehen, sondern fühlen.

Als er an den Lippen ankommt, kitzelt es.

Ich öffne erneut die Augen. Sein Gesicht über mir fegt jegliche Worte aus meinem Kopf, die ich hätte sagen können. Unsere Blicke verkeilen sich. Da ist nichts mehr in meinem Sichtfeld außer Yunus' Augen, der warme Ton seiner Haut und die Lippen, die mich immer stärker anziehen. Yunus kommt näher. Mit der Hand stützt er seinen Kopf neben mir auf, und sein Ausdruck ist eine einzige Frage.

Ich lege meine Finger an seinen Oberkörper und muss nur ganz leicht ziehen, schon hat er die Aufforderung verstanden. Wie schön es aussieht, wie sich seine Mundwinkel nun ganz sanft nach oben ziehen, wie seine Lippen sich teilen. In diesem Moment ist nichts mehr wichtig: die Tore, Somna, die fremden Traumgängerinnen, mein Plan, die Gefahr, in der ich schwebe, all das hat keine Bedeutung. Das Einzige, was zählt, sind Yunus' Lippen und mein Herzklopfen, als er näher kommt.

23

Selena

So schnell ich kann, dränge ich mich durch die Menge auf der Einkaufsmeile. Schultern, Rücken, Arme – die Menschen stehen dicht an dicht vor dem leuchtenden Tor. Doch ich nehme sie kaum wahr, sehe nur Mos leeres Zimmer vor meinem inneren Auge. *Sie ist weg, einfach weg.* Ich hätte es wissen müssen. Wie konnte ich nur annehmen, dass wir heute noch mal über alles reden würden?

Da endlich entdecke ich die Person, nach der ich gesucht habe, den Einzigen, der mir jetzt helfen kann: »Eric!«

Als ich ihn erreiche, wirbelt er zu mir herum.

»Ach, du bist es!«, stößt er hervor.

Kurz verschlägt es mir die Sprache, als ich in sein Gesicht sehe. Er wirkt unfassbar erschöpft, und es ist mir schleierhaft, wie er sich noch auf den Beinen halten kann. Doch ich darf keine Zeit verlieren.

»Sie ist verschwunden«, keuche ich.

»Wer?« Verständnislos sieht er mich an. Dann zuckt sein Blick über die Menge um uns herum, und plötzlich scheint er einen ganz anderen Gedanken zu haben. »Halt dich fest!«

»Mo ist weg!«, rufe ich noch, doch da löst sich die Welt schon in nichts auf. Ich greife nach Erics Pulli und kralle mich in den Wollstoff, ehe wir gemeinsam durch die Luft geschleudert werden. Als wir mit einem harten Aufprall landen, reiße ich die Augen auf. Von den Geschäften ist nichts mehr zu sehen, stattdessen befinden wir uns auf einer Wiese.

»Eric!«, stoße ich hervor. »Was zur Hölle sollte das? Hör mir doch zu, ich –«

Da rappelt er sich schon auf und sieht sich hektisch um, wie ein Tier auf der Flucht. »Weg hier. Schnell!«, ruft er und greift nach meinem Arm. Dann fliegen wir erneut. Dieses Mal jedoch kontrollierter. Ein Strom aus verschwommenen Landschaften zieht unter uns hinweg, bis Eric auf einer verschneiten Straße zur Landung ansetzt – direkt vor uns ein weiteres leuchtendes Tor. Ich stürze auf alle viere, mein Magen krampft sich zusammen. Wir bewegen uns viel zu schnell durch Somna. Was ist bloß in Eric gefahren? Warum hört er mir nicht zu?

»Wir müssen uns aufteilen«, setzt er an und ignoriert dabei vollkommen, dass ich immer noch auf dem Boden kauere. »So sind wir schneller.«

Mit einem Stöhnen richte ich mich auf. »Jetzt hör mir doch erst mal zu!«, brülle ich. »Mo ist weg! Wir müssen sie suchen!«

Eric scheint weder meine Worte zu hören noch die eiskalten Temperaturen an diesem Ort zu bemerken. Ich trete dicht auf ihn zu. Das Licht um uns herum wird von dem Schnee zurückgeworfen und glänzt auf Erics verschwitztem Gesicht. Er sieht aus, als hätte er tagelang nicht geschlafen, geschweige denn sich gewaschen oder rasiert. Doch seine Augen sind wach und auf ein Ziel gerichtet: das leuchtende Tor vor uns.

»Sie ist doch deine Tochter«, versuche ich es erneut. »Du musst sie finden und mit ihr reden, Eric. Sie wurde gestern von der Traumunion erwischt und konnte nur knapp fliehen. Es geht ihr nicht gut!« Ich beginne vor Kälte zu zittern. Mein dünnes T-Shirt ist nicht ansatzweise warm genug für diese Breitengrade. »Sag mal, kapierst du es nicht?«

Jetzt sieht er mich an.

»Nein, du kapierst es nicht, Selena. Wir haben keine Zeit. Wir müssen schnell sein, bevor die Traumunion uns entdeckt.«

»Ganz im Gegenteil: Wir müssen eine Pause machen. Darüber nachdenken, was wir tun wollen. Mo hat mich gewarnt, Eric. Die Traumunion heckt irgendetwas aus.«

»Umso mehr müssen wir uns beeilen. Das ist unsere letzte Chance, Theos Aufgabe zu vollenden. Jetzt ist der Moment für …«

Doch die nächsten Worte werden ihm von den Lippen gesogen, verschwinden gemeinsam mit allen Geräuschen. Reflexartig packe ich Erics Hand, als abermals das Nichts um uns herum explodiert. Der Druck presst die Luft aus meiner Lunge, und ich krache gegen Erics Körper, der an meiner Seite durch die Dunkelheit geschleudert wird.

Diesmal scheint es unendlich lange zu dauern, ehe wir inmitten einer Menschenmenge auf dem Boden aufschlagen. Ich brauche einen Moment, um Eric zwischen all den Gestalten zu entdecken. Offenbar sind wir auf den Rängen eines Stadions gelandet.

»Sehr gut, Selena«, keucht er.

»Ich war das n …«, setze ich an, doch dann spüre ich es wieder.

Dieses Ziehen, als würde etwas an jeder Zelle meines Körpers zerren. Meine Hand greift nach Erics, und schon werden wir wieder durch die Luft geschleudert. Als ich die Augen öffne, rasen wir auf einen zugefrorenen See zu.

Mir bleibt kaum Zeit, mich abzufangen, und ich schlage unsanft auf dem Eis auf. Ein dumpfes Pochen macht sich in meinem Kopf breit, und wieder möchte mein Magen rebellieren.

»Warum hast du das gemacht? Da war doch gar kein Tor?«, höre ich Erics Stimme neben mir. Er betastet seine blutende Lippe und klingt dabei etwa so orientierungslos, wie ich mich fühle.

»Ich war das nicht«, presse ich hervor. Doch da passiert es schon wieder. Diesmal ist es Eric, der mich packt. Ich habe keine Chance zu erkennen, wohin uns die Druckwelle schleudert. Aber eines weiß ich mit absoluter Bestimmtheit: Wir müssen hier weg. Ich umfasse Erics Hand, so fest ich kann, konzentriere mich und finde einen Augenblick später, was ich suche: Die Klimaanlage streicht kühl über meinen Nacken, und Neonlicht blendet mich. Als ich dieses Mal auf etwas aufschlage, ist es der Boden des Schlaflabors.

Ich blinzele und sehe mehrere Beinpaare vor mir auf und ab laufen. Da sind Schuhe, die Löwenköpfen ähneln, und Stimmen, die ich nicht zuordnen kann.

Eric stemmt sich neben mir vom Boden hoch und klopft sich Schnee von der Hose. Auch ich versuche mich aufzurichten und merke, dass ich am ganzen Körper zittere. Umständlich komme ich auf die Füße.

»Es ist alles gut«, höre ich Denise auf eine Frau einreden, die aufrecht auf dem Bett in der Mitte des Raumes sitzt. Bunte Kabel verbinden ihren Kopf mit einem Kästchen in der Ecke, und mir wird klar, dass es sich um die Träumerin handelt, in deren Traum ich vorhin eingestiegen bin. »Sie sind nur noch etwas benommen vom Schlaf. Das ist ganz normal.«

Ich fahre zu Eric herum. »Was war das?«

Doch bevor er antworten kann, entdeckt uns die Träumerin: »Woher kommen diese Leute?«

Jetzt wendet sich auch Denise uns zu: »Okay, raus hier. Alle beide. Was auch immer ihr da veranstaltet habt, es hat fast alle Probanden aufgeweckt.«

»Wir haben nichts gemacht … Wir …«, beginne ich zu protestieren, werde aber von Denises strenger Miene zum Schweigen gebracht.

Mir bleibt keine Wahl, als zu nicken und Eric aus dem Zimmer zu folgen. Sobald wir auf den Gang hinaustreten, flüstert er mir heiser zu: »Das gerade in Somna, das warst nicht du, oder?«

Ich schüttele den Kopf und sehe förmlich, wie Erics Gedanken rasen.

»Komm mit«, zischt er, und ich bin überrascht, mit welcher Geschwindigkeit er die Treppe in Richtung seines Büros erklimmt. Mit wenigen Schritten ist er an der Tür, und ich beeile mich, ihm zu folgen.

Die Tür hinter uns gleitet gerade wieder zu, da stürzt Eric schon zu dem Tischchen, auf dem seine Räucherstäbchen stehen, und zieht eine Schublade auf. Er nimmt eine Schachtel heraus, öffnet sie und steckt sich eine der Pillen darin in den Mund.

Dann wirbelt er herum.

»Das waren *sie*«, ruft er. »Ich weiß es.«

»Was?« Ich starre auf die Schachtel, die Eric nun wieder in der Schublade verschwinden lässt.

»Die Traumgänger der Union! Es können nur sie gewesen sein! Sie haben die Tore zerstört!«

Er verharrt, und ich wage in gedämpfter Stimme zu fragen: »Was war in der Schachtel, Eric?«

Sein Blick zuckt zu mir, aber ich weiß, dass er mich nicht gehört hat. Ein Schauer läuft mir über den Körper, der nicht nur daher rührt, dass mir gerade Schnee den Nacken hinunterrutscht.

Da kommt plötzlich wieder Bewegung in Erics dünnen Körper. »Wir müssen zurück.« Er läuft auf die Tür zum Schlaflabor zu. »Das ist es, Selena! Sie wollen uns einkesseln. Wir müssen zurück!«

So schnell ich kann, schiebe ich mich zwischen ihn und den Ausgang. »Was? Warte mal! Sie wollen was?!«

»Uns einkesseln!«, ruft er erneut und klingt dabei, als hätte ihm jemand ein besonders schönes Geburtstagsgeschenk gemacht. »Sie zerstören Somna, um uns zu zwingen, in ihre Nähe zu kommen! Das ist unsere Chance!«

»Was?« Ich komme nicht mehr mit.

»Verstehst du es nicht?«, fährt Eric fort. »Wenn du die Tore nicht zerstört hast und ich es nicht war, dann kann es nur die Traumunion gewesen sein. Ich bin mir ganz sicher!«

»Aber warum sollte die Traumunion …«, beginne ich, doch da unterbricht er mich schon.

»Na, das ist doch klar!« Fast schreit Eric. »Sie wollen uns zwingen, zu ihnen zu kommen.« Er lacht, und es klingt wie der Laut eines tollwütigen Tieres. »Das ist phantastisch.«

»Phantastisch …«, wiederhole ich dumpf und kriege endlich

einen klaren Gedanken zu fassen: »Das ist doch Irrsinn … Wir können nicht zurück. Das ist eine Falle!«

»Natürlich ist es eine Falle. Aber eine Falle, in die sie selbst hineintappen werden!« Eric lacht erneut auf. »Wir müssen die Zerstörung der Tore nur noch unumkehrbar machen, und das letzte Tor vernichten, dann sind wir am Ziel, Selena.«

Damit streckt er eine Hand nach dem Schalter hinter mir aus, und die Tür gleitet surrend auf.

»Sag mal, spinnst du?«, schreie ich ihn an. »Wenn du recht hast mit deiner Theorie, ist es das reinste Selbstmordkommando, jetzt nach Somna zu gehen. Die Traumunion ist viel mächtiger als wir!«

Seine Nasenflügel blähen sich. »Sie sind nicht mächtiger als ich. Das waren sie nie und werden es auch nie sein.« Erics Stimme ist eiskalt, und auf einmal sehe ich etwas in aller Klarheit vor mir.

»Darum geht es dir also«, stelle ich fest, und meine Stimme ist ganz ruhig, »Um Macht.«

Erics Blick bohrt sich in meinen. »Es geht mir darum, dass sie für das bezahlen, was sie getan haben. Dafür, was sie Theo angetan haben.«

Beim Namen meines Vaters krampft sich etwas in mir zusammen. Doch ich weiß, dass Eric unrecht hat. Das ist nicht der richtige Weg.

»Und dafür ist dir alles andere egal?«, hauche ich. »Dein eigenes Leben? Deine Tochter?«

Er zuckt, als würde er versuchen, eine lästige Fliege loszuwerden.

»Mo ist verschwunden. Wegen dir. Hast du das immer noch

nicht verstanden?« Ich spreche langsam, deutlich. Muss es ein letztes Mal sagen. Jeden Zweifel ausräumen.

Erics Gesicht befindet sich wenige Zentimeter vor meinem, und sein nach Rauch stinkender Atem schlägt mir entgegen, als er zischt: »Hier geht es um größere Dinge. Und manchmal muss man für diese Dinge Opfer bringen. Das weiß auch Mo.«

»Was ist nur los mit dir?«, kommt es mir kaum hörbar über die Lippen.

Einen Moment sieht er mich nur stumm an, als würde er in meinem Gesicht etwas suchen, aber nicht finden.

»Du bist so anders als dein Vater.«

Der Satz fühlt sich an wie eine Ohrfeige. Ich weiche einen Schritt zurück.

»Er hat sein Leben gegeben. Für die Freiheit. Für dich. Und was machst du? Du bist zu feige, um ihn zu rächen.«

»Ihn … rächen?«, wiederhole ich tonlos.

»Das hier ist meine Chance«, zischt er. »Und du wirst mich nicht davon abhalten. Entscheide dich, auf welcher Seite du stehen willst. Auf der Seite der Mörder deines Vaters oder auf meiner.«

Ich starre ihn mit offenem Mund an. Er dreht sich um, drückt den Türöffner und ist eine Sekunde später auf der Treppe verschwunden. Ich lasse ihn gehen. Kann nicht anders. Etwas an dem, was er da gerade gesagt hat, hält mich an Ort und Stelle. Und plötzlich wird mir in aller Deutlichkeit klar, was ich eigentlich schon seit meinem ersten Tag hier wusste: Mo hat recht. Sie hatte immer recht. Da stimmt etwas nicht mit Eric.

24

Ria

Ich blicke über die Stadt unter uns, und vermutlich habe ich noch nie etwas so Befremdliches gesehen: Es ist, als würden wir über einem pechschwarzen Meer schweben, das immer wieder von Häusern und den Resten von Straßenzügen durchbrochen wird. Berlin ist vollkommen zersetzt.

Obwohl ich weiß, dass es sich nur um die Traumversion der Hauptstadt handelt, erschaudere ich. *All das passiert meinetwegen.*

Ich kann nicht umhin, Giacomo und sein Team für ihre Akribie zu bewundern. Zunächst haben sie allen Träumern Schlafmittel gegeben, so dass die Traumkommissare stundenlang in Somna bleiben können. Und dann haben sie begonnen, alle Tore bis auf eines zu zerstören. Es muss sie einiges an Kraft gekostet haben, aber irgendwie haben sie es ohne meine Hilfe geschafft. Denn da, inmitten des düsteren Meeres, erstrahlt es: das letzte Tor.

Mein Griff um das Geländer wird fester. Ich muss zugeben, dass ich froh bin, hier oben auf der schwebenden Plattform zu stehen und nicht dort unten zwischen den Menschen. Noch nie habe ich so viele Leute an einem Ort gesehen. Wie müssen sie sich fühlen? Bauch an Rücken, Arm an Arm?

Die Traumunion hat versucht, der Menge so viel Platz wie möglich zu lassen und nur die nötigsten Teile Somnas zu zerstören. Trotzdem staut es sich unter mir auf dem Tempelhofer Feld und in den angrenzenden Straßen so sehr, dass kaum etwas von der Landebahn zu erkennen ist, die ich aus der wachen Welt kenne.

Nur direkt um das Tor herum ist ein wenig des grauen Asphalts zu erkennen. Dort sind Dutzende Traumkommissare postiert, die die Menge in Schach halten.

Ich frage mich, was sie damit bezwecken. Wollen Sie so den Überblick behalten, wenn die Illegalen auftauchen?

Mein Hals prickelt. Was, wenn sie gar nicht kommen? Und was, wenn doch? Was, wenn es uns nicht gelingt, sie aufzuhalten und sie das letzte Tor und damit ganz Somna zerstören?

Mir wird schlecht, und ich wende mich ab. Ich lasse den Blick über die Plattform schweifen, die als Kommandozentrale bei dieser Mission dient: Hinter mir sind zwei meiner üblichen Babysitter postiert – Eugenio und Chester. Dutzende Traumkommissare und auch Joseph Hoggs und einige andere hohe Tiere der Union stehen nicht weit von ihnen entfernt. Eigentlich sollte ich mich hier – hoch oben und weit weg vom Zentrum des Geschehens –, sicher fühlen. Eigentlich ....

Aus dem Augenwinkel betrachte ich Paul, der neben mir an der Brüstung lehnt.

»Alles in Ordnung bei dir?«, fragt er.

»Ja«, sage ich und fühle mich ertappt. »Gibt's was Neues?«

Paul schaut auf seine Smartwatch. »Sie haben verdächtige Bewegungen gesichtet. Aber noch nichts Eindeutiges.«

Er wirkt angespannt. Auch Chester und Eugenio laufen die ganze Zeit nervös um uns herum.

»Willkommen zu einer wichtigen Übung der Traumunion«, donnert da Giacomos Stimme über uns hinweg. Obwohl ich mich mittlerweile daran gewöhnt haben sollte, zucke ich zusammen.

Ich schaue zu einem der gigantischen Screens, die über dem Feld schweben. Immer wieder wird auf ihnen – und auf unzähligen weiteren Bildschirmen in ganz Somna – Giacomos Ansprache gezeigt. Sie soll die Träumer beruhigen, aber ich finde sie eher einschüchternd.

»Bitte bewahren Sie Ruhe«, fährt Giacomo fort. »Dieser Test dient Ihrer Sicherheit. Sie befinden sich in Somna und können jederzeit aufwachen. Bei Unwohlsein oder Angst bitten wir Sie, Somna umgehend zu verlassen und zu einem späteren Zeitpunkt zurückzukehren. Alle anderen bitten wir um Mithilfe: Sollten Sie einen dieser beiden Männer sehen, informieren Sie umgehend einen Traumkommissar.«

Nacheinander erscheinen die Fotos zweier Männer auf den Monitoren. Einer von ihnen hat dunkle, krause Haare und sieht erstaunlich freundlich aus, der andere ist blond und hat stechend grüne Augen.

»Paul?«

»Ja?«

»Woher stammen diese Fotos?«

»Ach, das sind nur Phantombilder.«

»Phantombilder?«

Wieder schaue ich auf den Screen, der uns am nächsten ist.

»Ja. Die wurden gemäß ein paar Beschreibungen von Traumkommissaren angefertigt, die die Illegalen gesichtet haben.«

Ich will einwenden, dass auch wir die Illegalen gesehen haben und es sich nicht um zwei Männer, sondern um einen Mann und eine Frau gehandelt hat. Doch dann erstarre ich. Die Screens, die eben noch die Phantombilder gezeigt haben, zeigen nun mich. Warum zum Teufel filmen sie mich immer wieder?

Wobei man von ›filmen‹ nicht wirklich sprechen kann. Auf einer weiteren deutlich kleineren Plattform schwebt ein Traumkommissar über unsere Köpfe hinweg. Er überträgt das, was er sieht, per Traumwandlung direkt auf die Screens.

Hitze steigt mir in den Kopf, und ich versuche angestrengt so zu tun, als würde ich mein riesiges Konterfei gar nicht bemerken.

Mein Blick geht wieder auf das Feld hinab, und plötzlich wird mir bewusst, wie hoch oben in der Luft wir uns befinden. Ich hoffe, dass der Traumgänger, der diese Plattform in der Luft hält, weiß, was er tut.

»Wie viel Zeit bleibt uns noch?«, murmele ich an niemand Bestimmten gerichtet.

»Giacomo gibt der Sache noch eine Stunde. Dann brechen wir ab«, antwortet Paul.

»Und die verdächtigen Bewegungen?«, will ich wissen. »Wie vielversprechend waren die?«

Paul legt den Kopf schief

»Schwer zu sagen.« Er atmet hörbar aus. »Wir müssen einfach abwarten.«

Im Augenwinkel bemerke ich, dass auch seine Finger sich um die Brüstung krallen. Ich bin mir sicher, dass er viel lieber selbst durch Somna fliegen und nach den Illegalen suchen würde, anstatt hier mit mir festzusitzen.

»Paul, wir könnten …«, beginne ich, aber er fällt mir sofort ins Wort.

»Nein. Wir müssen hierbleiben. So lautet der Befehl.«

Frustriert wende ich mich ab. Vermutlich sollte ich froh sein. Immerhin haben sie mich nach Somna mitgenommen. Aber besonders nützlich fühle ich mich nicht. Ich stehe hier nur rum und schaue zu, dabei könnte ich ihnen vielleicht mit meinen besonderen Fähigkeiten helfen.

»Sag mal, was machen wir eigentlich mit den Illegalen, wenn wir sie kriegen?«, frage ich und beiße auf meiner Unterlippe herum.

»Wir haben den Befehl, sie nicht zu töten. Sondern sie nur festzunehmen.«

Ich bin erleichtert. Was, wenn mein Plan zum Tod eines Menschen führen würde? Könnte ich mir das jemals verzeihen?

Ich betrachte erneut das Tor. Ist Yunus da unten? Als ich ihn das letzte Mal gesehen habe, ist er in diese Richtung geflogen. Ich muss an seinen Gesichtsausdruck denken, als er sich einer Patrouille angeschlossen hat. Am liebsten wäre er hier bei mir auf der Plattform geblieben, um auf mich aufzupassen.

Sein übertriebener Beschützerinstinkt stört mich einerseits und lässt andererseits ein warmes Kribbeln in mir aufsteigen. Dennoch habe ich ihn weggeschickt. Ich kann schließlich auf mich selbst aufpassen. Oder etwa nicht?

Ich kratze mich am Hals und sehe, wie die Rias auf allen Bildschirmen es mir gleichtun. »Können die nicht endlich mal jemand anderen zeigen?«, platzt es aus mir heraus. »Was ist an mir denn so interessant?«

»Du wirkst eben beruhigend auf die Leute«, sagt Paul, als würde das alles erklären.

Ich ziehe die Stirn kraus, denn mir ist völlig schleierhaft, wie mein Anblick irgendjemanden beruhigen soll. Aber ich hake nicht weiter nach, sondern stelle eine andere Frage, die ich nicht zurückhalten kann.

»Paul. Was passiert, wenn man durch das Tor geht?«

Zunächst antwortet er nicht. Die Luft ist erfüllt vom Lärm der Menge unter uns und vom Rauschen des Windes.

»Nichts … Schlimmes.« Er lässt ruckartig das Geländer los. »Ich muss etwas mit Giacomo besprechen.«

Bevor ich weiter nachhaken kann, geht er davon, den Blick stur auf seine Smartwatch gerichtet.

Ein seltsames Gefühl kriecht meinen Brustkorb hinauf. Doch ich kann es nicht genau benennen. Ich versuche es abzuschütteln, als abermals Giacomos Stimme ertönt und den üblichen Text aufsagt.

Ich sehe zum nächstgelegenen Screen. Jetzt werden wieder die beiden Männer eingeblendet, erst der eine, dann der andere. Ich stutze. Irgendetwas stimmt nicht.

Das Gesicht des zweiten Mannes verändert sich. Zunächst sind es unmerkliche Abweichungen. Die Haare werden etwas länger, die Züge etwas ausgemergelter.

Ich will Paul antippen, doch dann fällt mir ein, dass er gar nicht mehr da ist. Nur Chester und Eugenio stehen neben mir und starren ebenfalls mit gerunzelter Stirn auf den Bildschirm.

Ich halte den Atem an. Hat sich das Foto gerade bewegt? Sehen die Augen des Mannes plötzlich wacher aus? Lebendiger?

Es überrascht mich kaum, als jäh eine fremde Stimme über das Feld hallt. Ein Teil von mir hat wohl bereits damit gerechnet.

»Was für ein Empfang! So sehen wir uns also wieder. Ihr müsst nicht mehr lange warten. Ich bin gleich bei euch!« Das

Lachen des Mannes durchschneidet die Luft. »Aber eins solltet ihr wissen: Ich habe die alten Zeiten nicht vergessen. Das hier wird euer Ende sein.«

Damit werden alle Bildschirme schwarz. Stille liegt über uns. Niemand scheint sich zu bewegen. Weder auf der Plattform noch in der Stadt zu unseren Füßen. Ich weiß nicht, wer der Mann auf den Bildschirmen war oder was seine Worte bedeuten. Ich weiß nur eines: Jetzt geht es los.

25

Selena

Das ist alles nicht gut.« Kopfschüttelnd betritt Denise das Zimmer, in dem ich seit ein paar Minuten auf und ab tigere. »Was habt ihr getan, Selena?«

Ich öffne den Mund, aber nach allem, was gerade passiert ist, weiß ich nicht, was ich sagen soll.

»Ich habe alle Probanden nach Hause schicken müssen. Nachdem Eric eben wieder in Somna eingestiegen ist, ist auch noch der letzte aufgewacht. Mal sehen, ob die Daten jetzt überhaupt reichen … Na ja, aber was blieb mir anderes übrig? Und der einen auszureden, dass sie euch hat«, Denise hebt die Hände und malt Gänsefüßchen in die Luft, »›erscheinen‹ sehen, war auch nicht so leicht. Das kannst du mir glauben.«

Endlich finde ich meine Stimme wieder. »Sorry, Denise«, pampe ich sie an. »Aber ich habe gerade echt andere Probleme.« *Und keine Lösungen …*

Ich wende mich ab und trete an das Fenster, das die Sicht auf New York freigibt. Auch wenn es sich nicht öffnen lässt, habe ich hier das Gefühl, freier atmen zu können. Hinter mir lässt sich Denise in den Bürostuhl fallen.

»Ich weiß«, sagt sie. »Schon seit Wochen rede ich auf ihn ein. Er soll die Finger von den Toren lassen. Aber auf mich hört er ja nicht.«

Langsam drehe ich mich um. »Was? Du … du weißt von den Toren?«

Ihr Blick ist scharf. »Du hast ihm geholfen, oder?«

Ich versteife mich.

»Ist eigentlich auch egal.« Sie macht eine wegwerfende Handbewegung. »Aber gut ist das auf keinen Fall.« Damit überschlägt sie die Beine und verfällt in Schweigen. Einer ihrer Löwenkopfhausschuhe wippt auf und ab.

Ich trete auf sie zu.

»Denise. Was weißt du über die Tore?« Meine Stimme bebt.

Sie sieht mich aus ihren braunen Augen abschätzend an. »Vermutlich ein wenig mehr als du.«

»Aber … Aber du bist keine Traumgängerin.«

»Nein. Aber eine Traum*forscherin*. Und eine ziemlich gute, würde ich meinen.«

Ich hole tief Luft.

»Denise. Bitte. Was weißt du über die Tore?«

Ihr Blick bleibt starr auf mich gerichtet.

»Ihr habt sie zerstört, nicht wahr?«

Kurz fehlen mir die Worte. Dann gebe ich mich geschlagen. Es hat keinen Zweck Denise irgendetwas zu verheimlichen. »Ja. Also nicht alle. Aber viele. Immerhin sind sie der Tod –«

»Der Tod?«

Ich bin überrascht, einen ernsthaft verwirrten Ausdruck auf ihrem Gesicht zu sehen.

»Ähm. Ja. Darum geht es doch bei den Toren«, murmele ich.

Denise sagt nichts dazu. Der Löwenkopf an ihrem Fuß wippt weiter auf und ab, jetzt noch schneller als zuvor.

Ich stehe da und spüre die Sekunden verstreichen. Sekunden, in denen wir untätig hier in Erics Büro stehen, während Somna vermutlich gerade im Chaos versinkt und Mo verschwunden ist. Wenn ich noch einen Moment länger diesem buschigen, braunen Stoffkopf zusehe, fange ich an zu schreien.

»Denise. Mo ist weg. Hast du eine Ahnung, wo sie hingegangen sein könnte?« Einen Versuch ist es wert …

Denise sieht kurz auf, runzelt die Stirn und sagt dann: »Tut es nicht.«

»Hä?«, ist das Einzige, was mir dazu einfällt.

Sie schüttelt den Kopf. »Es geht bei den Toren nicht um den Tod. Nicht für Eric. Oder zumindest nicht nur.«

Ich starre sie an.

»Wie meinst du das?«, frage ich langsam.

»Vor ein paar Wochen habe ich eine interessante Messung gemacht.« Sie wedelt mit der Hand. »Ich mache Forschung für Eric. Sehr interessant. Wir messen die Energien und …« Sie zieht ihr Smartphone aus der Tasche, tippt darauf herum und hält mir dann eine Tabelle mit Zahlenreihen hin.

»Hier habe ich zum Beispiel die letzten Messungen festgehalten. Da ist das Datum, und da sind die Daten zu Beginn der Messung und …«

»Denise. Worauf willst du hinaus?«, frage ich ungeduldig.

Einen Moment sieht sie mich verärgert an, dann sammelt sie sich. »Ich war häufiger mit Eric als Klarträumerin in Somna unterwegs. Dabei haben wir uns auch die Tore genauer angeschaut. Und wir haben festgestellt, dass sich jedes Mal, wenn jemand eine Traumwandlung erzeugt, die Spannung an den Toren verändert. Das wäre jetzt zu kompliziert zu erklären«, sagt sie, als sie mein Gesicht sieht, und wedelt schon wieder ungeduldig mit der Hand. »Aber wenn meine Hypothese stimmt, dann speist sich die Gabe der Traumgänger aus den Toren. Nur bei Eric und dir ist das anders. Zumindest soweit ich das messen konnte. So ganz dahintergekommen bin ich noch nicht. Ihr scheint irgendwie besonders zu sein …«

Ihre Worte lassen mich erschaudern, als ich an das Buch denken muss, das in eben diesem Raum steht, und an die Zeichnung darin. Die Morphismen. Hat das fehlende Kapitel doch mehr zu bedeuten, als Eric es mir bisher weismachen wollte?

Auch Denise hat sich offenbar in Gedanken verloren, doch nun fängt sie sich: »Na ja, um es auf den Punkt zu bringen: Wenn ihr die Tore weiterhin zerstört, könnte es sein, dass ihr den Traumgängern gewissermaßen den Stecker zieht.«

Mein Atem stockt.

»Also das ist jetzt ziemlich verkürzt dargestellt. Wenn du es genau wissen willst, ist es so, dass …«

»Denise«, fahre ich dazwischen, als sie gerade die Hände hebt, um mir etwas zu veranschaulichen. »Willst du mir damit sagen, dass Eric die Tore nur deshalb zerstört, um die Traumgänger abzuschaffen?«

Sie lässt ihre Hände auf den Schoß fallen und sieht mich gequält an. »Das ist meine Hypothese, ja.«

Ich beginne, auf und ab zu laufen. Meine Beine kribbeln. Ich muss daran denken, was Eric gerade zu mir gesagt hat: *Es geht mir darum, dass sie für das bezahlen, was sie getan haben.* Kann das hier seine Rache sein?

»Aber … Die Tore sind der Tod. Eric hat mir gesagt, dass sie der Tod seien. Deswegen habe ich ihm geholfen, sie zu zerstören. Mein Vater …« Meine Stimme wird leiser, bricht ab.

Denise legt den Kopf schief.

»Ja, vielleicht sind sie der Tod. Um das zu überprüfen, müsste man ein paar Messungen hinter den Toren machen. Da bin ich dran, aber sagen wir so: Ganz risikofrei ist das wohl nicht.« Wieder zuckt sie mit den Schultern. »Sie sind auf jeden Fall der Ort, an den viele sterbende Menschen gehen. Aber ob sie der Tod sind? Ich würde denken, dass man sterben kann, ohne in den Tod zu gehen, oder? Was meinst du?«

Ich starre sie nur an. Dann tigere ich wieder auf und ab, diesmal schneller als zuvor. Dieses Zimmer ist zu eng. Die Räucherstäbchen brennen sich in meine Lunge hinein.

»Es ist nur eine Hypothese!«, ruft Denise, als hätte sie Angst, dass ich sie nicht hören könnte. Ich wirble zu ihr herum, und sie fügt kleinlaut hinzu: »Aber oft stimmen meine Hypothesen. Und als ich gerade von den Träumern gehört habe, was in Somna passiert ist … und dann auch noch Eric verschwunden ist. Da habe ich mir gedacht, ich sollte es dir sagen.« Sie macht ein bedrücktes Gesicht. »Ich glaube, es war ein Fehler, Eric von meinen Vermutungen zu erzählen. Seitdem hört er mir gar nicht mehr richtig zu. Er ist irgendwie … komisch.«

So einen Satz ausgerechnet aus Denises Mund zu hören, wäre ironisch, wenn das, was sie mir gerade anvertraut hat, nicht so unfassbar wäre. Ich merke, wie meine Beine zittern und lasse mich auf eines von Erics Meditationskissen sinken.

Ich sitze einfach nur da und kann mich nicht rühren, während Eric in Somna ist und womöglich seinen Plan zu Ende bringt.

Was würde das bedeuten? Was würde passieren, wenn niemand mehr Traumwandlungen erzeugen kann? Und wieso sind Eric und ich die Ausnahme? Hat das etwas mit dieser ganzen Traumgötter-Geschichte zu tun? Mein Kopf pocht, und ich verfluche mich dafür, wie dumm ich war. Wie konnte ich nur zustimmen, die Tore zu zerstören?

»Ich verstehe das nicht«, sage ich nach einer Weile. »Hasst Eric die Traumunion wirklich so sehr, dass er alle Traumgänger abschaffen würde?«

»Das wäre eine …«

»… Hypothese. Schon klar«, komme ich Denise zuvor.

Abermals sitzen wir schweigend da. Die Sekunden verstreichen.

»Das ergibt doch alles keinen Sinn«, murmele ich.

»Doch.« Wieder zieht Denise ihr Handy hervor. »Wenn du dir die Messungen anschaust …«

Mein Blick bringt sie zum Verstummen.

In dem Gewirr meiner Gedanken drängt sich einer immer und immer wieder in den Vordergrund: »Wir müssen ihn aufhalten.«

Ich springe auf und mache ein paar ziellose Schritte.

Langsam nickt Denise. »Vermutlich.«

»Sind unten noch Träumer, über die ich nach Somna einsteigen kann?«

Sie schüttelt den Kopf.

»Nein, das habe ich doch gesagt. Der letzte ist, direkt nachdem Eric verschwunden ist, aufgewacht. Ich musste sie alle nach Hause schicken.«

Ich fluche.

»Aber du könntest mal Mo fragen«, fährt Denise fort. »Die weiß, wo man sonst noch gut einsteigen kann.«

Eine Welle der Frustration und Sorge überflutet mich. »Mo ist weg. Sie hat gepackt. Vermutlich sitzt sie inzwischen in einem Flugzeug nach Japan oder sonst wohin.«

»Das glaube ich nicht«, erwidert Denise.

Ich funkele sie an.

»Ach, wirklich? Leider ist es aber eine *erwiesene Tatsache*. Ich habe es selbst überprüft: Mo ist weg.«

Denise schüttelt abermals den Kopf. »Das mag sein, aber ich glaube nicht, dass sie auf dem Weg nach Japan ist. Sie haut immer mal wieder ein paar Tage ab und verkriecht sich dann bei Eddy.«

»Bei Eddy?«, frage ich verständnislos.

»Ja. Ihm gehört der Laden, in dem sie arbeitet.«

»Du meinst, Mo ist noch in New York?«

Denise zuckt mit den Schultern. »Es erscheint mir zumindest am wahrscheinlichsten. Wenn man die vergangenen Erfahrungspunkte als Indikator be…«

Ich denke nicht nach. Ich sprinte los. Auf den Flur hinaus und Richtung Aufzug. Dort angekommen, hämmere ich gegen den Knopf, doch es dauert ewig, bis die Kabine da ist.

Hinter mir höre ich, wie Denise den Gang entlangschlurft. »Selena!«

Endlich gleiten die Türen auf, und ich stürze in die Kabine. Im Spiegel erkenne ich Denise, die nun zum Stehen kommt und auf ihrer Wange herumkaut. Es scheint, als ob sie etwas sagen will.

Kurz bevor die Türen zugleiten, bringt sie nur hervor: »Viel Glück.«

Dann ist sie aus meinem Sichtfeld verschwunden, und ich rausche hinab in die Tiefe.

»Mo?«, rufe ich. »Mo? Bist du da?«

Ich stehe vor dem Laden mit dem großen Schriftzug *Radical Records*. Irgendwie habe ich es geschafft, in Manhattan ein Taxi zu finden, das mich in halsbrecherischer Geschwindigkeit nach Brooklyn gefahren hat.

Und seit ein paar Minuten hämmere ich nun gegen das Glas der Eingangstür. Der Verkaufsraum liegt im Dunkeln, doch das Sicherheitsgitter ist hochgeschoben. Es muss also jemand da sein.

In der Spiegelung des Glases sehe ich, wie hinter mir Menschen über den Gehweg laufen, Bagels essen und lachen. Sie haben keine Ahnung, was gerade in Somna auf dem Spiel steht.

»Mo!«

Ich trete zurück und betrachte das Haus. Über dem Laden gibt es ein weiteres Stockwerk. Was, wenn Eddy ganz woanders wohnt und ich komplett umsonst nach Brooklyn gefahren bin? Was, wenn Denise sich geirrt hat und Mo gar nicht hier ist?

Gerade hole ich Luft, um noch einmal nach Mo zu rufen, als sich im Ladeninneren etwas bewegt. Ich stürze zur Tür. Und tatsächlich: An dem Durchgang hinter der Theke entdecke ich sie. Mo. Sie hält inne, schaut mich nur an.

»Mo!«, rufe ich erneut, und meine Stimme bricht.

Sie kommt auf mich zu, bleibt jedoch vor der Glasscheibe stehen. Ich sehe ihr in die Augen. In ihre dunklen Augen, hinter denen so viel passiert. Es wirkt, als hätte sie geweint.

»Du hattest recht«, sage ich. »Es tut mir leid.«

Sie hat mich verstanden, auch durch das Glas. Das weiß ich.

Jetzt zieht sie einen Schlüsselbund aus der Hosentasche und beginnt die Tür aufzuschließen. Es dauert lange. Viel zu lange, bis die drei Schlösser geöffnet sind.

Dann, endlich, schwingt die Tür auf.

»Mo!« Ich möchte ihr entgegenstürzen, aber im selben Moment halte ich inne. Es scheint, als könne ihr jede unbedachte Berührung weh tun. Sanft umarme ich sie – ob als Begrüßung oder Entschuldigung weiß ich selbst nicht. Ihr Duft steigt mir in die Nase, und ihre Haare fallen mir ins Gesicht. Ich muss daran denken, wie sie mich auf die Wange geküsst hat, als wir uns das letzte Mal gesehen haben.

»Geht es dir gut?«, frage ich in ihre Halsbeuge hinein.

Sie schiebt mich von sich.

»Ja. Alles okay.« Ihr Blick gleitet über mein Gesicht. »Warum bist du nicht mit Eric in Somna?«

Ich zögere. Wie um alles in der Welt soll ich ihr erklären, was gerade passiert ist? Was in Somna los ist? Dass Denise vermutet, dass Eric mit den Toren die Gabe der Traumgänger auslöschen möchte? Schließlich betrifft das auch Mos Gabe …

»Ich habe mir Sorgen um dich gemacht«, sage ich schließlich. »Du warst einfach weg. Ich dachte, wir würden heute noch mal reden, aber du bist einfach abgehauen.«

Es klingt wie eine Anschuldigung, und ich bereue es sofort. Ich will ihr keine Vorwürfe machen. Im Gegenteil. Doch zu spät.

»Sorry, dass ich mich nicht nach deinem Zeitplan gerichtet habe.«

Sie dreht sich um und geht in Richtung Theke. Mir fällt auf, dass sie noch immer leicht humpelt. Ich lasse die Tür hinter mir zufallen, und eine Glocke klingelt in die Stille hinein.

»Tut mir leid, Mo. So habe ich das nicht gemeint. Ich habe mir nur wirklich Sorgen um dich gemacht. Und als ich dann zu Eric bin und ihm gesagt habe, dass du weg bist …«

Ich breche ab.

»Lass mich raten – es hat ihn nicht die Bohne interessiert.«

»Nein. Ich meine ja. Also …« Scheiße. Was soll ich ihr nur sagen? Ich hole tief Luft. »Mo. Du hattest recht, was Eric angeht. Ich hätte ihm nicht helfen dürfen.«

Jetzt wendet sie sich wieder mir zu, und eine patzige Erwiderung scheint auf ihren Lippen zu liegen. Doch sie hält sie zurück. Stattdessen lässt sie sich auf ein schäbiges Sofa fallen, das neben der Theke steht.

Zögernd setze ich mich neben sie und knibbele an meiner Hosentasche herum. »Eric hat mich manipuliert, aber das ist jetzt vorbei.«

»Ist es das?«

»Ja.« Ich setze mich so, dass ich sie direkt ansehen kann, doch sie starrt nur auf eine der Kisten mit den Schallplatten, die überall im Raum verteilt sind. »Hör zu. Es war falsch, die Tore zu zerstören, das weiß ich jetzt. Ich dachte, es wäre der Wunsch meines Vaters … Fast mein ganzes Leben lang wusste ich nichts über ihn. Doch dann war da Eric, und er schien ihn so gut zu kennen … Und da …«

Wieder breche ich ab. Es klingt nach einer schlechten Ausrede. Und vermutlich ist es das auch. Ich habe ja selbst keine Ahnung, warum ich Dutzende der Tore zerstört habe. Es hat sich einfach gut angefühlt. So, als könnte ich damit den Tod meines Vaters rächen.

Zu meiner Überraschung sieht Mo mich plötzlich an. »Das kann ich verstehen«, sagt sie leise. »Ich wüsste auch gerne mehr über meine Eltern.«

Ich schlucke.

»Das, was Eric da über deine Eltern gesagt hat … Dass sie noch leben.« Ich zögere. »Hast du je etwas geahnt?«

Mo schüttelt den Kopf.

»Willst du …« Ich räuspere mich. »Willst du mir von ihnen erzählen? Wie alt warst du, als du zu Eric gekommen bist?«

Eine Stimme in mir drängt, dass wir uns beeilen müssen. Dass in diesem Augenblick ganz Somna und damit womöglich bald auch Corpora im Chaos versinkt. Aber ich weiß, dass das hier jetzt wichtiger ist. Mo braucht diese Zeit. Und ich will sie ihr geben.

Ich beobachte, wie sie schluckt – offenbar hin und her gerissen, was sie mir sagen will.

»Eigentlich weiß ich gar nichts mehr von ihnen«, beginnt sie schließlich mit dünner Stimme. »Manchmal denke ich, mich an das Gesicht einer Frau zu erinnern. Vielleicht war das meine Mutter … Sie kann aber auch jemand ganz anderes gewesen sein. Ich war fünf damals. Da müsste ich mich doch an etwas erinnern, oder? Mit fünf ist man doch schon alt genug, um nicht einfach alles zu vergessen …«

Sie sieht mich an, und ich spüre, wie sehr diese Frage sie quält. Als würde sie sich schuldig fühlen. Etwas schnürt mir die Kehle zu. Ich lege die Hand auf ihr Bein. »Manchmal verdrängen wir

Dinge, die uns zu sehr belasten«, sage ich leise. »Vielleicht schützt uns unser Körper so vor etwas, das zu sehr schmerzt.«

Mo nickt langsam. Ich folge ihrem Blick durch den Laden auf die Straße hinaus. Staubflusen tanzen im Licht der Fensterfront und gleiten lautlos auf die Reihen der Schallplatten hinab.

»Ich erinnere mich auch kaum noch an meinen Vater. Bevor ich letzte Woche das Foto von ihm gefunden habe, wusste ich noch nicht mal mehr richtig, wie er aussah«, murmele ich.

»Ich wünschte einfach, ich wüsste etwas über meine Eltern.« Sie atmet tief ein und aus. »Irgendetwas.«

»Wir finden sie«, platzt es aus mir heraus. »Wenn sie wirklich noch leben, finden wir sie. Versprochen. Sobald das hier alles vorbei ist, machen wir uns auf die Suche.«

Sie dreht ihren Kopf zu mir. Auf ihrem Gesicht spiegeln sich unterschiedliche Emotionen. Am Ende siegt Irritation.

»Was meinst du damit. Sobald das hier vorbei ist? Hast du nicht gerade gesagt, dass du jetzt keine Tore mehr zerstören willst?«

Ich beiße mir auf die Lippe. Okay. Jetzt ist der Moment gekommen, an dem ich ihr erzählen muss, was in den letzten Stunden passiert ist. Ich schlucke, hole tief Luft, und dann beginne ich.

Mo unterbricht mich nicht, aber zwischen ihren Augen entsteht eine immer tiefer werdende Falte, und ihre Wangen zucken, als würde sie mit dem Kiefer mahlen.

»Wenn Denises Vermutung stimmt, dann könnten alle Traumgänger ihre Fähigkeiten verlieren. Wer weiß, was dann mit Somna geschieht …«, ende ich und spreche dabei nicht aus, dass auch Mos Fähigkeiten auf dem Spiel stehen. Aber das muss ich auch nicht.

Ihr Blick springt zwischen meinen Augen hin und her, und sie öffnet mehrmals den Mund, bevor sie schließlich hervorbringt: »Er will die Traumgänger abschaffen?«

Ich nicke.

»Zumindest glaubt das Denise.«

Mo sieht im Raum umher, als würde sie nach passenden Worten suchen.

»Scheiße.«

Fast muss ich lachen. So sehr trifft das meine Einschätzung der Lage. Und irgendetwas daran, dass Mo offenbar nicht mehr darüber nachdenkt, wie sauer sie auf mich ist, gibt mir die nötige Energie. Ich springe auf.

»Wir müssen nach Somna und Eric aufhalten.«

Einen Moment zögert Mo, und ich spüre förmlich, wie die Gedanken in ihrem Kopf rasen. Dann hat sie sich entschieden.

»Ja. Das müssen wir.«

Sie lässt sich von mir hochziehen und humpelt auf den löchrigen Vorhang zu, der in den hinteren Teil des Ladens führt.

»Wir können über Eddy einsteigen. Der hat damit kein Problem. Er hat sich schon vor einer Weile aufs Ohr gelegt, vielleicht haben wir Glück.« Damit zieht sie den Vorhang auf, und ich erkenne eine Treppe. Vermutlich wohnt Eddy doch über dem Geschäft.

Schnell greife ich nach Mos Hand. Sie dreht sich zu mir um.

Ein seltsames Gefühl hat sich in meinem Inneren breitgemacht und lässt mich zögern.

»Geht es dir gut?«, frage ich.

Sie blinzelt.

»Ich meine … Sind wir okay? Das hier könnte gefährlich werden, Mo. Du musst nicht mit mir kommen. Es ist schließlich alles meine Schuld.«

Sie schiebt den Unterkiefer vor, und ich erkenne, dass da noch immer Schmerz ist in ihrem Blick. So viel Ungesagtes hängt zwischen uns, für das nun keine Zeit ist.

»Ich helfe dir, es wiedergutzumachen«, sagt sie. Dann zieht sie ihre Hand aus meiner, und mir bleibt nichts anderes übrig, als ihr durch den Vorhang und in Richtung Somna zu folgen.

26

Ria

Es fühlt sich an, als könne man noch immer die Worte des fremden Mannes durch die Luft hallen hören. Dabei ist da nur der Wind, und dann – langsam – dringen Schreie aus der Menge empor.

Mein Blick rast über die Plattform und sucht die Leiter der Traumunion.

Noch bevor ich Joseph Hoggs entdecke, höre ich ihn. »Code Orange!«, brüllt er in seine Smartwatch.

Einen Moment scheint es, als würden die Traumkommissare um mich herum kollektiv die Luft anhalten – dann kommt Bewegung in sie. Viele von ihnen sprinten zum Rand der Plattform und fliegen davon. Giacomo Laurenti winkt den Kameramann herbei und beginnt hektisch auf ihn einzureden, während er immer wieder auf die schwarzen Bildschirme zeigt. Ich stürze zurück zur Brüstung.

Auf dem Tempelhofer Feld und in den umliegenden Häuserschluchten ist Chaos ausgebrochen. Es erinnert mich an einen Ameisenhaufen, in den hineingestochen wurde, und etwas Enges legt sich um meine Kehle.

Die Menschen haben Angst. Kein Wunder. Die Worte des fremden Traumgängers haben auch bei mir eine Gänsehaut hinterlassen, gegen die selbst Giacomos beruhigende Stimme, die von den nun wieder eingeschalteten Bildschirmen widerhallt, nichts ausrichten kann.

Ich spüre, wie jemand meinen Arm umfasst. Es ist Chester. Auch Paul und Eugenio heften sich an meine Seite. Ich versuche mich aus Chesters Griff zu befreien, habe aber keine Chance.

»Da!« Mein Blick folgt Eugenios ausgestreckter Hand.

Bereits zuvor gab es einzelne Menschen, die über der Menge schwebten, herumflogen und sogar in die Nähe unserer Plattform kamen. Aber ich weiß genau, worauf Eugenio uns aufmerksam machen will: Auf der gegenüberliegenden Seite des Feldes hat sich eine Traube von Menschen in die Luft erhoben. Sie umkreisen etwas, das mich an eine große Perle erinnert. Ich versuche mehr zu erkennen, aber es ist schlicht zu weit weg.

Zu meiner Linken ertönt ein Knall. Ich wirbele herum und sehe, dass einer der riesigen Bildschirme über den Köpfen der Menge explodiert ist. Die Schreie, die zu uns empordringen, werden lauter.

Plötzlich habe ich den Impuls loszufliegen. Irgendetwas zu tun. Nur nicht tatenlos auf dieser Plattform rumzustehen. Da stößt mein Fuß gegen etwas, und erstaunt stelle ich fest, dass ich ein Fluggerät erschaffen habe.

Doch bevor ich danach greifen kann, schließt sich eine weitere Hand um meinen anderen Arm. Jetzt hält mich nicht nur Chester, sondern auch Paul fest. »Wir bleiben hier. Das sind unsere Anweisungen«, sagt er mit Nachdruck.

»Aber das da …« Ich sehe in Richtung der fliegenden Menschentraube und stocke, als unzählige Traumkommissare mit gezückten Debixpistolen auf sie zurasen. Für einen winzigen Moment stiebt die Menge auseinander, und jetzt kann ich eine Gestalt in der Perle ausmachen.

Ist das der Mann, der gerade von den Screens zu uns gesprochen hat? Dessen Stimme so brüchig und gleichzeitig so entschlossen geklungen hat? Was hat er gesagt? *Das hier wird euer Ende sein.* Wen hat er damit gemeint? Uns alle?

Da formiert sich die Menge erneut. Es scheint, als würden sie die Perle tragen. Immer weiter bewegen sie sich auf das strahlende Tor zu und kommen damit auch unserer Plattform näher.

Jetzt kann ich es ohne Zweifel erkennen: Das da in der glänzenden Kugel ist der illegale Traumgänger mit den blonden Haaren.

Die Traumkommissare scheinen ihre Taktik zu ändern. Sie stecken ihre Pistolen weg und lassen eine Mauer vor dem Mann erscheinen. Kurz ist er gezwungen anzuhalten, doch schon einen Wimpernschlag später ist die Mauer in tausend Stücke zerfallen. Die Brocken regnen auf das Feld hinab. Mir entfährt ein erstickter Laut, als die Menschen panisch versuchen auszuweichen. Einige verblassen, scheinen nach Corpora zurückzukehren. Andere, vermutlich geübte Klarträumer, erzeugen eigene Schutzschilde.

Aber da geht es schon weiter. Blitze, Feuerbälle, sogar ein Orkan prasseln auf die Perle ein, doch keine der Traumwandlungen scheint von langer Dauer zu sein. Und einer nach dem anderen ergreifen die Traumkommissare die Flucht, stieben in alle Richtungen. Nun ist nur noch eine Handvoll uniformierter Männer vor dem Tor zu erkennen, die sich der Menge entgegenstemmt. Sie werden immer weiter zu dem strahlenden Bogen getrieben.

Hitze durchfährt mich, als ich Yunus unter den verbliebenen Traumkommissaren entdecke.

Jetzt haben einige Menschen das Tor erreicht und verschwinden in dem Strahlen. Ich höre auf zu atmen. Was, wenn Yunus die Kräfte ausgehen und er von der herandrängenden Masse mitgerissen wird? Was passiert, wenn man durch das Tor geht? Irgendetwas sagt mir, dass es schrecklich ist. Egal, was Paul mir vorzumachen versucht hat.

Ich weiß nicht, wie ich es schaffe. Vielleicht liegt es daran, dass Paul und Chester so sehr von dem Geschehen abgelenkt sind. Oder es ist der unumstößliche Drang in mir, so schnell wie möglich an Yunus' Seite zu kommen, der mir Kraft verleiht. Jedenfalls gelingt es mir, mich mit einem Ruck von ihnen loszureißen, das Fluggerät zu meinen Füßen zu packen und mich daraufzuschwingen.

Noch bevor sie reagieren können, bin ich in der Luft und rase in Richtung des Tors. Ich ignoriere ihre Rufe in meinem Rücken, sehe nur das Strahlen vor mir. Das schrecklich schöne Strahlen.

Fast kann ich nicht mehr abbremsen, als ich Yunus erreiche. Er hat es geschafft, die Träumer auf Abstand zu halten, doch ich kann in seinem Gesicht ablesen, dass er nicht mehr lange durchhält.

»Ria!« Sein Blick trifft meinen und wechselt von Schock über Erleichterung zu Sorge. Ich kann gerade noch nach seiner Hand greifen, ehe die Menge uns erreicht. Wir werden mitgerissen, Yunus' Finger gleiten durch meine, und ich handele, ohne nachzudenken.

Entschlossenheit und das Verlangen nach mehr Platz durchströmen mich und lenken meine Traumwandlung. Eine Druckwelle geht von mir aus, die alle außer Yunus von mir fortstößt. Sie breitet sich rings um das Tor aus, schlägt eine Schneise zwischen uns und die anderen Menschen.

Jetzt stehen nur noch Yunus und ich vor dem leuchtenden Bogen. Alle anderen werden von einer Art durchsichtigen, glänzenden Kuppel abgehalten, die der Perle des Illegalen nicht unähnlich sieht.

Mein Körper pocht vor Anstrengung. Alles ist still. Nur mein hektischer Atem klingt mir in den Ohren, als ich mich Yunus zuwende und das Erstaunen in seinen Augen sehe.

27

Selena

Helles Licht umgibt mich, und ich kann nur an eines denken: *Gleich bin ich in Somna.* Was wird mich dort erwarten?

Dann ist da fester Boden unter meinen Füßen, und etwas presst sich von allen Seiten um meinen Körper. Ich reiße die Augen auf. In letzter Zeit war es immer voll in Somna, aber so voll habe ich es noch nie erlebt. Die Menschenmenge, in der ich gelandet bin, scheint alle Luft aus mir zu pressen.

»Mo!« Wo ist sie? Sie muss in der Nähe sein, wenn Eddys Traumverkörperung uns hierhergebracht hat.

Da! Ich zwänge meine Hand zwischen zwei Träumerinnen hindurch und bekomme Mo am Arm zu fassen. Ich muss zudrücken, damit sie mich überhaupt bemerkt. Dann findet ihr Blick meinen, und ich schaffe es, ihr mit einer Bewegung meines Kopfs zu signalisieren, was ich vorhabe.

Zeitgleich erheben wir uns in die Luft, und ich tue einen tiefen Atemzug, als ich die Enge der Menschenmasse unter mir lasse. Doch die Erleichterung hält nicht an.

Inmitten der Menge war es kaum zu erkennen, aber jetzt ist es nicht mehr zu übersehen. Überall um uns herum herrscht dichtes Nichts. Es ist riesig, und je höher ich steige, desto mehr tiefschwarze Flecken treten in mein Sichtfeld.

Wir befinden uns in einer Stadt oder, besser gesagt, in dem, was davon noch übrig ist. Sie wirkt wie ein durchlöchertes Tuch, das nur noch von dünnen Fäden zusammengehalten wird.

»Berlin«, haucht Mo neben mir und zeigt auf einen Turm in der Ferne. Sie will noch etwas sagen, aber da ertönt eine verzerrte Stimme über unseren Köpfen. Ihr Klang lässt mich erstarren. Sie ist mir merkwürdig vertraut – aus all den Dokumentationen, die ich über die Traumunion gesehen habe. Giacomo Laurenti.

Konnten sie uns wirklich so schnell finden? Wie ist das möglich? Hektisch sehe ich mich um, doch da entdecke ich schon die gigantischen Bildschirme. Mein Puls beruhigt sich. Giacomo Laurenti ist auf ihnen zu sehen, und das, was er nun sagt, ist eindeutig nicht an uns gerichtet.

»Verzeihen Sie die Störung bei der Übertragung der Phantombilder. Da hat sich jemand einen schlechten Scherz erlaubt. Es gibt keinen Grund zur Beunruhigung. Wir legen Ihnen dennoch nahe, Somna zum nächstmöglichen Zeitpunkt zu verlassen und nach Corpora zurückzukehren.«

Was auch immer hier gerade passiert ist – Giacomo Laurentis Aufrufe zur Ruhe scheinen genau das Gegenteil zu bewirken. Menschen stürzen allerorts übereinander, schreien, lösen sich in Luft auf. Die Panik dringt uns aus allen Richtungen entgegen. Erneut suche ich Mos Blick, und in ihren Augen sehe ich dieselbe Erkenntnis, die auch mich in diesem Moment trifft: Eric. Was hat er getan, um dieses Chaos auszulösen?

»Lass uns Eric finden«, ruft Mo mir mit vor Anspannung fast ausdruckslosem Gesicht zu.

Ich nicke. »Er wird beim letzten Tor sein.«

Mit den Augen suche ich die Häuserschluchten um uns herum ab.

»Da! Da ist es!« Ich folge Mos Geste und tatsächlich: In der Ferne erhebt sich ein strahlender Bogen. Er steht mitten auf einem Platz umgeben von den Schwaden aus Nichts. Und überall sind Menschen. So viele Menschen. Das hier ist der reinste Albtraum.

Während wir über die Dächer auf das Strahlen zufliegen, ertönt immer wieder Giacomo Laurentis Stimme wie ein beschwörender Singsang. Dann haben wir das riesige, unbebaute Areal erreicht. Körper an Körper schieben sich die Menschen über die Freifläche. Mehrere Traumkommissare kreisen über der Menge.

Ich winke Mo zu mir, und gemeinsam lassen wir uns in den Ästen eines Baumes nieder, der am Rand des Platzes steht. So sehen wir hoffentlich wie ganz gewöhnliche Träumer aus. Mein Herz pocht wild beim Anblick des vertrauten Strahlens. Keine Frage: Das hier ist es. Das letzte Tor, das es in Somna noch gibt.

»Wir müssen zum Tor und es beschützen!«, raune ich.

Doch Mo hört mir gar nicht zu.

Wortlos deutet sie auf etwas in der Luft. Da fliegt eine Ansammlung von Menschen, in ihrer Mitte eine Art glänzende Perle. Und da erkenne ich es. Es ist Eric, umgeben von einer Schutzhülle, der gegen Dutzende Traumkommissare kämpft.

»Eric …«, flüstert Mo.

Ich sehe sie an. Sie wirkt, als würde ihr jede Bewegung weh tun. Wie konnte ich sie nur mit mir nach Somna nehmen? Sie ist nur hier, um mir zu helfen, alles wiedergutzumachen. Das schlechte Gewissen zieht meinen Magen zusammen, und ich drehe mich erneut zu Eric – gerade noch rechtzeitig, um zu sehen, wie er getroffen wird. Kurz verschwindet seine Schutzblase, und er sackt ein paar Meter ab, ehe er sich wieder fängt.

»Scheiße«, entfährt es mir.

»Wir müssen ihm helfen!« In Mos Stimme schwingt Angst. Ihre geweiteten Augen sind auf das Schauspiel in der Ferne gerichtet, und es wirkt, als könne sie kaum atmen. Plötzlich wird mir bewusst, dass Eric für Mo das ist, was einem Vater am nächsten kommt. Egal, wie sauer sie auf ihn ist. Egal, wie wenig er sich um sie gekümmert hat. Für sie ist er ihr Vater. Und ich kann nicht zulassen, dass sie dabei zusehen muss, wie er stirbt. So etwas sollte niemand erleben müssen. Wenn jemand das weiß, dann ich.

Meine Kehle schnürt sich zu, als ich verstehe, dass ich nicht nur das Tor beschützen muss – ich muss Eric retten. Für Mo. Doch wie soll ich das schaffen?

Ich bemühe mich um eine feste Stimme. »Eric ist nicht er selbst. Wir müssen ihn irgendwie nach Hause bekommen. Weg aus Somna.«

Mo nickt zustimmend, aber sie schweigt. Ich bin mir sicher, dass uns beiden bewusst ist, dass uns kein Plan der Welt in dieser Situation helfen wird. Es sind wir beide gegen die gesamte Traumunion und einen unter Drogen stehenden Eric. Die Frage ist also: Riskieren wir unser Leben für Eric und das letzte Tor, oder nicht?

In diesem Moment explodiert ein Feuerball genau dort, wo eben noch Eric zu sehen war. Hat er diese Traumwandlung erzeugt, oder waren es die Traumkommissare?

Ich traue mich erst wieder zu atmen, als Erics schimmernde Schutzhülle unversehrt aus den Flammen auftaucht.

Mo hat meinen Arm gepackt, und ihre Finger krallen sich in meine Haut. »Wir müssen ihn da rausholen«, flüstert sie mit bebender Stimme.

Ich beiße meine Kiefer aufeinander. Und in dieser Sekunde habe ich meinen Entschluss gefasst. Ich habe keine Wahl. Egal, wie verrückt das hier ist. Ich werde es mir nicht verzeihen, wenn ich jetzt tatenlos rumsitze.

»Ja«, presse ich hervor. »Ich mache das. Aber du gehst zurück nach New York.«

Sie zieht ihre Hand zurück. »Nein. Kommt nicht in Frage.«

»Doch. Es reicht, wenn sich eine von uns in Lebensgefahr begibt. Und …«, ich zögere, »außerdem ist das alles hier meine Schuld. Ich hätte Eric nie helfen dürfen. Ich muss es wiedergutmachen.«

Sie greift erneut nach meinem Arm, diesmal sanft. Ihre tiefen, dunklen Augen sind alles, was ich sehe. »Nein, Selena. Du bist nicht schuld. Du hast nur einen Fehler gemacht.«

Ihre Worte, ihre Nähe lassen einen Kloß in meinem Hals entstehen. Ich presse die Frage hervor, die ich stellen muss: »Verzeihst du mir?«

Trotz der Angst auf ihrem Gesicht legt sich ein dünnes Lächeln auf ihre Lippen. »Natürlich.«

Dieses eine Wort lässt mich für einen Moment alles vergessen: Eric, das Tor, die tobende Menschenmenge unter uns.

»Aber genau deshalb werde ich dich jetzt nicht alleinlassen, Sel.«

Mir bleibt nichts übrig, als zu nicken. Ich lege meine Hand auf ihre, drücke sie kurz. Dann stoßen wir uns beide gleichzeitig von dem Ast ab, auf dem wir gesessen haben. Seite an Seite fliegen wir über die Menge hinweg.

Vage registriere ich, dass das Strahlen des Tores plötzlich hinter irgendetwas verschwunden ist – einer Art glänzenden Kuppel. Aber meine Aufmerksamkeit gilt einzig Eric. Jetzt zählt jede Sekunde.

Ein Gedanke reicht, und die Schutzhülle um ihn herum verstärkt sich. Dann lasse ich sie in unsere Richtung treiben, weg von dem Tor. Fast augenblicklich spüre ich Widerstand. Ist das Eric? Stemmt er sich gegen meine Traumwandlung?

Da dreht er sich zu uns um, und in derselben Sekunde entdecken uns die Männer der Union. Ich lasse eine weitere Schutzblase entstehen, die Mo und mich umschließt. Es ist ein Kraftfeld, das alles abhalten wird, was sie uns entgegenschleudern. Zumindest hoffe ich das. Ich lege all meine Emotionen in Erics und unsere Schutzhülle. Sie müssen halten. Hoffentlich hatte Denise recht, was meine Macht angeht. Dass sie anders ist, als die der anderen Traumgänger. Mächtiger. Nur noch ein paar Meter. Fast haben wir Eric erreicht.

»Achtung!«, brülle ich Mo zu.

Jetzt ist es so weit. Beide Blasen berühren sich, verschmelzen zu einer. Um uns herum herrscht ein Wirrwarr aus Geschossen und Traumgängern. Meine Finger strecken sich nach Eric aus, der am Boden der Blase kauert, doch es fehlen wenige Millimeter. Ich höre das Heransausen von Kugeln und Pfeilen und kann gerade noch die Schutzhülle verstärken, ehe der Hagel auf uns niedergeht. Alles um uns herum vibriert. Doch es hält.

Ich keuche. Eric schaut zu uns auf – seine weit aufgerissenen Augen wild und starr. Er grinst.

»Sehr gut«, sagt er. »Wollt ihr euch die Chance also doch nicht entgehen lassen?«

Statt zu antworten, versuche ich abermals nach ihm zu greifen, um ihn aus Somna mitzunehmen. Aber er macht nur eine kleine Bewegung, und meine Hand greift ins Leere.

»O ho!« Jetzt lacht er.

Fast weiche ich zurück, doch dann rufe ich mir in Erinnerung, dass das Eric ist. Mos Vater. Sie liebt ihn. Auf irgendeine Art liebt sie ihn. Er ist nicht böse. Er ist nur. Ja was? Verrückt?

Die Schutzhülle um uns herum erzittert erneut, und ich konzentriere mich, um sie zu verstärken. Ich darf sie nicht vernachlässigen. Schließlich sind wir immer noch von den Kommissaren der Union umzingelt.

»Eric! Komm mit uns nach Hause! Das hier ist Wahnsinn!«, brülle ich.

Er lehnt sich gegen die Schutzhülle, und ich habe den Verdacht, dass es nur die Pillen aus dieser Schachtel in seinem Büro sind, die ihn noch aufrecht halten.

»Ist dir aufgefallen, wie leicht sie es uns gemacht haben?«, fragt er mit kratzender Stimme und ignoriert meine Aufforderung. »Fast zu leicht, findest du nicht? Und das nach all diesen Jahren. Eigentlich ist es fast enttäuschend.«

Sein Blick scannt die Männer um uns herum, als würde er auf etwas lauern.

»Was hast du vor?«, knurre ich.

»Komm mit nach Hause, Eric«, fleht jetzt auch Mo.

Beim Klang ihrer Stimme zuckt er zusammen. Aber er schüttelt den Kopf. »Also habt ihr es immer noch nicht begriffen.«

Ich lache, weil es der einzige Ton ist, zu dem ich imstande

zu sein scheine. »Oh, doch. Denise hat es mir erklärt. Wenn du die Tore zerstörst, verlieren die Traumgänger all ihre Macht. Du willst Rache, habe ich recht?« Die Worte brechen nur so aus mir hervor und erfüllen die gesamte Schutzhülle. »Von wegen den Tod abschaffen! Darum ging es dir nie! Du bist sogar so weit gegangen, mich mit dem Traumspiegel meines Vaters zu manipulieren. Die ganze Zeit hast du mich manipuliert!«

»Dein Vater!« Erics Stimme ist laut und hoch, fast ein Kreischen. »Ich tue all das hier doch nur für ihn! Er hätte es genau so gewollt!«

Ein eindringliches Knirschen ertönt, und es kostet mich alle Konzentration, die Wände um uns herum aufrecht zu halten.

»Du bist verrückt, Eric. Was haben sie dir angetan, dass du so geworden bist?«

Etwas an meiner Frage trifft ihn bis ins Mark. Es scheint, als sei er in einer Erinnerung gefangen, doch dann richtet er sich zur vollen Größe auf. »Ich bin nicht verrückt. Ich bin visionär.«

Es ist zu viel. Erics Worte. Die Attacken der Traumunion. Meine Wut. Meine Angst. Ich fühle alles gleichzeitig – und kann die Schutzhülle nicht länger halten. Mit einem grellen Leuchten zerbirst sie in tausend Stücke. Und ich stürze.

Kurz bevor ich in der Menschenmenge lande, bremse ich ab. Sofort ist Mo bei mir, hüllt mich in eine neue Kugel. Und schon geht ein Debixhagel auf uns nieder. Die durchsichtige Wand um uns flackert, und ich beeile mich, sie mit einer Traumwandlung zu verstärken.

»Selena!« Mo umfasst mich, als wäre ich das Einzige, was sie noch aufrecht hält. »Eric! Das Tor!«

Ich sehe mich um, keuche unter den Attacken der uns umgebenden Traumgänger. Dann entdecke ich ihn: einen Umriss, der sich in rasender Geschwindigkeit entfernt. Eric. Er fliegt geradewegs auf die glänzende Kuppel über dem Tor zu. Er wird es zerstören. Und es gibt nichts, was wir noch dagegen tun können. Wir haben versagt.

28

Ria

Staunend schaue ich hinauf zu der durchsichtig schimmernden Kuppel, die sich über uns wölbt und nicht nur Yunus und mich, sondern auch das Tor einschließt. Habe tatsächlich ich sie erschaffen?

Da spüre ich den Druck von Yunus' Hand in meiner. Er ist genauso gebannt von dem Anblick wie ich.

Und es ist nicht nur die Kuppel selbst. Von außen pressen sich unzählige Menschen gegen den Schutzwall. Gesichter, Hände, Rümpfe gleiten über die Oberfläche und Tausende Augen starren uns an. Nein. Es ist das Tor hinter uns, das sie in seinen Bann zieht.

Mit bebenden Gliedern drehe ich mich zu dem gleißenden Strahlen um, und es läuft mir kalt den Rücken runter. Aber wieso eigentlich? Wieso war ich so entschlossen, die Menge von dem Tor fernzuhalten? Warum sagt mir die Stimme tief in meinem Inneren, dass auch Yunus und ich von hier verschwinden sollten?

Ich ziehe ihn ein paar Schritte vom Tor weg. Doch es gibt kein Vor und kein Zurück. Wir sitzen in der Falle. Und da merke ich, wie mir die Beine wegsacken. Sofort ist Yunus bei mir, um mich zu stützen.

»Alles okay bei dir? Vielleicht sollten wir uns kurz setzen.«

Ich nicke, und wir sinken zu Boden. Einen Moment lang kann ich nichts sagen, so surreal ist das Ganze.

»Nicht schlecht, Ria«, sagt Yunus, und seine Stimme klingt brüchig. »Du hast es echt drauf.« Ein wackeliges Lächeln liegt auf seinen Lippen. Er versucht, die Stimmung aufzulockern. Und ich muss schmunzeln. Typisch Yunus.

»Das hättest du auch hingekriegt«, sage ich, weil mir nichts anderes einfällt.

Er sieht mich mit hochgezogenen Augenbrauen an, so als wolle er sagen: *Wem willst du hier etwas vormachen?* Dann wendet er sich ab, betrachtet das Geschehen um uns herum. »Und jetzt?«

Ich zögere.

»Jetzt warten wir.«

Viel mehr können wir wohl nicht tun. Entweder die Traumunion bringt die Illegalen zur Strecke, oder sie werden bis an die Schutzkuppel vordringen und sie angreifen. Was auch immer passiert – wir werden es schon mitbekommen.

Ich spüre Yunus' Blick, der nun wieder auf meinem Gesicht liegt, und mein Hals fängt an zu kribbeln. Mir ist bewusst, dass er mir völlig selbstverständlich die Führung überlassen hat. In seinen Augen liegt etwas, das nur Bewunderung sein kann.

Wieso konnte ich aus dem Nichts heraus diese Kuppel erschaffen, während er und die anderen Traumgänger sich zuvor so abgemüht haben? Doch es ist eine andere Frage, die mich noch mehr beschäftigt.

»Yunus?«

»Hm?«

»Wofür sind die Tore da? Ich meine … Was passiert, wenn man durch sie hindurchgeht?«

Er dreht sich zu dem leuchtenden Bogen um und betrachtet ihn mit Abscheu und Faszination. »Keine Ahnung. Das weiß keiner.« Er zögert. »Aber niemand, der hinter ein solches Tor gegangen ist, ist je zurückgekehrt.«

Mein Herz beginnt schneller zu schlagen, und zum ersten Mal kommt mir der Gedanke, dass die illegalen Traumgänger etwas Gutes tun könnten, indem sie die Tore zerstören. Warum ist mir das noch nie in den Sinn gekommen?

Ich spüre, wie Yunus' Finger meine auf dem Boden abgestützte Hand berühren.

»Versprich mir, dass du niemals durch ein solches Tor gehen wirst.«

Mein Blick findet seinen, und einen Atemzug lang sitzen wir reglos da. Dann wirkt Yunus plötzlich, als wären ihm seine Worte peinlich. Als hätte er damit eine Grenze überschritten, die zuvor unausgesprochen vor uns lag. Er zieht seine Hand zurück, kratzt sich verlegen am Hinterkopf. Ich spüre, wie mir die Röte ins Gesicht schießt.

Er räuspert sich. »Ich meine nur … Man sollte sich vor diesen Dingern in Acht nehmen, oder?«

»Klar«, sage ich schnell. Mein Herz rast, und zugleich hat sich eine wohlige Wärme in meiner Brust ausgebreitet.

Wie kann ich Yunus signalisieren, dass ich seine Zuneigung erwidere? Ich möchte, dass er immer mehr solche Sachen sagt. Dass er mir zeigt, dass ich ihm wichtig bin. Dass er meine Hand nimmt und nie wieder loslässt. Spürt er das denn nicht? Ich muss an unsere Küsse gestern Abend auf dem Bett denken. Daran, wie ich in seinen Armen eingeschlafen bin. Dieser Junge hat eine Wirkung auf mich wie niemand sonst. Von Anfang an war da eine Anziehung. Kein Wunder, immerhin sieht er unverschämt gut aus. Aber mittlerweile ist da mehr. Etwas, das über das Körperliche hinausgeht. Ein Gefühl, dass alles okay ist, solange er bei mir ist.

Da höre ich ein Knacken, und mir wird bewusst, dass ich die Kuppel vernachlässigt habe. Sie hat einen großen Riss bekommen. Gerade will ich ihn flicken, da sehe ich Paul, Eugenio und Chester hinter der schimmernden Barriere auftauchen. Paul hebt eine Hand, und wenige Sekunden später ist der Riss verschwunden.

Was geht da vor sich? Abrupt erhebe ich mich, mache ein paar Schritte und suche den Himmel außerhalb der Kuppel ab. Von dem Illegalen in seiner glänzenden Schutzhülle ist nichts zu sehen. Doch dann gestikuliert Eugenio plötzlich wild und deutet auf etwas, das außerhalb meines Sichtfelds liegt.

Unbehagen beschleicht mich.

»Yunus?«

»Ja.« Er steht schon neben mir.

Aber bevor ich noch etwas sagen kann, passiert es: Eine Gestalt rast durch die Luft auf uns zu. Der illegale Traumgänger. Unzählige Traumkommissare sind dicht auf seinen Fersen, und auch Paul, Chester und Eugenio stellen sich ihm jetzt entgegen. Doch etwas sagt mir, dass weder sie noch meine Schutzhülle dem Fremden standhalten können. Die Kuppel erzittert von allen Seiten.

»Weg hier!«, brüllt Yunus.

Sofort lasse ich ein Fluggerät entstehen und schwinge mich darauf.

»Schnell!«, rufe ich, und schon steigen wir beide in die Luft.

War das eine Traumwandlung des Illegalen? Wie lange wird es dauern, bis er die Kuppel vollständig zerstört hat?

Doch da haben wir den Rand des schimmernden Schutzwalls bereits erreicht, und ich lasse ein kleines Fenster erscheinen, durch das wir die Kuppel verlassen.

Ein kalter Schauer überzieht mich, als ich mich zu dem blonden Mann umdrehe. Er ist ganz in unserer Nähe in der Luft stehen geblieben, und seine Schutzhülle flackert schwach. Immer mehr Traumkommissare drängen sich zwischen uns und umringen ihn. Es dauert nicht lange, bis er hinter der Wand aus uniformierten Rücken und gezückten Debixpistolen verschwindet.

Ich denke nicht nach, sondern fliege auf die Ansammlung zu. Ohne dass wir uns absprechen, bleibt Yunus dicht hinter mir.

Über den Köpfen einiger Traumkommissare halte ich an und betrachte die Szenerie. Der blonde Traumgänger wirkt noch eine Spur erschöpfter als während seiner Botschaft auf dem Screen. Seine Schutzhülle ist gänzlich verschwunden. Offenbar muss er seine letzten Kräfte aufbringen, um sich überhaupt noch in der Luft zu halten.

Sein Blick zuckt hektisch zwischen den Traumkommissaren hin und her. Er wirkt wie ein panisches Tier in der Falle. Als er mich entdeckt, verharrt er. Ich schlucke.

»Nicht schießen!«

Der Befehl lenkt die Aufmerksamkeit des Blonden auf einen der Traumkommissare unter mir.

»Joseph«, zischt er.

»Eric«, höre ich Joseph Hoggs tiefe Bassstimme. »Das soll also deine Rache sein?«

Das Gesicht des Blonden verzieht sich zu einem Lächeln.

»Hast du schon darauf gewartet?«

»Ich muss zugeben, dass ich so etwas in der Art geahnt habe. Aber die Tore zerstören? Wirklich, Eric?«

Der Fremde leckt sich über die Lippen und sieht einem Tier so noch ähnlicher als zuvor. »Ihr habt noch immer keine Ahnung, worum es bei den Toren wirklich geht, oder?«, knurrt er.

Joseph Hoggs hat sich jetzt aus der Menge gelöst und schwebt direkt vor dem Mann, den er Eric genannt hat. »Sie sind der Tod.«

»Ah!« Der Mann lacht freudlos. »Also so weit seid ihr auch schon gekommen!«

Joseph schüttelt den Kopf. »Aber den Tod vernichten? Ich bitte dich, Eric. Findest du das nicht etwas melodramatisch?«

Jetzt lösen sich noch ein paar weitere Gestalten aus den Zuschauern und nähern sich dem Fremden. Es sind Giacomo Laurenti, Gregory Graham und Wolfgang Erlbach.

»Die Oberhäupter aller Traumgängerfamilien – was für eine Ehre!«, die Stimme des Illegalen trieft vor Ironie.

»In der Tat, Eric. Doch es wird ein kurzes Vergnügen sein. Leider haben wir keine Zeit für ein nettes Wiedersehen«, erwidert Giacomo Laurenti. Das Lächeln auf dem Gesicht des Blonden erstirbt.

»Aber wieso denn so feindselig, Giac? Habt ihr nicht alles, was ihr wolltet?«

Ich erstarre, als er den Kopf hebt und mich ansieht.

»Was habt ihr eigentlich mit ihr vor? Mit wem wollt ihr sie ersetzen? Lange kann es ja nicht mehr dauern, oder?«

Plötzlich zeichnet sich Erkenntnis in seinem Gesicht ab, und er wendet sich wieder den Männern zu.

»Ach, das ist euer Plan gewesen! Deshalb habt ihr sie so oft auf all den Bildschirmen gezeigt, oder? Ihr wolltet sie hier vor aller Augen verschwinden lassen, habe ich recht? Es mir in die Schuhe schieben. Gar keine so dumme Idee.«

Was? Es ist, als hätte jemand einen Sack Eiswürfel in meinen Magen gekippt. Wovon redet er da?

Schnell lasse ich meinen Blick zu Giacomo und den anderen gleiten, und da sehe ich es. Den ertappten Ausdruck auf ihren Mienen. Jetzt wendet sich der Blonde direkt an mich. »Hey, Ria! Hast du das gehört? Mach, dass du von denen wegkommst! Schließ dich mir an!«

»Halt die Klappe, Eric«, knurrt Wolfgang Erlbach, der sich anscheinend als Erster gefangen hat.

»Nichts lieber als das. Wobei ein paar letzte Worte wirst du mir noch gestatten. Nicht wahr, alter *Freund*?« Er grinst. »Das hier ist euer Ende. Ich werde euch all eure Macht nehmen. Alles, was ihr so sehr liebt.«

»Du hattest schon immer einen Hang zur Selbstüberschätzung, Eric«, sagt Wolfgang. »Schau dich um. Du bist umzingelt. Das Spiel ist vorbei!«

Der Blonde zuckt mit den Schultern. »Das Spiel? Na, das sagt der Richtige, Wolfgang. Aber wenn du meinst. Dann lass es uns beenden.«

Damit lässt er sich abrupt nach unten stürzen, fängt sich wieder und rast davon in Richtung Kuppel. Ein Dröhnen ertönt. Ich wirbele herum. Überall auf der schimmernden Oberfläche haben sich Risse gebildet. Doch ich bin unfähig, etwas dagegen zu tun. Ich kann nur zusehen, wie einige Traumkommissare herbeieilen und die von mir erschaffene Kuppel stabilisieren. Doch es scheint ihnen nicht richtig zu gelingen.

Der Illegale schlägt einen Haken und entgeht so dem Zusammenstoß mit der Kuppel und dem Debixhagel, der in seine Richtung abgefeuert wird. Die Traumkommissare setzen alles ein, haben nur ein Ziel: ihn aufzuhalten. Um jeden Preis.

Ohne zu überlegen, rase ich dem Mann hinterher. Wie lange wird er noch durchhalten können?

Wieder höre ich, wie die Schutzkuppel knackst. Ohne darüber nachzudenken, hebe ich die Arme und lasse die Risse mit einer Traumwandlung verschwinden. Egal, was die Traumunion vorhat. Ich muss das Tor schützen. Muss Somna schützen.

Jetzt rast der blonde Traumgänger direkt auf mich zu, die Augen wie im Wahn geweitet. Er weiß es. Er weiß, dass ich es bin, die die Kuppel erschaffen hat. Und dass ich die Einzige bin, die sie noch halten kann.

»Ist es wirklich das, was du willst? Kämpfen für diejenigen, die dir den Tod wünschen? Du stehst auf der falschen Seite! Schließ dich mir an!«

Ich kann nichts tun, als reglos auf meinem Fluggerät zu sitzen und ihm entgegenzustarren. Er kommt näher. Ein Debixpfeil zischt an mir vorbei. Oder war es eine Kugel?

»Ria!«, brüllt jemand.

Was, wenn das Tor wirklich den Tod bedeutet? Was, wenn Eric zu den Guten gehört? Was, wenn das hier meine Chance ist, vor der Traumunion zu fliehen?

»Ria!«

Jetzt ist die Stimme ganz nah. Etwas rammt mich. Schmerz

flammt in meiner Seite auf. Yunus. Gemeinsam trudeln wir in Richtung der Kuppel. Und dann ist der Fremde da. Ich kann den Schweiß auf seiner Stirn erkennen. Er schleudert etwas auf mich zu. Eine Druckwelle. Yunus packt mich. Will sich vor mich schieben. Doch da fliegen wir schon durch die Luft und knallen auf die harte Oberfläche der Kuppel.

»Yunus!«

Wo ist er? Da. Er rutscht die Kuppel hinab und verschwindet in der Menge der Träumer.

»Yunus!«

Ich muss zu ihm. Will ihm hinterherstürzen, doch da werde ich gepackt. Fremder Atem in meinem Gesicht. Rot geäderte Augen direkt vor mir. Hände, die sich um meinen Hals schließen. Ich werde fortgerissen, baumele in der Luft. Das einzig Reale ist das Gesicht vor mir. Die Zähne, zwischen denen ein Zischen hervordringt. »Zerstör die Kuppel! Jetzt, Mädchen!«

Ich ringe nach Luft, bekomme keine. Leuchtende Flecken tanzen in meinem Sichtfeld. Dann entdecke ich dunkle Locken, ein schwarzes T-Shirt.

»Spinnst du, Eric?«

»Halt dich da raus, Selena!«

Luft. Ich bekomme wieder Luft. Ein weiteres Gesicht. Aufgerissene, dunkle Augen.

»Flieh! Flieh, Ria!«

Die Augen vertreiben die tanzenden Flecken. Sie sind meine Rettung.

29

Selena

Ich stoße das rothaarige Mädchen von mir. So weit weg von Eric wie möglich. Ich kann nur hoffen, dass sie meinen Rat befolgt und aus Somna flieht. Aus der Traumunion flieht. Ihr Leben rettet.

Eric ist direkt vor mir, dahinter unzählige Traumkommissare, die mit Debixpistolen auf uns zielen. Instinktiv stürze ich zur Seite und entgehe gerade noch einem Geschosshagel.

»Komm mit, Eric. Zu Hause können wir reden!«

Ich muss es noch einmal versuchen. Wir können ihn nicht sterben lassen. Nicht so. Aber ihn aufhalten. Das müssen wir.

Wieder stürze ich mich zur Seite. Jede Sekunde kann mich ein Geschoss der Union treffen, und dann ist es vorbei. Dann bin ich für diesen Verrückten mit den Allmachtsphantasien draufgegangen. Gerade will ich Mo zurufen, ebenfalls abzuhauen, da höre ich es: Einen Schrei, der alles in mir zu einem festen Klumpen werden lässt. Ich wirbele herum und sehe gerade noch, wie Mo, getroffen von zwei Debixpfeilen, nach unten stürzt. Wie in Zeitlupe schlägt sie auf der Kuppel auf und beginnt die glatte Oberfläche hinunterzurutschen.

»Mo!«

Ohne nachzudenken, bin ich bei ihr, packe sie.

»Mo!«

Reglos hängt sie auf der durchsichtigen Oberfläche der Kuppel. Durch den Schleier aus Schock begreife ich kaum, dass jemand von hinten auf uns zukommt. Doch dann fahre ich herum. Es ist Eric.

»Das ist alles deine Schuld!«, schreie ich.

Den Bruchteil einer Sekunde sehe ich Schrecken auf seinem verzerrten Gesicht. Dann höre ich wieder die Geschosse.

Ich habe keine Zeit, zu reagieren. Ich kann nur zusehen, wie Eric näher kommt und die Arme über uns ausbreitet. Das Geräusch mehrerer Pfeile, die in Fleisch eindringen, erfüllt die Luft unnatürlich laut. Ein Zucken durchfährt Erics Körper. Und dann bricht er zusammen. Irgendwo unter mir knallt er auf die Kuppel und gleitet hinab in die Menge der Träumer.

Es ist vorbei. Das ist mein einziger Gedanke. Vorbei für Eric und vorbei für uns. Die Männer der Traumunion sind so nah, dass Flucht unmöglich ist. Meine Finger klammern sich fest um Mos Körper. Doch gerade, als ich mich für den Schmerz der Schüsse bereitmache, stürzt die Kuppel unter mir in sich zusammen.

30

Ria

Es ist der erste klare Gedanke, den ich fassen kann: Sie werden die Mädchen kriegen, wenn ich nichts tue. Ich sehe, wie sie auf der Kuppel liegen, unfähig, den Traumkommissaren zu entkommen, die sie von allen Seiten einkesseln.

Und dann handele ich. Ich lasse die Kuppel in einer Wolke aus Staub verpuffen, die uns allen die Sicht nimmt. Im selben Moment lösen sich Schüsse, und ich kann nur hoffen, dass sie ihr Ziel nicht gefunden haben. Das ist alles, was ich für die Traumgängerinnen tun kann.

Ich stürze mich hinab, schwebe ein gutes Stück über den Menschen, die nun ungehindert auf das Tor zuwogen. Der Staub nimmt mir die Sicht, und ich muss husten. Da ist das Strahlen des Tores. Direkt vor mir. Gefährlich nahe. Ich weiche zurück.

»Yunus!« Wo ist er? Befindet er sich in der Menge? Oder haben sie ihn bereits durch das Tor getragen? Das Tor. Der Tod.

Halb blind sinke ich herab. Es bringt nichts. Von hier oben kann ich nichts erkennen.

Meine Füße berühren Asphalt, und ich schlage mich durch die Menschenmassen. Schreie vibrieren in meinen Ohren, Arme stoßen mir in die Seiten. Meine Füße stolpern über irgendetwas, und ich stürze der Länge nach zu Boden, direkt auf einen dort liegenden Körper. Ich kann mich kaum aufrichten, so wenig Platz habe ich. Dann fällt mein Blick auf die Gestalt unter mir. Es ist eine der Traumgängerinnen. Die, die ich vor Wolfgang und Leopold Erlbach gerettet habe. Und sie ist bewusstlos. Ich schlage um mich, versuche, die Menschen von mir fernzuhalten, die immer weiter in Richtung des Tores drängen. Sie treten gegen den Kopf des Mädchens, und ich kann sehen, wie Blut aus einer Wunde an ihrer Schläfe läuft. Ich ziehe sie zu mir heran, versuche sie mit meinem Körper zu schützen. Da entdecke ich zwei Debixpfeile in ihrer Schulter. Irgendwie schaffe ich es, sie herauszuziehen. Das Mädchen rührt sich nicht.

Plötzlich lässt das Drängen der Menschen um uns herum ein wenig nach, und ich werde auf die Füße gerissen. Einen Moment denke ich, dass es Yunus ist, der mich gefunden hat, aber diese Hoffnung zerfällt so schnell, wie sie gekommen ist. Es ist die andere Traumgängerin. Die mit den Locken. Die, die mir vorhin das Leben gerettet hat. Zumindest glaube ich das.

Sie stürzt neben ihrer Freundin zu Boden und nimmt ihr Gesicht in die zitternden Hände.

Ich rappele mich auf. Und kurz spüre ich den Drang, bei ihnen zu bleiben. Bei den einzigen beiden Traumgängerinnen, die es außer mir gibt. Doch jetzt ist nicht die Zeit. Ich muss Yunus finden, und die beiden sollten schnellstmöglich von hier verschwinden.

Gerade will ich mich abwenden, als ich einen Traumkommissar über uns entdecke, die Debixpistole bereits im Anschlag. Wieder ist es eher ein Impuls als eine bewusste Entscheidung, der mich handeln lässt. Ich strecke meine Handfläche zu dem Mann aus, und eine Druckwelle bricht daraus hervor. Der Schrei wird ihm aus dem Mund gerissen, als er davongeschleudert wird.

Ich drehe mich zu den auf dem Boden kauernden Mädchen um. »Hau ab«, sage ich mit Nachdruck. »Bring dich und deine Freundin in Sicherheit. Hau ab. Hast du verstanden?«

Die Fremde mit dem lockigen Haar nickt.

Gut. Das muss reichen. Ich erhebe mich. Ich muss Yunus finden. Bevor es zu spät ist.

31

Selena

Während die Rothaarige in der Menge verschwindet, bin ich einen Moment unfähig, mich zu bewegen. Meine Finger klammern sich um Mos Arme. Die Traumgängerin hat recht. Wir müssen hier weg. Ich packe Mo, so fest ich kann, und gerade will ich die Augen schließen und mit ihr Somna verlassen, als ich etwas sehe, das eine neue Schockwelle durch meinen Körper jagt. *Eric.*

Ein paar Meter entfernt taumelt er durch die Menge und versucht sich dabei Debixpfeile aus dem Rücken zu ziehen. Fast stürzt er, doch er kann sich fangen, indem er sich auf mehreren Träumern abstützt, die allesamt zu Boden gehen. Schwerfällig macht er einen Schritt nach dem anderen. Wie ist das möglich? Nach all dem Debix, das er intus hat? Ich dachte, dass er längst irgendwo bewusstlos liegt oder noch Schlimmeres. Etwas lässt mich erneut an die Pille denken, die ich ihn vor unserem Einstieg nach Somna habe einnehmen sehen. Die Drogen halten seinen Körper offenbar aufrecht. Aber wie lange noch? Wie viel Zeit bleibt, ehe er entweder zusammenbricht oder von den Traumkommissaren entdeckt wird?

Ich starre ihm hinterher, fühle die Sekunden verstreichen. Die wertvollen Sekunden, die wir für unsere Flucht brauchen.

Mos Flehen klingt in meinem Kopf. *Wir müssen ihn da rausholen.* Ich starre auf sie hinab. Verdammt. Ich habe keine Wahl. Ich muss es wiedergutmachen.

32

Ria

»Yunus!« Immer wieder rufe ich seinen Namen, scanne alle Gesichter, suche den Boden nach ihm ab. Doch er ist nirgends zu entdecken.

Da stößt mich jemand zur Seite. Ich stolpere rückwärts und starre den Mann an, der sich, ohne mich zu beachten, an mir vorbeidrängt. Es ist der illegale Traumgänger. Sein Gesicht ist gezeichnet von Entschlossenheit und hat scheinbar alles Menschliche verloren. Die Haut wirkt fahl im Widerschein des Tores. Und ich sehe mehrere Pfeile in seinem Rücken. Dann ist er an mir vorbei und verschwindet in der Menge der Träumer.

Wie kann es sein, dass er bei Bewusstsein ist? Das Debix müsste ihn längst ausgeschaltet haben. Der Puls rauscht in meinen Ohren. Offenbar wurde der Illegale bisher von niemandem sonst entdeckt. Und da wird mir klar: Das hier ist der Moment. Der Moment, in dem ich mich entscheiden muss: Bin ich für oder gegen die Traumunion?

Ich weiß, ich sollte ihn aufhalten, aber etwas hält mich zurück. Sind es seine Vorwürfe gegenüber der Traumunion oder nur meine Erschöpfung?

Was auch immer es ist, es hält mich an Ort und Stelle. Ich starre ihm hinterher. Ich könnte einfach abwarten. Ihn das Tor zerstören lassen und sehen, was passiert. Irgendein neugieriger oder vielleicht auch feiger Teil von mir verlangt, genau das zu tun.

Doch bevor ich eine Entscheidung treffen kann, höre ich meinen Namen: »Ria!«

Jemand schlingt die Arme um mich, und der anfängliche Schreck wird schnell von Erleichterung davongespült. Dieser Geruch. Dieser Körper. Diese Stimme.

»Yunus«, hauche ich und sehe blinzelnd in sein Gesicht auf. Wir sind so nah vor dem Tor, dass seine Züge von dem goldenen Strahlen erhellt werden. Er lächelt erleichtert, und ich drücke ihn fest an mich. *Es geht ihm gut. Ihm ist nichts passiert.*

Mir wird schwindelig, und kurz meine ich, dass es die Erschöpfung ist, die mich übermannt. Doch dann begreife ich, dass es nicht ich bin, die wankt, sondern es ist die Welt um mich herum. Ein Erdbeben hat den Asphalt erfasst, und ich weiß genau, was der Ursprung ist: Der Illegale hat begonnen, das Tor anzugreifen. Doch anders, als ich es in Chicago erlebt habe, entsteht keine Druckwelle. Seine Kraft scheint nicht mehr auszureichen.

Der Boden beruhigt sich wieder. Ich nicke Yunus zu. Egal auf welcher Seite ich stehe, wir müssen Somna retten.

Ich lasse ihn los und schiebe mich durch die Reihen der Menschen, immer näher zum Tor. Yunus ist dicht hinter mir. Gemeinsam durchbrechen wir die letzten Reihen. Das Leuchten erfüllt alles um uns herum. Und eine seltsame Stille hat sich ausgebreitet. Die Menschen scheinen wie in Trance.

Und da entdecke ich ihn. Direkt neben dem Tor ist er zusammengesunken. Immer wieder steigen Menschen über ihn hinweg, verschwinden in dem Strahlen. Erst denke ich, dass er bewusstlos ist. Doch dann öffnet er die Augen und sieht mich direkt an. Auf seinem Gesicht erscheint ein Lächeln. Wie automatisiert schiebt er sich auf die Beine.

Langsam gehe ich auf ihn zu, immer darauf bedacht, genug Abstand zum Tor zu lassen.

»Ria!«, ruft Yunus. Doch ich sehe mich nicht um. Irgendetwas an diesem Mann hat mich derart in den Bann gezogen, dass ich ihn aus der Nähe sehen will. Den Zerstörer Somnas.

»Na, Ria? Hast du dich für eine Seite entschieden?«, krächzt er. Ich erstarre. Schweigend stehe ich da, nur eine Armeslänge von ihm entfernt.

Ein Muskel in seinem Gesicht zuckt unkontrolliert. Und dann weiß ich es. Nein. Ich habe mich für keine Seite entschieden. Ich gehöre auf keine der beiden Seiten.

Obwohl ich nichts sage, scheint der Mann mir meine Antwort anzusehen. Er gibt ein Knurren von sich, streckt die Hand nach mir aus und will mich packen. Doch da ist plötzlich ein anderer Körper, der sich zwischen uns schiebt und den Mann fortstößt. Yunus.

»Nein!«

Das Wort hallt aus mehreren Mündern.

Dann ist es, als würde sich die Zeit verlangsamen. Yunus und der Mann stolpern seitwärts. Der Mann reißt die Augen auf, fängt sich ab, stürzt zu Boden. Auch Yunus fällt. Fällt direkt in Richtung des Strahlens, ist ihm so nahe.

Viel. Zu. Nahe.

Erst ist es sein Kopf, die dunklen Haare und die in Erstaunen erhobenen Augenbrauen, die im Nichts der Helligkeit verschwinden. Dann sind es seine Schultern und die Arme, mit denen er versucht, sich abzufangen.

Ein Schrei ertönt, der alles in mir mit sich reißt. Jeder Gedanke, jede Emotion, jede Kraft entrinnt meiner Kehle. Yunus. Das Tor. Das darf nicht sein.

Ich weiß nicht, wann ich es tue oder wie – ich weiß nur, warum. Das Tor. Es darf Yunus nicht bekommen.

Mit diesem Gedanken versenke ich die Welt in dunklem Nichts.

33

Selena

Die Druckwelle erfasst mich in dem Moment, in dem ich begreife, was die rothaarige Traumgängerin getan hat. Sie hat das Tor zerstört. Das letzte Tor.

Meine Hände umklammern Mos bewusstlosen Körper. Ich fühle mich genauso leer wie das Nichts, durch das wir geschleudert werden.

Vorbei. Es ist vorbei. Eric hat gewonnen. Eric mit seinen Lügen, seinen Geheimnissen, seinem Machthunger – jetzt ist seine Rache perfekt. Aber was ist mit dem Tod? Mit Somna? Verlieren die Traumgänger jetzt ihre Macht? Hat Mo sie schon verloren? Ich ziehe sie noch enger an mich.

Gemeinsam fliegen wir durch das Nichts, und die einzige Gewissheit, die ich habe, ist die Wärme ihres Körpers an meinem.

Damit verlassen wir Somna, oder das, was davon übriggeblieben ist.

Epilog

Er hat bereits eine Zehnstundenschicht hinter sich, als er den Fahrgast einsteigen lässt. Den einen noch. Nur noch den einen. Dann wird er nach Hause fahren, das Taxi abstellen und endlich schlafen. So lange hat er nicht mehr gut geschlafen.

Immerhin lassen die Designerklamotten des Mannes ein dickes Trinkgeld erwarten. Obwohl … irgendetwas ist seltsam an ihm. Ob der wohl auf Drogen ist?

»Lange Nacht, eh?«

Seine Frage verklingt unbeantwortet im sanften Brummen des Motors. Im Spiegel fängt er den stechenden Blick grüner Augen auf. Okay. Also nicht so der Typ für Smalltalk. Ihm soll es recht sein.

Zusammen mit den Rücklichtern der anderen Autos schiebt er sich durch die Stadt, bis er an einer Adresse in Brooklyn stehen bleibt.

»Lassen Sie den Motor laufen.« Damit wendet sein Passagier sich der anderen Straßenseite zu, sieht direkt zu dem erleuchteten Fenster über einem alten Plattenladen.

Er versucht unauffällig zu erkennen, worauf der Mann wartet. Ein Mädchen ist am Fenster zu sehen. Jetzt tritt ein weiteres hinter es, und er meint den Fremden erleichtert aufatmen zu hören. Die dichten schwarzen Haare des einen fallen nach vorne, als die beiden sich in die Arme schließen. Gerade fragt er sich, was der Mann mit den beiden zu schaffen hat, da räuspert sich dieser.

»Fahren Sie weiter. Zum JFK International.«

Er nickt ihm im Rückspiegel zu und muss sich an die Bezahlung erinnern, die diese Fahrt bringen wird.

Als sie auf den Conduit Boulevard abbiegen, dreht er das Radio lauter: »… sagte Frank Maywald, Sprecher der Traumunion und Vater der weithin bekannten weiblichen Traumgängerin Ria Maywald. Er betonte, dass es seiner Tochter gutgehe, sie jedoch nicht für ein Interview zur Verfügung stehe.« Mit einem Murren drückt er auf einen Knopf und wechselt den Kanal. »Für den verstorbenen Traumgänger Yunus Dede soll am kommenden Freitag eine Gedenkstunde abgehalten werden, die online live zu verfolgen sein wird.« Ein weiteres Mal wechselt er den Kanal. Irgendwo müssen sie schließlich Musik spielen. »Giacomo Laurenti versicherte, dass die Aufbauarbeiten in Somna zügig vorangingen und …«

Er schnalzt mit der Zunge und dreht den Lautstärkeregler herunter. »Immer nur dieses eine Thema. Als ob wir mit den Albträumen nicht schon genug zu tun hätten«, sagt er und lacht in die Stille des Wagens hinein.

Als sein Fahrgast nicht reagiert, räuspert er sich und trommelt mit den Fingern auf das Lenkrad. Irgendwie muss er sich ja wachhalten, wenn Unterhaltung und Musik ausfallen. Er blinzelt. Kurz hatte er das Gefühl, etwas würde mit seiner linken

Hand nicht stimmen. Als wäre da ein Finger zu viel. Aber als er genauer hinsieht, ist alles, wie es sein soll.

Er ist wirklich reif für den Feierabend. Wenn er schon anfängt, Dinge zu sehen, die gar nicht da sind …

Endlich kommt das Terminal in Sicht. Er hält direkt vor dem Eingang und stoppt das Taxameter.

»Bar oder mit Karte?«

»Bar«, kommt es von der Rückbank, und eine Hand streckt sich über die Mittelkonsole. Zögernd nimmt er die Scheine entgegen. Fast vergisst er, auszusteigen, um das Gepäck aus dem Kofferraum zu holen.

Als sein Fahrgast im Terminalgebäude verschwindet, sieht er ihm lange nach. Er hätte schwören können, dass ein dürrer, blonder Mann auf der Rückbank saß. Ausgestiegen ist ein breitschultriger Hüne mit Glatze. Nur die grünen Augen, die hatten sie beide.

Er schüttelt den Kopf. Das war nun wirklich seine letzte Fahrt für heute.

ENDE

Danksagung

Ich habe bereits Geschichten erzählt, bevor ich schreiben konnte. Es fing an mit kleinen Bilderbüchern, die ich malte, zusammentackerte und dann meiner Mutter den Text dazu diktierte. Geschichten haben mich nie wieder losgelassen. Genauso, wie Ria und Selena mich nicht wieder losgelassen haben, seit sie vor ein paar Jahren in meinem Kopf auftauchten.

Dass du nun dieses Buch in den Händen hältst und ihre Geschichte liest, ist für mich ein absoluter Traum. Und dieser Traum wäre niemals Realität geworden, wenn es nicht ein paar Menschen gegeben hätte, die an ihn und an mich geglaubt hätten.

Zunächst geht ein großer Dank an meine wundervolle Agentin Christiane, die das Potenzial sah, als noch nicht viel anderes da war. Danke für deine Bestärkung, die schnellen Antworten, wenn ich mal wieder verzweifelte, und dafür, dass du Selena und Ria teilweise besser verstanden hast als ich.

Dann geht ein großes Danke an meine Lektorin Charlotte, mit der ich mich gemeinsam auf dieses Abenteuer wage. Danke für die Geduld, dir auch die fünfte Neufassung des Schlusses mit derselben Hingabe anzusehen!

Danke auch an alle weiteren Fischer*innen, unter ihnen Julia, deren Begeisterung mich völlig umgehauen und das hier erst möglich gemacht hat.

Und dann ist da Hannah. Wunderbare Hannah! Wie oft haben mich unsere gemeinsamen Plotting-Spaziergänge vor der absoluten Verzweiflung gerettet? Ich kann dir gar nicht genug danken, wie viel du für mich und diese Geschichte getan hast.

Auch wäre dieses Buch nicht dasselbe ohne meine tollen Erstleserinnen: Lena, Annika, Luisa, Amelie und Celine. Eure Kommentare haben der Geschichte die richtige Richtung verliehen und mich bestärkt, immer weiterzumachen.

Danke an Dagmar und Nora für Coworking-Sessions, die mir so manchen Tag gerettet haben. Danke an Oma für den besten Schreibort, den ich mir wünschen könnte. Und danke an Mina für deine Begeisterung. Du lässt mich niemals vergessen, wie wunderbar es ist, meine Zeit mit etwas zu verbringen, das ich so sehr liebe.

Und dann ist da noch meine Mutter. Angefangen bei den Bildergeschichten einer Vierjährigen über die Veröffentlichung meines ersten Romans im Teenageralter bis hin zu diesem Buch: Deine Unterstützung hat mir all das hier erst möglich gemacht.

Doch nichts, kein einziges Wort dieser Geschichte würde vermutlich existieren, wenn es nicht dich in meinem Leben geben würde, Ben. Erst durch dich habe ich begonnen, den Traum wieder zu träumen. Danke, dass du mir ein Leben voller Geschichten schenkst!

»Sie gaben uns Magie. Wir gaben ihnen alles, was wir hatten.«

Früher existierte Magie nur in Träumen. Sie war eine geheimnisvolle Kraft, die Wunder vollbringt. Aber so ist Magie nicht. Das weiß Rayne besser als jede andere. Wahre Magie ist düster und gefährlich – und dennoch Raynes einzige Chance, in den Armenvierteln Londons zu überleben. Mittels besonderer Artefakte, den Sigils, hat sie gelernt, die blau schimmernde Flüssigkeit zu nutzen ... und mit ihr zu kämpfen. Doch als die Magie außer Kontrolle gerät, kann Rayne nur ein einziger Junge helfen. Er herrscht über die mächtigsten Sigils der Welt und stellt sie vor die Wahl: Entweder die Magie in Raynes Adern wird sie töten – oder sie bindet ihr Leben an die Dark Sigils. Für immer.

Anna Benning
Dark Sigils
Was die Magie verlangt
Band 1
496 Seiten, gebunden

Weitere Informationen zum Kinder- und Jugendbuchprogramm der S. Fischer Verlage finden Sie unter *www.fischerverlage.de*

AZ 7373-6200/1